LA
LANGUE FRANÇAISE

DEPUIS LES ORIGINES

JUSQU'A LA FIN DU XIe SIÈCLE

PAR

E. ÉTIENNE

PROFESSEUR AGRÉGÉ AU LYCÉE DE NANCY
DOCTEUR ÈS LETTRES
CHARGÉ D'UN COURS COMPLÉMENTAIRE DE LANGUE FRANÇAISE
A LA FACULTÉ DES LETTRES

TOME PREMIER

PHONÉTIQUE — DÉCLINAISON — CONJUGAISON

PARIS
ÉMILE BOUILLON, ÉDITEUR
67, RUE RICHELIEU, 67

—

1890
Tous droits réservés

LA
LANGUE FRANÇAISE
JUSQU'A LA FIN DU XIe SIÈCLE

CHALON-SUR-SAÔNE, IMPRIMERIE DE L. MARCEAU

LA
LANGUE FRANÇAISE

DEPUIS LES ORIGINES

JUSQU'A LA FIN DU XI° SIÈCLE

PAR

E. ÉTIENNE

PROFESSEUR AGRÉGÉ AU LYCÉE DE NANCY
DOCTEUR ÈS LETTRES
CHARGÉ D'UN COURS COMPLÉMENTAIRE DE LANGUE FRANÇAISE
A LA FACULTÉ DES LETTRES

I

PHONÉTIQUE — DÉCLINAISON — CONJUGAISON

PARIS

ÉMILE BOUILLON, ÉDITEUR

67, RUE RICHELIEU, 67

1890

Tous droits réservés

PRÉFACE

Ce livre est, comme le titre l'indique, une étude de la langue française jusqu'à la fin du xie siècle.

Période bien restreinte, dira-t-on, et qui s'arrête à une époque de transition, alors que la langue est à peine formée.

Mais c'est précisément pour cela que la fin du xie siècle est particulièrement intéressante. Les mots, considérés au point de vue phonétique, suivent une évolution lente, mais progressive ; ils se dégagent de plus en plus des attaches latines ; ils s'allègent ; quelques années encore, ils auront revêtu la forme qu'ils garderont durant plus de cent cinquante ans ; la déclinaison et la conjugaison sont déjà, à peu d'exceptions près, ce qu'elles seront pendant tout le moyen âge (xiie et xiiie siècles) ; quant à la syntaxe, elle est parfaitement formée ; la phrase a déjà la netteté qui sera une des qualités distinctives de notre idiome.

En un mot, dès la fin du xie siècle, on sent que la langue est un instrument suffisamment préparé pour l'admirable éclosion poétique, épique qui se prépare.

Il n'est donc pas téméraire de s'arrêter aux premières années du xiie siècle : le champ est assez vaste, les monuments écrits sont assez importants pour qu'une étude qui s'y confine présente un intérêt véritable.

Il est bon d'ajouter que nous ne nous sommes pas interdit, à l'occasion, des excursions sur le terrain du moyen âge proprement dit et même de la langue moderne. Pour la plupart des questions importantes, nous avons tenu à rappeler brièvement les transformations ultérieures. Dans un appendice, notamment, nous avons donné de la phonétique un résumé sommaire qui s'applique à toutes les périodes de notre langue et qui sera, nous en avons l'espoir, goûté de la jeunesse studieuse et encore inexpérimentée dans cette science compliquée.

Ce travail est surtout le fruit de recherches personnelles, mais nous avons puisé à pleines mains dans un certain nombre de livres spéciaux, dont il serait fastidieux de donner la nomenclature, et qui ont été désignés lorsque l'occasion s'en est présentée, et dans les revues consacrées aux langues romanes, surtout dans la *Romania*.

Nous devons une mention particulière à un maître bien regretté, M. Arsène Darmesteter, que la mort a enlevé trop tôt à la science comme à l'affection de ses élèves et de ses amis.

Il avait bien voulu nous communiquer jadis des notes manuscrites de phonétique dont nous avons utilisé une partie, notamment pour l'introduction et pour les lois concernant les groupes de deux consonnes. Qu'il reçoive ici un dernier hommage de notre profonde reconnaissance.

Août 1889.

E. ÉTIENNE.

AVERTISSEMENT

Voici les textes romans que nous avons étudiés et qui reviendront constamment en citation :

1° **Serments de Strasbourg** (Serm.) : E. Koschwitz, *Les plus anciens Monuments de la Langue française*, Heilbronn, 1886 ; — *Chrestomathie de* L. Constans, p. 1-2.

Un passage des Serments est, on le sait, absolument inintelligible : *Et Karlus meos sendra de suo part* **non lo stanit.** Nous admettons la correction proposée par M. G. Paris, et nous lisons : *Et Karlus meos sendra de sua part* **lo suon fraint.**

2° **Prose de Sainte Eulalie** (Eul.) : E. Koschwitz, p. 5 ; — P. Meyer, *Recueil d'anciens Textes français*, Paris, Vieweg, 1877, p. 193-194 ; — *Chrestomathie de* Constans, p. 2-3.

3° **Fragment de Valenciennes** (Val.) : E. Koschwitz, p. 6-11 ; — E. Stengel, *Die ältesten französischen Sprachdenkmäler*, Marburg, 1884, p. 8-11.

4° **La Vie de Saint Léger** (Lég.) : G. Paris, *Romania*, I, p. 301-317 ; — E. Koschwitz, p. 32-44.

5° **La Vie de Saint Alexis** (Alex.) : E. Stengel, *La Cançun de Saint Alexis*, etc. ; Marburg, 1882 ; — G. Paris, *La Vie de Saint Alexis*, édition critique ; Paris, Vieweg, 1885.

6° **La Chanson de Roland** (Rol.) : Th. Müller, Göttingen, 1878 ; — L. Gautier, 11° édition, 1881 ; — L. Clédat, Paris, 1886.

7° **Lois de Guillaume le Conquérant** (Lois Guill.) : Chevallet, *Origine et formation de la Langue française*, I, p. 96-122.

8° **Poème religieux** inspiré par le Cantique des Cantiques (Poème rel.) : P. Meyer, *Recueil d'anciens Textes français*, p. 206-208 ; — E. Stengel, p. 65 ss.

9° **Pèlerinage de Charlemagne à Jérusalem et à Constantinople** (Pèlerin.) : E. Koschwitz, *Altfranzösische Bibliothek*, Heilbronn, 1883 [1].

---

(1) Nous n'avons pas admis la *Passion*, parce que ce texte est beaucoup plus provençal que français.

Une difficulté se présentait tout d'abord : fallait-il admettre les textes tels qu'ils nous sont donnés par des manuscrits souvent fautifs et défigurant plus ou moins gravement la langue de l'auteur ? Pour les trois premiers, la question fut rapidement résolue ; il n'existe qu'un manuscrit de chacun, et il n'y avait qu'à en reproduire purement et simplement la rédaction ; c'est ce que nous avons fait.

Comme il en est de même du Saint-Léger, il semble que nous aurions dû nous en tenir au manuscrit de Clermont ; mais le texte original, évidemment français, a été tellement défiguré par le scribe provençal qui l'a copié sans le comprendre toujours, que nous avons vu un inconvénient grave à hérisser notre étude de citations très souvent inexactes, parfois inintelligibles.

L'auteur d'une édition critique a le devoir de mettre, en regard de la restauration qu'il propose après discussion, les leçons différentes qui lui sont offertes par les manuscrits principaux ; c'est ce que M. G. Paris a fait notamment pour sa première restitution du texte de Saint-Alexis, mais il ne peut en être de même quand il s'agit d'exposer l'état d'une langue pour une période assez longue et d'après des manuscrits souvent disparates. Il est indispensable de s'appuyer sur un texte correct, préalablement établi par un travail critique, quitte à revenir, lorsque l'occasion s'en présente, sur les raisons qui ont guidé l'éditeur dans les transformations qu'il propose.

En raison des altérations éprouvées par le texte original, nous avons donc adopté, pour le Saint-Léger, la restitution de M. G. Paris [1] avec les corrections proposées par M. Lücking [2] ou d'autres, afin d'avoir un texte répondant, aussi exactement que le permet l'état actuel de la science, au français oriental du xe siècle. Mais chaque fois que le manuscrit est en désaccord sérieux avec notre manière de voir, nous en avertissons le lecteur, et nous discutons la question pièces en mains.

Même système pour le Saint-Alexis ; nous considérons ce poème comme un texte français [3], et nous nous conformons à la seconde restitution de M. G. Paris [4] ; toutefois nous avons constamment les yeux sur le ms *L* et sur les variantes des autres manuscrits ajoutées par M. Stengel à la suite de chaque vers du manuscrit *L*.

(1) *Romania*, i, p. 301-317.
(2) Lücking, *Die aeltesten französischen Mundarten*, Berlin, 1877, p. 17-38.
(3) Ou plus exactement Francien.
(4) Paris, Vieweg, 1885.

De même encore, pour la Chanson de Roland, nous partons de la nouvelle édition classique de M. Clédat, ou, pour mieux dire, d'un texte généralement conforme aux extraits publiés par M. G. Paris [1].

Le texte des lois de Guillaume étant fortement altéré, nous n'y avons fait que peu d'emprunts, et encore au point de vue de la syntaxe seule.

Une grande réserve nous était imposée, par des raisons analogues, pour le Pèlerinage de Charlemagne, malgré la savante restitution de M. Koschwitz.

Quant au Poème religieux, on sait qu'il est hérissé, dans un grand nombre de mots, de lettres parasites (*t*, *d*) certainement dues au copiste ; nous les avons supprimées dans les citations.

(1) Extraits de la *Chanson de Roland* et de la *Vie de Saint Louis*, Paris, Hachette, 1887, p. 105-164.

LA LANGUE FRANÇAISE

DEPUIS LES ORIGINES

JUSQU'A LA FIN DU XIᵉ SIÈCLE

LIVRE PREMIER

PHONÉTIQUE

INTRODUCTION

1. La Phonétique étudie les lois suivant lesquelles se transforment les sons, c'est-à-dire les voyelles et les consonnes d'une langue.

2. Voyelles. — Le nombre des voyelles est infini, car elles ne sont autre chose que les sons produits par le courant d'air qui, sortant du poumon avec plus ou moins de force, fait vibrer les cordes vocales, et, diversement modifié par les différentes positions de la langue ou des lèvres, sort sans se briser dans l'espace.

Malgré toute la variété des sons qu'embrassent les langues humaines, les voyelles peuvent rentrer dans cinq classes : $a, e, i, o,$ $u\ (= ou)$. Ce sont les points saillants des régions vocales. A peut être considéré comme le son fondamental. Il se divise en deux séries distinctes, l'une montant vers e et vers i, l'autre descendant vers o et vers $u\ (= ou)$. Entre l'a et l'e, il n'y a point de solution de continuité, mais une ligne non interrompue de modifications graduelles et insensibles : l'a, prononcé d'une manière plus claire, amène à l'e ouvert, qui, devenant plus grêle, s'amincit en $é$ fermé, et, poursuivant son évolution, aboutit à i.

Dans un sens contraire, l'*a*, en s'assourdissant, passe à l'*o* et de l'*o* à l'*u* (= *ou*).

On peut représenter cette gradation des sons par le triangle vocalique suivant :

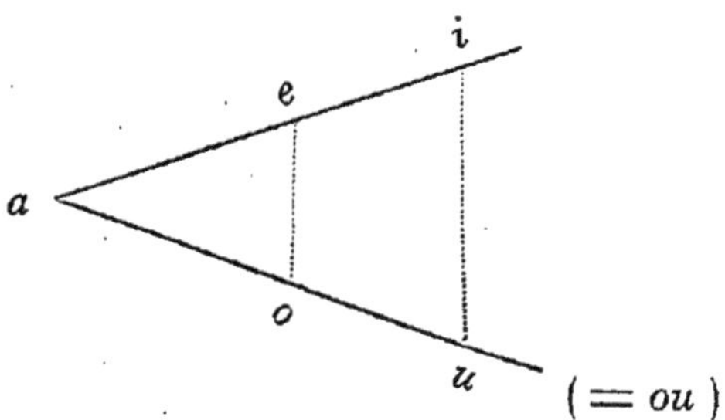

où, entre les sons extrêmes *i, u* et *a*, se placent les sons intermédiaires *e, o*.

Cette classification est si vraie, que certaines langues ne connaissent que les trois voyelles *a, i, u* (= *ou*).

La combinaison de ces voyelles fondamentales peut donner et donne d'autres sons, d'autres voyelles. Pour n'en citer que deux exemples, *e* et *o*, se combinant en une diphtongue, aboutissent au son intermédiaire *œ* (= *eu*). De même *i* + *u* (= *ou*) produit le son français *ü*, qui, chez nous, est d'origine celtique et non latine.

Pour représenter les voyelles principales, on peut donc modifier de la sorte le tableau précédent :

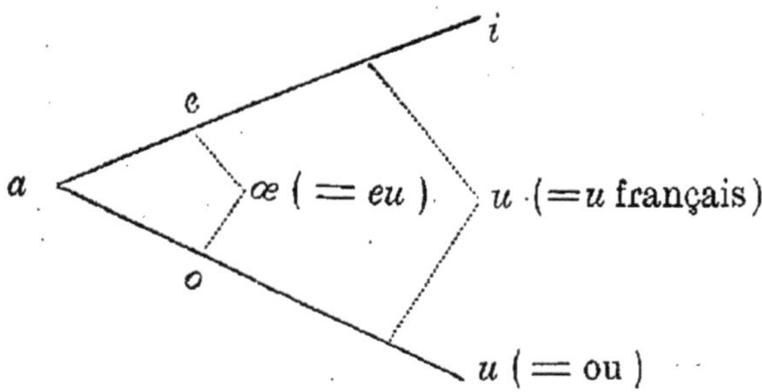

On peut d'ailleurs remarquer que l'*a* peut aussi dégénérer en *œ* (= *eu*), et l'*o* en *u*.

Enfin les voyelles peuvent être affectées dans leur durée : elles sont longues ou brèves. Nous aurons occasion de constater que les voyelles latines, à la fin de l'empire, différaient de nature suivant la quantité.

3. Consonnes. — Une consonne est un son dû à l'obstacle que les lèvres, les dents ou la langue peuvent opposer au courant d'air qui sort du poumon. Soient les deux syllabes *ap-pa*. Dans la pronon-

ciation de *ap*, le courant d'air qui, émis librement, produit l'*a*, se trouve soudainement arrêté par la clôture des lèvres. Que l'obstacle disparaisse tout à coup, le courant, poursuivant sa course interrompue, produit le son *pa*. Ce son se décompose en une voyelle *a* et une articulation *p* ; l'articulation est la *consonne*.

Puisque les consonnes sont dues à la présence d'un obstacle, il y en a autant de sortes qu'il y a d'obstacles possibles. Ce n'est pas ici le lieu d'en donner le tableau complet ; nous nous restreindrons à l'alphabet français, qui reproduit toutes les consonnes latines, en y ajoutant certaines articulations qui, comme *ch, j, l mouillée, n mouillée*, se sont développées entre la période de décadence et celle de la formation de notre langue.

Les consonnes se divisent en *explosives* ou *muettes, continues* ou *fricatives, nasales, liquides*.

4. EXPLOSIVES. — Les *explosives* ou *muettes* sont formées par la clôture complète et momentanée du tube buccal au moyen de la langue, des lèvres ou des dents ; de là leur division en *gutturales, labiales* et *dentales*.

On les nomme *muettes*, parce qu'il est impossible de les prononcer sans le secours d'une voyelle ; on les appelle encore *explosives*, nom plus précis et préférable, parce qu'il rend compte de leur formation.

Les *gutturales* sont *k, g* et les variantes de *k*, c'est-à-dire *c dur, qu*.

Les *labiales* sont *p, b*.

Les *dentales* sont *t, d*.

Parmi les explosives, les unes sont *fortes*, ou, pour mieux dire, *sourdes* : *k, p, t* ; les autres sont *douces* ou *sonores* : *g, b, d*.

Nous ne parlons pas de *c doux*, qui n'est qu'une variété de *s forte* ou *sourde*.

Il est bon de remarquer que le *k* du mot *corps*, par exemple, n'est pas le même que celui des mots *qui* (= *ki*), *kilomètre* ; le point d'application de la langue, dans le premier mot, a lieu près du *voile* du palais, contre le palais mou ; dans les deux autres mots, au contraire, le point d'appui de la langue a lieu contre le *palais dur* ou près des dents.

De là la division des gutturales en *gutturales vélaires* et en *gutturales palatales*. Cette distinction est de la plus haute importance pour l'histoire de notre langue.

Les gutturales *vélaires* sont celles que l'on fait entendre en prononçant *ko, kou* — *co, cou* — *gu, gou* ; les gutturales *palatales* sont celles que l'on fait entendre en prononçant *ke, ki — gue, gui.*

Quant aux syllabes *ka, ga,* il suffit de les prononcer plusieurs fois de suite avec soin pour se convaincre qu'elles forment une sorte d'intermédiaire entre la série vélaire et la série palatale, le résultat n'étant pas le même selon que la langue se reporte de quelques millimètres en avant ou en arrière; mais, en fait, *ka, ga* sont, dans l'immense majorité des cas, des gutturales vélaires.

On peut donc compter huit explosives se divisant en quatre sourdes ou fortes et en quatre douces ou sonores :

Fortes : p, t, k vélaire, k palatal
Douces : b, d, g vélaire, g palatal

5. Continues.— Que l'obstacle qui sert à produire les explosives, au lieu de former une clôture hermétique, laisse à l'air un passage étroit par où il puisse s'échapper en s'amincissant pour ainsi dire, l'on a alors une série de consonnes dites *continues,* parce qu'elles peuvent se prolonger pendant un certain temps, ou *fricatives,* parce qu'elles sont formées par le frottement de l'air fuyant à travers l'obstacle qui l'étrangle.

Les continues peuvent se diviser, comme les explosives, en *gutturales, labiales* et *dentales.*

Le français n'a qu'une *continue gutturale :* c'est celle qu'on trouve dans les syllabes *yacht, yole, yeux,* où elle est notée par *y ;* dans les groupes *ia, ie, io, iou, ieu, ien, ion* (*liard, pied, pioche, pioupiou, pieu, bien, pion*), où elle est représentée par *i ;* c'est celle qui est notée par *j* dans le mot latin *juvare* (= *iouvaré*), par exemple ; c'est, en un mot, une sorte de *j* semi-consonne, semi-voyelle. Cette consonne sera notée, dans le cours de cette étude, par *j ;* on lui donne le nom de *yod.*

Les continues labiales sont *f, v, w.* Le son représenté par *w* est celui de cette consonne dans l'anglais *wind, winter ;* c'est celui qui existe en français dans *oui, fouet,* et dans les groupes *oi, oin.*

Enfin, les continues dentales sont : *s sourde* ou *forte, s douce* ou *sonore* ; *z.*

6. Liquides. — Les liquides *l, m, n, r,* bien caractérisées par leur nom même, se divisent en *liquides proprement dites l, r* et en *nasales m, n.*

N et *R* sont en même temps des **linguales,** parce qu'elles sont produites par le jeu de la langue ; mais comme, dans la prononciation de *n,* la langue vient souvent frapper les dents, on peut, en outre, considérer cette consonne comme une dentale. *L* est franchement dentale ; quant à *m*, c'est une labiale, il est facile de s'en convaincre.

L et *N*, se combinant avec le *j*, forment des articulations nouvelles, inconnues du latin, *l mouillée, n mouillée*, représentées diversement dans notre langue (*l, ill, il — gn*), et que nous figurerons par *l, ñ*.

Si à ces consonnes nous ajoutons la chuintante *ch*, que son nom explique suffisamment, et que l'on peut rattacher aux continues gutturales, et l'aspirée *h*, produite par le courant d'air chassé avec force des poumons sans vibrations des cordes vocales, nous pourrons former le tableau suivant des consonnes françaises [1] :

		Explosives ou Muettes		Continues ou Fricatives		Nasales	Liquides
		SOURDES	SONORES	SOURDES	SONORES		
Gutturales	Vélaires	K (C, Qu) +a,o,u	G + a,o,u	H aspirée	j*		
	Palatales	K (Cu, Qu) + c, i	Gu + e, i	CH*	j, g+e,i	ñ*	l*
Linguales						n	r
Dentales		t	d	S (ss, C doux)	s, z		l
Labiales		p	b	f	v, w	m	

7. **ACCENT TONIQUE.** — Pour être moins apparent que dans les langues de nos voisins, comme l'allemand, l'anglais, l'espagnol ou l'italien, l'accent tonique existe dans notre langue, c'est-à-dire que, dans tout mot français, une seule syllabe est vraiment accentuée, reçoit une intonation particulière et plus ferme. Dans notre langue, l'accent tonique affecte invariablement **la dernière syllabe sonore ;** en d'autres termes, il se porte, en français : 1º *sur la dernière syllabe si elle n'est pas muette;* 2º *sur l'avant-dernière syllabe si la dernière est muette;* et, si l'on compare la place qu'il occupe chez nous à celles que nous lui trouvons

(1) Nous marquons d'un astérisque (*) les consonnes qui manquent en latin.

dans les mots correspondants des autres langues romanes (*espagnol, italien, portugais, provençal, valaque* ou *roumain*), nous remarquons que c'est la même syllabe qui reçoit l'accent, et que cette syllabe est aussi celle qui, dans le mot latin, recevait l'accent. La *persistance de l'accent latin* est un principe universel dans la formation des langues romanes; il ne souffre qu'un petit nombre d'exceptions.

Quant aux règles concernant l'accent latin, elles se résument en celle-ci : *quand la pénultième est longue, elle reçoit l'accent; quand elle est brève, l'accent est sur l'antépénultième.*

Ainsi *dómǐnus,* mais *dominórum, dómǐno;* — *amórem,* mais *amábǐlis;* — *virtus,* mais *virtútem, virtútes, virtútǐbus;* — *terrórem,* mais *intérrǐtus,* etc.

Dans les mots de deux syllabes, l'accent est sur la première, fût-elle brève : *fúga, sǒror, cǎput, lěvis.*

Les monosyllabes non enclitiques ont aussi l'accent : *rém, mé, té, sé, sǐc, sǐt,* etc.

Enfin il importe de noter que, dans les composés latins, l'accent occupe le plus souvent la même place que dans le simple, lors même que la voyelle est brève. Ainsi *retěnet* (= *re + tenet*), *revěnit* (= *re + venit*), *remǎnet* (= *re + manet*) sont accentués : *reténet, revénit, remánet.*

8. **Composés romans.** — Les composés romans abandonnent l'apophonie usitée en latin et reviennent à la voyelle du simple. La raison en est que le latin populaire n'avait pas suivi l'évolution du latin classique ; que, chez le peuple, *a, e,* par exemple, n'étaient pas devenus *i.* C'est ainsi que l'on trouve *impartire* (Tard. [1], n° 7, I, 3) ; *infrangere* (*ibid,* n° 24, I, 15) ; *efrangere* (= *effringere* n° 26, I, 69) ; *exquerebantur* (= *exquirebantur,* Euphros. [2], XII, l. 13); *tradedit* (= *tradidit, ibid.* XVII. l. 13); etc.

Il y a quelques exceptions, qui seront signalées en leur lieu. Il est des cas notamment où le composé classique était devenu si commun, si habituel, comme *perfectus* (un véritable adjectif), qu'il a passé en roman sous cette forme ; d'où *parfit* et le dérivé adverbial *parfitement.*

9. **Plan de la Phonétique.** — Nous partons du latin et nous examinons ce que deviennent, dans le passage au roman, les voyelles et les consonnes de la langue mère.

---

(1) Tardif, Monuments historiques (bas-latin de l'époque mérovingienne.)
(2) La vie de sainte Euphrosyne (texte latin du ix°, *Revue des langues romanes,* 1871, p. 23-62;-109-117).

Un premier chapitre sera consacré à l'étude des voyelles accentuées et des transformations qui leur sont propres.

Dans un second chapitre, nous examinerons les voyelles inaccentuées ou atones ; nous établirons les lois suivant lesquelles elles tombent ou se maintiennent, puis nous rechercherons ce qu'elles deviennent dans ce dernier cas.

Un article spécial sera réservé à la théorie de l'hiatus, c'est-à-dire aux lois qui régissent les transformations des groupes de deux voyelles qui se suivent dans l'intérieur d'un mot.

Pour les consonnes, un seul ordre s'impose à nous, celui de la place qu'elles occupent dans le mot. Initiales, elles se prononcent avec plus de fermeté que partout ailleurs ; dans le corps des mots, au contraire, elles offrent moins de résistance et s'affaiblissent ou disparaissent.

Enfin, les groupes de consonnes forment une série à part.

En ce qui concerne le consonantisme, nous aurons donc à étudier successivement :

1º les consonnes initiales ;

2º les consonnes médiales ;

3º les consonnes finales ;

4º les groupes latins de deux consonnes ;

5º les groupes romans de deux consonnes ;

6º les groupes latins ou romans de plus de deux consonnes.

CHAPITRE PREMIER

VOYELLES ACCENTUÉES

I. — **A** LATIN

1) a *long et* a *bref* libres [1], *accentués du latin classique* (a *du latin populaire*) *ont donné, dès le* IXe *siècle,* e (è), *qui, dans la langue moderne, est devenu tantôt* é *fermé tantôt* è *ouvert.*

Cet *é* est complètement étranger à la langue latine de l'époque mérovingienne, qui conserve toujours *a* latin.

Les Serments mêmes (IXe siècle) maintiennent le plus souvent cet *a*, car, à côté de **Ludhèr** (= *Lothario* [2], I), on trouve **christian** (= *christiano*, I), **fradre** (= *fratre*, I), **salvar** (= *salvare*, I), **returnar** (= *retornare*, II).

Dans Eulalie, texte postérieur d'un demi-siècle à peine aux Serments, on trouve invariablement *é* : **consellièrs** (= *consilarios*, 5); **presentède** (*præsentata*, 11); **honestèt** (*honestate*, 18); **spède** (*spatha*, 22); **chièf** (*capo*, 22); **rovéret** (*rogarat = rogaverat*, 22).

Les mots savants eux-mêmes, tirés souvent du latin sans souci des lois phonétiques, transforment l'*a* latin en *é* : **virginitèt** (*virginitate*, Eul. 17).

E est aussi la règle absolue dans le Fragment de Valenciennes : **alèr** (rad. *al + are, recto*, 1); **laborèt, penèt** (*laborato, paenato*. v° 10; *laborèt* est un mot savant; **pretièt** (*pretiato*, v° 7); **chève** (*capo*, v° 11); **avardèvet** (*avard*, orig. german. + *abat* = regardait, v° 8); **repausèr** (*repausare*, v° 11); **tèl** (*tale*, v° 6), etc.

(1) Nous appelons voyelle *libre* celle qui est suivie d'une seule consonne; la voyelle, au contraire, est dite *entravée*, lorsqu'elle est suivie de deux consonnes, à moins que la première ne soit une muette et la seconde une liquide, auquel cas l'entrave n'a généralement pas lieu.

(2) Les noms, comme on le verra à l'article de la déclinaison, ont pour origine l'accusatif *sg*, mais la désinence *m* était tombée.

Les exemples sont si nombreux et si concluants qu'il est impossible de nier le fait : *a* latin libre est devenu sans conteste *é* au xe siècle ; la transformation est même accomplie dès le milieu du ixe siècle, comme le prouve le *Ludhèr* des Serments ; et si ce texte maintient presque partout *a*, il faut l'attribuer à un scrupule étymologique du scribe, qui était hanté par le souvenir du latin, et qui ne savait au juste comment représenter un son sans doute encore incertain.

Il va de soi qu'après le xe siècle on ne trouve que *é* : **regnévet** (*regnábat*, Lég. 3 c) ; **mél** : **èl** [1] (*málo, álo* pour *alid* = *aliud*, 17 e-f) ; **regnèt** (*regnáto*, Lég. 20 b) ; **quèr** (*quáre*, Alex. 1 b) ; **emperèdre** : **honorède** : **contrède** (*imperator, honorata*, Alex. *str.* 4) ; **nafrèz** : **sèz** (*satis*) : **donèr** : **bèr** (*baro*) : **boclèrs** (*bucculares*, adj.) : **costèr** : **desmembrèr** : **jetèr** : **remembrèr** : **oblidèr** (*oblitare*) : **clèr** (*claro*) : **pèr** (*pare*), Rol. v. 1965-1975 ; etc.

La lettre *r*, après une explosive, comme on a pu s'en convaincre par plusieurs des exemples cités, ne fait pas entrave ; *a* devient donc *é* dans ce cas : **mèdre** (*mátre*, Lég. 23 c) ; **pèdre** (*patre*, Alex. 4 a) ; **remèstrent** (*remas'runt* = *remanserunt*, Rol. 714), etc.

Le Saint-Léger porte, il est vrai, **lauuras** (= *labras*, 27 a), où l'*a* est maintenu ; mais il ne faut pas oublier que le copiste est provençal, que la langue qu'il parlait conservait l'*a* latin, et que, d'ailleurs, par étourderie ou par ignorance, il a fortement altéré le texte français ; il faut donc restituer **lèvres.**

La terminaison **are** (= lat. class. *árem*) devait donner et a donné régulièrement *èr :* **altèr** (*altáre*, Alex. 34 d) ; **bachelèr** (*baccalare*, Rol. 3020) ; **senglèr** (*singulare*, Pélerin. 410, 834), etc.

C'est sous cette forme qu'apparaît, durant tout le moyen âge, le suffixe *aris ;* au xve siècle seulement, il y aura, pour un certain nombre de mots, absorption du suffixe *aris* par le suffixe *arius ;* de là *sanglier, bachelier,* etc.

De même le suffixe *ále* (= class. *álem*) et la terminaison **alo** devaient aboutir à **èl** ; c'est ce qui a lieu, en effet, dans un grand nombre de cas : **mèl** (*malo*, Val. v⁰ 25) ; **tèl** (*tále*, Val. v⁰ 16) ; **mèl** : **èl** (*malo, alo* = *aliud*, Lég. 17 e-f) ; **mèls** (*malus*, Lég. 27 e) ; **charnèls** : **espiritéls** (*carnales, spiritales* = *spirituales ;*

---

(1) Deux points entre deux mots (:) indiquent que ces mots se trouvent à l'assonance.

espiritéls est un mot savant, Lég. 29 c-d) ; **tèls** (*tales*, Lég. 35 è);
ostèl (*hospitale*, Alex. 45 e) ; **regièl** (*regale*, Eul. 8); *pardonéz :*
mèl (Rol. 2006) ; *clèr :* **mortèl** (Rol. 1993) ; **comunèl** : *décli-*
nèr..... : **criminèl** (*communale*..... *criminale,* Rol. 2446-2456) ;
champèl : *gabèr*..... : **charnèl** (Pélerin, 453, 463) ; etc.

Mais, dès les premiers temps de la langue, on trouve aussi des
formes en **al** : **mals** (*malos*, Eul. 5, Val. vº 32); **male** (*mala*, Val.
vº 28); **mals** (*malos*) : *lièpart*, etc. (Rol. 727) ; **vassal** : *codarz*, etc.
(Rol. 887); **principal** : *part;* ..... **vassals** (Rol. 3432, 3452);
leial : *recredrai* (Rol. 3847); **reial** : *seneschal : parz* (Pélerin 415);
val : **charnal** (Pélerin 776), etc.

Si l'on complétait les deux listes, on se convaincrait que, dans
les premiers monuments de notre langue, c'est la forme en *él* qui
domine et semble être la règle pour le suffixe *alem* proprement dit
et pour le mot *alo* (*aliud, alid, alum*). *Malum* souffre plus d'exceptions, surtout à la fin du xɪᵉ siècle, dans le Roland. Quant au mot
vassalis, je ne sache pas qu'il se présente nulle part sous la forme
vassèl. Mais des mots comme *mortèl, comunèl, criminèl, champèl,*
charnèl, ostèl espiritèl, personèl, impersonèl, etc., vacilleront
longtemps dans la langue entre *él* et *al* avant de s'arrêter à une
forme définitive. Même dans la langue moderne, si l'incertitude a
cessé pour les mots, elle a persisté pour le suffixe ; on dit *égal, mal,*
animal, anomal, bestial, loyal, communal, royal, etc., mais aussi
mortèl, spirituèl, personnèl, impersonnèl, criminèl, charnèl,
plurièl, tèl, etc.

Pourquoi cette différence de traitement de la même voyelle
accentuée ? M. G. Paris a raison, ce semble, d'attribuer [1] à l'*l*
quelque chose de la force conservatrice des nasales. Cette influence
a tendu à rendre l'*a* intact en dépit de la loi générale qui le changeait en *é ;* elle a agi non seulement sur le suffixe *alem* mais aussi
et surtout, comme nous le verrons à propos d'ŏ latin accentué, sur
le suffixe *ŏlus.* De plus, en ce qui concerne le mot *mal,* il est bon
de considérer que *mal,* formant avec plusieurs verbes des composés
où *mal* devient alors atone, le maintien de l'*a* n'offre plus rien
d'extraordinaire. C'est par leur influence qu'a pu être préservé l'*a*
du substantif, de l'adjectif et de l'adverbe *mal.* Mais la force de
l'accent était telle, qu'au début les formes en *él* sont les plus
nombreuses; ce n'est que par le développement de la langue et des
composés que la forme *mal* a triomphé. On constate, en effet,

(1) *Romania*, vɪɪ, p. 120.

qu'elle est dominante à la fin du xie siècle, et qu'elle existe seule à partir de là.

La même puissance de l'accent a donné pour le latin **quare** la forme **quèr,** qui est presque la seule usitée dans nos plus anciens textes, jusques et y compris l'Alexis. Cependant le Fragm. de Val. a déjà **car** (v° 16), et, dans le Roland et dans le Pèlerinage, on ne trouve que **car,** qu'il est permis de regarder comme une forme atone correspondant à la forme accentuée **quèr.**

C'est aussi en qualité d'atones que les mots latins *illac, illa(m), meam, ma; tuam, ta; suam, şa, jam,* etc., ont abouti à **la** (Alex. 85 c); **la** (Eul. 3, 4); **ma** (Alex. 42 b); **ta** (Alex. 27 a); **sa** (Eul. 17); etc; nous verrons plus loin [1] ce qu'ont donné les possessifs *mea, tua, sua,* lorsqu'ils étaient accentués.

Remarque. — *Quelle a été, à l'origine et durant tout le moyen âge, la prononciation exacte de è* (= *lat. libre ā, ă*)? C'est une question sur laquelle les esprits sont partagés.

Nous avons vu que l'*a* latin s'est le plus souvent maintenu dans les Serments; mais le mot *Ludhèr* (= *Lothario*) prouve que cet *a* n'est que l'expression graphique d'un son qui s'était déjà transformé. Il n'est cependant guère possible d'admettre la prononciation *è* (= *ê, è* ou *é*) telle qu'elle existait cent ans après, car alors le scribe aurait mis partout *e* (= *é*). Le son n'était plus *a;* il n'était pas encore *è,* voilà ce qui est certain.

La seule étude des sons nous montre que, pour arriver à l'*é* d'aujourd'hui, *a* latin a dû passer par un son ouvert qui n'est pas l'*e* ouvert proprement dit, car, dans nos anciens textes, *è* provenant de *a* latin n'assone, à peu d'exceptions près, qu'avec lui-même. Ce qu'était cet *e* ouvert provenant de *a* latin, et surtout à quelle époque il a pu devenir *é* fermé, voilà ce qu'il est difficile d'élucider.

M. Lücking [2], prenant pour exemple le mot *minăre,* admet que *a* est d'abord devenu *ai,* se diphtonguant comme le feront presque toutes les voyelles latines; cet *ai* se conserverait encore aujourd'hui dans le patois guernesiais [3], et il a persisté sous cette forme devant les nasales (*main, plaine* = *mănu, plăna*). *Menair* serait devenu plus tard *menèir;* c'est la forme qui est restée dans le dialecte

<hr>

(1) *Pronoms possessifs.*

(2) Die æltesten franzœsischen Mundarten, Berlin, 1877, p. 101 ss.

(3) Pour que cet argument eût de la valeur, il faudrait d'abord prouver, ce qui n'est pas facile, que la prononciation, à Guernesey, a toujours été *ai,* et qu'elle n'est pas plus ou moins récente.

bourguignon et en Lorraine; *menèir* aurait passé à *menéir*; c'est la prononciation que l'on trouve dans beaucoup de patois de la Champagne; enfin *menéir* aboutit à *menér*, avec *é* fermé. Or cette dernière prononciation est, selon M. Lücking, celle du français propre dès les plus anciens textes.

Cette théorie soulève plus d'une objection [1], mais elle est très conforme aux conditions physiologiques, et rend compte d'un trait caractéristique du dialecte bourguignon, ou, pour mieux dire, du groupe oriental.

Si le sens du mot **alair** (Fragm. de Val, v° 22) pouvait être défini exactement, s'il était certain que ce fût le verbe actuel **aller**, on aurait là un exemple de la prononciation la plus ancienne de *a* latin libre dans le domaine oriental; mais il serait téméraire de tirer d'un mot isolé et vague une conclusion quelconque, d'autant plus que, dans un autre passage, nous lisons **aler** (recto, I). Le Fragm. de Val. rend en effet le plus souvent par *e* l'a latin; et cependant il présente deux exemples incontestables de diphtongaison en *ei* : **ireist** (iratus, v° 3, 21).

La diphtongaison de l'*a* latin, qui persiste aujourd'hui encore dans l'Est, tantôt sous la forme de *èi* (Lorraine), tantôt sous la forme *éi* (Champagne), remonte donc très haut, et semble confirmer la théorie de M. Lücking. Mais est-elle propre à tout le domaine français, ou n'est-elle, au contraire, qu'un trait dialectal? Cette seconde opinion est celle de M. Havet, qui conçoit autrement que M. Lücking la série des transformations qu'a pu subir *a* latin.

Discutant l'origine des diphtongues romanes [2], M. Havet pense que *a* latin a donné *aa* (*ĕ bref latin donne plusieurs fois ee dans le manuscrit de Valenciennes*), puis, par réfraction, *ae*. Cet *ae* s'est maintenu devant les nasales, d'où **maent** (=*mănet*, Eul. 6); mais là il devient bientôt *ai* (*main* = *mánu*(m). Dans certains dialectes (dialectes orientaux), *ae* serait devenu *ai* devant toutes les consonnes, puis *èi*, puis *éi;* mais, dans la grande majorité des dialectes, *ae*, sans descendre à *ai*, aurait donné *ê*, puis *è*, puis enfin *é*.

Tout en reconnaissant que M. Havet rend un compte très exact du *maent* d'Eulalie, et qu'il paraît plus vraisemblable d'admettre comme un trait purement dialectal la diphtongaison en *èi*, *éi*, nous n'entreprendrons pas de discuter la valeur respective des deux

<hr>

(1) G. PARIS, *Romania*, VII, p. 123.

(2) *Romania*, VI, la prononciation de *te* en français, p. 321-327.

théories que nous venons d'exposer, et qui d'ailleurs ne diffèrent pas essentiellement.

Dès le xᵉ siècle au moins, le son *é* de *a* latin est simple, puisqu'il est presque universellement représenté dans les manuscrits par une voyelle simple; mais quelle est la nature de cet *é?* Faut-il croire, avec MM. Lücking et Havet, qu'il est déjà *é* dans Eulalie, et, à plus forte raison, dans les textes postérieurs?

Dans les plus anciens monuments de notre langue, il n'assone qu'avec lui-même : **virginitèt : honestèt** (Eul. 7-8); **lodèr : portèr** (Lég. 1 *a-b*); **charitèt : vertèt** (*veritáte*, Lég. 6 *c-d*); **mèl : el** (Lég. 17 *e-f;* le ms. porte *miel*, leçon évidemment fautive); **penèt : guedredonèr : enfermetèt : alèr, apelèr** (Alex. *Str.* 56); **pietèt : recovrèr : enditèt** (*indictáto*) **: querez : troverez** (Alex. *Str.* 63); **sonèz : retornèr : barnèt : Damnedeu : blasmèt : viltèt : assèz : costèt : ensanglantèt : assemblèt : livrèt** (Rol. 1059-1069); etc.

Deux mots, qui ont l'accent sur *ĕ* bref latin, peuvent, en ne diphtonguant pas cet *ĕ*, assoner avec *é* provenant de *a* latin libre; ce sont **Deus, Deu** (= *Dĕus, Dĕo*) et **eret** (= *ĕrat*). Ils doivent, par conséquent, être prononcés respectivement *Dé, éret.* Ils forment une exception non encore expliquée.

Une autre exception est plus apparente que réelle.

On sait que la deuxième personne du pluriel, au présent de l'indicatif et au futur de tous les verbes, pour nous en tenir à ces deux temps, est presque uniformément en *ez* dès les premiers temps de notre langue; cette terminaison est empruntée à la terminaison *atis* de la première conjugaison latine, de sorte que des formes comme *devez, porterez, rendez, rendrez* correspondent en réalité à *ez* (= *atis*) ajouté à *dev, port, rend, rendr(e)*. Mais, comme *ē* long accentué latin libre (ainsi que *ĭ*) a donné *ei*, la deuxième personne du pluriel, au futur de tous les verbes et au présent de l'indicatif des verbes latins qui ont *étis*, devait être et a été originairement *eiz*.

On ne peut guère en juger par les textes antérieurs au Roland; les exemples manquent dans Eulalie; on lit, il est vrai, dans le Fragment de Valenciennes, **aveist** (= *habetis*, vᵒ 27); mais *é* (= *a* latin) se diphtonguant encore dans ce texte, on peut tout aussi bien considérer *aveist* comme l'équivalent de *avátis* que comme celui de *avétis*. Cet exemple ne prouve donc rien.

Deux assonances du Saint-Léger **crudels : crever** (*crudēlis, crepare;* le ms. porte *cruels : crever*) pourraient faire croire à la prononciation *crevèir*, qui n'aurait d'ailleurs rien d'étonnant dans ce texte oriental, et qui cadrerait avec celle de *crudels* (=**crudeils**); mais *crudele* étant devenu dans notre langue tantôt *crudeil*, tantôt *crudel* avant de s'arrêter définitivement à *cruel* (et non *crueil* qui eût été la forme régulière), il serait également téméraire de tirer de cet exemple une conclusion ferme.

L'assonance **odreiz : feid** du même poème (19 e-f) est plus concluante. Le ms porte **aurez : fïd**, formes évidemment altérées. Quoi que l'on pense de la restauration de M. G. Paris, il est certain que *aurez* représente un futur, et *fïd* le mot latin *fïde*, qui ne peut donner que *feid, feit* en roman au xe siècle. Ici donc le futur a conservé sa prononciation étymologique **eiz** (= *étis*).

Sans nous arrêter à l'Alexis, où deux ou trois exemples en *ei* ne sont que des fautes de copistes[1], nous passons au Roland. Le futur y assone volontiers avec *ei* (= *ē* latin) : *conseil* : **ireiz** : **portereiz** : *rei : mei : meis : fedeilz : lei : feit : veir* : **avreiz** (v. 78-88); *reis :* **vedreiz** : *aveir : Franceis : feiz :* **avreiz** : **chevalchereiz** : **guidereiz** : *treis,* etc., (v. 3279 ss); **vedreiz** : *corteis : aveir,* etc., (3750 ss); etc., etc.

Avant la fin du xie siècle, on pouvait donc encore, dans une certaine mesure, confondre *eiz* du futur avec *ei* provenant de *ē, ï* latins. Mais il faut se hâter d'ajouter qu'en même temps *ez* du présent de l'indicatif, quelle que soit la conjugaison, ainsi que *ez* du futur, assonent très régulièrement, et dans l'immense majorité des cas, avec *é* (= *a* latin) : *pietèt : recovrèr : enditèt :* **querèz** (= *quaeratis* pour *quaeritis*) : **troverèz** (Alex. str. 63); *recordèr : salvèr :* **atendèz** : (= *attendatis* = *attenditis*); *trinitèt : regnèr* (Alex. str. 110); *donèr : enchadeignèz : mudèz : trossèz :* **ferèz**, etc. (Rol. 127 ss); *blasmèr :* **podèz** : (*potatis* = *potestis*); **retenèz** : *porpensèt : donèr* (Rol. 1174 ss); *trovèr :* **dirèz** : *colpèr...* (Pèlerin, 40 ss), etc., etc.

Jamais on ne voit assoner *eiz* du futur avec *ez* correspondant à *a* latin.

Ainsi, malgré cette particularité que *eiz* du futur s'allie parfois avec *ei* provenant de *ē, ï* latins, il est impossible d'en conclure qu'avant la fin du xie siècle *é* avait ou pouvait avoir, dans le français propre, c'est-à-dire dans le domaine dont l'Ile-de-France est le centre, un son diphtongué. C'était un son simple, n'assonant qu'avec lui-même, peut-être un son fortement ouvert (*è*), ou déjà

---

[1] Voyez 4e conjugaison, présent de l'indicatif, 2e personne du pluriel.

fermé (*é*) [1], et, en tous cas, différent de *è* ouvert provenant de *ē*, *ĭ* latins entravés.

2) A libre, long ou bref, devant une nasale m, n, *donne la diphtongue forte* ài, *qui, lorsque* m, n *seront nasalisées, au commencement du* XIIe *siècle, sinon à la fin du* XIe [2], *formera la diphtongue nasale* ain.

Si l'on admet la série des transformations proposées par M. Havet pour *a* libre accentué latin, *a* devant *m*, *n* a donné d'abord **ae** (**maent** = *mánet*, Eul. 6) pour aboutir bientôt à **ai**, qui n'a pas varié depuis les origines : **aimęt** (*amat* Lég. 35 c. ; ms : *aima*) ; **mains** (*manus*, Alex. 786) ; **graime** (triste, du germ. *gram* = affliction, Alex. 22 b) ; **pain** (*pane*, Alex. 45 e) ; **remainęt** (*remanent*, Alex. 60 c) ; **fains** (*fames* au plur. Alex. 80) ; **reclaimęt** (*reclamat*, Rol. 8) ; **compaing** (*companio*, Rol. 559) ; **remains** (*remanes*, Rol. 2928) ; **Romaine** (*romana*, Rol. 3094) ; **madraines** (*matranas*, Rol. 3982) ; etc.

Il n'y a pas d'exceptions à cette transformation de *a* latin devant une nasale ; et si le suffixe latin *iáno* aboutit à *iien* (plus tard *ien*), non à *iain*, c'est que, comme nous le verrons plus loin [3], *a* se trouvait sous l'influence de deux lois phonétiques, et que l'une l'a nécessairement emporté sur l'autre.

La diphtongue *ài* (= *a* + nasale) est, avons-nous dit, restée sans changement graphique jusqu'à nos jours ; mais la prononciation a varié. Aujourd'hui *ài* est devenu un son simple, l'équivalent de *è* ouvert et quelquefois même de *é* fermé, surtout à l'atone ; mais originairement, et au XIe siècle encore, *ài* est une diphtongue forte, qui accentue fortement l'*a* et passe rapidement sur *i*, de sorte qu'elle assone en *a* pur ; les assonances suivantes en font foi : *compaigne : engraignęt : ang(e)les : France : ataignęt :* **aimęt** (Rol. 1087-1092) ; *demandęt : Charlemaignes : flambe :* **Romaine :** *eschange* (Rol. 3091-3095) ; *Aleman : Norman : Franc. : ahan : avant :* **mains**--- (Rol. 3960 ss) ; etc. Dès le commencement du XIIe siècle, lorsque la nasale cessera d'être sonore, la diphtongue

____

(1) J'incline à croire que, durant une grande partie du moyen âge, *e* a gardé, dans un très grand nombre de mots, quelque chose du son ouvert ancien *è*; mais l'examen d'une telle question exigerait un développement qui sortirait du cadre de cette étude.

(2) Voir plus loin : nasalisation de **an, en.**

(3) Article suivant : *a* latin infecté d'*i*.

forte *ai* s'affaiblira graduellement; mais ce n'est qu'au xvɪᵉ siècle que *ain* se confondra presque avec *in*.

3) A entravé, latin ou roman [1] *(a du latin populaire) persiste dans tous les textes primitifs de la langue française et s'est maintenu sans changement jusqu'à nos jours.*

Avant (*abante*, Serm. *I*); **quant** (*quando*, Serm. *I*); **part** (*parte*, Serm. 11); **amast** (*amasset*, Eul. 10); **arde** (*ardat = ardeat*, Eul. 19); **granz** (*grandes*, ·Lég. 2 d); **art** (*arte*, Lég. 5 a); **chartre** (*cartula*, Alex. 78 a); **barbe** (*barba*, Alex. 78 b); **achatet** (*accaptat*, Alex. 8 e); **amanvet** (*admanuat, admanvat = prépare*, Alex. 47 c); **adates** (*adaptus*, Rol. 1651); **diavle** (*diabolo, diavolo, diav'lo*, Eul. 4); **dïable** (*diabolo, diab'lo*, Lég. 22 a); **table** (*tabula, tab'la*, Alex. 50 b); **parage : lignage** (Alex. 50 c, e); et tous les dérivés du suffixe **age** (= *aticum, atico, atigo, at'go* [2]); **chadeignables : mudables** (Rol. 183-184); et tous les dérivés du suffixe **able** (= *abile, ab'le*); **mar** (*malahora, málora, mal'ra*, Alex. 88 b); etc.

Il y a en réalité entrave dans les mots où une explosive est suivie d'un *i* palatal, puisque cet *i* se consonnifie; c'est pourquoi l'*a* s'est maintenu dans **sachet** (*sapiat, sapjat*, Alex. 50 d); **rage** (*rabie, rabje*, Rol. 2279); **sages** (*sapjus*, Rol. 648); etc.

Le groupe *ci* ou *ti* suivi d'une voyelle fait généralement entrave ; de là **manatce** (*minacia*, Eul. 8); **fazet** (*faciat*, Serm. I); **face** (*faciam*, Rol. 275); **faz** (*facio*, Rol. 515); **gracie** (lisez *grace = gratia*, Lég. 8 d); **grace** (*gratia* Alex. 73 b); **placet** *placeat, placiat*, Rol. 358), etc.

L'entrave latine ou romane explique le maintien de *a* latin dans les cas suivants : 1º A l'imparf. du subj. des verbes de la première conjugaison : **amast** (*amasset*, Eul. 10); **alasses** (*al* + *asses*, Alex. 90 e); **guardast** (Alex. 46 b), etc.

2º A la deuxième personne du sg. et du plur. du passé défini : **laisas** (*laxasti, lacsasti*, Alex. 94 e); **espargnas** (Rol. 3103); **deignastes** (*dignastis*, Rol. 1104); etc.

3º Peut-être à la troisième pers. sg. du passé défini de la même conjugaison : **jurat** (*juravit, jurav't, juvaf't*, [3] Serm. I); **volat** (*volavit*, Eul. 25); **edrat** (*iteravit*, Lég. 12 c); etc.

---

(1) Il y a entrave romane lorsque, par la chute d'une voyelle atone, la tonique se trouve devant deux consonnes : *tabula*, d'où *tab'la*.

(2) A moins qu'on ne préfère la série suivante : *ático, atigo, atï'o, atjo*.

(3) Cf. *dift* (= *debet, debit, devit, dev't def't*) dans les Serments.

4° A la deuxième et à la troisième pers. sg. du présent de l'indic. du v. *aveir* : **as** (*habes, avis, af's, Alex.* 44 d); **at** (*habet, habit, avit, av't, af't*[1]. Alex. 9 c); et, par une conséquence toute naturelle, aux mêmes personnes du futur de tous les verbes : **avras** (Alex. 31 c); etc.

A entravé, suivi immédiatement d'une nasale, donnera, dès le XIIe siècle, et peut-être même dès la fin du XIe, la nasale *an*; mais, jusqu'au commencement du Xe siècle au moins, *a* conserve le son oral pur (*avant=avann'te*), et *n* reste sonore. La question n'est guère douteuse pour le IXe siècle; mais, dès le Xe siècle, dans le Saint-Léger, par exemple, *an* n'assone qu'avec lui-même : **sanz** : **aanz** (1 c, d); **aanz** : **granz** (2 c, d); **granz** : **franc** (9 c, d); **ardant** : **persecutant** (23 a, b); **granz** : **tiranz** (26 a, b); **tirant** : **avant** (32 e, f); et il n'en est pas autrement de l'Alexis (*strophes* 2, 8, 23, 46, 55) et même du Roland. Dans les quarante-huit laisses en *an*, *an-e* que nous présente ce dernier texte, voici les seules exceptions que nous ayons trouvées : *hanste* : **rièdreguarde** : *estrange—* (v. 838); **blasme** : *Espaigne* : — *estrange* (v. 1082); *estrange* : *chataigne* : *Espaigne* : **reialme** (v. 2914); *guanz* : **amiralz** : *rent* : *espent—* (v. 2831). Enfin, dans la laisse 3329-3344, qui assone en *a* oral pur : *estendart* : *at* : *part* : *at halt — vassal—*, on trouve le mot **champ** (v. 3336).

Il ne sera donc pas inexact de dire que, dès le Xe siècle, *a* suivi d'une nasale a pris un son particulier qui n'est sans doute pas encore *a* nasal, puisque ce n'est que vers la fin du XIe siècle que *en* et *an* [2] commencent à se confondre en se nasalisant, mais qui diffère déjà sensiblement de *a* oral pur. En tout cas, *n* reste sonore jusque vers la fin du XIe siècle.

4) A accentué, long ou bref, libre ou entravé, suivi d'une gutturale ou d'une syllabe contenant un i palatal, c'est-à-dire un i semi consonne, s'est généralement combiné avec l'i palatal atone, qui passe ainsi dans la syllabe accentuée, ou avec l'i palatal qui se dégage de la gutturale, pour former avec lui la diphtongue **ài.**

Dans le second cas, la gutturale, qui s'est ainsi résolue en *j*, disparaît.

Cette diphtongue *ài*, comme celle dont il a été question précédemment devant *m*, *n*, est étrangère à la langue latine de l'époque

______

(1) Cf. *dift* (= *debet, debit, divit, div't, dift*) dans les Serments.
(2) Voyez plus loin, *en* et *an*.

mérovingienne. Toutefois, dans les mots où une gutturale sourde suivie d'un *r* s'est vocalisée, cette vocalisation a dû être préparée par le changement de la sourde en sonore. On trouve *sagráta* (=*sacráta*, Tardif, Monum. hist., n° 42, l. 2); *sagramentum* (=*sacramentum*, ibid, n° 45, l. 9 et 10). Il n'est donc pas téméraire de supposer entre le latin *lacryma* et le roman *lairme* l'intermédiaire *lagryma*, de sorte que la série complète des transformations du mot *lacryma* est *lacryma, lagryma, lagr'ma, lajrma, lairme*.

Sagramentum se trouve dans les Serments sous la forme **sagrament** (II). Il ne faudrait cependant pas croire que la diphtongue *ai* ne fût pas formée au milieu du ixe siècle, puisque, dans ce même texte des Serments, l'on trouve **plait** (=*placito, plac'to*, I); **salvarai** (futur = *salvarabeo, salvaraveo, salvaraio*, I); **prindrai** (*prendraio*, I). On sait que la notation des Serments est généralement archaïque et surtout influencée par le souvenir du latin.

Les exemples de cette diphtongue abondent dans Eulalie, dans le Fragm. de Val. et dans les textes postérieurs : **faire** (*facere*, Eul. 4); **laist** (*laxet, lacset*, Eul. 28); **fait** (*facit*, Val. V° 25); **aiet** (*habeat, aviat*, Val. V° 28); **pais** (*pace*, Lég. 19 a); **faiz** (*factos*, Lég. 18 c); **frailes** (*fragilis*, Alex. 2 d); **detraire** (*detragere*, Alex. 86 d); **sacrarie** (lisez *sacraire*, mot semi-savant, semi-populaire = *sacrario*, Alex. 59 c); **contraiz** (*contractos*, Alex. 111 a); **altaigne** (*altanea, altania*); **remaignet** (*remaneat, remaniat*); **montaigne** (*montanea, montania*, Rol. 1 ss); etc.

Le latin *aqua* est devenu régulièrement *aqva*, d'où, en roman, **aive**; **ewe**, que l'on trouve dans le Roland (v. 2465, 3667, etc.) et dans le Pèlerinage (v. 256, etc.), est une forme due aux scribes du xiie siècle, alors que *ai* était déjà devenu l'équivalent de *è* ouvert; quant à **ègue**, que l'on rencontre dans l'Alexis (54 b), c'est une forme que l'on peut considérer comme dialectale : *aqua, aca, agua, ègue* (= *aigue*).

 — 1° *A entravé, devant une nasale suivie elle-même d'une gutturale, devient également* **ai** : la gutturale s'est résolue en un *j* qui a passé à côté de l'*a*. C'est un phénomène tout roman, qu'on ne retrouve pas, même en germe, dans les Chartes mérovingiennes.

Ni les Serments ni Eulalie n'offrent d'exemples de cette sorte. Le Saint-Léger présente **sanz** (*ms : sancz*, 1 b), même à l'assonance : *sanz : aans* (1 c, d), ce qui ne prouve rien, puisque, non seulement à cette époque, mais pour longtemps encore, *ai* assone

en *a* pur (cf. *faiz* : *pardonat*, Lég. 38 d-e). Pourquoi cette diphtongue ne se serait-elle pas formée à peu près en même temps que
celle qui provient de *a* suivi immédiatement d'une gutturale? Nous
croyons que l'on peut admettre, dès le ixᵉ siècle, la prononciation
sàint (= *sancto*).

Les exemples abondent dans les textes du xiᵉ siècle : **plaindre**
(*plangere*, Alex. 93 b); **plainstrent** (*planxerunt*, *plancserunt*,
Alex. 119 d) ; **deplainz** (*deplanctus*, Alex. 21 e) ; **saint** (*sancto*,
Alex. 120 c); **fraindre** (*frangere*, Rol. 6) ; **ataignet** (*attangat*,
Rol. 9) ; **fraint** (*frangit*, Rol. 1199), etc.

2º Les variétés de la diphtongue *ai*, quelle que soit leur provenance (*a* devant nasale, *a* + gutturale, *a* + *i* palatal, *a* devant
nasale + gutturale), sont identiques ; elles ont la même prononciation *ài* (*i* très faible) jusqu'à la fin du xiᵉ siècle, et assonent en *a*
pur. Les exemples en sont nombreux dans tous les textes : **mesfait** :
ralat (Lég. 15 e-f) ; *adunat* : **estrai** (*esseraio*, *ess'raio*, Lég. 16 a-b);
pais (*pace*) : **paiast** (*pacasset*, Lég. 19 a, b) ; **chartre** : **alaschet** :
pape : *esguardet* : **savie** (*lisez* **saive** = *sapio*, Alex. str. 75); *avant* :
guant : *Franc* : *Rollanz* : *vivant* : **compaing** (*companio*, Rol.
v. 280 ss); *angoissables* : *martre* : **palie** (lisez *paille* = pallio,
manteau) : *visage* : *larges* : *esguardent* : *t'esrages* : *padrastre* :
alge : **repaidre** (*repatriem*) : **contraire** (*contrario*) : *edage* :
folage : *menace* : *message* : *face* (Rol. 301-316) ; *Moriane* :
Espaigne (*Hispania*) : *vantance*; **compaigne** (*compania*) : *lance* :
fidance : **plaignet** (*plangat*, Rol. 909-915), etc., etc.

Pourtant, dès la fin du xiᵉ siècle, à l'époque du Roland, cette
même diphtongue *ài*, que nous venons de voir assoner en *a* pur
dans des exemples si probants et dont il serait facile d'augmenter
considérablement le nombre, s'est déjà affaiblie au point de pouvoir
être assimilée au son simple *è*, comme on peut s'en convaincre par
les assonances suivantes : *destre* (*dextera*) : *ventèlet* (*vent + illat*) :
desfaire (*disfacere*) : *terre* (*terra*) : **repaidre** (subs. verbal de
repatrio) : *chapèle* (*capella*) : *feste* (*festa*) : *termes* (*terminus*) :
novèles (*novellas*) : *pesmes* (*pessimus*) : *testes* (*testas*) : *perdent*
(*perdant*) : *bèle* (*bella*) : **sofraites** (*suffractas*) : *estre* (*essere*, *ess're*,
Rol. 47-61) ; *Bordèle* : *resne* : *Valterre* : *eschantèlet* : **ventaille**
(*ventacula*) : *forcèles* : *sèle* : *perdre* (Rol. 1289-1296); **repaidret** :
graisles : *perte* : *novèlet* : *terre* : *helmes* : *estre* : *pesme* : **faire**
(Rol. 2115-2123); *bèle* : *terre* : **esclairet** (*exclariat*) : *novèles*
(Rol. 2635 et ss) ; *bèle* : *chapèle* : *novèles* : *pesmes* : *conquerre* :
saisne (*saxòni*) : *averse* : *Palerme* : *Califerne* : **sofraites** : *podeste* :

chadèlet : *deserte* : *estre* : **detraire** : *teste* : *terre* (Rol. 2916-
2932), etc.

Que conclure de cette double série d'exemples, sinon que, dans
le dernier tiers du XIᵉ siècle, l'évolution de *ai* vers *è* ouvert était
déjà avancée, et que la prononciation flottait incertaine, du moins
dans le domaine occidental, entre *ai* et *è* ? L'ancienne prononciation
domine encore, car le plus souvent *ai* assone en *a* pur, et le nombre des mots en *ai* qui assonent avec *è* ouvert est, en somme, assez
restreint ; mais l'affaiblissement de la diphtongue est un fait indéniable ; il se poursuivra sans interruption, et, dans le dernier tiers
du XIIᵉ siècle, moins de cent ans après le Roland, *ai* sera si bien
devenu un son unique, qu'il rimera constamment avec *è* ouvert
provenant de *ĕ*, *ĕ*, *ĭ* latins accentués et entravés. On trouvera, par
exemple, en rimes liées : *mes* (*mais = magis*) : *pes* (*pais = pace*) :
reles (*relais*) : *pres* (*presso*) : *tes* (*tais = taces*, Garnier de Pont-
Sainte-Maxence).

*5) Dès les premiers temps de la langue, à une époque
aussi ancienne que le changement de* a *libre accentué en* è,
A *latin accentué, non entravé, s'est changé en* ie (iè) *après
les lettres* ch, c, g, n *et* l *mouillées* (gn, ill) *sans exception ; après les lettres* d, t, s, ss, r, *quand ces lettres étaient
précédées d'un* i *semi-consonne venant d'un* c, *d'un* g *ou
d'un* j.

En d'autres termes, a *latin libre et accentué a donné* ie (*lisez* yè)
*après les gutturales sans exception, et après les dentales, comme
après les lettres* s, ss, l, n, r *quand celles-ci sont précédées d'un* i
palatal.

Cet effet ne s'est pas produit après les labiales ; dans aucun cas
non plus, le changement en *iè* n'a lieu pour *a* entravé.

Les Serments n'offrent aucun exemple. Il n'en est pas de même
d'Eulalie : **regièl** (*regale*, 8) ; **pagièns** (*paganos*, 19-12) ; **chièlt**
(*calet*, 13) ; **consellièrs** (*consiliarios*, 5) ; **Maximiièn** (*Maximiano*,
10) ; **christiièn** (*christiano*, 14) ; **chièf** (*capo*, de *capus*, formé du
thème *cap*, de *caput*, 22) ; **lazsièr** (*laxare*, *lacsare*, 24) ; **preiièr**
precare, 26). La transformation est ici tellement bien établie que
l'on peut sans crainte en reporter la date à une époque antérieure
au Xᵉ siècle, sans doute à la première moitié du IXᵉ siècle.

Le Fragm. de Val. ne présente que *oi* **comentièst** (*habui
cuminitiato*, vᵒ 28) avec une *s* parasite.

Mais les exemples abondent dans les textes postérieurs : **clergièt** (ms : *clergier = clericato, clerigato, clergato,* Lég. 11 e); **comgièt** (ms. : *cumgiet = commeato, comjato,* Lég. 14 f) ; **chastiièr** (ms : *castier = castigare,* Lég. 18 a) ; *bièn* : **evesquièt** (*episcato* pour *epispocato = episcopatum,* Lég. 21 b ; ms : *evesquet* ; *et* pour *iet* est une faute rendue évidente par l'assonance) ; **quièu** (*capo* pour *caput*[1], Lég. 21 e ; ms : *queu*); **liièr** (ms. : *lier = ligare,* Lég. 25 f); **anoitièt** : **colchièr** : *cièl* : **corrocièr** : *moillièr* (*adnoxitato* ; *collocare, colcare* ; *corruptiare,* Alex. str 11) ; **entercièt** : cièl : **almosnièrs** : **provendièrs** : *lièz* (*intertiato* ; *eleemosinarius, elmosnarius* ; *pròbendarius.* Alex. str 25) ; **volentièrs** : **acomongièr** : **conseillièrs** : **esforcièr** : **esloignièr** (*voluntariis* ; *accommunicare, acomun'gare*; *consiliarius*; *exfortiare* ; *ex+longo+iare,* Alex. str 52) ; **paiièns** (*paganos*) : **chevalièrs** (*caballarios*) : **aidièr** (*ajutare, ajtare*) : **esmaiièr** (*ex+germ. mag, de magan+are*): **fièr** : **amistièz** (*amicitates, amiç'tates*) : **chièns** (*canes*) : **mudièrs** (*mutarios*) : **chargièz** (*carricatos, cargatos*) : **charreiièr** (*carricare*); **soldedièrs** (*solidatarios*) : **osteiièt** (*hosticato*) : **repaidrièr** (*repatriare*) : *Michièl* : **chrestiièns** (*christianos*) : *bièn* : **enveiièz** (*inviatis*) : **afidancièr** (*a +fidance + iare*); *moillièrs* : *mièn* : **chiès** (*capos*) : **deintièt** (*dignitate*) : **mendeiièr** (*mendicare,* Rol. 24-46), etc.

Remarques. — 1° Le suffixe latin *iano* (*= ianum*) pouvait être traité de deux manières : si l'influence de la nasale l'emportait, il en résultait *i-ain*; si, au contraire, l'*a* était soumis à l'influence de l'*i* palatal qui précède, on avait *i-ièn*. Comme on le voit par les exemples cités plus haut, c'est *i-ièn* qui l'a emporté dès les origines: a *latin accentué, libre, suivi d'une nasale, aboutit invariablement à* ièn *lorsqu'il est précédé de* i *palatal faisant hiatus avec lui.* Il en a été de même de *a* précédé d'une gutturale et suivi d'une nasale dans le mot *cane* (*canem*), qui a donné **chièn** (Rol. 30).

2° Le suffixe *ario* (*arius, arium*) pouvait donner en roman et a donné effectivement, selon que l'*a* s'est changé en *iè* sous l'influence de l'*i* palatal suivant, ou qu'il s'est simplement uni à *i,* comme lorsqu'il est suivi d'une gutturale[2], *ièr* ou *aire.*

---

(1) Quieu est une forme dialectale ; la forme française, ou, pour mieux dire, francienne (Ile-de-France), est chièf. Le maintien de *c* vélaire dur devant *a,* la chute complète de la labiale médiale, et le maintien de *o* (*u*), qui n'était séparé de la tonique que par une labiale, voilà ce qui a donné quieu (cf *clou = clavo,* etc.).

(2) Voy. n° 4.

La forme *ièr* est de beaucoup la plus fréquente. Les exemples en sont très nombreux dans nos anciens textes [1].

Aire est infiniment plus rare et se trouve restreint, du moins jusqu'à la fin du xi⁰ siècle, à un petit nombre de mots qui ont disparu ou n'ont jamais reçu la forme *ier* : **sacraire** (*sacrario*, mot savant, Alex. 59 c) ; **vairs** (varios, Rol. 304) ; **viarie** (lisez : *viaire = vicario*, Pèlerin. 361). Il y a eu certainement lutte entre les deux suffixes, car plus tard on trouve d'autres mots en *aire* : *suaire, daire*, aux xii⁰ et xiii⁰ siècles ; mais ce suffixe est généralement savant [2] ; c'est la formation savante qui, dès le xii⁰ siècle, va le raviver un peu : *vicaire, notaire*. Malgré tout, il n'a jamais eu beaucoup de vie. Des mots comme *primaire, secondaire*, etc., sont tout modernes et également savants.

3⁰ Le phénomène qui se présente dans *vair* (= *vario*) n'est pas le même que celui qui a fait de *maium, maio*, par exemple, le mot **mai** (Rol. 2628; Pèlerin. 383). Dans le premier cas, il y a transposition de la voyelle *i* et de la consonne *r* (de même aussi dans *ièr = ario*), avec cette différence qu'ici l'*i* passe devant l'*a* devenu *è* au lieu de le suivre, tandis que, dans *mai* (= *maio*), il y a simplement concentration en un seul son de deux voyelles voisines, *a* et *i* palatal, et formant des syllabes distinctes.

A partir du xii⁰ siècle, ce phénomène deviendra de plus en plus fréquent dans la langue française. Dans les textes anciens qui nous occupent, des mots comme *Maximiièn, chrestiièn, leiièr* se décomposent en *Ma-xi-mi-ièn, chres-ti-ièn, lei-ièr*. Ainsi, malgré l'orthographe du ms L de l'Alexis, on lira, non pas **Eufemièn**, mais **Eufemiièn** : *il le nonçat son pédre* **Eufemi-ièn** (69 b); de même : *E jo sai dire qu'il fut bons* **cresti-ièns** (ms L : **crestiens**, 68 e); *ne seit ocis o devient* **chres-ti-ièns** (Rol. 102; ms : *chrestiens*); **chres-ti-iène** *est par veire conoissance* (Rol. 3987) ; *molt dolcement li at Rollanz* **prei-ièt** (ms : *preiet*, Rol. 2176, asson. en *iè*).

Mais, moins de cent ans après le Roland, la diphtongue *iè*, précédée d'un *i* (*iiè*) se réduisait à *iè* seulement par la chute du premier ou du second *i*; et cette chute, dont on ne s'apercevait que fort peu dans la prononciation, s'effectuait régulièrement dans l'écriture. Il devait en résulter, à la longue, une condensation des

---

(1) Les voyelles simples ne se diphtonguent pas dans les Serments ; c'est pour cela qu'on y trouve LUDHER (= *Lothario*).

(2) C'est comme savant qu'il a donné *aire* et non pas *air*, comme dans *vair* (= *vario*), qui est un mot de formation populaire ; d'ailleurs l'*i* palatal est volontiers suivi d'un *e* muet.

deux syllabes en une. C'est ce qui aura lieu. Aujourd'hui, par exemple, *chrétien* ne compte plus que pour deux syllabes ; et si *lier* est encore admis dans la versification pour deux syllabes, il y a longtemps que la prononciation populaire en a fait un monosyllabe.

4° Il ne sera pas inutile de faire observer que les anglo-normands réduisaient presque invariablement à é simple la diphtongue *ie*. On ne sera donc pas étonné de rencontrer dans le ms L de l'Alexis ou dans le ms d'Oxford (Roland) des formes comme les suivantes : *blastenger* (= *blastengièr*, Alex. 64 b ; assonance en *ie*) ; **volenters** : *acomunier* : **conseilers** : **esforcer** : **esluiner** (= *volentièrs* : *acomungièr* : *conseillièrs* : *esforcièr* : *esloignièr*, Alex. str. 52) ; **traveillez** : **enveiet.....** **tempers** : **apareillez** : **chet** : **pumer**, etc. (= *traveilliès* : *enveiièt* : ..... : *tempièrs* : *apareillièr* : *chièt* : *pomièr*, etc., Rol. 2525 ss); etc. Il faut partout restituer *ie*.

5° La diphtongue *ie* (= *a* latin libre infecté de *j*) a régné durant tout le moyen âge. Elle assonait et rimait [1] avec la diphtongue *ie* qui a pour origine *ĕ* bref libre accentué : **entercièt** (*intertiato*) ; **cièl** (*caelo*) : **almosnièrs** (*elemosnarius*) : **provendièrs** (*probendarius* = qui reçoit les vivres) : **lièz** (*laetus*, Alex. str. 25) ; etc.

Au xiv° siècle, une révolution se produisit dans la langue, et, à partir de cette époque, la diphtongue *ie* provenant d'*a* infecté de *j* a généralement disparu de la langue française et s'est réduite à *é* [2].

II. — E BREF LATIN

Il est certain, par le témoignage des grammairiens anciens et des rares documents du latin vulgaire, que la prononciation de *e* accentué latin variait selon qu'il était bref ou long, libre ou entravé, *e* entravé restant le même qu'il fût long ou bref. *E* avait, dans ces trois cas, trois sons différents, qui faisaient de cette voyelle trois voyelles distinctes, et qui, chez nous, ont abouti à des formes nettement séparées : *ie*, *oi*, *è*.

Les grammairiens de la fin de l'Empire s'accordent à dire que *e* bref était devenu une diphtongue, sans nous en indiquer la nature. Servius [3], par exemple, s'exprime ainsi : *quando e cor-*

(1) Voyez plus loin, p. 25.
(2) Sur les conditions dans lesquelles s'est accomplie cette réduction, voy. *Romania*, IV, article de M. G. Paris, p. 122, ss.
(3) *Explanationes in Donatium.*

reptum est, sic sonat quasi diphthongus. Les inscriptions notent le plus souvent cette lettre par *ae*[1], représentation sans doute imparfaite d'une diphtongaison mal caractérisée (il est vraisemblable toutefois qu'elle sonnait *æè*, plus tard *éè*[2]), car elle est devenue *iè* dans presque toutes les langues romanes (en valaque *eá*); le portugais seul a gardé la voyelle intacte ; or *éè* est l'intermédiaire entre *ae* et *iè*.

1) E bref latin, libre, accentué (e ouvert du latin populaire) *devient en français* iè.

On sait que la diphtongue latine *ae* devenait brève devant une voyelle ; par analogie, la langue populaire a abrégé, même devant une consonne, cette diphtongue, qui a été ainsi assimilée à *e* bref ; c'est pour cela que les mots *caelum, saeculum, caecus, quaerit*, etc., ont été traités comme s'ils étaient écrits et prononcés *cĕlum, sĕculum, cĕcus, quĕrit*, etc.·

Cette diphtongue *iè* est inconnue de l'époque mérovingienne.

On lit, dans les Serments, les mots **Deo**, **Deus**, **eo** (*ĕgo*), **meon** (3 fois = *mĕum*, I) ; — **meos** (*mĕus*), **io**, **eo** (*ĕgo*), **er**[3] (*ero*, II).

La diphtongaison de *ĕ* latin n'est donc pas opérée dans ce texte, ce qui ne signifie pas, étant donné le caractère archaïque, ou, pour mieux dire, latin des Serments, qu'à cette époque on ne connaissait pas encore *iè* ; mais si *ĕ* latin n'était déjà plus un son simple, l'*e* ouvert du latin vulgaire, la transformation était seulement en train de se faire.

Dans Eulalie, on trouve encore, à plusieurs reprises, **Deo** (v. 3, 6); mais ce mot était si fréquemment employé, que le latin a dû influencer la forme romane. Il en sera ainsi longtemps encore après le xe siècle. Au xie siècle, notamment, nous avons vu ce mot assoner en *è*, de même que l'imparfait **erẹt** (= *ĕrat*, Eul. 12) du verbe *estre*. Il s'agit donc, pour ces deux mots, d'une particularité nettement définie, sinon facilement explicable, et la non diphtongaison de *ĕ* ne prouve rien pour Eulalie. D'ailleurs, dans ce même

(1) Cf. Schuchardt, *der Vokalismus des Vulgærlateins*. I. p. 324 ss.

(2) Cf. la prononciation de *iè* en français par M. L. Havet, *Romania*, VI, p. 323.

(3) M. Lücking (*die æltesten französischen Mundarten*, Berlin, 1877, p. 76-80) a proposé de lire nun lui ier au lieu de nun li iv er. La restitution est ingénieuse, mais les autres mots ne diphtonguant pas *e*, et, d'une manière générale, les voyelles simples ne se diphtonguant pas dans les Serments, il paraît plus plausible de lire *er*.

texte, nous lisons **cièl** (*caelo*, 6, 25) assonant d'un côté avec *conseil-lièrs* et de l'autre avec *preiièr* ; et **menestièr** (*ministĕrio*, 10) assonant avec *pleier* (*pleiièr* = *plicare*).

Enfin l'ĕ de *mĕlius* n'est pas diphtongué non plus dans **melz**[1] (16). Quant au mot **seule** (= *saeculo*, 24), c'est une forme dia-lectale.

De tout cela il semble résulter qu'un demi-siècle environ après les Serments la diphtongaison de ĕ latin n'était pas chose incontes-table, et la lecture du Fragment de Valenciennes ne fait que con-firmer cette opinion. Si l'on y trouve, en effet, **avièt** (*advĕnit*, v° 27), on y lit six fois **edre** (= *hedera*, v° 11, 12, 14, 16, 20). La liquide *r* ne faisant pas entrave, rien ne s'opposait à la diphtongaison. D'ailleurs on y voit aussi **eedre** (v° 15), qui présente la forme intermédiaire *ee* (*éé*?) entre *ae* et *iè* dont nous avons parlé plus haut, et qui prouve que si le son *iè* n'était pas indubitablement formé, la transformation était du moins fortement avancée.

En tous cas, elle était effectuée depuis quelque temps déjà quand parut le St-Léger, car là il n'y a pas la moindre hésitation : **bièns** (*bĕne* + s, 1 e) ; **mièldre** (*mĕlior*, 6 b) ; **ièrt** (*ĕrit*, 7 a, b) ; **bièn** (*bĕne*, 7 d) ; **monstièr** (*monastĕrio*, 11 f) ; **mestièr** (*ministĕrio*) : **bièn** (14 c, d) ; **pièz** (*pĕdes*, 28 c) ; **dièus : cièl** (35 c, d) ; etc.

A plus forte raison en est-il ainsi dans l'Alexis, le Roland et le Pèlerinage : **vièlz** (*vĕtulus*, Alex. 2 d) ; *colchièr* : **cièl** (Alex. 11 c) ; *provendièrs* : **lièz** (*laetus*, Alex, 25 e) ; **sièt** (*sedit*) : **cièl** (Alex. 36 c, d) ; **vièt** (*vĕnit*) : **sostièt** (*sustĕnet*, Alex. 51 a, b) ; **sièdẹnt** (*sĕdent*. Alex. 66 b) ; *Olivier* : **mièr** (*mĕro*, Rol. 1314) ; **cièls : parvièt** : *sentièr* : **pièt** : *paiièn* : **n* iès** (*nepos*) : .... **fièrs** (*fĕrus*) : **vièlz**.... (Rol. 2398 et ss) ; **mièlz** : *ciel* : *pièt* : **mièr** (Pèlerin. laisse 10) ; etc.

R EMARQUES. — 1° Nous avons eu déjà l'occasion de montrer que *iè* (= ĕ latin) assone avec *iè* (= *a* latin infecté d'*i*) ; il est inutile de revenir sur cette question. Ajoutons que, d'après M. Havet ([2]), cette diphtongue avait, dès l'origine, le son ouvert. C'est pour cela que, quelle que soit la provenance de *ie*, nous écrivons *iè*.

2° Les nasales *m*, *n* et la liquide *l* n'ont nullement entravé le

(1) Peut-être doit-on voir ici un nouvel effet de l'influence préservatrice de la liquide *l* (voy. E. K OSCHWITZ, *Commentar zu den œltesten französischen Sprachdenkmœlern*, Heilbronn, 1886, p. 63-64).

(2) La prononciation de *ie* en français, *Romania*, VI, p. 327.

développement normal de ĕ latin libre. Le fait mérite d'être noté,
car presque toutes les autres voyelles latines *a*, *ē*, *ĭ*, *ō*, *u* suivent
un traitement particulier lorsqu'elles précèdent une nasale ou la
liquide *l*.

*2) E bref entravé, latin ou roman (è ouvert du latin
populaire), est resté è ouvert depuis les origines jusqu'à
nos jours.*

Conservat (*lat. consĕrvat*, Serm. II); **pulcella** (*pullicĕlla*, Eul. 1);
domnizelle (*dominicĕlla*, Eul. 23) ; **verme** (*vĕrmine*, Val. v° 14) ;
convers (*convĕrsus*, Val. v° 25) ; **flaiel** (*flagĕllo*) : **serf** (*sĕrvo*,
Lég. 30 e — f) ; **pulcèle** : **celeste** : **terrestre** : **m'apressęt**
(*apprĕssat*) : *perde* (*pĕrdam*, Alex, str 12) ; etc.

Remarques. — 1° Dans la langue commune, il n'y a pas eu de
variations, jusqu'à nos jours, pour le traitement de ĕ bref entravé ;
à partir du xıı^e siècle (car jusqu'à la fin du xı^e il n'est pas probable
que les particularités dialectales fussent bien tranchées), cet ĕ a
été diphtongué par le dialecte picard ; d'où *biel* (*bĕllo*), *bieste*
(*bĕsta*), *iestre* (*ĕssere*), *tierme* (*tĕrmino*), *viespre* (*vĕspera*) ; etc.

2° Quelle était, pour l'époque qui nous occupe, la prononciation
exacte de cet *è* ouvert ? Il est assez difficile de le dire. Si aujour-
d'hui nous n'établissons aucune différence entre l'*è* ouvert de
ferme (= *fĭrmo*), *mette* (= *mĭttam*), et celui de *deserte* (*desĕrta*),
perte (*pĕrdita*), il n'en était pas de même à l'origine et jusque vers
le milieu du xıı^e siècle : alors *è* ouvert provenant de ĕ bref latin
entravé n'assone qu'avec lui-même, comme le prouvent les vers
3 a, b — 6 a, b — 29 c, d — 30 e, f — 33 a, b du St-Léger, et les
strophes 5, 10, 12, 17, 30, 41, 53, 84, 91, 96, 99, 113, 114, 116 de
l'Alexis.

L'assonance, sous ce rapport, n'est guère moins rigoureuse dans
le Roland : à l'exception de *e* latin entravé suivi d'une nasale, qui,
dans ce texte comme dans l'Alexis même, se lie avec *ĭ*, *ē* latins
entravés [1], *è* ouvert provenant de ĕ bref latin entravé n'admet
pas en assonance des mots d'une autre origine, à moins qu'il ne
s'agisse de la diphtongue *ai*, qui, comme nous l'avons déjà vu,
commençait à s'affaiblir en *è* : *dèstre* : *ventèlęt* : **desfaire** : *tèrre* :
repaidre : *chapèle* : *fèste* : *tèrmes* : *novèles* : *tèstes* : *pèrdęnt* :
sofraites (Rol. 47-60) ; etc.

____

(1) Voir plus loin : Nasales *en, an.*

3) E bref entravé, suivi immédiatement d'une nasale, reste sonore jusqu'à la fin du XIe siècle; il n'assone guère qu'avec lui-même, mais, dans les textes du XIe siècle, il admet en assonance des mots en e long ou i bref latins entravés dans les mêmes conditions.

Exemple : **feme** (*fem'na = fēmina*) : **tendre** (*tĕn'ro = tĕnero*) : **jovente** (*juvĕnta*) : **ventre** (*vĕntre*) : **dolente** (*dolĕnta*, Alex. str. 91) ; **fent** (*fĭndit*) : **nient** (*necĕnte*) : **jugement** (*jud'gamĕnte*) : **present** (*prœsĕnte*) : **comandement** (*commandamĕnto*, Rol. 325-330) ; etc.

Nous verrons plus loin [1] comment et à quelle époque *en*, ayant pris un son nasal, se confond avec *an* ; mais un fait est acquis dès maintenant, c'est que *en*, qu'il provienne de ĕ bref ou de ĭ bref, ē long latins, n'admet en assonance aucun mot avec *è* ouvert suivi d'une consonne non nasale. Quoique le son de *è* dans **gendre** (= *gĕn'ro*), **vent** (*vĕnto*), par exemple, soit purement nasal jusqu'aux confins du XIe siècle, ces mots ne peuvent assoner avec *perdre, metre, sert, teste,* etc.

4) E bref, libre ou entravé, suivi d'une gutturale ou d'un j, est devenu i dès les premiers temps de la langue.

La chose s'explique aisément pour ĕ libre : l'ĕ de **lego**, par exemple, donne régulièrement *iè*, qui, suivi du *j* développé par la gutturale (d'où *iei*) aboutit à *i*, puisque notre langue n'admet pas de triphtongues.

Il est moins aisé de comprendre que ĕ entravé, dans les mêmes conditions, ait donné aussi *i*. Soit le mot latin *pĕctus* : ĕ entravé, restant *è* ouvert, devait devenir, sous l'influence du *j*, simplement *ei* ; c'est ce qui aura lieu pour ĕ atone [2] et pour ĭ, ē latins entravés et accentués [3] ; pourquoi a-t-on *i* (*piz*)? La question reste obscure, mais le fait est évident, et cette transformation remonte très haut, car on la constate dans les Chartes Mérovingiennes : **delictet** (= *delĕctet*, Tardif, Monum. hist. n° 37, l. 11), **delictet** (ibid, l. 18) ; **ligo** (= *lĕgo*, ibid. n° 40, l. 82), etc.

Elle est donc accomplie au IXe siècle, à l'époque des Serments ;

____

(1) Nasales *en, an.*

(2) Voyelles atones : *e* bref latin ; PECTORINA, par exemple, devient PEITRINE, puis POITRINE.

(3) Voir plus loin.

et cependant nous lisons dans ce texte *sendra*, qui correspond à *sĕnor* plutôt qu'à *sĕnior*, lequel a donné régulièrement *sire* (*sĕnior*, *siejn'r*, *sin'r*, *sirre*, *sire*).

Eulalie présente un seul exemple de *ĕ* libre placé devant une gutturale : *raneiet* (6), qui correspond à *renĕgat*, tandis que la syntaxe semble réclamer *renĕget*. Ces deux formes latines auraient dû produire, du reste, *raniet* ou *ranit* et non *raneiet*. Y aurait-il déjà influence des formes faibles du verbe sur les formes fortes ?

Tous les autres textes donnent régulièrement *i* : **dis** (*dĕcem*, Rol. 41) ; **engignęt** (*ingĕniant*, Rol. 95) ; **disme** (*dĕcima, deç'ma*, Rol. 3084) ; **lit** (*lĕcto*, Alex. 12 a, 45 e) ; **piz** (*pĕctus*, Rol. 48,1107, etc.) ; **pri** (*prĕco*, Alex. 57 b) ; **mi** (*mĕdio*, Rol 986) ; **pri** (subst. verbal de *preiièr*, Alex. 113 d) ; **pris** (*prĕtio*, subst. Alex. 16 c) ; **pris** (*prĕtio*, verbe *preisièr*, Rol. 3189) ; **prisęt** (*prĕtiat*, Rol. 636) ; etc.

Le mot **tiers** (*tĕrtio*), féminin **tierce** (*tĕrtia*, Rol. 3240) fait exception en ce sens que *ĕ* entravé s'est diphtongué. Quant au groupe *ci, ti* suivi d'une voyelle, nous savons déjà qu'il peut faire entrave ou remplir le rôle d'une simple consonne (*s* dure ou *c* doux) ; c'est pour cela que *petia* donne **pièce** (Rol. 3437).

Enfin *vĕculo, vĕc'lo* (pour *vetulum*) aboutit à *vieil* (*il* représentant *l* mouillée), parce que l'effet de la gutturale a été combattu par l'influence préservatrice de la liquide [1] : **vieil** (= *vĕc'li*, Rol. 112).

III. — **E** LONG, **I** BREF LATINS

1) E *long accentué tendait à l'*i, *si l'on en croit les grammairiens latins.* « *Quand* e *est long, dit Sergius, il sonne à peu près comme* i : sic sonat, quasi i [2]. » *De même Servius :* « E *long est voisin de l'*i : vicinum *est* i litteræ [3] » ; *et* Pompeius : « e *long se rapproche de l'*i : sic pressa, sic angusta, ut vicina sit ad *i* litteram [4] .»

---

(1) Certains dialectes, où la liquide n'a pas produit l'effet ordinaire, changent *ie* en *i* ; ainsi, en Champagne : vi (= *vctulo, vĕc'lo*).

(2) Sergius, *in Donat*, édit. Weil, V, p. 402.

(3) Servius, *in Donat*, Weil, IV. p. 421.

(4) Weil, V. p. 402.

Si à ces témoignages nous ajoutons les nombreux exemples recueillis par Schuchardt de l'orthographe par *i* de *e* long dans les inscriptions et autres documents du latin vulgaire [1], on sera convaincu que la prononciation de cette lettre ne devait guère différer de l'*i*, En effet, prononcez l'*e* aussi fermé que possible : vous arrivez fatalement à *i*, mais en passant par un son intermédiaire que l'on peut représenter par *e* suivi de *i* : *ei*. Voilà pourquoi le son *e* allait aboutir soit à une diphtongue bien caractérisée *ei* destinée à subir de nombreuses variations, soit à *i* devant se confondre purement et simplement avec *i* latin.

Quant à *ĭ* bref latin, chose curieuse, il se confondait avec *ē* long. La prononciation de ces deux voyelles, dans la bouche du peuple, était identique.

M. Schuchardt, qui a réuni de nombreux exemples de la notation par *i* de *ē* long latin, remplit cinquante pages par d'autres exemples représentant *ĭ* bref latin par *e* [2]. Et si les inductions de cette orthographe ne sont pas confirmées par les grammairiens qui sont muets sur la prononciation de l'*ĭ* bref, elles sont loin d'être contredites par les transformations ultérieures de cette voyelle dans les langues romanes : *ĭ* bref est, en effet, traité comme *ē* long. Cette dualité de sons aboutissant à un même son n'est pas unique ; nous verrons que *ō* long et *ŭ* bref ont aussi, dans notre langue subi le même traitement.

2) E long, i *bref libres du latin classique* (é fermé du latin populaire) *aboutissent, dès les origines, à la diphtongue* ei, *qui, dès le* XIIe *siècle, se transforme en* oi, *et qui, après un grand nombre de vicissitudes, est arrivée à notre diphtongue actuelle* oi (= ouà).

Pour le traitement de *ē* long, le français s'écarte considérablement des autres langues romanes, qui, en général, le maintiennent intact.

Cette diphtongue *ei* est, comme *ai*, étrangère à la langue latine de l'époque mérovingienne : celle-ci ne connaît d'autre équivalent de l'*ē* long que l'*i* : *habire* (Tardif, Monum. hist. no 13, 1. 6) ; *mi* (= *me*, ibid, no 29, 1. 17) ; *viro* (*vero*, ibid. no 4, 1. 4) ; etc.

Les Serments ne semblent pas plus avancés sous ce rapport : **savir, podir** (*sapĕre, potĕre*, I) ; **mi** (*me* ou *mĭhi*, I) ; **dift** (*dēbet*, I).

M. Storm [1] pense qu'il faut lire, non pas *savir, podir*, mais *savér, podér*, dans lesquels un son faible d'*i* a peut-être commencé déjà à se faire entendre. La chose est vraisemblable, car, comme nous l'avons dit plus haut, *e*ⁱ est la prononciation intermédiaire entre *é* fermé et la diphtongue *ei*. Néanmoins, pour ces deux verbes, il peut y avoir doute, car on sait qu'au moyen âge un certain nombre de verbes ont longtemps hésité entre *eir* et *ir* : ainsi, encore aujourd'hui, *faillir* et *falloir* (de *fallĕre*) ; et jadis *tcnir* et *teneir* [2] (= *tenere*), *chadeir* et *chadir* (*cadĕre*) ; etc.

Peut-être, à l'époque des Serments, y avait-il une double forme, correspondant d'un côté à *sapĕre*, de l'autre à *sapire*.

Toutefois on peut admettre que le son marqué par *i* est le même pour *podir, savir, dift, mi, sit*, et que l'*i* sert simplement, à défaut d'autre signe précis, à représenter un son mal défini, qui n'est pas encore *ei*, et qui n'est plus *e* ni même tout à fait *i*.

Eulalie marque un état plus avancé de la langue : **sostendreiet** (*sustinerabēbat, sustĭnerēvat*, 16) ; **concreidre** (*concrēdere*, 21); mais la forme latine a été conservée dans **rex** (12).

Le Fragm. de Val. donne *ei* sans conteste : **haveir** (*habēre*, vº I) ; **soveir** (*sov*? + *ēre*, vº 12) ; **astreiet** (*esserabébat, ess'rēvat*, vº 4, 9) ; **astreient** (*esserabēbant, ess'rēvant*, vº 18) ; **doceiet, saveiet** (*docēbat, sapēbat*, vº 4) ; **penteiet** (*paenitēbat*, nº 25). Dans **deent** (= *dēbent*, vº 27), la diphtongue ne paraît être qu'à l'intermédiaire *ee* entre *é* latin et le roman *ei* ; mais ce n'est qu'un exemple isolé, et, par suite, sans portée.

Delēre et *intelligĕre* (= *intelligĕre*) ont donné des formes en *ir* : **delir** (vº 23) ; **entelgir** (vº 28).

On n'y trouve pas d'exemples d'*ĭ* bref latin libre.

Comme le provençal ne diphtongue pas *ē* long, le Sᵗ-Léger, outre ce qu'on peut appeler de simples fautes, comme **savier** : **fied** pour **saveir** : **feit** (= *sapēre, fĭde*, 4 e, f) ; **fiet** : *rei* (= **feit** : *rei*, lat. *fĭde*, 9 e, f) ; *odreiz* : **fid** (= *odreiz* : *feit*, 19 e, f), etc., conserve parfois *e* : **tener** : **aver** (= **teneir** : **aveir** = lat. *tenēre, habēre*, 16 b, c) ; mais souvent aussi il opère régulièrement la diphtongaison : **rei** (*rēge*, 9 f) ; **conseil** : **rei** (*consĭlio, rege*, 11 a, b) ; etc.

Postérieurement au Sᵗ-Léger, on trouve partout *ei* : **mei** (Alex. 14 a) ; **tei** (Alex. 29 b) ; **sei** (Alex. 19 a) ; **peiset** (*pensat, pēsat*, Alex. 5 b) ; **espeiret** (*spērat*, Alex. 39 c) ; **deseivret** (*desēparat*,

<hr>

(1) *Romania*, III, p. 288-289.

(2) *Burguy*, I, p. 385 ; Saint-Léger, 16 c.

Alex. 67 b) ; **creident** (*crēdunt*, Alex. 65 b) ; **atendeie** (*attendēbam*, Alex. 96 d) ; **conseil** (*consĭlio*) : **ireiz** (*irabētis, irētis*) ; **portereiz** (*portarabētis, portarētis*) : **rei** (*rēge*) : **mei** (*me*) : **meis** (*mense, mēse*) : **fedeilz** (*fĭdēlis*) : **lei** (*lēge*) : **feit** (*fĭde*) : **veir** (*vēro*) : **avreiz** (*haberabētis, avravētis*, Rol. 78-88) ; etc.

D'après ce que l'on a vu plus haut, on peut admettre que *ei* était déjà la prononciation courante dans la seconde partie du ixe siècle ; elle a persisté dans la langue commune jusqu'au xiie siècle ; au xie déjà, les dialectes orientaux semblent avoir transformé *ei* en *oi* (*òi* comme dans le grec μοι, σοι jusqu'au xive siècle ; puis la diphtongue s'affaiblit : *òi, òé* ; puis *oué* au xvie siècle ; et enfin *ouá*), mais ce changement ne se fait dans le domaine central qu'au xiie siècle.

Quant à la Normandie, elle y est restée réfractaire : dans l'écriture et la prononciation, elle a gardé *ei* même jusqu'à nos jours, soit sous l'ancienne forme *ei*, soit sous la forme réduite *é*.

Le français n'a d'ailleurs pas suivi entièrement l'évolution accomplie pour *ē, ĭ* par le dialecte picard et surtout par le dialecte bourguignon. Tandis que le bourguignon, par exemple, transformait dans tous les cas *ei* en *oi* (*consoil = consĭlio, poine = pēna* pour *pœna*, etc), le français proprement dit, par un nouvel effet de l'influence préservatrice des nasales et des liquides, a maintenu *ei* devant *m, n* et *l : conseil, peine, Reims,* etc ; et, si l'on trouve quelques formes en *oi*, comme *moins* (= *mĭnus*), *avoine* (= *avēna*), etc., il faut les attribuer à une infiltration lente, mais progressive des dialectes voisins.

3) E long, i bref latins accentués et entravés, soit latins, soit romans, donnent è *ouvert dès les premiers monuments de notre langue.*

Cet *è* ouvert (= *ĭ* ; les exemples de *ē* long entravé sont extrêmement rares) se trouve déjà dans la basse latinité [1].

Les Serments présentent pourtant encore *i* : d'**ist** (de *ĭsto*, I) ; **cist** (*cĭsto = eccisto*, I) ; **int** (*ĭnde*, II) ; mais il est très probable qu'il ne faut voir là qu'un souvenir vivace du latin, et que l'on disait déjà en 842 : *d'est, cest, ent.*

Dans Eulalie, le changement est irrémédiablement opéré, même dans l'écriture : **elle** (*ĭlla*, 5, 6, 14, 15, I7, 20) ; **celle** (*eccĭllam*, 23) ; **cels** (*eccĭllos*, 12) ; **el** (*ĭlle*, 13) ; etc.

---

(1) Cf. Schuchardt, *Vokalismus*, II. p. 1-91.

Il en est de même dans le Fragm. de Val., et, à plus forte raison, dans les textes postérieurs : **cel** (*eccĭllo*, Val. recto, 11) ; **cel** (ibid., v° 1) ; **ent** (*ĭnde*, ibid., v° 33) ; **eps** (*ĭpse*, Lég. 10 b) ; **evesque** (*epĭsco*, Lég. 8 f) ; **lètres** (*lĭtteras*, Alex. 7 d) ; **selve** (*sĭlva*, Rol. 3892) ; **fème** (*femina*, *fĕm'na*, Alex. 42 b) ; **cesset** (*cēssat*, Alex. 17 e) ; **règne** (*rēgno*, Rol. 812). **Virgene** (*vĭrgine*, Alex., 18 d ; lisez *virgne*), qui a conservé l'*ĭ*, est un mot savant

4) E long, i bref latins entravés et suivis immédiatement d'une nasale donnent è *ouvert qui reste sonore jusqu'à la fin du* XIe *siècle et aboutit ensuite à la nasale* en.

Nous savons déjà que *ĕ* bref, dans les mêmes conditions, est resté sonore jusque vers la fin du XIe siècle, tout en prenant de bonne heure un son particulier, qui fait qu'il n'assone qu'avec lui-même ou avec *en* (= *ē*, *ĭ* + *n*). Il est donc inutile de revenir sur ce sujet ; mais une question importante est de savoir quand a commencé la nasalisation qui a confondu *an* et *en*.

Si nous parcourons les assonances d'Eulalie, du St-Léger et du St-Alexis, nous voyons que les vers 7-8, 15-16 d'Eulalie, les vers 6 a, b ; 29 e, f du St-Léger, et les strophes 10, 28, 91, 106 de l'Alexis assonent en *en* pur, sans aucun mélange ; que, d'un autre côté, les vers 1 c, d ; 2 c, d ; 9 c, d ; 23 a, b ; 31 c, d ; 32 e, f ; 34 e, f du Saint-Léger, et les strophes 2, 8, 23, 46, 55, 122 de l'Alexis assonent non moins rigoureusement, non moins exclusivement en *an*. Il en résulte que, jusqu'au milieu du XIe siècle au moins, il n'y avait pas confusion entre *en* et *an*, et que la nasalisation de ces deux sons, si elle était commencée dans la prononciation, n'était pas encore entrée suffisamment dans les habitudes pour passer dans l'écriture.

Mais la Chanson de Roland est plus avancée, sous ce rapport, que l'Alexis. Sans doute il y a encore un nombre considérable de laisses assonant en *en* ou en *an* exclusivement ; ainsi en *en...e*, celles qui commencent par les vers 1396, 1586, 1785, 2999, 3589, 3780, 3915 ; et en *an...e*, celles qui commencent par les vers 1, 826, 909, 1082, 1842, 2312, 2909, 3084, 3612, 3705, 3795 ; mais celles qui confondent, et c'est là l'important, *an* et *en*, sont en grand nombre aussi ; ce sont celles qui commencent par les vers 264, 280, 324, 392, 550, 609, 783, 860, 940, 1070, 1152, 1297, 1412, 1467, 1593, 1620, 1702, 1761, 1830, 1932, 2222, 2355, 2458, 2512,

2646, 2724, 2827, 3014, 3044, 3096, 3110, 3184, 3345, 3369, 3463, 3508, 3960.

Dans le Pèlerinage, la laisse 46 seule n'a en assonance que des mots en *en*; les laisses 6, 16, 19, 29, 49 confondent, comme le Roland, *an* et *en*. Enfin, le Poème religieux, outre deux assonances en *en* pur, présente l'exemple suivant de la confusion de *an* et de *en* : *Jerusalem : amant* (49-50).

Il est donc permis de conclure que le dernier quart du xie siècle est, sous ce rapport comme pour tant d'autres, une époque de transition; que l'ancien usage, qui respectait la différence entre *an* et *en* et qui faisait des sons *a* et *e* devant *n*, sinon des sons oraux purs comme au xe siècle, du moins des sons particuliers et en tout cas distincts, était encore tout puissant; mais que le nouveau gagnait chaque jour du terrain.

Au reste, il devait régner longtemps encore une certaine indécision dans la prononciation de ces deux nasales. La confusion paraît avoir commencé, comme on peut s'en convaincre en parcourant attentivement le ms L de l'Alexis, par la syllabe atone pour arriver insensiblement à la tonique. Opérée à la fin du xie siècle, elle est indiscutable postérieurement; mais, dans certains ouvrages, notamment dans ceux qui ont subi, de près ou de loin, l'influence anglo-normande, comme le Comput de Philippe de Thaun, le Saint-Thomas de Garnier de Pont Sainte-Maxence, les rimes en *an*, *en* ne sont pas confondues; la distinction reparaît même aussi tranchée qu'au commencement du xie siècle dans l'Alexis rimé du xiiie siècle [1]. De tout temps, en France, il a existé, pour les oreilles délicates, une différence entre *an* et *en*. Les grammairiens du xvie siècle constatent, dans la prononciation de ces deux sons, des différences légères. Au xviie siècle, le grammairien Chifflet fait une distinction entre *parent* et *parant*. Aujourd'hui encore, n'est-il pas vrai qu'il y a une nuance entre la prononciation du substantif *vent* et de la préposition *avant*?

5) E long, i bref libres, accentués, devant ou après une gutturale ou un i palatal, donnent i.

La chose n'a rien de surprenant : *ē, ĭ* donnent en effet *ei*, auquel s'ajoute le *j*, d'où *ei + j = i*. Cette transformation de *ē* en *i* se trouve dans les Chartes Mérovingiennes : *mercidem* (= *mercēdem*),

_____

(1) G. **Paris** : *La Vie de saint Alexis* (rédaction rimée du xiiie siècle), p. 270.

rige (=*rēge*), etc. Il est vrai que *ē* long libre, même lorsqu'il n'est pas sous l'influence d'une gutturale, y est aussi représenté par *i*, comme nous l'avons vu plus haut. *Mercide, rige* sont donc des formes dont il ne faudrait pas tirer une conséquence rigoureuse.

Les exemples que nous offrent nos plus anciens textes sont en nombre restreint; il faut arriver jusqu'au xiᵉ siècle pour trouver la justification sérieuse de la règle ci-dessus : **fist** (*fĕcit*, Rol. 178); **païs** (*pagēsio*, Rol. 458); **fisdrẹnt** (*fĕcerunt*, Lég. 11 b); **firẹnt** (*fĕcerunt*, Alex. 18 c); **mercit** (*mercēde*, Eul. 27; Alex. 27 d; Rol. 1132); **plaisir** (*placēre*, Rol. 3894); **ledice** *lœtĭtia*, Alex. 29 b; ms L : *ledece*); **gesir** (*jacēre*, Rol. 1251); **firẹnt** (*fĕcerunt*, Rol. 92); **servise** (*servĭtio*, Rol. 319); **cire** (*cēra*, Rol. 486); **justise** (*justĭtia*, Rol. 498); **martirie** (lisez *martire* avec *r* mouillé = *martĭria* pour *martўrium*, Rol. 591); **s'aliẹnt** (se *allĭgant*, Rol. 1641); **Galice** (*Gallĭcia*, Rol. 1637); **judise** (*judĭcio*, Rol. 1733); **voltice** (*volutĭtia, voltĭtia*, Rol. 2593); **raliẹnt** (*rallĭgant*, Rol. 3525); **flambiẹnt** (*flambĭcant*, Rol. 3659). Pour *ē* long sous l'influence d'un *c*, il n'y a pas de doute : *ei* + *j* développé par la gutturale aboutit à *i* : *raisin* (*racēmo*), *moisir* (*mucēre*), etc., dans la langue ancienne comme dans la langue moderne.

Mais il en va autrement de *ĭ* bref latin dans les mêmes conditions : non seulement la gutturale est tombée, mais elle n'a pas agi sur la tonique qui précède, de sorte que celle-ci, au lieu de donner *i* (= *ei* + *j*), reste simplement *ei* : **enveie** (= *invĭdia*, Lég. 17 f; ms : *enveia*; plus tard, on dit invariablement *envie*); **baleiẹnt** : s'**enveisẹt** : **someiẹnt** (*bal* + *ĭcant*; se *invĭtiat*; *sommĭcant*, d'après *some* = *sagma, sauma*, Rol. 976-978); **guerreit** (*werrĭcet*, Rol. 579); **reflambeit** (*reflambĭcet*, Rol. 1003); **otreit** (*auctorĭcet, auctrĭcet*, Rol. 1008, 3805); **empleit** (*implĭcet*, Rol. 1013); **chapleit** (*capulĭcet, caplĭcet*, Rol. 3462); **otrei** (*auctrĭco*, Rol 3760); **s'aleiẹnt** (se *allĭgant*, Rol. 990); **hasteiẹnt** (*hastĭcant* Rol. 992), etc.

Il semble, en ce qui concerne ces verbes en *ĭcare*, qui accentuent *ĭ* bref aux trois personnes du singulier et à la 3ᵉ personne pluriel du présent de l'indicatif et du subjonctif, qu'il y ait eu chute du *c* par analogie avec les verbes en *iare*, comme *inviare*, par exemple d'où régulièrement *otrei* (= *auctrĭo* pour *auctorico*); *otrei* (= *auctrĭet* pour *auctorĭcet*); etc[1].

Quant au suffixe *itium, itia*, que nous avons vu donner *ise*, il est

____

[1] Conjugaison — Présent du subjonctif, première conjugaison.

de bonne heure aussi, soumis à deux influences qui se combattent :
l'une qui, sous l'action de la palatale, donne *i* ; l'autre, qui fait
de *ti* + voyelle une entrave pour l'*ĭ* bref latin, qui aboutit ainsi
non moins régulièrement à *è*. C'est ainsi que nous avons cité
ledice (*lœtĭtia*, Alex. 29 b) en faisant remarquer que le ms L
porte *ledèce*, et que la langue a refait, sur l'adjectif *liè* (= *laeto*),
le subst. *liesse* correspondant de loin à *laetitia* ; c'est ainsi que le
Roland, qui le plus souvent donne *ise, ice* pour *ĭtium, ĭtia*, porte
cependant **prodèce** (= *prod* + *ĭtia*, 1731) ; c'est ainsi enfin que la
langue moderne dit *justice, malice, office, pelisse, vice*, etc., mais
en même temps aussi *justesse, mollesse, paresse, noblesse, tristesse,
largesse*, etc.

Remarque. — *I* bref devant la liquide *l* s'est diphtongué en *ei*,
mais s'en est tenu là, sans devenir *i* sous l'influence de la palatale,
qui a simplement servi à mouiller la liquide, et sans aboutir plus
tard à *oi*, comme cela a eu lieu dans certains dialectes. Ainsi
conseil (= *consĭlio*, Rol. 78), jamais *consoil*, qui se trouve dans
Chrestien de Troies, et qui est une forme dialectale ; **merveilt**
(*mirabĭliet*, Rol. 571) ; etc.

6) E long, i bref latins, accentués et entravés, donnent ei
*lorsque l'entrave est formée par deux consonnes dont la
première est une gutturale, ou par deux consonnes dont la
première est la liquide* l *ou l'une des nasales* m, n, *et la
seconde une gutturale.*

1º La première consonne est une gutturale : **dreit** (*drēcto*,
Serm. I) ; **neire** (*nĭgra*, Rol. 982) ; **destreite** (*destrĭcta*, Rol.
489) ; **Franceis** (*Francĭsco, Francĭcso*, Rol. 506) ; **deiz** (*dĭgitos*,
dĭg'tos, Rol. 509) ; **vermeilz** (*vermĭculos, vermĭc'los*, Rol. 999) ;
soleilz (*solĭculus, solĭc'lus*, Rol. 1002) ; **estreit** (*strĭcto*, Rol.
1001) ; **freiz** (*frĭg'dos*, pour *frĭgidos*, Rol. 1011) ; **espleit**
(*explĭcito. explĭc'to*, Rol. 3547) ; **creistre** (*crēscĕre, crēcsĕre*,
Rol. 980) ; etc.

Cette diphtongue *ei* deviendra *oi* au xiie siècle, excepté devant *l*
selon la règle, d'où *droit, noir, détroit, étroit, froid, doit* (doigt),
sploit (exploit), etc. ; mais *vermeil, soleil, merveille, pareil,
bouteille*, etc.

On sait que *ĕ* bref entravé devant une gutturale donne *i* : c'est
ce qui fait la différence de traitement entre *ĕ* bref d'un côté (*è* ouvert

du latin populaire) et *ē* long, *ĭ* bref de l'autre (*é* fermé du latin populaire.

Il est à noter que *sēx* a été traité comme s'il avait *ĕ* bref roman **sis** (mod. *six*), tandis que *sexdecim* (*sexd'cim, sexcim, sēcsim*) a donné régulièrement **seize**.

On peut se demander pourquoi des mots comme *rēge, plēge, pĭce, vĭce*, etc., ont abouti à *rei, lei, peis, feiz* et non à *ri, li, pis, fiz.* Il y a eu sans doute influence analogique du cas sujet sg. fort usité sur les autres cas du sg. et du pluriel : dans *rēx, lēx*, en effet, *e* étant entravé, devient régulièrement *reis, leis* ; et il est probable que l'usage populaire avait rétabli les nominatifs inusités *pĭx, vĭx*, d'où *peis, feiz* ; par suite, on a eu *ei* partout.

2o La première consonne est la liquide *l* ou une des nasales *m, n*, et la seconde une gutturale : **veintre** (*vĭncere*, Eul. 3) ; **ceint** (*cĭncta*, Rol. 984) ; **ceinst** (*cĭnxit*, Rol. 2321) ; se **feinst** (*fĭnxit*, Rol. 2275) ; **ceindre** (*cĭngere*, Alex. 83 b) ; et tous les verbes en **eindre** (= *ĭngere*) ; **enseigne** (*insĭgnia*, Rol. 707) ; la conjug. aux formes fortes, des verbes *dĭgnare, sĭgnare* : tu **deignes** (*dĭgnas*), tu **seignes** (*sĭgnas*) ; ainsi **enseint** (*insĭgnet*, subj. Alex. 63 b). Par conséquent, les mots *digne, signe*, quoique fort anciens dans la langue, sont de formation savante.

Devant *n*, comme devant *l, ei* ne devient jamais *oi* ; il reste *ei.* Une exception à la règle est fournie par le texte d'Eulalie dans le mot **degnet** (= *dĭgnet*, 26). On attendrait **deint**, comme *enseint* que nous avons cité plus haut (= *insĭgnet*) : la gutturale a développé un *j* qui a mouillé *n*, et c'est cette *n* mouillée (*gn*) qui a nécessité la voyelle d'appui *ę*.

7) E bref, e long, i bref latins + i long posttonique. Quand e bref, e long, i bref accentués, libres ou entravés, sont suivis d'une syllabe renfermant un i long, cet i a souvent joué le rôle d'une gutturale et les a fait aboutir invariablement à i : **quis** (quaesi, quesi, *Rol. 3759*) ; **pris** (presi, *Rol. 491*) ; **vinc** (veni, *Rol. 3774*) ; **vint** (viginti, *Rol. 13*) ; **il** (illi, *Rol. 1690*) ; **icil** (eccilli, *Rol. 2924*) ; **icist** (eccisti, *Rol. 1023*) ; *etc.*

8) Quatre sortes d'e accentués en roman. Jusqu'ici, nous avons constaté en roman l'existence : 1° de è (= a latin libre), qui aboutira, dans la langue moderne, tantôt à é fermé, tantôt à è ouvert, et qui n'assone qu'avec lui-même ;

2° de è (= e *bref latin entravé), qui n'assone également qu'avec lui-même dans les plus anciens monuments de notre langue jusqu'à la fin du* XIe *siècle au moins ; 3° de* è (e *long,* i *bref latins entravés). Or il est probable que primitivement il y avait aussi une certaine différence, si légère qu'elle fût, entre l'*è *ouvert provenant de* e *long latin entravé, et celui qui remonte à* i *bref dans les mêmes conditions. Et en effet, M. A. Darmesteter a remarqué avec raison* [1] *qu'une laisse entière du Roland (120, v. 1562-1569) est formée, à l'exception de deux mots étrangers, d'assonances en* è (=i *bref latin*) : **arcevesques** (arcepiscus): **messe** (missa) : **prodèces** (proditias) : **tramètet** (tramittat) : **regrète** *(orig. germ.)* : **esdemètre** (exdemittere) : **Tolete : verte :** (virida, vir'da).

A la fin du XIe siècle, il est donc vraisemblable que l'on comptait *4 e* accentués distincts en roman : 1° *é* (= *a* libre) ; 2° è (= *ĕ* entravé) ; 3° *è* (= *ĭ* entravé) ; 4° *è* (= *ē* entravé). Ce n'est que vers le milieu du XIIe siècle que la distinction entre les *3 ê* ouverts que nous venons de citer commence à s'effacer ; mais, en général, *é* continuera à ne rimer qu'avec lui-même.

IV. — **I** LONG LATIN

I long du latin classique, libre ou entravé, qu'il soit ou ne soit pas sous l'influence d'une gutturale ou d'un *i* palatal, s'est maintenu invariablement.

Ex : **peril** *(perīclo,* Val. v° 1) ; **dist** *(dīxit,* Val. v° 36) ; **inimi** *(inimīci,* Eul. 3) ; **servir** *(servīre,* Eul. 4) ; **covit** *(cupīvit,* Lég. 3 e) ; **vivre** *(vīvere,* Alex. 33 e) ; **servist** *(servīsset,* Lég. 8 b) ; **vedisse** *(vidīssem,* Alex. 87 e) ; **revenisses** *(revenīsses,* Alex. 95 d) ; **nul** *(nūllo,* Rol. 31) ; **cinq** *(cīnque = quīnque,* Rol. 516) ; **quint** *(quīnto,* Rol. 1687) ; etc.

Les exceptions sont fort rares.

I long accentué devant une nasale donnera, dans la langue moderne, la syllabe nasale *in* ; mais, à la fin du XIe siècle, *in* est certainement sonore et assone encore en *i pur : fil : astenir ;*

---

(1) *Revue critique,* 1875, tome II, p. 275.

ami : *quis* : **vin** (Alex. str. 45) ; *vif* : *marchis* : *Veillantif* : **fin** : *chadir* (Rol. 2030-2034).

Dans la rédaction interpolée de l'Alexis (milieu du xiie siècle), les mots en *in* sont, sinon tout à fait exclus, du moins très rares dans l'assonance en *i* ; c'est-à-dire que la nasalisation, déjà accomplie, dans le Roland, pour *an*, *en*, a commencé à gagner *in* ; mais ce n'est qu'au xviiie siècle que *in* sera entièrement nasalisé.

V. — O BREF LATIN ACCENTUÉ

D'un passage du grammairien Pompeius, qui vivait entre le ve et le viie siècle, il ressort que ŏ bref se prononçait vulgairement *uo* : « C'est une faute de prononciation, dit-il, que de faire brève une longue, de dire, par exemple, *Ruoma* (c'est-à-dire *Rŏma*) au lieu de *Rōma*. » Cette prononciation *uo* a été générale dans tout le domaine roman, le portugais et quelques dialectes secondaires exceptés. L'italien s'est arrêté à ce son, qui appartient encore au français durant le xe siècle.

1) O bref latin accentué, libre (o ouvert du latin populaire) est devenu successivement uo (xe *siècle*), ue, œ (xie *et* xiie), œ (xiie *et* xiiie), eu *dès le* xive *siècle.*

C'est avec ce dernier son qu'il est resté dans notre langue sous les quatre formes actuelles : *ue* (je cueille), *œ* (œil), *œu* (bœuf), *eu* (neuf). D'ailleurs *ue* et *œ*, au moyen âge, se prononçaient déjà *eu*.

Cette diphtongaison de ŏ bref libre, quoique de bonne heure fréquente en latin vulgaire [1], est inconnue aux chartes de l'époque mérovingienne ; elle n'est même pas effectuée dans les Serments, où l'on lit : **poblo** (*pŏpulo*, I) ; **vol** (*vŏlio*, subst. verbal, I) ; et, à plus forte raison, devant une nasale : **om** (*hŏmo*, I).

Eulalie est plus avancée : **buona** (*bŏna*, 1) ; **ruovet** (*rŏgat*, 24). **Fou** (*fŏco*, 19) est un cas particulier, la gutturale médiale tombant facilement devant *o, u,* et *u* (o) posttonique formant avec l'*o* accentué une diphtongue *ou* qui empêche ŏ de devenir *uo*, ce qui aurait abouti à la triphtongue impossible *uou*.

Le Frag. de Val. présente **fœrs** (*fŏris*, vo 8) ; **douls** (= *dŏles*, vo 20, métathèse pour *duols*).

_____

(1) Schuchardt, *Vokalismus*, I, p. 324.

Le St-Léger a deux exemples très nets de *uo* (= ŏ latin) : **buons** (*bŏnus*, 33 c) ; **duol** (*dŏlio, dŏlium*, 11 c) ; de plus il y a trois paires d'assonances qui, étant composées uniquement de mots en *ŏ*, prouvent l'existence d'un son spécial correspondant à cette voyelle : **bons** (*bŏnus*) ; **puot** (*pŏtuit*, 7 c, d) ; **dol** (*dŏlio, dŏlium*) : **poth** (*pŏtuit*, 11 c, d) ; **om** : **dom** (*dŏmo*, 33 e, f). Comme, dans le provençal classique, aucun de ces mots ne recevrait la diphtongaison, on est en droit de conclure que les deux premiers exemples reproduisent le texte français, et que les autres ont été altérés par le scribe. *O* donne donc *uo* dans le St-Léger, et c'est avec raison que M. G. Paris a restitué partout la diphtongue : *buons, puot, duol, puot, huom, duom.*

Ainsi la diphtongaison de *ŏ* bref latin accentué était depuis longtemps un fait accompli lorsque parut l'Alexis ; et cependant le ms L conserve souvent l'o latin sans changement. On y rencontre :

1° *ue* : **iluec** (*ibilŏco, ilŏco*, 50 b) ; **duel** (*dŏlio*, 30 a, 49 a, 87 b, 89 c, 93 d) ; **estuet** (115 c) ; **puet** (*pŏtest*, 20 d, 39 d, 45 b, 47 e, 106 d, 116 e).

2° *oe* : **boens** (*bŏnus*, 45 d, 68 a, 120 e) ; **boen** (75 e, 101 d, 123 a) ; **doel** (31 d) ; **poet** (32 a, e) ; **iloec** (17 b, 40 b, 63 e, 67 a, 114 c).

3° *O* : **dol** (*dŏlio*, 29 e, 86 a, 94 a) ; **volęnt** (*vŏlunt*, 9 e, 38 a) ; **quors** (*cŏr* + *s* de flexion, 89 e, 93 c) ; **quor** (34 a) ; **bor** (*bonahora, bŏnora, bonŗa, borra*, 90 e) ; etc.

Dans son édition critique de 1885, M. G. Paris a rétabli partout *ue*, qui semble, en effet, être la véritable orthographe francienne du xɪ[e] siècle, même devant *n, l* ; car alors l'accent avait toute sa force ; mais, dès le xɪɪ[e] siècle surtout, par l'influence de la nasalisation, *ŏ* tend de plus en plus à rester *o* devant *n*, en se confondant d'ailleurs avec *ó* fermé.

ŏ bref latin libre n'assone qu'avec lui-même, et le Roland présente deux laisses en *oe* pur : **estoet** (v. formé d'après *est ŏpus*) : **poet** (*pŏtest, pŏtet*) : **soer** (*sŏror*) : **estoet** : **prozhoem** (*prod* + *hŏmo*) : **aloez** (mot german ; loi salique : *alŏdis*) : **oelz** (*ŏcŭlos*) : **coer** (*cŏr*) : **estoet** (292-300) ; **voelt** (*vŏlit*) : **avoec** (*abhŏc*) : **doels** (*dŏlios*) : **oelz** (*ŏcŭlos*) : **estoet** : **poet** : **iloec** (3625-3632).

OE est l'orthographe habituelle dans le Roland, tandis que l'Alexis affectionne *ue ;* on aura donc **iluec** (Alex. 53 b) ; **ues** (*ŏpus*, Alex. 101 c) ; **duels** (Alex. 101 b) ; mais, avec *oe* : **oes** (*ŏpus*, Rol. 373) ; **hoese** (*hŏsa, botte*, Rol. 641) ; **moeręnt** (*mŏrunt*

= *mŏriunt*, Rol. 1417); **terremoete** (*terraemŏvita*, Rol. 1427); **soelt** (*sŏlet*, Rol. 2619); etc.

2) O bref entravé latin ou roman (o *ouvert du latin populaire*) *est resté, depuis les origines jusqu'à nos jours, avec le son ouvert* : **corps** (corpus, *Eul. 2*) ; **voldrent** (volerunt, vol'runt, *Eul. 14*) ; **enortẹt** (inhortat, *Eul. 13*) ; **morte** (morta, *Eul. 18*) ; **mort** (morte, *Eul. 28*) ; **almosnes** (elmos'nas, *Val. v° 30*) ; **orbs** (orbus, *Alex. 111 c*) ; *etc.*

Une des rares exceptions à cette règle est la conjugaison du verbe *tordre* (= *tŏrquere*), qui diphtongue dans certains cas l'ŏ entravé ; et cependant **tort** (*tŏrto*, Rol. 1212, à l'assonance) [1]. Nous verrons plus loin [2] que cet ó ouvert n'assone qu'avec lui-même ou avec celui qui provient de *au* latin.

3) O provenant de o *bref latin, lorsqu'il est suivi d'une nasale et qu'il ne se diphtongue pas, prend de très bonne heure un son particulier voisin de ó fermé* (ó *fermé* = ō, ŭ *du latin classique*), *en vertu duquel il assone avec* o *fermé pur ou avec* o *fermé* + *nasale. C'est ainsi que* **sons** (= sŏnes) *se trouve dans la laisse suivante* : **halçor** (altiore) : **herbos** (herboso) : **paienor** (paganorum) : **compaignon** (companione) : **brunor** (brun + ore) : **flambeios** (flambicoso) : **iror** (ire = ira + ore) : **tradison** (traditione) : **emperedor** (imperatore) : **respont** (respondet) : **sons** (*Rol. 1017-1026*) ; *et que* **hom** (hŏmo, *Rol. 223*) *assone avec des mots qui sont tous en* ó *fermé* + n.

REMARQUE. — Une exception non encore expliquée est celle qui a changé en *a* l'ŏ de *dŏminus, dŏminum* : **danz** (= dŏm'nus, Alex. 10 c, 13 b, 17 c ; Rol. 1367) ; **dam** (Alex. 23 d, Rol. 3806) ; **dame** (*dŏm'na*, Rol. 2724); **damnes deus** (*dŏm'nus deus*, Rol. 1898) ; **damne deu** (*dŏm'no deo*, Rol. 358) ; etc.

4) O bref libre ou entravé (ó *ouvert du latin populaire*) + j *provenant soit d'une gutturale soit d'un* i *palatal donne en ancien français* ui (= ue + i) *écrit tantôt* oi, *tantôt* ui *à*

____

(1) Cette diphtongaison de ŏ entravé paraît d'ailleurs n'être qu'un trait particulier au dialecte anglo-normand.

(2) *Au* latin accentué.

l'origine, plus souvent ui *au* XIᵉ *siècle, et toujours* ui *depuis le* XIᵉ *siècle jusqu'à nos jours.*

Cette diphtongue ne se trouve pas à l'assonance dans les textes que nous étudions. **Oi** (*hŏdie*, Val. vᵒ 28) ; **doist** (*dŏxit*, de *dŏcere*, Lég. 4 e) ; **poi** (*pŏtui*, Alex. 79 e) ; **pui** (*pŏdio*, Rol. 1017) ; **encui** (*hancŏdie*, Rol. 1167) ; **anuit** (*hacnŏcte*, Rol. 836) ; **hui** (*hŏdie*, Rol. 1936) ; **cuir** (*cŏrio*, Pèlerin. 550) ; **cuivre** (*cŏpreo* pour *cupreum*, Pèlerin, 352, 425, 476) ; **µis** (*ŏstio*, Pèlerin. 614,620) ; **pois** (*pŏcso*, Serm. II) ; **coist** (*cŏxit* de *cocere* = *cŏquere*, Eul. 20) ; **pois** (*pŏcso*, Lég. 16 f) ; **puissęt** (*pŏcsat*, Alex. 118 e) ; **doit** (*dŏcto*, Lég. 5 a) ; **apruismęt** (*apprŏximat*, Alex. 58 d) ; **puissęnt** (*pŏcsant*, Alex. 53 b) ; **puis** (*pŏcso*, Alex. 71 e) ; **vuide** (*vŏcita*, *vŏc'ta*, Rol. 1668) ; **apruismęnt** (*apprŏximant*, *apprŏcs'mant*, Rol. 2692) ; **nuit** (*nŏcte*, Rol. 717, 2495) ; **huidme** (*ŏctima*, Rol. 3068) ; **cuisse** (*cŏxa*, Rol. 1653) ; **puis** (*pŏstius*, Pèlerin, 407) ; **truis** (*thème trŏp* de *trŏpare* + *cso*, analogie d'après *pŏcso*, Rol. 2676) ; etc.

REMARQUES. — 1ᵒ *O* bref libre ou entravé, sous l'influence d'un *i*, mais devant la liquide *l*, ne devient jamais *ui*, soit qu'il se diphtongue, comme c'est l'habitude encore au XIᵉ siècle : **oeil** (*ŏculi*, Rol. 1991) ; **oelz** (*ŏculos*, Rol. 773) ; **voeil** (*vŏlio* pour *vŏlo*, Rol. 522) ; **voeillęt** (*vŏliat*, Rol. 2439) ; **vueil** (*vŏlio*, Alex, 3 c) ; **voeillęnt** (*vŏliant*, Rol. 1626) ; soit qu'il ne se diphtongue pas : **moillęnt** (*mŏlliant*, Alex. 54 b) ; **apostolies** (lisez *apostoiles* = *apostŏlius*, mot mi-savant, mi-populaire, Alex. 61 a) ; **oillęt** (*ŏleat*, *oliat*[1], Poème rel. 29) ; et, dans ce dernier cas, il assone en *ò* ouvert : **apostolies** : *povre* : *chose* : *desconfortęt* : *enclodęt* (Alex. str. 61).

2ᵒ Devant *r*, *ŏ* + *j* se confond avec *ó* + *j* et *au* latin + *j* devant *r* également ; en d'autres termes, *oi* s'altère devant *r*, quelle que soit la provenance de *o* (*ò*, *ó* ou *au*), de sorte que ces trois sons peuvent paraître ensemble dans une assonance en *ò* ouvert : **memorie** (lisez *memoire* = *memŏria*) : **tolget** (*tŏlliat*) : **joie** (*gaudia*) : **glorie** (lisez *gloire* = *glōria*) : **noster** (mot latin, Alex. str. 125).

3ᵒ Nous verrons plus tard[2] que le *c* vélaire médial tombe devant *o*, *u* sans laisser de traces ; et qu'il en est de même devant *a*, quand la voyelle qui précède est *o*, *u*. Dans le premier cas, *o* se fait suivre de la posttonique *u* (= *o*, *u*) et forme avec elle la diphtongue *ou* ; de là : **fous** (*fŏcus*, Rol. 2535) ; **fou** (*fŏco*, Eul. 19, Rol. 3106) ; **jou**

____

(1) Et cependant *ŏlea*, *ŏlia* a donné *uile*, mod. *huile*.
(2) Consonnes médiales, C vélaire.

(*jŏco*); dans le second, le changement de l'*a* atone en *ę* muet empêche la diphtongaison de *o* en *oe*; delà **joęnt** (= *joeęnt* = *jŏcant*. Rol. 111); et sans doute aussi *loes* (= *lŏcas*); *loęnt* (= *lŏcant*).

Malgré tout, l'*o* bref latin n'avait, dans aucun cas, perdu ses droits à la diphtongaison ; c'est pour cela que *fou* deviendra *feu* (= *fueu*) ; que le latin *lŏco* donnera **leu** (= *lieu*, Alexis, ms L, 27 c), qui n'est sans doute que la forme anglo-normande de *lieu*[1]; lequel, à son tour, a reçu un *i* sans doute par l'analogie de *gieu* (*iueu*), tandis qu'il n'en pouvait guère être de même des formes verbales fortes de *joer*, *loer*, protégées contre l'invasion de cet *i* par l'analogie des formes faibles (*joons*, *loéz*).

VI. — **Au** LATIN ACCENTUÉ

1) Au *du latin classique* (*ò ouvert du latin populaire*) *donne, dès l'origine, o ouvert, qui est resté sans change- ment jusqu'aujourd'hui.*

La transformation avait été opérée de bonne heure dans le latin rustique. Les Chartes et Inscriptions, qui abrègent très souvent *au* en *a* simple, donnent aussi des exemples assez nombreux de formes en *o*[2].

On trouve dans les Gloses de Cassel le mot *sor*, qui correspond au germanique *sauer*; aussi ce changement est-il accompli dans les Serments : *in cadhuna* **Cosa** (*causa* I); et, à plus forte raison dans Eulalie et les textes postérieurs : **or** (*auro*, Eul. 7); **cose** (*causa*, Eul. 9); **kose** (*causa*, Eul. 23) ; **joie** (*gaudia*, Alex. 101 c); **desclose** (*disclausa*, Rol. 1576) ; **repos** (subst. verbal de *repausare*, Rol. 600) ; **os** (*hardi* = *auso*, *ausum*, Rol. 2292); **los** (*laudes*, Rol. 1054); **lodęt** (*laudat*, Rol. 226) ; **osęnt** (*ausant*, Rol. 2076) ; **ot** (*audit*, Rol. 3286) ; **ot** (*apud*, *abud*, *avud*, *aud*, Alex. 122 d ; souvent *od*), etc.

L'*o* provenant de *au* a toujours eu le son ouvert, c'est pour cela qu'il assone franchement avec *ò* (= *ŏ* bref entravé) : **or** (*auro*) : **dos** (*dŏsso* pour *dorsum*) : **cors** (*cŏrpus*) : **fors** (*fŏris*) : **fort** (*fŏrte*) :

---

(1) *Liu* et autres formes semblables présentent la contraction en *iu* de la diphtongue *ieu*.

(2) Schuchardt, *Vokalismus*, II, p. 301-306.

porz (*pŏrtus*) : **lot** (*laudet*) : **noz** *nŏstros*), Rol. v. 1944-1951 ; etc.

Il assone aussi avec *o* roman issu de *ŏ* bref libre maintenu devant une liquide, ainsi qu'avec *ŏ* bref sous l'influence d'une palatale : **Antoine** (lisez *Antoigne = Antŏnio*) ; **Marmorie** (lisez *Marmoire = Marmŏrio*, etc.) ; et enfin, mais par exception, avec **encore** (dérivé de *hōra*, avec *ō* long du latin classique ou *ó* fermé du latin populaire). Ainsi : **Grandoignes** : **Capadoce** (mot savant) : **Marmorie** : **volęt** (*vŏlat*) : **brochęt** : **force** : **portęt** : **desclose** : **bloie** : **roche** : **encore** : **Antoigne** : **Austorie** : **Rosne** : **joie** : **nostre** (Rol. 1570-1584).

RemARQUES. — 1° Nous retrouvons cet *o* ouvert provenant de *au* dans *out*, (= *habuit, avuit, auu(i)t, out*, par le maintien de *u* atone séparé primitivement de la tonique par la labiale *v* qui s'est vocalisée) ; et, sous cette forme, *out* assone en *ŏ* ouvert : *mort* : **out** : *esforz* : *ors* : **pout** (= *potuit, poduit, pouit*)... (Rol. 1537-1541).

2° C'est par le maintien de *o* (*u*) atone immédiatement après la tonique ou du moins après la tonique suivie d'une labiale [1] que *clavum, clavo* a donné **clou** (*clavo, clauo*), d'où, même au pluriel, correspondant au classique *clavi*, **clou** (Rol. 3584) [2].

3° *Gabăta* a donné **jode** (Rol. 3921) par l'affaiblissement du *b* médial en *v*, lequel s'est vocalisé : *gabata, gavada, gavda, jauda, jode*. De même enfin *fabrica* est devenu successivement *favrĭca, favriga, faurga*, **forge**, et *parabolas, paravolas, paraulas*, **paroles** (mod. *tu parles*).

2) Au *libre ou entravé* + j *provenant soit d'une gutturale soit d'un* i *palatal (o ouvert du latin populaire* + j*) aboutit à la diphtongue ouverte* ŏi, *toujours notée par* oi, *jamais par* ui, *depuis les origines jusqu'à nos jours.*

Les exemples sont en petit nombre dans les anciens monuments de notre langue : **noise** (*nausea, nausia*) : **joie** (*gaudia*, Alex. 101 b, c) ; **poi** (*pauco = paucum*, Rol. 325, 3608 ; Pélerin. 810) ; **oi** (*audio*, Rol. 313, 1768, etc.) ; **poi** (*pauci*, Rol. 3632) ; **orie** (lisez *oire = aurea, auria*, Rol. 3093) ; **encloistre** (*inclaustreum, inclaustrio*, Pélerin. 821,827).

---

(1) Voir plus loin (Atone posttonique) les conditions dans lesquelles *o, u* se maintiennent exceptionnellement.

(2) Les formes franciennes correspondant à *habuit, clavo* sont *out, clou* ; les formes dialectales *ot, clo* (avec chute de l'*o* atone) se rencontrent souvent.

Remarques. — 1° Rappelons pour mémoire que cette diphtongue *òi* est forte, que l'*ò* est très ouvert, et que l'*i* ne se prononce que faiblement ; aussi assone-t-elle non seulement avec *òi* (= o bref latin infecté de *j*), mais aussi en *ò* pur : **noise** : **joie** : *apostolies* : *adjutorie* : *tolget* (Alex. str. 101) ; **poi** : *corn* : *ost* : *fols* : *los* : *or* : *porz* : *mort* (Rol. 1050 ss) ; etc.

2° *Pauco* aurait pu donner, comme *foco*, **pou** par la chute du *c* médial devant *o* (ou *u* = *ou*) et par le maintien de cet *u* atone. C'est, en effet, ce qui a eu lieu ; cette forme se rencontre souvent au moyen âge ; et c'est *pou*, qui, suivant son évolution complète, a donné *peu* (= *pueu*) ; mais, dans nos anciens textes, il semble que *pauco* ait été influencé par *pauci*, qui, sous l'action de l'*ī* long posttonique, aboutissait inévitablement à *poi*. Dans la suite, au contraire, *poi* cède à l'influence de *pou*, et donne comme lui *peu*, en cessant, il est vrai, d'être un adjectif pour passer à l'état d'adverbe.

VII. — O LONG, U BREF LATINS.

La dualité que nous avons constatée à propos de *ē*, *ĭ* latins se retrouve pour *ō*, *ŭ*. Ces deux voyelles sont confondues par le latin populaire, et leur équivalence est prouvée par la double notation *o*, *u* qu'elles affectent dans les Chartes mérovingiennes et dans les autres textes latins de la même époque : **croces** (= *crŭces*, Tardif, Monum. hist., n° 11, l. 8) ; **urdo** (= *ōrdo*, ibid., n° 31, 1, 8) ; **urdene** (*ōrdine*, ibid, n° 38, l. 9, 13, 17) ; **curtis** (= *cōrtis* pour *cŏhŏrtis*, ibid, n° 41, l. 5) ; **cognuscere** (*cognōscere*, Vie de Ste-Euphrosyne, xiii, l. 16) ; **refecturio** (*refectōrio*, ibid, xi, l. 2) ; **furma** (*fōrma*, ibid, xi, l. 3). L'auteur du *Probi App.* recommande de dire *fŏrmica* et non **furmica** ; *colŭber* et non **colober** ; etc., etc. [1].

1) o long, u bref latins accentués, libres (ó *fermé du latin populaire*) *ont donné un seul et même son représenté au moyen âge par* o, u (u = ou, *quelque chose comme l'ω grec*), *et aboutissant à* eu *au* xive *siècle.*

---

(1) Voyez en outre Schuchardt, *Vokalismus* : II, p. 98 et ss.

Aux xie, xiie et xiiie siècles, la notation francienne, ou, pour mieux dire, du continent, est *o* ; *u* est celle du dialecte anglo-normand.

Les Serments rendent généralement par *u* le son sorti de *ō, ŭ* latins : **amur** (*amōre*, I) ; **dunat** (*dōnat*, I) ; **sue** (*sŭa*, II) ; **returnar** (*retŏrnare* = *retŏrnare*, II). **Non** (II) a gardé la forme latine.

A côté de *o* dans **por** (= *prō, pōr*, 7, 8, 26), qui est généralement considéré comme proclitique, et, par suite, aboutit plus tard à *pour*, comme atone, Eulalie présente dans les mots **bellezour** (= *bella-tiōre*, 2), **souve** (*sŭa*, 29) la notation *ou* qui indique la prononciation sourde de *o* (= *ō* long, *ŭ* bref latins libres); c'est sans doute l'*ŭ* latin qui est purement et simplement resté dans **suon** (= *sŭum*, 15).

Dans le Fragm. de Valenciennes nous trouvons : **sore** (*sŭpra*, v° 11), **correcious** (v° 3, avec *ou* comme dans Eulalie, ce qui donne à penser qu'au xe siècle *ou* est une notation dialectale et orientale).

Nous laissons de côté le mot **ore** (= *hōra* = maintenant, v° 18), où *o* long latin, par je ne sais quelle influence, a été traité comme *o* bref et a passé dans notre langue avec le son ouvert, restant sans changement devant la liquide *r* ; de là des **ore** (Rol. 179) ; des **or** (Rol. 3704) ; etc.

sen, sem (v° 11, 28) sont sans doute des formes dialectes pour *suen, suem* (= *sŭum*).

Le Saint-Léger a presque partout *o* : **honor** (*honōre*, 1 b) ; **amor** (*amōre*, 1 c) ; **honors** (*honōres*) : **seinors** (*seniōres*, 2 a, b) ; **baron** (*barōnes*, 9 d) ; **seinor** : **pavor** (13 c, d) ; **coroços** (*corrup-tiōsus*) : **raïsons** (*ratiōnes*, 32 c, d) ; etc.

La notation *u* est très rare : **nun** (= *nōmen*, 10 b) ; aussi M. G. Paris a-t-il raison de restituer *nom*.

Nous laisserons de côté **tot** (*sermons* : **trestot** = *très* + *tōtto*, Lég. 13 d), qui, par le traitement qu'il a reçu dans notre langue et dans les autres langues romanes, se rattache à un type *tōtto* et non à *tōto*.

L'Alexis présente tantôt *o*, tantôt *u*, selon les manuscrits. Le ms L, qui a été écrit par un anglo-normand au milieu du xiie siècle, a constamment *u* ; et l'on ne sera pas étonné de retrouver la même particularité dans le ms d'Oxford qui contient la Chanson de Roland. Dans ces deux textes, nous notons invariablement par *o* les voyelles latines *ō, ŭ* : **pechedor** (*peccatōre*) : **emperedor** (*imperatōre*) : **onor** (*honōre*) : **judegor** (*judicatōre*) : **bosoignos** (*bosoign* + *ōso*, Alex. str. 73) ; **baron** : **flor** : *hom* : **orgoillos** : **chevaleros** : *ancessors* :......etc. (Rol. 3172 et ss).

Le Poème religieux ne présente que la notation *o* : **soe** (*sŭa*, 24) ; **dulçor** (*dulcis* + *ōre*, 25) ; **amor** (36) ; **Rome** : **corone** (79-80) ; etc.

Celle qu'affectionne le Pèlerinage est *u*. Comme ce poème est francien, l'éditeur[1] a eu raison de restituer partout *o*.

Au XIVe siècle, nous l'avons déjà dit, le son sorti de *ō*, *ŭ* latins aboutit à *eu*, et cette forme est restée dans la langue moderne. Si les exceptions paraissent aujourd'hui nombreuses, elles sont plus apparentes que réelles et sont dues, pour la plupart, à l'analogie[2].

2) O long, u bref latins, entravés (ó fermé du latin populaire) donnent toujours en français ou représenté dans les anciens monuments de notre langue tantôt par o, *tantôt par* u, *et dans la langue moderne par* ou.

Comme pour *ō*, *ŭ* libres, la notation *o* est francienne ; *u* appartient surtout au dialecte anglo-normand.

Ex : **nunquam** (c'est le mot latin sans changement, Serm. I) ; **eskoltet** (*iscŭltat* = *ascultat* = *auscultat*, Eul. 5) ; **omque** (*ŭnquam*, Eul. 9) ; **dont** (*deŭnde*, *dŭnde*, Eul. 13 ; **polle** (*pŭlla*, Eul. 10) ; **colpes** (*cŭlpas*, Eul. 20) ; **colomb** (*culŭmbo*, Eul. 25) ; **dunc** (*tŭnc*, Val., vo 3,14) ; **mult** (*mŭlto*, Val., vo 3,10) ; **umbre** (*ŭmbra*, Val., vo 11) ; **dunt** (*dŭnde*, Val., vo 16,27) ; **corropt** (*corrŭpto*, auj. *courroux*, Lég. 3 c) ; **dote** (subst. verbal de *doter* = *dŭbitare*, *dŭb'tare* ; *dŭbito*, *dŭb'to* = *jo dote*, Alex. 60 e) ; Rome : **corre** (*cŭrrere*) : **torbes** (*tŭrbas*) : **entrerote** (*entre* + *rŭpta*) : **oltre** (*ŭltra*, Alex. str. 103) ; **tor** (*tŭrre*, Rol. 853) ; **jorz** (*diŭrnos*, Rol. 851) ; etc.

Les exceptions à la transformation de *ō*, *ŭ* entravés en *ou* dans la langue moderne sont dues aussi, pour la plupart, à l'analogie[2].

Remarques. — 1o Les deux sons issus de *ō*, *ŭ* libres et de *ō*, *ŭ* entravés étant restés sourds durant une grande partie du moyen âge jusqu'au moment où la séparation se fait définitivement en *eu* pour la voyelle libre et en *ou* pour la voyelle entravée, on comprend aisément qu'une certaine confusion ait eu lieu entre eux. C'est

(1) M. Koschwitz, Heilbronn, 1883.
(2) Voyez, sur cette question de *ó* fermé latin, G. Paris, *Romania*, XI, p. 36-62.

ainsi que la strophe 103 de l'Alexis que nous avons citée plus haut renferme 4 mots en *ŭ* entravé assonant avec *Rome* (= *Rōma*) ; mais c'est le seul exemple que présente ce texte ; on n'en trouve aucun dans le Saint-Léger ; et le Roland, parmi d'innombrables assonances en *o* fermé libre, n'intercale que très rarement quelques mots en *o* fermé entravé : **jorz** (*diŭrnos*)..... : **tor** (*tŭrre*) dans la laisse 840-859 ; **corre** (*cŭrrere*) : **bocle** (*bŭccula*) : **doble** (*dŭplo*) : **oltre** (*ŭltra*) : **trestornet** (*trastōrnat* = *transtōrnat*) dans la laisse 1275-1288) ; **sort** (*sŭrgit*) dans la laisse 1438-1448 ; etc.

Il y avait donc, non seulement à l'origine, mais au xie siècle encore, une nuance très perceptible entre les deux *o* issus de la voyelle libre et de la voyelle entravée, celle-ci étant, sans aucun doute, plus sourde que l'autre.

Cette différence s'accentuera à mesure que l'on se rapprochera du xive siècle. Dans le Saint-Thomas de Garnier de Pont Sainte-Maxence, par exemple (dernier tiers du xiie siècle), les strophes en *ō*, *ŭ* libres sont nettement séparées des strophes en *ō*, *ŭ* entravés, quoique l'on y trouve parfois le mot *jur* (= *jor* = *diŭrnum*) en rimes liées avec *ó* fermé libre.

2° Deux mots latins *calŭmnia, trŭncat* et leurs dérivés avaient sans doute changé, dès le latin vulgaire, *u* en *e*, car, dans tous nos anciens textes et durant tout le moyen âge, on trouve invariablement **chalenge** (Rol. 3787) ; **trenchet** (Rol. 1200). La transformation du *un* en *en* a dû commencer par l'atone ; ainsi **volentiers** (= *volentariis* pour *voluntariis*, Rol. 2254).

3) O long, u bref latins, libres ou entravés (ó fermé du latin populaire), placés immédiatement devant une nasale m, n, donnent la voyelle nasale on.

Ex. : **fondet** (= *fŭndat*) : **fregondent** (*frecŭntant* pour *frequentant*, Alex. str. 60) ; **onques** (*ŭnquam* + *s*) :.... **rompre** (*rŭmpere*) :.... **conte** (*comitem, com'te*, Rol. 3530 ss), etc.

A quelle époque a commencé la nasalisation ?

Dans le Saint-Léger, on ne trouve pas d'assonances exclusivement en *on* ; *o* + *n* y assone avec *ó* fermé libre : **coroços** (*corruptiōso*) : **raisons** (*ratiōnes*, 32 c, d) ; **seinor** : **passions** (40 e, f) ; ou avec *o* fermé entravé : **sermons** : **trestot** (6 e, f) ; **corropt** : **tot** (18, c, d). Au xe siècle, *on* n'a donc pas encore pris un son particulier qui le différencie sérieusement de *o* fermé libre ou entravé.

Dans l'Alexis, les choses ne sont guère plus avancées. On y trouve des strophes en *ó* fermé oral pur (str. I, 14, 73, 92, 111) n'admettant aucun exemple de *on* ; on y trouve aussi des strophes qui présentent le mélange de *on*, de *ó* fermé libre et de ó fermé entravé (str. 40, 43, 44, 52, 66, 72, 103). Une seule strophe est exclusivement en *on* : *bricon* : *liçon* : *om* : *pardoinst* : *font* (str. 54).

Au milieu du xie siècle, *on*, s'il commençait à prendre un son spécial qui le rapprochait de *ó* fermé entravé en l'éloignant de *ó* fermé libre, n'était donc pas encore un son nasal. Le Roland est-il plus avancé ?

Parmi les 44 laisses masculines ou féminines en *o* que renferme ce texte, 2 seulement sont en *ó* fermé oral pur (814-825 ; 1438-1448); 32, c'est-à-dire la grande majorité, offrent un mélange de *on* et de *ó* fermé oral pur (10-23 ; 634-641 ; 766-773 ; 841-859 ; 916-930 ; 1017-1027 ; 1213-1234 ; 1275-1280 ; 1281-1288 ; 1351-1366 ; 1483-1501 ; 1753-1760 ; 1807-1829 ; 2010-2023 ; 2184-2199 ; 2233-2245 ; 2418-2442 ; 2555-2569 ; 2570-2592 ; 2639-2645 ; 2687-2704 ; 2870-2880 ; 2892-2908 ; 2987-2998 ; 3075-3083 ; 3172-3183 ; 3252-3264 ; 3531-3542 ; 3579-3588 ; 3633-3647 ; 3675-3704 ; 3807-3814).

Dix laisses enfin sont en *on* ou en *on...e* pur, sans mélange : 214-229 ; 244-251 ; 377-391 ; 414-424 ; 617-626 ; 874-884 ; 1519-1536 ; 1886-1912 ; 3052-3059 ; 3265-3278.

Quoique le nombre de ces dernières soit, en somme, assez restreint, et surtout qu'elles contiennent un plus petit nombre de vers que les précédentes, elles n'en constituent pas moins un fait important et qui mérite d'être noté. Pendant les 30 ou 40 années qui forment l'intervalle entre la composition de l'Alexis et celle du Roland, le son *on* a fait un pas de plus : tout en assonant, comme par le passé, avec *ó* fermé oral pur, il commence à s'en séparer assez sérieusement pour ne plus assoner qu'avec lui-même une fois sur quatre environ. Si ce n'est pas la nasalisation, c'en est du moins le commencement, et, sous ce rapport encore, comme pour tant d'autres, nous ne cesserons de le redire, la langue du Roland marque une époque de transition.

Comme le Pèlerinage est exactement dans la même situation que le Roland, à cette réserve près qu'on n'y trouve même pas de laisses en *on* pur, on peut conclure qu'à la fin du xie siècle la nasalisation de *on* est à peine commencée; mais elle ne tardera pas à s'effectuer, car, dans Li Cumpoz, de Philippe de Thaun, qui est du premier tiers du xiie siècle, *on* est nettement séparé de *o* oral pur.

Pour ce qui est de la notation de la voyelle qui précède *n*, il est à peine besoin de rappeler que, comme *o* fermé en général, elle est représentée par *o* dans les textes franciens et par *u* dans les textes anglo-normands.

Ajoutons enfin que si *on*, quelle que soit sa provenance, assone avec *ó* fermé oral pur (= *ō*, *ŭ* latins , il n'assone pas avec *o* pur provenant de *o* bref latin (*ò* ouvert), et encore moins avec *ò* ouvert provenant de *o* bref latin entravé et de *au* latin. Mais il faut croire que la nasale avait de très bonne heure altéré la voyelle pure, car on voit, au XIe siècle, des mots comme **sons** (*sŏnes*), **om** (*hŏmo*), **home** (*hŏmine*, *hŏm'ne*) assoner couramment avec *ó* fermé pur et avec *ó* fermé + *n* : Alex. (str. 54); Rol. 1017-1026; 1213-1234; etc.

4) O *fermé libre* (o *long*, u *bref latins*) *suivi d'un* j *provenant soit d'un* i *palatal latin, soit d'une gutturale;* o *fermé entravé devant deux consonnes dont la première est une gutturale ou dont la première est une nasale* [1] *et la seconde une gutturale, donnent, dans l'ancienne langue,* oi (*notation anglo-normande* ui), *et, en français moderne aussi,* oi (= ouà).

Ex. : **croiz** (*crŭce*, Rol. 2504) ; **voiz** (*vōce*, Rol. 1755) ; **croiz** (Pèlerin. 2, 70, 155) ; **adjutorie** (lisez *ajutoire*, mot semi-savant = *adjutōrio*, Alex. 101 d) ; **glorie** (lisez *gloire* = *glōria*, Alex. 125 d) ; **foildres** (*fŭlguras*, Rol. 1426) ; **angoisset** (*angŭstiat*, *angŭsciat*, *angŭcsiat*, Rol. 2010) ; **genoilz** (*genŭculos*, *genŭc'los*, Rol. 2192) ; **reconoisset** (*recognōscat*, *recognōcsat*, Rol. 1993) ; **bosoing** (d'un type comme *sōnio*, Rol. 1366) ; **broigne** (thème germanique, d'où en latin vulg. *brónia*, Rol. 1372 ; Pèlerin. 635) ; **moignes**, **chanoignes** (*mōnacos*, *mōn'cos*; *canōnicós*, *canōn'cos*, Rol. 2956) ; **timoigne** (encens = *thymōnia*, Rol. 2958) ; **eschaloigne** (*scalōnia*, Pèlerin. 575) ; **poing** (*pŭgno*, Alex. 70 c, Rol. 767) ; **loinz** (*lōnge* + *s*, Rol. 2429) ; **vergoigne** (*verecŭndia*, *vergŭndia*, *vergundja*, *vergunja*, Rol, 1705) ; **joindre** (*jŭngere*, Rol, 923) ; **doins** (*dōn* + *cso*, par l'analogie de *pocso* = *possum*, Rol 622, 914) ; **doinst** (subj. du même verbe, Alex. 62 c) ; etc.

Le son primitif de cette diphtongue est évidemment *ói* (*ó* fortement accentué, *i* faible) ; aussi assone-t-elle couramment avec *ó* fermé oral pur et avec *ó* + *n* (Rol. laisses 766-773 ; 841-859 ;

____

(1) Rarement une autre consonne ; cependant FOILDRE (=*fŭlgŭra*).

1351-1366, etc., etc.) ; mais la confusion qui existe entre *ó* fermé et *ò* ouvert devant la nasale se retrouve, au xie siècle, devant les liquides *l*, *r*, quelquefois devant *s* ; *o* bref latin, notamment, a été préservé, dans plusieurs cas, par la liquide, et il en est résulté *oi* au lieu de *ui* ; d'un autre côté, à l'inverse de ce que nous avons déjà remarqué pour *demŏrare*, qui a changé *ŏ* en *ō* (*ó* fermé), *ó* fermé est parfois devenu *ò* ouvert. C'est pourquoi l'on trouve des assonances comme les suivantes : **adjutorie** (lisez *adjutoire* = *adjutōrio*) : **joie** (*gaudia*) : **noise** (*nausia*) : **apostolies** (lisez *apostoilles* = *apostŏlius*) : **tolget** (*tŏlliat*, Alex. str. 101) ; **glorie** (*glōria*) : **memorie** (*memŏria*) : **tolget** : **joie** (Alex. str. I25) ; **Grandoignes** (*Grandŏnius*) : *Cappadoce* : **Marmorie** (*Marmŏria*) :.... **Antonie** (*Antōnio*) :.... *Austorie* :.... *joie* : *nostre* (Rol 1570-1585) ; etc.

Voilà aussi pourquoi des mots comme *memŏria*, *fŏria*, *Ambrŏsio*, etc., ont abouti, dans l'ancienne langue comme dans la langue moderne, à *mémoire*, *foire*, *Ambroïse*, etc., par *oi* et non par *ui* [1].

Il n'est pas inutile de remarquer que *ó* entravé devant *n* suivi de *ti*, *ci*, qui devient en général l'équivalent de *c* doux ou *s* dure devant une voyelle, ne se diphtongue pas ; ainsi **noncent** (*nŭntiant*, Rol. 2977) ; **jaconces** (*jacŭntias* pour *iakinthas*, Rol. 638), etc.

Notons aussi que le nominatif pluriel *tōtti* a donné **tuit** (Rol. 636), sans doute par l'influence de la posttonique longue *ī*. Quant au changement de *o* en *u* (on trouve presque toujours *tuit*), il est probablement dû à l'analogie de mots en *ui*.

VIII. — **U** LONG ACCENTUÉ LATIN

1) U *long du latin classique* (ü *du latin populaire*) *devient* ü *dès les premiers temps de la langue. Cette transformation est due à une influence gauloise, car si les autres langues romanes ont maintenu* u, *comme le français, à peu près sans exception, elles ont aussi conservé, ce que n'a pas fait le français, la prononciation* ou *du latin.*

(1) On sait que *ei* provenant de *ē*, *ĭ* latins aboutit à *oi* dans la langue francienne dès le xiie siècle (ce changement remonte au xie siècle pour certaines régions). C'est alors que ce son *oi* commence à rimer avec celui qui provient de *ó* fermé ou de *au* latin + *j* pour se confondre plus tard définitivement avec lui. Aujourd'hui nous prononçons avec le son *oi* (= *ouà*), les mots ROI (*rēge*), POIX (*pĭce*), JOIE (*gaudia*), VOIX (*cōce*), CROIX (*crŭce*).

C'est pourtant un trait propre à la phonétique de l'*u* que sa transformation en *ü* et ensuite en *i*. Le grec archaïque disait σου, comme le latin disait *tou* (= *tu*); le grec classique prononçait συ, et le grec moderne prononce σι. Un dialecte roman, dans la Suisse et le Tyrol, traite de trois manières différentes l'*u* latin. Dans le Tyrol, il le conserve avec le son *ou*, comme l'espagnol et l'italien; dans l'Engadine, il prononce *tu*, comme le français; enfin le romanche dit *ti*. En France même, quoique la langue se soit le plus souvent arrêtée à la seconde étape (*ü*), certains patois, en Champagne notamment, disent *ti*; et nous devons ajouter que, dans les Inscriptions et autres textes vulgaires, on rencontre un certain nombre d'exemples du *ū* latin rendu par *y* [1].

A l'époque de César, *ū* se prononce encore *ou* dans les Gaules, car *dunum*, par exemple, mot gaulois qui entre dans la composition de beaucoup de noms de villes (*Augustodunum*, *Lugdunum*, *Noviodunum*, etc.) est noté par *dunum* (= *dounoumme*) et non par *dynum* (= *dünum*), preuve que la prononciation était *ou*.

Or, au ixe siècle, ce même mot *dunum* se retrouve dans les textes celtiques sous la forme *din*; à la même époque, on voit écrit *ti* (= *tu*). Ainsi, entre le i^{er} et le ixe siècle, l'*u* latin (= *ou*) a passé, dans notre pays, à l'*ü*, puis à l'*i*; mais, pendant longtemps, *u* a noté indistinctement le son *ó* fermé (= *ō*, *ŭ* latins) et le son *ü* (= *ū* latin).

La substitution définitive de *ü* à *ū* long latin ne doit guère remonter au-delà du viie siècle.

2) U long accentué latin, libre ou entravé, est resté invariablement ü en français, n'assonant et ne rimant qu'avec lui-même.

Ex. : **Commun** (*commūne*, Serm. I); **neüls** (*neūllus*, Serm. II); **nulla aiudha** (*nūlla adjūta*, Serm. II); **reclus** (*reclūso*) : **devenuz** (*devenūtus*, Lég. 26 e, f); **perdut** (*perdūto*) : **devenuz** (*devenūtus*) : **tolut** (*tollūto*) : **oüt** (*habūto*) : **plus** (*plūs*, Alex. str. 22) ; **menude** (*minūta*) : **cure** (*cūra*) : **apareüde** (*apparatūta*) : **mune** (*mūna* = *mūnera*, d'après *munus*, *munum*) : **aiude** (*adjūta*, Alex. str. 107); **venut** : **Malcut** : **batut** : *luist*. Salt — **Perdut** : *lui* : **escut** : **azur** : **romput** : **fust** (*fūste*) : **plus** : **fut** (Rol. 1550-1559); etc.

[1] Voyez Schuchardt, *Vokalismus*, II, p. 192 et ss.

3) U *long, libre ou entravé, + j provenant soit d'un i palatal latin soit de la résolution d'une gutturale, aboutit à* ui *toujours noté* ui *depuis les origines jusqu'à nos jours (diphtongue forte jadis* üi, *avec* i *faible et* ü *prononcé fortement ; diphtongue faible aujourd'hui).*

Ex. : **fuiet** (= *fŭgiat* pour *fūgiat*, Eul. 14) ; **deduit** (*dedūcto*, Alex. 53 b) ; **fuit** (*fŭgit* pour *fūgit*, Rol. 1047) ; **luisent** (*lūcent*, Rol. 1325) ; **conduit** (*condūcit*, Rol. 3370) ; **fuie** (*fŭga* pour *fūga*, Rol. 3648) ; **luire** (*lŭcĕre* pour *lūcēre*, Pèlerin. 423) ; **duistrent** (*dūxĕrunt*, Lég. 3 b) ; **duist** (*dūxit*, *dūcsit*, Lég. 4 e) ; **conduist** (*condūxit*, Rol. 1315) ; **conduit** (*condūcto*, Pèlerin. 185) ; **ruiste** (*rūstico*, Pèlerin. 254) ; etc.

Ce qui prouve le son *ui* (= *üi*) de cette diphtongue dans les anciens monuments de notre langue, c'est qu'elle assone en *ü* : ainsi **conduit** dans la laisse 3946-3959 ; **luist** dans la laisse 1550-1559, etc.

Remarques. — 1° *ū* long latin + *i* atone long suivant la tonique aboutit aussi à *ui*. Ainsi **lui** (= *illui*, de *illoei*, qui a donné *illūi*, comme *quoei* est devenu *cui*, Eul. 28, Lég. 1 d) ; de même **cui** (= *cūī* pour *cŭī*, *cuī*, arch. *quoī* = *quoei*, Lég. 30 a) ; **altrui** (*altrui* = *alteroei*, Rol. 3959) ; **celui** (*eccillui* = *eccilloei*, Rol. 426) ; etc. Et ces mots en *ui* assonent en *u* comme la diphtongue précédente, avec laquelle celle-ci se confond absolument ; ainsi **lui** dans la laisse 1550-1559 du Roland, etc., etc.

2° La diphtongue *ui* provenant de *ū* long latin assonant en *ü*, il ne peut y avoir de confusion entre elle et la diphtongue *ui* qui a pour origine *ò* ouvert + *i* ; et, en effet, ces deux diphtongues sont absolument distinctes dans le Roland ; elles ne commenceront à se confondre et à entrer en rimes liées que lorsqu'elles s'affaibliront, c'est-à-dire que l'*i* se fera déjà sentir plus fortement, dans la seconde partie du XIIe siècle. C'est ainsi que, dans le Saint-Thomas de Garnier de Pont-Sainte-Maxence (1172-1175), on trouve : **nuit** (*nŏcte*) : **aduit** (*addūcto*) : **tuit** (*tōtti*) : **recuit** (*recŏcto*) : **suduit** (*subdūcto*, 4096-4100) ; etc. Aujourd'hui, pour la prononciation, nous ne mettons aucune différence entre **nuit** (*nŏcte*) et **conduit** (*condūcit*).

IX. — **Y** LATIN

Nous ne parlerons pas de l'*y*, parce que cette lettre, prononcée comme notre *ü* par la classe lettrée, avait été ramenée par le peuple soit à *u* (ou) soit à *i*. Ainsi, dans *amydala*, l'*y* sonnait *i*, comme le prouve la forme française *amande* (= *amindala* = *amidala*). Dans *byrsa*, il sonnait *ou* ; d'où *bourse*.

Le témoignage des grammairiens anciens est d'ailleurs formel sur ce point.

X. — DIPHTONGUES LATINES **Æ, Œ**

Nous n'avons pas à nous occuper de *au*, dont il a été longuement question plus haut ; et quelques mots suffiront pour *ae* et pour *œ*.

Æ, comme diphtongue, était long ; mais on sait qu'en latin classique il pouvait s'abréger devant une voyelle : *praĕesse, praĕaltus*, etc. ; de là deux tendances :

1° Il est long par nature ; de là **proie** (= *praeda* ; prov. et ital. *preda*) en franc. moderne ; et l'anc. franc. **blois** (= *blaeso*) ; etc.

2° Il est bref par analogie (d'après *prae* + voyelle) ; de là **quiert** (*quaerit, querit*) ; **ciel** (= *caelo*), franc. anc. et moderne ; **grieu** (*graeco*) ; **cieuc** (*caeco*) ; **lièt** (*laeto*), anc. franc., etc.

Quant à *œ*, il est toujours assimilé à *ē* long, avec lequel il se confondait déjà dans la langue classique : **femme** (= *fēmina* pour *foemina*, Rol. 637), etc.

CHAPITRE II

VOYELLES ATONES

Les atones, par cela même qu'elles ne sont pas protégées par l'accent, sont exposées, dans la langue moderne comme dans l'ancien français, à de nombreuses fluctuations au milieu desquelles il n'est pas toujours aisé de se reconnaître ; leur sort néanmoins est loin d'être fixé par le hasard ou le caprice ; elles sont soumises à des lois qui, pour être un peu moins rigoureuses que lorsque la voyelle est accentuée, n'en sont pas moins réelles. Ce sont ces lois que nous allons rechercher, en commençant par celles qui concernent le maintien ou la chute des atones. Nous verrons ensuite comment se transforment les atones lorsqu'elles ne tombent pas.

I. — ATONE FINALE

L'atone finale est soumise aux trois lois suivantes :

1º A *bref ou long se maintient, mais s'affaiblit et devient* e *muet* (ę).

Cette transformation n'est pas encore accomplie dans les Serments : **dunat** (*donăt*, I) ; *in* **aiudha** *er in* **cadhuna cosa** (*adjutā, catunā, causā*, I) ; **nunquam** (*nunquăm*, I) ; **conservat** (*conservăt*, II) ; *in* **nulla aiudha** (*nullā, adjutā*, II).

On n'y trouve aucun exemple d'affaiblissement en ę [1], ce qui ne prouve pas qu'au milieu du ixe siècle l'*a* latin ne fût pas fort affaibli déjà dans la prononciation. On connaît, en effet, le caractère archaïque et latin des Serments ; de plus, le scribe se trouvait en présence d'un son nouveau, mal défini encore, et il a purement et simplement conservé la notation latine.

Dans Eulalie, les deux premiers vers sont les seuls qui présentent le maintien de *a* atone : **Buona pulcella** fut **Eulalia** (1) ; **anima** (2) ; partout ailleurs, *a* est devenu ę : **avręt** (*habuerăt*,

____

(1) Aussi lisons-nous DE SUA PART et non DE SUE (= *sua*) PART (II).

averǎt, 2); **eskoltęt** (*askultǎt*, 5); **elle** (*illǎ*, 6); **manatce** (*minaciā*, 8), etc.

Le Fragment de Valenciennes porte aussi partout *ę* : **sore** (*supra* vᵒ 11); **sèche** (*siccǎ*, vᵒ 15); **dolreie** (*dolerehabebam, dolreva*, vᵒ 21), etc.

L'affaiblissement de *a* en *ę* était donc effectué depuis longtemps déjà à l'époque de la composition du Saint-Léger, et il paraît juste d'attribuer au copiste provençal [1] des formes comme *sua* (1 c), *bona* (4 f), *gratia* (8 d), etc. Il est à remarquer que le même scribe maintient beaucoup moins rigoureusement *a* latin lorsqu'il est suivi d'une ou de plusieurs consonnes : **augręnt** (lisez *avrent* = *habuerant, averant*, 1 d); **auuręt** (*avret* = *habuerǎt*, 2 b); **regnévęt** (*regnabǎt*, 3 c), etc.

D'ailleurs, au xıᵉ siècle même, le son de cet *ę* sera assez mal défini; c'est ce qui explique que le ms L de l'Alexis présente, à côté de nombreux mots en *ę* : **justise** (*justitia*, 1 b); **credance, ore** (*credentia, hora*, 1 c); **Rome** (*Roma*, 3 c), etc., etc., un certain nombre d'exemples où *a* s'est maintenu : deux seulement, dans lesquels *a* atone suit une seule consonne : **tuta** (*tōtta*); **cuntretha** (*contrata*, 4 e); les autres, où *a* se trouve après 2 consonnes : **anema** (*anima, an'ma*, 109 d); **vostra bella** *figure* (97 d); **cambra, ela** (29 a); **dama** (*domina, dom'na*, 30 c); **juventa** (91 b), à côté de *juvente* (96 a); **tendra** (*tenera, ten'ra*, 24 a), etc.

L'usage de cet *a* est archaïque, et il convient d'en reporter l'application non au scribe anglo-normand du xııᵉ siècle, mais au ms original. Il n'est pas probable, en effet, qu'un scribe du xııᵉ siècle ait introduit une notation aussi ancienne, et que ne connaît aucun ms de cette époque. Il aura reproduit le ms aussi fidèlement que possible, mais en laissant glisser beaucoup d'*ę* selon l'orthographe de son temps.

Ainsi, dans le second tiers du xıᵉ siècle, l'auteur même de l'Alexis n'était pas encore complètement fixé sur la manière de reproduire *a* latin atone final, et, après 2 consonnes, il était tenté de laisser subsister la voyelle latine.

D'ailleurs, on peut remarquer qu'il n'y a pas une distance considérable entre *a* atone prononcé faiblement, et le son *ę* (celui que nous retrouvons aujourd'hui dans les monosyllabes *le, que, de, me, se, te*, etc.) auquel devait aboutir *a* latin atone final.

En tout cas, l'hésitation n'existant plus ni dans le Roland, ni

____

(1) Le provençal maintient *a* latin atone.

dans le Pèlerinage, ni dans le Poème religieux, on peut dire que la notation ę a définitivement triomphé dans la seconde partie du xiᵉ siècle

Remarque. — Nous verrons, à l'article de la conjugaison, que ę venant de *a* latin atone devant *t* tombe dès le xiᵉ siècle à l'imparfait de l'indicatif et au conditionnel : **aveit** (*habebat*, ancᵗ *aveiet*, Alex. 67 d); **sereit** (*esserevat*, ancᵗ *sereiet*, Rol. 1705), etc. Il ne tombera que beaucoup plus tard à la 1ʳᵉ et à la 2ᵉ pers. sg. des mêmes temps.

2° *E, I, O, U brefs ou longs tombent.*

Cette chute est accomplie dans les Serments.

Exemple : **amur** (*amorĕ*, I), **commun** (*communī*, I), **salvament** (*salvamentō*, I); **avant** (*abantĕ*, I); **quant** (*quandō*, I); **savir, podir** (*saperĕ, poterĕ*, I); etc.

C'est pour cela que la première pers. sg. du prés. de l'indicatif et du subjonctif n'a pas d'ę à la 1ʳᵉ conjug. : **pri** (*precō*, Rol. 1473); **present** (*praesentō*, Rol. 388); **report** (*reportĕm*, Alex. 111 e).

Ce n'est qu'au xiiiᵉ siècle que l'analogie ajoutera cet ę aux temps et aux personnes dont nous venons de parler.

3° *Après un groupe de consonnes demandant une voyelle d'appui généralement exigée par la prononciation, la voyelle longue ou brève (ĕ, ĭ, ŏ, ŭ) qui serait tombée est représentée par un ę féminin, que cet ę soit un affaiblissement de la voyelle, soit, ce qui est plus vraisemblable, qu'il en vienne prendre la place après sa chute. L'ę se maintient même après la réduction du groupe qui a amené sa présence.*

Dans les Serments, on trouve encore la voyelle latine : **poblo** (*populō*, I); **nostro** (*nostrō*, I); **karlo** (*Carolō, Car'lō*, I); mais deux fois elle a été remplacée par *a*, avant-coureur de l'ę **féminin** : **fradra** (*fratrĕ*, I); **sendra** (*senorĕ, sen'rĕ* pour *seniore*, II).

Il est donc permis de croire que, comme pour *a* final, la transformation en ę était accomplie dans la prononciation, car Eulalie présente invariablement ę : **voldręnt, veintre** (3); **faire** (*facere, fac're*, 4); **concreidre** (*concred'rĕ*, 21); etc.

A plus forte raison en est-il de même dans les textes postérieurs.

C'est la prononciation, l'euphonie, et, par suite, l'usage qui ont déterminé l'addition de cet ę après un groupe de consonnes : comment, en effet, prononcer des mots comme **pĕdre** (*pătrĕ*); **mĕdre** (*matrĕ*); **emperĕdre** (*imperător, imperad'r*); **temple** (*templō*); **cendre** (*cinerĕ, cin'rĕ*), etc., sans cet ę? Mais, lorsque la seconde consonne du groupe *est sonore*, se prononce fortement, l'ę est inutile, et la langue n'y a pas recours; de là **salvement** (lisez *salvemenn'te* = *salvamentō*); **vert** (= *viridĕ, vir'dĕ*); **ferm** (*firmō*); etc.

Plus tard, lorsque la consonne finale s'affaiblira, l'analogie introduira facilement ę muet; de là, par exemple, *ferme* au masculin comme au féminin, *porte* (= *porto, portem*), etc.

Remarques. — 1º Le mot *seule* d'Eulalie (24) est une forme dialectale et orientale[1] ; le *c* de *saeculo* est tombé devant la voyelle labiale *u*, qui s'est maintenue après la tonique[2].

2º Avec l'atone finale se confond, pour le traitement, l'atone, qui, se trouvant dans la syllabe finale, est suivie d'une consonne : elle se remplace par ę si c'est un *a* ; elle tombe, si c'est un *e*, un *i*, un *o* ou un *u* : **portęt** (*portăt*, Rol. 977); **portęnt** (*portănt*, Rol. 93); **plort** (*plorĕt*, Rol. 3364); **pert** (*perdĭt*, Rol. 3720); **uns** (*unōs*, Rol. 2190); **uns** (*unŭs*, Rol. 369), etc.

II. — ATONE NON EN HIATUS
DANS L'AVANT-DERNIÈRE SYLLABE DU MOT

Il s'agit de mots de plus de deux syllabes. On sait, en effet, que, dans un mot de deux syllabes, la 1re a l'accent, que la voyelle soit brève ou longue; et l'accent protège la voyelle.

Enfin cette atone est brève; longue, la voyelle qui est à l'avant-dernière syllabe du mot est accentuée.

L'atone brève disparaît quand elle forme l'avant-dernière syllabe du mot.

C'est cette chute qui a amené ce que nous appelons l'entrave romane. Elle tombe dans tout le domaine roman; « et il n'y a là
» rien d'étonnant, car la langue mère, dans sa période ancienne,
» emploie régulièrement ces formes plus dures et privées de la
» voyelle de dérivation, ainsi qu'il résulte des inscriptions très
» anciennes où on lit *dedro* (= *dedĕrunt*), *Lebro* (= *Libĕro*),
» *vicesma* (= *vicesĭma*), et même *fect* (= *fecĭt*), etc. La prose
» classique en offre encore des exemples, bien qu'en petite quantité,
» comme *caldus, hercle, lamna, valde, vinclum*, sans compter des
» mots analogues à *ullus* (= *unulus*), *nullus* (= *neunulus*), etc.

---

(1) Cf., dans les Sermons de saint Bernard : *a cui est honors et gloire* en seules des seules (*in saeculos dę illos saeculos*).

(2) Siècle est mi-savant, mi-populaire.

» Le style poétique en fournit davantage : *ardus* (*aridus*), *cante*
» (*canite*, d'après Varron), *circlus*, *opra*, *periclum*, *poclum*,
» *repostus, saeclum, spectaclum*. Plus tard, ces formes deviennent
» fréquentes. L'*Appendix ad Probum* critique *speclum, masclus,*
» *veclus* (*vetulus*), *baclus, calda, frigda, oclus, tabla*, formes qui
» sont toutes romanes. On peut en conclure justement que, dans
» la vie ordinaire, bien des mots se prononçaient en syncopant
» la voyelle, sans être toutefois écrits de même par les gens
» cultivés [1]. »

Aussi, cette suppression de la voyelle dans l'avant-dernière syllabe, quoiqu'elle soit assez rare dans les Chartes mérovingiennes, est-elle opérée dans les premiers monuments de notre langue : **poblo** (*popŭlo*, Serm. I); **veintre** (*vincĕre*, Eul. 3); **voldrent** (*voluerunt, volĕrunt,* Eul. 3, 4); **diavle** (*diabŏlo,* Eul. 4); **concreidre** (*concredĕre*, Eul. 21); **peril** (*pericŭlo*, Val., v° 1); **duistrent** (*duxĕrunt*, Lég. 3 b); **fisdrent** (*fecĕrunt*, Lég. 3 b); **cols, chaples** (*colăpus* pour *colăphus, capŭlus*); etc.

C'est par la chute de cette voyelle que les suffixes latins *abĭle, ĭbĭle, ŭbĭle, ĭcŭlo, ĭcŭlo, ĭcŭla, acŭlo*, etc., ont donné dans notre langue *able, ible, uble, il, eil, ille, ail*, etc., et l'on peut remarquer en outre que, dans un très grand nombre de cas, cette chute est antérieure à l'affaiblissement de la consonne médiale, puisque *abile, ibile*, par exemple, aboutissent à *able, ible*, et non à *avle, ivle*; des formes comme *poblo, diavle* sont dialectales.

Remarque. — Le maintien de la voyelle dans un certain nombre de mots qui se rencontrent jusque vers la fin du xiie siècle n'est qu'apparent. Ainsi *aneme* (*anĭma*), *crimene* (*crimĭne*), *jovene* (*juvĕne*), *angele* (*angĕlo*), *imagene* (*imagĭne*), etc., doivent se lire *anme, crimne, jovne, angle, imagne*, etc.; et la preuve en est que cette voyelle ne compte pas dans la mesure du vers : *Icel saint ome, de cui l'***imagene** *dist* (Alex. 35 e); *deseivret l'***aneme** *del cors saint Alexis* (Alex. 67 b); *qued* **angele** *firent par comandement Deu* (Alex. 18 c), etc. Tous les textes, d'ailleurs, n'admettent pas cette notation toute graphique : *l'***anme** *del cors me seit hui departide* (Rol. 2940); etc.

____

(1) Diez, grammaire des langues romanes, traduction française, Vieweg, Paris, I, p. 164.

III. — PROTONIQUE,
LORSQU'ELLE N'EST NI INITIALE, NI ENTRAVÉE, NI EN HIATUS [1]

On peut dire que l'accent tonique divise le mot en deux parties ; aussi les finales de ces deux moitiés sont-elles soumises à des lois de même nature.

La finale de la première moitié est la protonique ; lorsqu'elle n'est ni initiale, ni entravée, ni en hiatus, elle se maintient ou tombe comme l'atone finale. Ainsi :

1) A *bref ou long se maintient et reste généralement sous forme d'*ę *muet féminin. Comme a final, il est encore a dans les Serments :* **salvament** (salvāmento, *I*); **salvarai** (salvāraio, *I*); **sagrament** (sacrāmento, *II*).

On trouve même dans Eulalie **paramenz** (*parāmentos*, 7); mais aussi **bellezour** (*bellātiore*, 2); **preiement** (*precāmento*, 8); et tous les textes postérieurs présentent invariablement ę : **consolement** (*consolāmento*, Lég. 29 f); **belement** (*bellāmente*, Alex. 10 c); **lavedures** (*lavāturas*, Alex. 53 d); **jugedor** (*judicātores*, Alex. 73 d); **soldediers** (*solidātarios*, Rol. 133); **paredis** (ms *pareïs* = *parădiso*, Rol. 1135); **enchantedor** (*incantātore*, Rol. 1391); **palefreit** (*parăvrĕdo*, Rol. 479), etc.

REMARQUE. — Cette loi du maintien de *a* protonique sous forme d'ę présente, dans la langue ancienne et surtout dans la langue moderne, un grand nombre d'exceptions. La raison en est que ę, placé notamment entre deux liquides ou devant une liquide ou une nasale et après une voyelle, glisse rapidement et, par suite, a une tendance à disparaître dans la prononciation, ce qui amène tôt ou tard sa chute dans l'écriture. C'est ainsi que :

1º De très bonne heure et durant tout le moyen âge, ę (= *a* latin protonique) tombe devant *r* d'une manière générale lorsque la consonne précédente est *n* ou *r* : *jo* **donrai** (*donāraio*), Alex. 45 d); *vos* **menrez** (*mināratis*, Pèlerin. 73); *il* **plorront** (*plorārunt*, Rol. 1479); d'où, par assimilation de *n* à *r* : *dorrai, merrez*, etc.

<hr>

(1) Voyez *Romania*, V, p. 140-164, la théorie complète de la *Protonique* (article de M. A. DARMESTETER).

2º Par analogie, le même *ę* tombe entre *s* et *r* : jo **lairai** (*laxāraio*, Alex. 42 d, pour *laisrai*, qui est lui-même pour *laisserai*).

Ces formes abrégées ne survivront pas au moyen âge ; les formes régulières comme *donerai, menerai, laisserai*, etc., qui ont d'ailleurs toujours été en usage concurremment avec les autres, reprendront l'avantage dès le xive siècle sous l'influence de l'analogie.

3º Par une loi plus générale encore, dont l'effet s'est produit plus lentement et agit encore actuellement, *ę* (= a *latin protonique*) *tombe souvent après les liquides* n, l, r, *dans les formes non verbales, mais surtout après une voyelle, ou encore, et à titre exceptionnel, entre* v *et* r.

C'est ainsi que les formes suivantes, qui avaient *l'ę* non seulement jusqu'à la fin du xie siècle, mais durant tout le moyen âge et même plus tard, ont fini par le perdre dans la prononciation d'abord, dans l'écriture ensuite :

Alebastre (*alăbastro*), aujourd'hui *albâtre* ; **paredis** (*parădiso*), *pareïs*, auj. *parvis* ; **mereveille** (*mirăbĭlia*), auj. *merveille* ; **sairement** (*sacrāmento*), *sèrement*, auj. *serment* ; **vraiement** (*veracāmente*), auj., mais depuis peu, *vraiment* ; **comodéement** (*commodatāmente*), auj. *commodément* ; et ainsi des adv. en *éement* venant de *atāmente*.

C'est ainsi encore que *separare* a donné **sevrer** (= *severer*), et que l'on prononce *lèvrai, sauvrai*, etc., quoique l'on écrive encore *lèverai, sauverai*, l'ę tombant aisément entre *v* et *r*. On prononce d'ailleurs aussi *lourai, prirai*, etc., tout en continuant à écrire *louerai, prierai* comme jadis (*loderai* au xie siècle encore). C'est ainsi enfin que, du xive au xvie siècle, l'ę du suffixe *ātore* tombe ou se confond avec *eu* qui suit : **Salvedor** (*salvātore*), puis *salveor, sauveeur* et enfin *sauveur* ; **chantedor** (*cantātore*), puis *chanteor, chanteeur, chanteur* ; **emperedor** (*imperātore*), puis *empereor, empereeur, empereur*, etc.

2) E, I, O, U *brefs ou longs tombent.*

ĕ : **cervèle** (*cerĕbella*, Rol. 1356) ; **perdrat** (*perdĕrabet*, Rol. 1194) ; etc.

ĭ : **herbergęt** (*herĭbergat*, Alex. 114 e) ; **beltèt** (*bellĭtate*, Pèlerın. 123) ; **mendistièt** (*mendicĭtate*, Rol. 527) ; **penteięt** (*paenĭtebat*, Val. vº 25) ; **delgièt** (*delĭcato*, Pèlerin. 304) ; etc.

ŏ : **colchièt** (*collŏcato*, Rol. 2175) ; **peitrine** (*pectŏrina*, Alex.

87 a); **marbrins** (*marmŏrinus*, Pélerin 133); etc. L'habitude du latin a maintenu longtemps, par exception, *ŏ* dans *Ludŏvicus* : **Lodevis** (Rol. 3715).

ŭ : **chapler** (*capŭlare*, Rol. 1681); **conter** (*compŭtare*, Rol. 68); etc.

ē : **blasmer** (*blasfēmare*, Rol. 681); **vedrai** (*vidēraio*, Rol. 316); **voldrat** (*volērabet*, Rol. 155); etc.

ī : **odrat** (*audīrabet*, Rol. 55); **vendrat** (*venīrabet*, Rol. 54); etc. Nous verrons plus loin comment et pourquoi certains verbes en *ir* et tous les inchoatifs de la 2e conjugaison ont conservé cet *i* protonique long [1].

ō : **maisniède** (*mansiōnata*, Alex. 53); **desotrei** (*disauctōrico*, Rol. 518); **barnage** (*barōnatico*, Rol. 1349); **araisnier** (*adratiōnare*, Pélerin. 8); **parler** (*parabolare, paravolare, paraulare, parolare*, Rol. 426); etc.

ū : **aidiez** (*adjūtate*, Alex. 93 b); **mangier** (*mandūcare*, Rol. 2542).

3) Devant ou après un groupe de consonnes, demandant une voyelle d'appui, les voyelles qui seraient tombées sont généralement représentées par un ę féminin.

ĕ : **pelerin** (*perĕgrini*, Rol. 3687 ; l'*ĕ* a été protégé par le groupe suivant *gr*, et il est resté après la réduction de ce groupe). Citons un mot fréquent dans l'ancienne langue, où *ĕ* est resté grâce au groupe précédent *nt* : *enterin* (= *intĕgrino*). C'est par le besoin d'une voyelle d'appui, autant que par l'analogie des verbes de la 1re conjugaison, que certains verbes de la 4e, dont le thème se termine par deux consonnes, prennent ę souvent au moyen âge dans l'écriture comme dans la prononciation, aujourd'hui encore dans la bouche du peuple : je *perderai*, je *renderai*, etc.

ĭ : **quitedèt** (*quit*? + *ĭtate*, Rol. 907); et ainsi les mots en *ĭtate* précédé de deux consonnes, comme **putedèt** (*pudtĭtaté*), **vevedèt** (*vidvĭtate*), **chastedèt** (*castĭtate*), plus tard, au XIIe siècle : *quiteé, puteé, veveé, chasteé*; de même **certefięt** (*certĭficat*), **senefięt** (*signĭficat*, Rol. 73); **molteplięt** (*multĭplicat*); etc.

ŭ : Il était tombé régulièrement dans **tortrèle** (= *turtŭrella*, Alex. 30 d); mais bientôt l'euphonie l'a rétabli sous forme d'ę, et nous disons aujourd'hui encore : *tourterelle*.

____

(1) Conjugaison, futur et conditionnel.

ū : *nutrītura* donne, dans les lois de Guillaume : *nurture* (25), où l'*ī* est tombé ; mais la forme régulière est **nodredure** citée par M. Darmesteter ; et plus tard on trouve *norreture, nourreture* (Littré) ; le moderne *nourriture* est une forme refaite.

ō : *Latrōcinio* a donné aussi, dans les lois de Guillaume : *larcin* (16) ; mais la forme régulière est, au xie siècle, **ladrecin,** d'où *larrecin* jusque chez Rabelais et même Montaigne. Dans la langue moderne, la liquide a aidé à la chute de l'*ę* : *larcin.*

4) La protonique longue est conservée dans certains mots sous l'influence de mots de même forme, lorsque la protonique des premiers se trouve être la voyelle accentuée des seconds.

C'est ainsi que **felonie** (*felōnia,* Rol. 2600) a gardé son *ō* protonique (l'accent est sur *i*) sous l'action analogique de *felon* (= *felōne,* Rol. 910) ; que **doloros** (*dolōroso,* Rol. 3403) est dû à **dolor** (*dolōre,* Rol. 2030) ; de même, c'est sous l'influence des simples *ami, vertut, corone, devin, honor, marit, mendis, oblit, traditre, seignor,* etc., que se sont formés les dérivés *amiable, vertudos, coroner, deviner, honorer, marider, mendier, oblider, tradison, seignoril* (Rol. 150) ; etc.

Mais, suivant son habitude de maintenir sous forme d'*ę* muet féminin toute voyelle atone qui ne tombe pas, l'ancienne langue dit souvent *doleros, ameros, langueros, felenie,* etc., au lieu de *doloros, amoros, langoros, felonie.* La langue moderne a le plus souvent rétabli la voyelle latine *o,* qui, en sa qualité d'atone, est devenue la sourde *ou* : *douloureux, amoureux, langoureux* ; mais *felonie.*

IV. — PROTONIQUE ENTRAVÉE, NON INITIALE

La protonique entravée, latine ou romane, non initiale se maintient.

Toutefois, elle peut se transformer d'une manière plus ou moins complète, et suivant des lois qui seront étudiées ultérieurement [1].

Ex : **menestier** (*minĭsterio,* Eul. 10) ; **presentéde** (*praesentata,* Eul. 11) ; **honestét** (*honestate,* Eul. 18) ; **achedèrent** (*accaptarunt,*

---

(1) Voir plus loin : Transformations des atones.

Val., v° 31); **correcious** (*corruptioso*, Val, v° 3); **coroços**
(*corruptiōsus*. Lég. 32 c : ms : *corroptiōs*); **ancessors** (*anteces-sores*, Alex. 1 e); **amistièt** (*amiç'tate*, Alex. 33 d); **herbergièt**
(*hcribergati*, Rol. 2799); **almosnièrs** (*elemos'narius*, Alex.
25 c), etc.

Une exception remarquable est **mostier** (*monasterio*, Rol. 2097),
qui, dès le latin vulgaire sans doute, avait perdu l'*a* sous l'influence
analogique de mots comme *misterio* pour *ministerio* ou peut-être
aussi de mots comme *mostrare* pour *monstrare*, qui n'avaient pas
cet *a* en latin.

V. — PROTONIQUE INITIALE ET ATONE INITIALE
PROPREMENT DITE

*La protonique initiale et, en général, l'atone initiale proprement
dite, qu'elles soient libres ou entravées, brèves ou longues, se
maintiennent presque invariablement.*

Comme la protonique entravée, non initiale, elles subissent
souvent des altérations plus ou moins graves [1].

1° Protonique initiale : **amur** (*amore*, Serm. I); **savir, podir**
(*sapere, potere*, Serm. I); **commun** (*commune*. Serm. I); *avant*
(*abante*, Serm. I); **pulcella** (*pull'cella*, Eul. I); **eskoltęt** (*ascultat*,
Eul. 5); **manatce** (*minacia*, Eul. 8); **enhortet** (*inhortat*, Eul. 13);
rovèręt (*rogarat*, Eul. 22); **colomb** (*colombo*, Eul. 25); **novèlles**
(*novellas*, Alex, 96 d); **somonse** (*submonsa*, Alex, 60 a); **servise**
(*servitio*, Rol. 3828), etc.

2° Atone initiale proprement dite : **Salvament** (*salvamento*,
Serm. I); **altresi** (*alterosic*, Serm. I); **paramenz** (*paramentos*,
Eul. 7); **menestier** (*ministerio*, Eul. 10); **presentéde** (*praesentata*,
Eul. 11); **honestèt** (*honestate*, Eul. 18); **menestrels** (*ministerellos*,
Alex. 65 d), *ancessors* (*antecessores*, Alex. 1 c); **chevalchièz**
caval'catis, Rol. 2806); **vantèręnt** (*vanitarunt*, Rol. 2861), etc.

Remarque. — *Chute et aphérèse de l'atone initiale.* L'atone
initiale est tombée après une consonne et devant une liquide, par
suite de la rapidité de la prononciation, dans **dreit** (*dīrecto*,
Rol. 1212) ; **cridęnt** (*quirītant, critant*, Rol. 3999); **crollède**
(*corotulata*, Rol. 442) ; de même dans *briller* (= *beryllare*),
brusler (*perustulāre*?), *cros* (*corroso*, mod. creux), etc.

----

(1) Voir plus loin : Transformations des atones.

L'aphérèse de l'atone initiale, lorsqu'elle commence le mot, est encore plus rare : **lor** (*illorum*. Rol. 996); **le, la, les** (*illo, illa, illos*, Rol. 2365, 634, 786). Si nous ajoutons, sous leur forme moderne, les mots : *blé* (*ablato*), *oncle* (*avunculo*), *diamant* (*adamante*), *boutique* (*apotheca*), nous aurons à peu près épuisé la liste des formes qui ont perdu l'atone initiale.

VI. — VOYELLE ATONE
PRÉCÉDANT MÉDIATEMENT LA TONIQUE DANS LE CORPS DU MOT

La voyelle latine atone qui, dans le corps du mot, c'est-à-dire sans être initiale, précède médiatement la tonique, persiste non moins régulièrement que l'atone initiale, mais, comme elle, est sujette à des altérations plus ou moins profondes.

Les exemples sont en nombre restreint, puisqu'il ne s'agit ici que de mots assez longs pour que la voyelle en question ne soit ni protonique ni initiale, c'est-à-dire de mots ayant au moins cinq syllabes. Citons cependant : **considrer** (*considerare*, Alex. 32 a) ; **enfermetét** (*infirmitate*, Alex. 56 e) ; *menestrels* (*ministerellos*, Alex. 65 d) ; *asembler* (*assimulare*, Alex. 9 e), etc.

Lorsque cette voyelle tombe, la chute s'explique aisément soit par l'analogie d'un simple, soit par l'influence de formes verbales similaires. Ainsi l'on trouve *herbergièt* (*heribergato*, Rol. 2799); mais la chute de l'*i* est due à l'analogie d'autres formes du même verbe, où l'*i* est protonique pur et tombe régulièrement, comme **herberget** (*heribergat*) ; de même *antecessores* donne **ancessors** (Alex. 1 e), sous l'influence de **ancestre** (= *antecéssor*) ; et *solidatarios* devient **soldedièrs** sous l'action analogique de **solde** (= *solida*), etc.

VII. — MAINTIEN EXCEPTIONNEL de **O** ou (**U**)
FINAL ATONE

O final (ou *u*; on sait que ó fermé est représenté, en latin vulgaire, par *o* ou *u*) *s'est maintenu exceptionnellement dans trois cas :*

(1) Certains dialectes n'ont pas conservé l'*u* et prononcent, maintenant encore, *clo*.

1º Après *a* ou *e* lorsque cet *a* ou cet *e* en était séparé par une labiale *p, b, v* (hiatus roman). Ex. : **clou** (*clavo, clauo, clo + u*); **quieu** (*capo, cabo, cavo, chie* ou *quie + u*, Lég. 21 e); **sout** (*sapuit, savut, sauut*, Rol. 1024); **out** (*habuit, avut, auut*, Rol. 26); de même le moderne *Anjou* (= *Andegavo, Andeavo, Andiavo, Andiauo, Anjo + o*); et l'ancien franc. *sieu, sieuf* (= *sebo, sevo, sie + o* ou *u*; *sieuf*, moderne *suif*).

2º Après *au, o* et quelquefois *e*, quand il en était séparé par un *g* ou un *c* (hiatus roman). On sait, en effet, que la gutturale tombe très facilement devant *o, u*; le rapprochement de la tonique et de l'atone finale a protégé celle-ci : **trou** (*traugo, trauo, tro + ō*); **fou** (*fago, fao, fau, fo* devenu *fou* peut-être sous l'influence du dérivé *fouet*, où l'*o* atone initial s'assourdit en *ou*); **fou** (*foco*, Rol. 3106); **lou** (*loco*), première forme de *lieu* ; **jou** (*joco*), qui a précédé *gieu* ; **siut** (*sequit, sie + j + u*, Rol. 3215); **seule** (*saeculo*, Eul. 24 ; ici ce n'est pas l'atone finale qui est en question, mais *u* posttonique); **cieuc** (*caeco*. v. fr.).

3º Quand il suit immédiatement la tonique (hiatus latin) : **Deu** (*Deo*, Rol. 7, qui sera bientôt et toujours Dieu) ; **dous** (*dŭos*, Rol. 444); de même **Gieu** (= *Judaeo*), mod. Juif ; **hebrieu** (*Hebraeo*), mod. Hébreux, etc.

On est tenté de croire que *leopardo* a été traité comme deux mots distincts : *lĕo*, d'où *leu*, comme *Deu* de *Deō* ; puis *pardo*, en roman, *part*, d'où *leupart* ; ainsi *lèuparz* (*leopardos*, Rol. 728).

VIII. — THÉORIE DE L'HIATUS

L'hiatus résulte de la rencontre de deux voyelles dans deux syllabes distinctes d'un même mot ; il comprend les groupes formés par les voyelles *e, i, u* combinées avec les autres voyelles. Voici les groupes que l'on rencontre : *e* + voyelle : *ea, eo, eu* ; 2º *i* + voyelle : *ia, io, iu,* ; 3º *u* + voyelle : *ua ue, ui, uo, uu.*

Voici les trois cas d'hiatus les plus importants :

1º L'hiatus se présente déjà dans les mots simples latins : **februario, lancea, papilione, christiano**, etc.

2º L'hiatus résulte de la chute romane d'une consonne (hiatus roman) : **communicare, communiare ; — tradère, tradere, tradir, traïr**, etc.

3º L'hiatus est amené par la composition latine ou romane : **deabante, cooperire**, etc.

Le traitement ne diffère pas, que l'hiatus soit roman ou latin ; nous ne conserverons donc que deux divisions : 1° *hiatus latin ou roman* ; 2° *hiatus par composition*.

1° HIATUS LATIN OU ROMAN

Nous examinerons quatre cas : *1) hiatus formé par la tonique et la protonique ; 2) hiatus formé par la tonique et la posttonique qui la suit immédiatement ; 3) hiatus formé par deux posttoniques ; 4) hiatus formé par deux atones précédant la tonique.*

1) *Hiatus formé par la protonique et la tonique.*

En général, la protonique se maintient :

1° **Tantôt elle reste, mais plus ou moins transformée, quelquefois consonnifiée quand c'est un** *u* : **anvel** (*annuale*, Rol. 2860) ; **Maximiièn** (*Maximiano*, Eul. 11) ; **christiièn** (*christiano*, Eul. 14) ; **communiat** (*communicavit, communiavit*, Lég. 14 e) ; **reïne** (*regina, reina*, Rol. 2595) ; **soürs** (*securus, segurus, seurus*, Rol. 549) ; **moüstes** (*movustis, moüstis*, Rol. 1335), etc.

Le nombre des mots où la protonique est en hiatus avec la tonique sera encore augmenté au xiie siècle, lorsque la dentale médiale sera tombée. Ainsi les mots *adort* (*adoret*), *mudable* (*mutabile*), *oblider* (*oblitare*), *edage* (*aetatico*), etc., qui, au xie siècle, ont encore la dentale, deviendront *aort, muable, oblier, eage*, etc.

Nous avons déjà dit que l'*i* du suffixe *iièn* (= *iano*) ne tardera pas à se fondre avec le suivant ; de sorte que *i-ièn* (2 syllabes) deviendra *ien* (une seule syllabe).

Plus tard, beaucoup plus tard encore, au xvie siècle, *e* tombera non seulement dans la prononciation, mais encore dans l'écriture devant *a, e, o, u* pour former une voyelle plus stable. Ainsi **abeesse** (*abbatissa*), *seür* (*securo*), *meür* (*maturo*), *eage* (*aetatico*), *veoir* (*videre*), *cheoir* (*cadēre*), *meü* (*movuto*), **meesme** (*metismo*), *eür* (*augurio*), *veeau* (*vitello*), etc., deviendront *abbesse, sür, mür, âge, voir, choir, mü, même, eur, veau*, etc. Rarement il est maintenu dans l'écriture.

Notons enfin que si *u* protonique se consonnifie quelquefois, après *n* notamment (*anvel, janvier = annuale, januario*), il est beaucoup moins stable après les autres consonnes ; sa chute était même effectuée dans le latin populaire : *spiritales* pour *spirituales*, d'où

espiritéls (mot savant, Lég. 29 d); *battalia* pour *batualia* ; d'où **bataille** ; *febrario* pour *februario*, d'où **février**, etc.

2° *La protonique mouille l'*l *ou l'*n *qui la précède, et forme avec ces consonnes un groupe,* ñ, l *mouillées, devant lequel la voyelle précédente, qui est, à vrai dire, la seule protonique, se maintient très souvent sous forme d'*i.

Ex. : **taliat** (*taleavit, taliavit*, Lég. 39 e ; moderne *tailla*); **consellièrs** (*consiliarios*, Eul. 5, mod. *conseillers*); **compaignon** (*companione*, Rol. 1020); **aillors** (*aliorso*, Alex. 39 d, mod. ailleurs) ; **baignièr** (*balneare, banneare, baniare*) ; **filiastre** (*filiastro*, Rol. 743); etc.

3° La protonique palatalise le *c* et le *t* pour les changer en *c* doux ou en *s*, et, passant dans la syllabe précédente, forme une diphtongue, quand la voyelle de cette syllabe est *a, o, u*. Ex. : **oraison** (*oratione*, Rol. 193); *chanson* (*cantione*) ; **sospeçon** (*suspicione*) ; **menuisièr** (*minutiare*) ; **faisons** (*faciomus*) ; **comencièr** (*cuminitiare*, Rol. 2413) ; **chassièr** (*captiare*) ; **lancièr** (*lanceare, lanciare*) ; etc.

4° Précédé d'une dentale ou d'une labiale ou d'un groupe de consonnes, *i* protonique fait tomber la consonne qui le précède et se convertit en *j*.

Ex. : **Vergièr** (*viridiario*, Rol. 103); **serjant** (*servientes*, Rol. 161); **asegièr** (*assedicare, assedjare*); **dangièr** (*dominiario*); **abregièr** (*abbreviare*); etc.

Le groupe *pj* aboutit parfois non à *j*, mais à *ch*, chuintante qui peut être considérée comme la forte correspondant à *j* : **sachièz** (*sapiatis*, Rol. 784); **clichy** (*clipiaco*); etc.

A peine est-il besoin d'ajouter que l'analogie a maintenu l'*i* protonique en hiatus dans la conjugaison : **rendions** (*rendebamus, rendevomus, rendeomus, rendiomus*) ; **rendiièz** (*rendebatis, rendevatis, rendeatis, rendiatis*) ; etc.

5° Quelquefois enfin l'hiatus formé par la protonique et la tonique est supprimé par l'intercalation d'une consonne (V), et quelquefois même par *i* ou par *h*.

Ex. : **roevęt** (*rogat*, Rol. 1792). Néanmoins l'ancienne langue ne recule pas devant l'hiatus. C'est ainsi que *potere*, qui donne *podeir* jusqu'à la fin du xie siècle, aboutira à *poeir, pooir*, durant tout le moyen âge, et, après seulement, à *pouvoir*. De même *tradĕre, tradēre, tradīre* donne successivement *tradir, traïr, trahir* ; cependant, dès le xiie siècle, on trouve *ploveir* (= *pluĕre* pour *plŭere*, Benoist de Ste-More) ; etc.

2) Hiatus latin ou roman formé par la tonique et un posttonique.

Dans ce cas, l'atone en hiatus subit le traitement de l'aton
finale si elle est finale ; c'est-à-dire qu'elle se maintient sous form
d'*ę* muet si c'est un *a*, et disparaît si c'est une autre voyell
(*e, i, o, u*).

Lorsqu'elle forme l'avant dernière syllabe du mot, elle tombe
Ces divers cas rentrent dans ceux qui ont déjà été étudiés ; il es
inutile d'insister.

Ajoutons seulement que, sous l'influence analogique de l'al
longement participial en *ūtus* dans un grand nombre de verbes d
la 3e conjugaison surtout, *uissem*, qui aurait dû avoir l'accent su
ī, l'a reculé sur l'*u*, l'*ī* tombant, d'où *ūssem, ūsses, ūsset*, etc
(*habūssem, movūssem*, etc.).

Enfin, nous avons vu un peu plus haut [1] que *o, u* final rest
dans trois cas qui ont été spécifiés.

3) Hiatus formé par deux posttoniques.

Il s'agit des trois séries de groupes suivantes : **ea, eo, eu ; i**
io, iu ; ua, ue, ui, uo, uu.

1o *Ua, ue, ui, uo, uu.* — Nous commençons par la dernière, qu
présente le cas le plus simple : l'*u* tombe généralement dans l
latin vulgaire, en vertu de cette loi : *ĕ, ĭ, ŭ*, à l'antépénultièm
devant une voyelle brève, sont, en latin vulgaire, incapables d
porter l'accent [2].

C'est ainsi que *battŭere*, par exemple, n'a pas l'accent sur *ŭ* ;
le recule donc sur *a*, d'où la réduction *báttere* ; de même *asoler*
pour *absolvere, absoluere* ; *volerunt* pour *volŭĕrunt* ; *cosere* pou
consuere, et, par suite, le roman **batre, asoldre,** *voldręnt, cosdr*

C'est ainsi encore que *ua, uo*, etc. formant les deux dernièr
syllabes du mot, tombent ; que *mortuus, mortua, vacua, quattuo*
etc., se réduisent à *mortus, morta, vaqua, quattor*, etc. ; que l'a
teur du Probi App. blâme *vaqua* (= *vacua*), *vaqui* (= *vacui*), *ec*
(= *equus*), *cocus* (*coquus*), *flaus* (*flavus, flauus*), *butro* (*botruus*
etc. ; et que le roman présente **morz** (*mortus*, Rol. 2030) ; **mor**
(*morta*, Rol. 3721) ; **quatre** (Rol. 186) ; etc.

Comme avant la tonique, *u* posttonique a une tendance à

____

(1) P. 64-65.
(2) Cf. *Zeitschrift für romanische Philologie*, VII, p. 572 ; *Romani*
XIII, p. 465.

consonnifier après la nasale *n* ; **tenve** (= *tenŭe, tenve*) n'est pas rare au moyen âge ; la même chose a lieu pour *u* à l'antépénultième après une labiale qui se vocalise ou s'assimile : **sovrent** (*sápŭĕrunt, savuerunt, sauverunt*) ; **avret** (*habuerat, habverat, avverat, averat,* Eul. 2) ; **avrent** (*habuerant,* Lég. 38 c). Toutes ces formes ont disparu de la langue de très bonne heure, surtout les formes verbales.

2° *Eo, ea, eu.* Ils se réduisent presque invariablement à *io, ia, iu,* où l'*i* devient palatal.

Les exemples en sont innombrables dans tous les textes mérovingiens ou autres qui portent plus ou moins l'empreinte populaire [1].

3° *Groupes posttoniques ia, io, iu.* La langue combat l'hiatus par plusieurs procédés analogues à ceux que nous avons étudiés pour le cas où l'hiatus est formé par la protonique et la tonique. Ainsi :

1) La semi-voyelle se combine avec la lettre précédente, quand celle-ci est n *ou* l, *et forme avec elle, en la mouillant, une lettre nouvelle.*

Crigne (*crinea, crinia,* Pélerin. 823) ; **broigne** (Rol. 384 ; ms : *brunie,* où l'*i* indique la mouillaison ; Pélerin. 635) ; de même *Champaigne* (*Campanea, Campania*) ; *baigne* (*banneat, banniat* pour *balneat*) ; **lign** (*lineo, linio,* Rol. 2379) ; *ligne* (*linea, linia*) ; *vergogne* (*verecundia, verecundja, verecunja*) ; **conseil** (*consilio,* Rol. 3454) ; **fille** (*filia,* Rol. 2744) ; **vaillet** (*valeat, valiat,* Rol. 1666) ; **paille** (*pallio,* Rol. 2965) ; **merveille** (*mirabilia,* Rol. 2877) ; **bataille** (*battalia,* Rol. 734) ; etc. On sait que *n* mouillée se présente sous la forme *gn* et que *l* mouillée est notée tantôt par *l* simple (*eissil = exsilio*), tantôt par *ll* (*famille*), tantôt par *il* (*conseil*), tantôt par *ill* (*bataille*), l'*i* faisant d'ailleurs également partie de la diphtongue.

Nous verrons plus loin, en étudiant *l* finale, que *l* mouillée à la fin des mots a une tendance marquée, depuis longtemps et aujourd'hui surtout, à perdre le son mouillé.

2) La semi-voyelle se combine avec la tonique qui précède pour former une diphtongue.

Ce cas a été étudié en détail, notamment à propos de *a,* de *o* et

---

(1) Cf. *Probi Appendix ;* — *Vie de sainte Euphrosyne ;* — TARDIF, *Monuments historiques ;* SCHUCHARDT, *Vokalismus,* I, p. 428-432.

de *u* infectés de *j* ; il est donc inutile de revenir sur cette question. Ajoutons cependant que ce procédé s'emploie particulièrement lorsqu'une liquide (*r* surtout) sépare la tonique des deux posttoniques formant hiatus, et que, *lorsque la tonique est a ou e, la palatale, pour former la diphtongue, précède ou suit la tonique sans règle bien déterminée, quoique le plus souvent elle la précède* : **chevalièr** (*caballario*), **premièr** (*primario*), **rivière** (*riparia*), **lumière** (*luminaria*), **viaire** (*vicario*), **contraire** (*contrario*), **saive** (*sapio, savio*), **mostièr** *monasterio* [1]) ; etc.

Lorsque la tonique est *o, u*, la palatale la suit : **cuir** (*corio*), **gloire** (*gloria*), **coin** (*cuneo*), **pluie** (*plŏvia*), etc.

3) Aprés une sifflante ou une dentale (s, t) ou une gutturale (c), la semi-voyelle palatalise ces consonnes et les change en c doux (ç, s, ss).

Comme les groupes *ci, ti* devant une voyelle peuvent faire ou ne pas faire entrave, la tonique reste en général sans changement s'il y a entrave ; elle se diphtongue ou se modifie diversement s'il n'y a pas entrave. Nous rentrons ici dans des cas qui ont été étudiés au chapitre des voyelles accentuées. Nous nous contenterons donc de donner un petit nombre d'exemples : **justise** (*justitia*, Rol. 498) auj. *justice* à côté de *justesse* qui a la même origine ; **brace** (*bracia* pour *brachia*, pluriel de *brachium*, Rol. 1343) ; **palais** (*palatio*, Rol. 151) ; **placet** (*placcat, placiat*, Rol. 358) ; etc.

4) La semi-voyelle, devenant consonne, forme un groupe avec la consonne antérieure, qu'elle s'assimile et fait disparaître quand cette consonne est une muette.

Ex : **estrange** (*extraneo, extranio*), **songet** (*somniat*), **sage** (*sapius*, Rol. 648) ; etc.

Ici encore, le groupe *pj* aboutit le plus souvent à *ch* : **sachen** (*sapiant*, Rol. 3136) ; de même les mots modernes *proche* (*propio*), *ache* (*apio*), etc.

Quand la consonne qui précède *i* est une nasale, nous savons déjà qu'elle peut être mouillée par la palatale ; de sorte que, selon les régions ou même le caprice des personnes, le même mot peut donner deux· formes. C'est ainsi que *linea, linia* aboutit d'un côté

---

[1] On sait que le suffixe erio (*ĕ* ou *ĕ*) a donné ier par une confusion analogique avec ario.

à *ligne*, et de l'autre à *linge*; que *veniam* (subj. du vb. *venire*) donne tantôt *viègne*, tantôt *vienge*; de même *tenir* fait *tiègne* (*teneam, teniam*) ou *tienge*, etc.

5) L'hiatus est supprimé par l'intercalation d'une consonne (v).

Ce cas est beaucoup plus rare que lorsque l'hiatus est formé par la protonique et la tonique. De plus l'intercalation du *v* n'a lieu qu'après le x1e siècle. Ainsi le moderne *glaive* (= *gladio*), mot savant.

2° HIATUS PROVENANT DE LA COMPOSITION

Pour le détruire, on emploie l'élision. Ex. : **devant** (*deabante*, Rol. 671); **mar** (*malahora, malaora, malora, malra*, Alex. 88 b); **bor** (*bonaora, bonora*, Alex. 90 e); etc.

A l'origine, l'élision n'avait pas toujours lieu : **neüls** (Serm. II); **neüle** (*neulla*, Eul. 9); etc.

C'est l'élision qui distingue la formation populaire de la formation savante, laquelle conserve la voyelle, sinon dans la prononciation, du moins dans l'écriture : *vice-amiral, coopérer*, etc.

Il ne faudrait pas voir, comme le pense Diez [1], un moyen de supprimer l'hiatus dans l'insertion assez fréquente d'un *t* au corps d'un certain nombre de dérivés français, tels que *cloutier* (*clou*), *papetier* (*papier*), *numéroter* (*numéro*), etc. Ce *t* est dû, comme nous le verrons à l'article de la dérivation, ou bien à des assimilations erronées, ou bien à l'analogie.

3° HIATUS FORMÉ PAR DEUX ATONES PRÉCÉDANT LA TONIQUE

Ce cas n'est guère que théorique ; il se rencontre dans des formes verbales où la seconde atone est accentuée, à l'infinitif, par exemple. Ainsi, à l'infinitif, *communicare, communiáre*, l'hiatus est formé par la protonique *i* et la tonique *a* ; au futur, *communiarato*, les deux mêmes voyelles sont atones l'une et l'autre ; mais il est évident que l'influence analogique de l'infinitif les maintient sous la même forme au futur, d'où *communierai*, avec cette différence que *e* = *a* atone devient muet selon la règle de *a* protonique.

(1) *Gramm. des Langues romanes*, trad. fr. (1, p. 175).

IX. — TRANSFORMATIONS DES ATONES

Nous avons examiné le sort des atones suivant la place qu'elles occupent dans le mot, et nous avons constaté qu'elles restent ou disparaissent ; mais nous avons remarqué, en même temps, que, lorsqu'elles persistent, elles subissent des transformations plus ou moins graves. Ce sont ces transformations que nous allons étudier, en laissant de côté la finale et la protonique, dont le sort est connu dès maintenant.

I. — A LATIN INACCENTUÉ (LONG OU BREF)

1) A *entravé, latin ou roman, long ou bref, persiste dans tous les textes primitifs de la langue française et s'est maintenu sans changement jusqu'à nos jours.*

Ex. : **salvament** (*salvamento*, Serm. I) ; **salvarai** (*salvaraio*, Serm. I) ; **argent** (a*rgento*, Eul. 7) ; **chantoms** (*cantomus*, Lég. 1 c) ; *a*tendeie (*attendebam*, Alex. 96 d) ; **alassèrent** (*allassarunt*, Alex. 100 b) ; *a*tement (a*ptamente*, Alex. 114·d) ; **acraventet** *accrapentat*, Rol. 1955) ; *a*drement (a*tramento*, Rol. 1933) ; **chastèl** (*castello*, Rol. 4), etc.

REMARQUES. — 1º *Accaptare* a donné, durant tout le moyen âge, **achater** ; et cependant on lit, dans le Fragm. de Valenciennes, **achedèrent** (= *accaptarunt*, vº 24) ; ce qui prouve que, dans le domaine oriental, la réduction du groupe *pt* en *t* s'était faite de très bonne heure, et que *a* avait été, dès lors, traité comme protonique libre. Or c'est ainsi que *a*, dès le xivᵉ siècle, s'est comporté dans la langue moderne pour le verbe acheter.

2º *Capitale* a donné aussi régulièrement **chatél** ; ce n'est qu'au xivᵉ siècle que l'on commence à trouver *chetél*, puis *cheptél*.

3º *Chertét*, qui est ancien, est un dérivé de *chèr* (= *caro*) et non l'équivalent direct de *caritate*, *car'tate*, qui n'aurait pu donner que *chartél*.

2) A *long ou bref, libre, lorsqu'il n'est ni protonique ni final, reste en général sans changement. La protonique même reste* a *lorsqu'elle est initiale.*

Ex. : **amur** (a*more*, Serm. I) ; **cadhuna** (*catuna*, Serm. I) ; **amast** (a*masset*, Eul. 10) ; **pagièns** (*paganos*, Eul. 12) ; **amis** (*amicus*, Lég. 19 d) ; **remanant** (*remanente*, Alex. 2 c) ; **enhadide** (*inhatita*, Alex. 87 c) ; **malfadude** (*malfatuta*, Alex. 89 d) ; **apparedude** (*apparatuta*, Alex. 97 d) ; etc.

3) A *libre, long ou bref, suivi d'une nasale, reste* a. *Ex. :* **amèt** (amato, *Lég. 34 a*) ; **clamęr** (clamare, *Rol. 350*), *etc.*

Nous verrons, à propos de la conjugaison, que *a*, placé devant une nasale, notamment dans le verbe *amer*, a subi, dans la langue moderne, l'influence analogique des formes fortes, où *a* était accentué ; mais la règle est observée durant tout le moyen âge.

Des mots comme *sainement, vainement,* etc., correspondent non à *sanamente, vanamente,* mais aux adjectifs *sain, vain,* augmentés du suffixe *ment.*

4) A *libre ou entravé, suivi d'une gutturale ou d'un* i *palatal, aboutit, comme* a *libre accentué dans les mêmes conditions, à la diphtongue* **ai**.

La diphtongaison n'est pas opérée encore dans les Serments : **sagrament** (*sacramento*, II) ; la gutturale s'est affaiblie en *g*, mais n'est pas devenue encore *j*.

Eulalie ne paraît guère plus avancée, si l'on s'en rapporte au mot **lazsièr** (*laxare*, 24 ; plus tard *laissier*, mod. *laisser*); mais, comme la diphtongaison existe à la tonique (*faire, laist*), il n'est pas téméraire de supposer qu'elle existe également pour l'atone, et que l'écriture est simplement en retard sur la prononciation.

Le Fragment de Val. ne présente que **aièst** (= *habeatis, abiatis,* v° 29).

Les exemples sont plus nombreux dans le Saint-Léger ; et, s'ils ne sont pas tous concluants, il faut en attribuer la faute au copiste : **paiast** (*pacasset*, 18 f); **talièr** (*taleare, taliare*, 27 a) ; **raisons** (*rationes*, 32 d) ; **flaièls** (*flagellos*, 40 b) ; etc.

A plus forte raison, les textes postérieurs portent-ils *ai* : **vaillant** (*valiante*, Alex. 2 c); **lairai** (*laxaraio*, Alex. 42 d) ; **maisniède** (*masionata*, Alex. 53 c); **oraison** (*oratione*, Alex. 62 e); **maiselèr** (*maxillare*, Alex. 86 c); **baisièr** (*basiare*, Alex. 86 d); **aidièz** (*ajutatis, aj'tatis*, Alex. 93 f); **faiture** (*factura*, Alex. 97 a); **plaidis** (*placitivus, plac'tivus*, Alex. 120 e); **afaitat** (*affactavit*, Rol. 215); **araisonęt** (*adrationat*, Rol. 3536); **fraisnine** (*fraxinina*, Rol. 720); **jaianz** (*gagantes* pour *gigantes*, Rol. 3253); etc.

Remarques. — 1º Quand l'entrave de *a* est formée par une nasale suivie d'une gutturale ou d'un *j*, il en résulte également *ai*, comme à l'atone.

De là *ai* dans toute la conjugaison des verbes *plaindre, fraindre* (= *plangere, frangere*), par exemple, aux formes faibles comme aux formes fortes : **fraindrat** [1] (*frangerabet*, Rol. 2342); etc.

2º *Captivus* ou mieux *captivo* ne pouvait aboutir qu'à *chatif*; et cependant on lit *chaitif* dans l'ancienne langue; d'où *chétif* dans la langue moderne, par l'équivalence de *ai* et de *é* dans les syllabes atones. Le provençal a aussi *captiu, caitiu*, tandis que l'ancien espagnol présente *captivo*, l'espagnol moderne *cautivo* (*p* devenant *v*, qui à son tour se vocalise en *u*), le portugais *cativo* et l'italien *cattivo*. Ce mot semble donc, dans les langues romanes, avoir flotté entre *captivo* et *cactivo* sans doute mis pour *coactivo*, et c'est à *cactivo* que paraît se rapporter *chaitif*.

3º Le futur et le conditionnel du vb. faire devraient être **fairai** (*faceraio*), **faireie** (*facereva*); et cependant les plus anciens monuments de notre langue ont déjà *e* au lieu de *ai* : **fereiet** (Val. vº 9); **ferons** (Alex. 105 c); **ferat** (Rol. 33); etc. Déjà même au commencement du xiie siècle on trouve, à l'imparfait, **feseit** (Épître de saint Etienne, 11 c). C'est une particularité qu'il ne semble pas facile d'expliquer.

5) A libre *infecté de* j, *ou* A libre *après les gutturales sans exception et après les dentales ou les lettres* s, ss, l, n, r *précédées d'un* i *palatal* (j) : A *l'inverse de ce qui a lieu pour la tonique, qui se diphtongue en* ie (a *devient* è, *et* j *passe devant* è), a *atone infecté de* j *ne s'est pas diphtongué; il est resté en s'affaiblissant le plus souvent en* e *muet.*

Ainsi, tandis que *capo, cadit, caro*, etc., donnent régulièrement *chief, chiet, chier*, etc., parce que *a* y est accentué, *capitatico* (*cavatico*), *caballo, caballario, capillo*, etc., donnent non moins régulièrement, parce que *a* y est atone : **chevage** (Rol. 373); **cheval** (Rol. 1545); **chevalièr** (Rol. 752); **chevèl** (Rol. 976); etc.

Remarques. — 1º Dans les mots latins commençant par *ca*

(1) Le ms porte *freindrat*, avec *ei*, par suite de la confusion opérée, dès le xiie siècle, entre *ain* et *ein*. Sanguinare a donné régulièrement *saignièr;* mais Sangue (pour *sanguine*, de *sanguis*), où l'*a* est pourtant accentué, parce que, par la chute de *e* final, *g* devient final et cesse d'agir : Sanc, mod. sang.

atone, l'*a*, suivant la règle que nous venons de citer, doit se changer en *ę*; mais, d'un autre côté, d'après la loi des voyelles initiales, il avait une tendance marquée à rester *a*; de là une lutte qui a eu pour résultat tantôt *a*, tantôt *ę* : *chalor*, mais *chemin*; *chamel*, mais *chenal*; *chaleir*, mais *chevel*; etc.; *ę* est cependant plus fréquent que *a*.

2º Les verbes *jeter* et *gesir* présentent des particularités qui seront étudiées à l'article de la conjugaison.

6) A atone, libre ou entravé, devant une nasale, reste a, mais produit une voyelle spéciale qui a commencé à se nasaliser et à se confondre avec en vers la fin du XIᵉ siècle.

La question est la même pour les atones que pour les voyelles accentuées et a été traitée plus haut [1]. Il est donc inutile d'y revenir.

II. — E BREF LATIN ATONE

1) E bref libre atone, quand il ne tombe pas comme protonique ou comme final, reste généralement sous forme d'ę muet et ne se diphtongue jamais.

Ex. : **Venir** (*vĕnire*, Eul. 28); **revenist** (*rĕvenisset*, Lég. 15); **crevèr** (*crĕpare*, Lég. 26 d); **remès** (*rĕmasi*, Alex. 13 a); **sedant** (*sĕdente*, Alex. 23 d); **ferir** (*fĕrire*, Rol. 440); etc.

Remarques. — 1º Dans la langue moderne, *ĕ* atone aboutit aussi à *ę* muet, mais quelquefois le simple a influé sur le dérivé : *léprcux* (de *lièpre*, *lèpre*); etc.

D'ailleurs, les seules consonnes devant lesquelles *ĕ* devient *é* fermé, quand il n'y a pas l'influence de l'analogie, sont les liquides : *bénir, férir, gémir, péril*, etc.

Si, devant une voyelle, l'*ĕ* bref latin devient *é* fermé, c'est qu'il a besoin d'être soutenu : *péage, séant*, etc.; et cet *e* tombe lorsqu'il ne devient pas *é* fermé : *seoir* (= *soir*), *gêne*.

Quant aux composés de la particule *re*, ils ont toujours *rę* par *ę* muet lorsqu'ils sont de formation populaire ou que le sens itératif est incontestable : *rebaisser, rebâtir, rehausser, rechauffer*; les autres ont *é* fermé : *réchauffer, résoudre, résonner*.

Enfin, devant une voyelle, *re* perd la voyelle *e* ou celle-ci devient *é* fermé : *rendormir, réappeler*; — *renvoyer, réchapper*, etc.

(1) *E* long, *ĭ* bref latins accentués, p. 32-33.

2º Le changement insolite d'*ĕ* en *a* se rencontre de très bonne heure dans notre langue : **Cravent** (*crepentet*, Rol. 1430); **raneięt** (*rĕneget*, Eul. 6); de même *raenson* (= *redemptione*, plus tard *rançon*); de même encore *farouche* (qui correspond à *fĕroce* sans en venir directement); etc.

3º Le changement, insolite aussi de *ĕ* en *u, o, i* dans **jumel** (*gĕmello*), **olifant** (*ĕlephanto*, Rol. 609); **ivorie** (lisez *ivoire* = *ĕboreo, ĕborio*, Rol. 1895) a probablement sa source dans des altérations qui remontent au latin vulgaire.

2) E bref latin entravé latin ou roman reste avec le son ouvert.

Ex. : **bellezour** (*bĕllatiore*, Eul. 2); **servir** (*sĕrvire*, Eul. 4); **honestĕt** (*honĕstate*, Eul. 18); **bèlement** (*bĕllamente*, Alex. 10 c); **ferrai** (*fĕriraio, fĕrraio*, Rol. 1055); etc.

REMARQUES. — 1º Par cela même qu'il est atone, *e* ouvert, dans la langue moderne, s'affaiblit souvent en *é* fermé devant une gutturale simple, non suivie d'une autre consonne : *péché, lécher, abréger*, etc.

Dans les verbes en *eler, eter, e* ouvert s'est même affaibli en *e* muet, excepté devant une syllabe muette, car alors le souci de n'avoir pas deux muettes de suite relève le premier *e*.

2º Le changement de *ĕ* atone entravé en *a*, surtout devant une liquide, se présente dans *marchedant* (mod. *marchand* = *mercadante*), et dans la plupart des mots populaires composés au moyen de la prép. *per.* : *pardoner, parjure, parfait,* etc.

3) E bref, libre ou entravé, quand il est suivi d'une gutturale ou d'un j, aboutit, non pas à i comme lorsqu'il est accentué, mais à ei (plus tard oi).

Ex. : **Preiement** (*prĕcamento*, Eul. 8); **preiièr** (*prĕcare*, Eul. 26); **seinors** (ms : *seniors* = *sĕniores*, Lég. 2 b); **preiièrent** (*prĕcarunt*, Alex. 6 a); **peitrine** (*pĕctorina*, Alex. 87 a); **meillor** (*mĕliore*, Rol. 620); **meitièt** (*mĕdietate*, Rol. 1484); **neiièt** (*nĕcati*, Rol. 2477); **preisièr** (*prĕtiare*, Rol. 1683); **seignoril** (*sĕniorile*, Rol. 151); etc.

REMARQUES. — 1º Nous savons déjà que *ei* ne se change pas en *oi* devant une nasale ou une liquide ; c'est pour cela que la langue moderne dit *seigneur, meilleur* , tandis qu'elle a *poitrine, moitié, noyer* ; quant à *preiièr* et autres verbes semblables, nous verrons à l'article de la conjugaison qu'ils ont subi l'influence de l'analogie.

2º Des mots comme **parfitement** (Alex. 5 e), *litière*, *profiter*, *confiture* ne viennent pas de *perfĕctamente*, *lĕctaria*, *profĕctare*, *confĕctura*; ce sont des dérivés directs de *parfit* (*perfĕcto*), *lit* (*lĕcto*), *profit* (*profĕcto*), *confit* (*confĕcto*) où l'*ĕ* est accentué.

4) E bref entravé ou libre suivi immédiatement d'une nasale donne la voyelle en dont la nasalisation et la confusion avec an ont commencé vers la fin du XIe siècle.

Ex. : **Gentement** (*gĕnitamente*, Alex. 10 b) ; **crendreie** (*trĕmereva*. Rol. 257) ; **vendrunt** (*vĕniraunt = vĕnĭrabunt = vĕnirabent*, Rol. 2911) ; **sentièr** (*sĕmitario*, Rol. 2399 ; etc. Rappelons que la confusion de *an* et de *en* paraît avoir commencé par les syllabes atones.

III. — E LONG, Ĭ BREF LATINS ATONES

La dualité que nous avons constatée pour la tonique se retrouve pour l'atone.

1) E long, i bref latins libres, inaccentués aboutissent à e muet sans jamais se diphtonguer. C'est ce qui les distingue de e long, i bref toniques.

Ex. : **regièl** (*rēgale*, Eul. 8) ; **menestièr** (*mĭnisterio*, Eul. 10) ; **enhortęt** (*ĭnhortat*, Eul. 11) ; **apresist** (*apprēsisset*, Lég. 3 f) ; **celat** (*cēlavit*, Lég. 13 e) ; **devenuz** (*dēvēnutus*, Lég. 26 f) ; **deveit** (*dēbebat*, Alex. 16 b) ; **demenèręnt** (*dēmĭnarunt*, Alex. 21 d) ; **menude** (*mĭnuta*, Alex. 105 d) ; **vedons** (*vĭdomus = videmus*, Alex. 124 b) ; **delèz** (*dēlatus*, Rol. 114) ; **demain** (*dēmane*, Rol. 1517) ; etc.

REMARQUES. — 1º Le son de *ē*, *ĭ* latins atones s'est affaibli dès les origines de la langue, tendant graduellement à devenir ę muet.

Mais, dans la langue moderne, il aboutit souvent à *é* fermé, sans qu'on puisse formuler une règle précise : *déchoir* (*dēcadere*), *dénier* (*dēnegare*) ; etc. Les mots en *é* fermé, qui sont nombreux aujourd'hui, proviennent presque tous de la préposition latine *dē* ; il est vraisemblable que ce son fermé, inconnu au moyen âge pour *ē*, *ĭ* latins comme pour *ĕ*, a longtemps flotté incertain, particulièrement employé pour éviter deux consonnances muettes de suite (*démener*, etc), et qu'il a été déterminé dans beaucoup de cas par la confusion de *de* (= *dē* latin) avec **dès, dé** (= **dis** latin, qui, devant un mot commençant par une consonne, donne *è* ouvert à la tonique, *é* fermé à l'atone).

2° On trouve aussi *a* comme équivalent de *ē, ĭ* atones libres : **manatce** (*mĭnacia*, Eul. 8 ; forme sans doute dialectale, car la langue commune a *menace*, qui est régulier) ; cf. aujourd'hui *amender* (*ēmendare*), *satin* (d'après *sēta*), *faon* (*fētone*), *jaleus*, anc. fr. ; auj. *jaloux* (*zēloso*), *glaner* (*glēnare*), *balance* (*bĭlance*) ; etc.

2) E *long,* i *bref latins entravés aboutissent, dès les origines, à* è *ouvert.*

Ex. : **Menestièr** (*minĭsterio*, Eul. 10) ; **desfaire** (*dĭsfacere*, Rol. 934) ; **règnèr** (*rēgnare*, Alex. 110 e) ; **message** (*mĭssatico*, Rol. 120) ; etc.

Certains mots, comme **christian** (Serm. I) ; **christiièn** (Eul. 14), **mistièr** (Lég. 18 a), etc., qui ont maintenu *ĭ* latin, le doivent au souvenir du latin. Dans le St-Léger, ce sont surtout des fautes de copiste, et il faut restituer *è* : *chrestiièn, mestièr.*

Remarques. — 1° Dans la langue moderne, lorsque la consonne qui suit *è* ouvert n'est pas sonore, cet *è* ouvert devient *é* fermé. Ainsi l'on prononce avec *è* ouvert : *chèrchęr, vèrger, èffet, èsprit,* etc. ; et l'on disait aussi, avant que l'*s* fût tombée dans la prononciation (elle est tombée au XIIe siècle) : *èspos, èsprover, dèstruire, èsprendre,* etc. ; mais aujourd'hui, lorsque l'*s* est tombée aussi bien dans l'écriture que dans la prononciation, avec *é* fermé : *époux, éprouver, détruire, éprendre,* etc.

2° Dans les verbes en *eler, eter* de la langue moderne, dérivés de mots en *et* (= *ĭtto*) et en *el* (= *ĭllo, ĕllo*), qui avaient originairement l'*e* ouvert, cet *è* ouvert atone s'est affaibli en *ę* muet excepté lorsque la syllabe suivante est muette.

3° L'*è* provenant de *ē, ĭ* latins entravés atones s'est changé en *a* dans *sauvage* (anciennement *selvage* = *sĭlvatico*), *barlong, barrette,* etc., surtout, comme d'habitude, devant les liquides *l, r.*

3) E *long,* ĭ *bref libres ou entravés, suivis d'une gutturale ou d'un* j, *aboutissent à* ei (e + j), *qui ensuite, dès le* XIIe *siècle, se transforme en* oi *excepté devant les nasales et les liquides.*

On sait qu'il en est de même de *ĕ* bref atone dans les mêmes conditions.

Ex. : **pleièr** (= *pleiièr* = *plĭcare*, Eul. 9) ; **empeirièz** (*impējōratus*, Alex. 2 e) ; **chadeignon** (*catēnione*, Rol 1826) ; **conseillièr** (*consĭliare*, Rol. 2212) ; **leisir** (*lĭcere*, Rol. 459) ; **dreitement** (*drēctamente*, Alex. 10 a) ; **eissit** (*ēxivit*, *ēcsivit*, Lég. 25 b, Alex. 17 c) ; **ceinture** (*cĭnctura*) ; **teindrai** *tĭngeraio*, Rol. 985), etc.

REMARQUE. — Pour les mots commençant par *ēx* (= *ecs*), la gutturale n'a généralement pas agi sur l'*ē*, qui est ainsi resté avec *è* ouvert : **essemple** (*ēxempla*, Rol 1016) ; **escolorèz** (*ēxcoloratus*, Rol. 485) ; **escombatudes** (*ēxcombattutas*, Rol. 2307) ; **esdemètre** (*ēxdemitere*, Rol. 1567) ; **espandre** (*ēxpandere*, Rol. 3617) ; **estonat** (*ēxtonavit*, Rol. 3438), etc. Il est vraisemblable que, primitivement, il y a eu confusion analogique avec les mots commençant en latin par *sp*, *st*, *sc*, et dans lesquels, comme on le verra plus loin, l'*s* se fait précéder de *ĭ*, ce qui donne en roman *es* ; *es* aura été considéré comme un suffixe général roman équivalent de *ex* aussi bien que de *i + s* suivie d'une consonne, et se sera ajouté même devant une voyelle : **essaièt** (*ēxagiato*, Rol. 2068), etc.

4) E long, ĭ bref latins, libres ou entravés, devant une nasale, donnent la voyelle nasale en *qui commence à se nasaliser et à se confondre avec* an *vers la fin du* XIe *siècle.*

IV. — I LONG LATIN ATONE

1) I long latin atone se maintient, qu'il soit libre ou entravé.

Ex. · **Vivant** (*vīvente*, Alex. 8 d); **citèt** (*cīvitate*, Alex. 9 b); **vivrai** (*vīveraio*, Alex. 30 d); **cridèr** (*quirītare*, *crītare*, Alex. 79 a); **avisèr** (*advīsare*, Alex. 79 e); **afinèt** (*affīnato*, Rol. 3914); **amistièt** (*amīcitate*, Rol. 1487); **diseient** (*dīcebant*, Rol. 2560); etc. Exception : **premièr** (= *prīmario*, Rol. 1211), et le dérivé **premerain** (Rol. 122).

2) I long latin atone, libre ou entravé, lorsqu'il est à la syllabe initiale, se change en ĭ bref, et par conséquent devient ę *muet en roman, si la syllabe accentuée qui le suit immédiatement a pour voyelle un* ī *long.*

Ex. : **Fenir** (*fĭnīre* pour *fīnīre*, Rol. 169); **desis** (*dĭxīsti* = *dīxīsti*); **desistes** (*dĭxīstis* = *dīxīstis*); **desist** (*dĭxīsset* = *dīxīsset*, Rol. 1760); de même *crenu*, v. f. (= *crĭnuto*, pour *crīnīto*, avec changement de suffixe); *devin* (= *dĭvīno* pour *dīvīno*); *veille* (= *vĭtīcula* pour *vītīcula*; mod. *vrille*); etc.

Il est à remarquer que *ĭ* venant de *ī* long, devant *x* (= *cs*) ne s'est pas diphtongué en *ei* dans le v. dire; mais la diphtongaison a eu lieu régulièrement pour *ĭ* libre dans *veisin* (= *vĭcīno* pour *vīcīno*), mod. *voisin*.

I + *n* reste sonore jusqu'au milieu du xvie siècle; nous n'avons donc pas à parler de la nasale *in*.

V. — O BREF ATONE

1) O bref libre atone reste avec un son sourd noté par o au moyen âge (u dans les textes anglo-normands) et par ou dans la langue commune dès la fin du xiiie *siècle.*

Ex. : **Podir** (*pŏtere*, Serm. I); **rovèrẹt** (*rŏgarat*, Eul. 22); **colomb** (*cŏlombo*, Eul. 25); **coronèt** (*cŏronato*, Lég. 21 e); **color** (*colore*, Alex. 1 d); **acorède** (*accŏrata*, Alex. 80 e); **morions** (*mŏriomus, mŏriamus*, Rol. 1475); **movrai** (ms : *muvrai* = *mŏveraio*, Rol. 311); **doloros** (ms : *dulurus* = *dŏlŏroso*, Rol. 3403); etc.

Dans le latin vulgaire, *ŏ* bref latin libre était confondu [1] avec *ó* fermé (= *ō*, *ŭ*).

On se rappelle que *ŏ* accentué, dans les mêmes conditions, donne *eu* dès le xive siècle.

2) O bref entravé atone, latin ou roman, reste avec le son ouvert depuis les origines jusqu'à nos jours.

Ex. : **Tolir** (*tŏllēre*, Eul. 22); **portèt** (*pŏrtato*, Alex. 19 a); **mortèl** (*mŏrtale*, Rol. 461); **almosnièr** (*elemŏs'nario*, Alex. 51 e); **recordèr** (*recŏrdare*, Alex. 110 a); etc.

Remarque. — On sait que *ŏ* bref accentué, devant les liquides, a une tendance à s'assimiler à *ó* fermé; il en est de même de *ŏ* atone; de là *mostièr*, mod. *moustier* (*mŏnasterio, mónsterio, mósterio*); *tornèr*, mod. *tourner* (= *tŏrnare*); *torment*, mod. *tourment* (= *tŏrmento*); etc.

---

(1) Voyez Schuchardt, *Vokalismus*, II, p. 153 et ss.

*3) O bref atone, libre ou entravé, suivi d'une gutturale
ou d'un j, donne en ancien français* ui *(quelquefois noté* oi*),
et dans la langue moderne toujours* ui.

Ex. : **Anoitièt** (*adnŏctiato*, Alex. 11 a) ; v. fr. *anuité* ; cf. le
mod. *nuitamment* ; **poissons** (*pŏcsomus* pour *pŏcsamus*, Alex.
74 e), mod. *puissions* ; **aproismièz** (*apprŏximatus*, Rol. 468) ;
de même *nuisir* (*nŏcīre* pour *nŏcēre*), *nuisible* (*nŏcibile*), *cuisine*
(*cŏcina*), etc.

Remarques. — 1º Le latin *fŏdiculare*, *fod'culare*, *fodclare* a
été traité comme ayant *ó* fermé, la gutturale servant d'ailleurs à
mouiller l'*l* ; d'où le moderne *fouiller* ; il en est de même de
fŏcario, qui eût dû aboutir à *fuiier* (*fuyer*), et qui a donné *foiier*,
mod. *foyer*.

2º La gutturale est tombée purement et simplement, sans agir
sur l'*ŏ*, dans les verbes *lŏcare*, *jŏcare* ; l'*ŏ* ne s'est donc pas
diphtongué en *ui* ; c'est ainsi qu'à la tonique nous avons déjà vu
lŏco, *jŏco* donner *lou*, *jou*, plus tard *lieu* ; *gieu*, *jeu*.

*4) O bref atone, libre ou entravé, devant une nasale,
donne* on, *dont la nasalisation a commencé vers la fin du*
XIᵉ *siècle.*

Cet *on* se confond, comme à la tonique, avec *on* (= ō, ŭ latins + n).

VI. — AU latin atone

1) Au atone libre devient dans la langue moderne ou, *le
plus souvent représenté par* o *dans l'ancienne langue.*

Ex. : **Lodèr** (ms : *lauder* = *laudare*, Lég. 1 a) ; **lodèz** (ms :
laudaz, *laudiez* = *laudatus*, Lég. 7 b, e) ; **odit** (ms : *audid* = *audivit*, Lég. 7 f) ; **lodèr** (ms : *laudier* = *laudare*, Lég. 27 f) ;
exodit (ms : *exaudis* = *exaudivit*, Lég. 29 b) ; **restorèt** (ms :
restaurat [1] = *restaurato*, Lég. 31 a) ; li **orèz** (*auratus*, Alex. 39 e) ;
lodement (*laudamento*, Rol. 1709) ; **poverins** (*pauperinus*, Alex.
20 e) ; **oiièz** (*audiatis*, Rol. 2657) ; **odi** (*audivi*, Rol. 1386) ; **odide**
(*audita*, Rol. 1765) ; **oreille** (*aurïcula*, Rol. 732) ; **oüsse** (*habuis-
sem*, *abussem*, *avusse*, *auusse*, Rol. 69) ; etc.

(1) On voit que le scribe du Saint-Léger a maintenu partout *au* latin,
suivant la règle du provençal.

Remarque. — C'est sans doute par une fausse assimilation avec des mots en *or* venant de *au* tonique que *orée, orage* (*aurata, auratico*) ont *o* au lieu de *ou*.

2) Au latin atone, entravé donne o ouvert dans la langue moderne comme dans la langue ancienne.

Odrons (*audiromus, aud'romus*, Rol. 1024; dans la lang. mod., *ouïrons*, forme refaite sur l'infinitif *ouïr*); de même *forger* (= *fabricare, favricare, faur'gare*); *orpiment* (*auripigmento*); **orfroi**, mod. (= *aurofrïgio*); *closture, clôture* (*clausitura, claus'tura*); etc.

Oustarde, mod. *outarde* (*avistarda, austarda*) est une exception.

3) Au libre ou entravé + j donne, comme à la tonique, oi, toujours ainsi représenté, jamais ui, dans l'ancienne langue comme dans la langue moderne.

Ex. : **Joios** (*gaudioso*, Rol. 2803); **joiose** (*gaudiosa*, Rol. 2989); **oisel** (*avicello, aucello*, Rol. 1576); *cloison* (*clausione*); **choisir** (*chois = causio*, + *ir*); etc.

VII. — O LONG, ŭ BREF LATINS ATONES

La dualité que nous avons constatée à la tonique se retrouve pour l'atone.

1) O long, ŭ bref latins, libres, atones donnent dans la langue moderne ou, son sourd représenté dans l'ancienne langue par o (u dans les textes anglo-normands).

Ex.: **Ludhĕr** (*Lōthario*, Serm. I); **Lodhuvigs** (*Lŭdōvicus*, Serm. II); au moyen âge, on trouve *Loevis*, qui compte pour 2 ou pour 3 syllabes à peu près indifféremment; et, plus tard, *Louis*, par contraction; **oram** (*ōramus*, Eul. 26; cf. plus tard *aourer* = *adorare*; forme refaite et savante : *adorer*); **jovent** (ms : *juvent* = *jŭvento*, Lég. 6 a); **covit** (*cŭpivit*, Lég. 3 e); **esposède** (*spōsata*, Alex. 15 c; mod. *épousée*); **governes** (*gŭbernas*, Alex. 41 a; mod. *gouvernes*); **jovente** (*jŭventa*, Alex. 96 a); **podrirat** (*pŭtrirabet*, Alex. 96 b; mod. *pourrira*); **langoros** (*languōrosus*, Alex. 111 e; mod. *langoureux*); **codard** (*cōda* pour *cauda* + suff.

ard, Rol. 888; mod. *couard*); **Loewis** (*Lŭdōvicus*, Rol. 3715);
etc.

Si, dans la langue moderne, cette loi paraît souffrir de nombreuses exceptions, c'est l'œuvre de l'analogie, surtout en ce qui concerne la conjugaison. Ainsi, pour ne prendre qu'un exemple, *plōrare*, qui donnait *plourer* au moyen âge et avait *ou* régulièrement aux formes faibles, aboutit aujourd'hui à *eu* dans toute la conjugaison, parce que l'unification s'est faite au profit des formes fortes.

2) O long, ŭ bref atones, entravés donnent invariablement et dès la fin du XIIIe *siècle* ou, *qui est représenté par* o *dans l'ancienne langue* (u *dans les textes anglo-normands*).

Ex. : **Sostendreięt** (*sŭstinerevat*, Eul. 16) ; **corrocièr** (*cōrrŭptiare*, Alex. 11 d ; mod. *courroucer*); **ajostant** (*adjŭxtante*, Rol. 1169; cf. mod. *joûter*); **dotance** (*dŭbitantia, dŭb'tantia*, Alex. 122 a; mod. *doutance*); **ajornèz** (ms : *ajurneʒ* = *adjurnatus*, Rol. 2147); **socorras** (*sŭccŭrrabes*, Rol. 3996; mod. *secourras*); **sofrir** (*sŭfferire*, Rol. 456); **tornèr** (*tōrnare* pour *tŏrnare*, Rol. 1745); etc.

REMARQUES. — 1° La succession de deux syllabes sourdes en *o* (= *ó* fermé entravé) entraînera de très bonne heure l'affaiblissement du premier *o* en *ę*. C'est ainsi que l'on trouve dès le XIIe siècle : *secors* (Rol. *socors*; ms : *sucurs* = *succurso*; mod. *secours*), et que la langue moderne écrit et prononce *secourir* (*sŭccŭrrere*), *secouer* (*sŭccŭtare*), *secousse*, *séjourner* (*sŭbdiurnare*), *selon* (*sŭblongo*), *semondre* (*sŭbmonere*); etc.

2° Signalons enfin, comme une exception véritable, provenant sans doute d'un vice de prononciation qui remonte au latin vulgaire, le changement de *ŭ* latin atone entravé devant *n* en *e* et, par suite, en *a*, par la confusion de *en* et de *an*, dans *volŭntariis* : **volentièrs** (Alex. 7 b; forme refaite après le moyen âge : *volontiers*); *Vesŭntione* : **Besençon** (Rol. 1429; mod. *Besançon*); et aussi sans doute *detrŭncare* : **detrenchièr** (Rol. 3889; cf. mod. *trancher*).

3) O fermé du latin vulgaire (ō, ŭ *du latin classique*), *libre ou entravé* + j *provenant soit d'une gutturale soit d'un* i *palatal, donne en français moderne, à l'atone comme à la tonique,* oi (= ouà), *représenté dans l'ancienne langue par* oi (ui *dans les textes anglo-normands*).

Ex. : **Conoistront** (*cognōcseraunt* = *cognōscerabent*, Alex. 42 e); **angoissables** (*angŭcsabiles* pour *angŭstiabiles*, Rol. 301); **angoissos** (*angŭcsosus* = *angŭstiosus*, Rol. 823); **conoissance** (*cognōcsentia*, Rol. 3987); **croisièdes** (*crŭciatas*, Rol. 2250); **cruisir** (*crŭcsire* pour *cruscire*, Rol. 3485); **moillièr** (*mŭliere*, Rol. 2576); **oissors** (*ŭxores*, Rol. 821); **poignedor** (*pŭgnatore*, Rol. 3775); **poignant** (*pŭngente*, Rol. 2055); etc.

Remarque. — A l'atone comme à la tonique, les dérivés des suffixes *ŭculo* (**uc'lo** = *uculum*), *ŭculare* (**uc'lare**) ont donné *oil* dans l'ancienne langue : **genoil** (Rol. 2464); **agenoillièr**; ces formes sont régulières. Si la langue moderne a *s'agenouiller*, *verrouiller*, *pouilleux*, *grenouillère*, etc., avec *ou*, cela est dû à la transformation pour ainsi dire invincible de *ó* fermé atone en un son sourd qui est représenté par *ou* dès le xiiie siècle.

4) O long, ŭ bref latins atones, libres ou entravés, devant une nasale, donnent on, *qui a commencé à se nasaliser vers la fin du* xie *siècle, et qui se confond, pour l'écriture comme pour la prononciation, avec* on *provenant de ŏ suivi d'une nasale.*

Ex. : **Noncièr** (*nŭntiare*, Alex. 64 c); **nonçat** (*nŭntiavit*, Alex. 68 b); **encombrèr** (*incŭmulare*, *incŭm'lare*, Alex. 77 d); **Romain** (*Rōmani*, Rol. 2923); **romput** (*rŭmputo*, Rol. 2079); etc.

VIII. — U long latin atone.

1) U long latin atone donne ü *en français, comme lorsqu'il est accentué, dans la langue ancienne et dans la langue moderne.*

Ex. : **Jurat** (*jūravit*, Serm. II); **communiat** (*commūnicavit*, Lég. 14 e); **adunat** (*adūnavit*, Lég. 16 a); **crudels** (*crūdelis*, Lég. 26 c); **mudèz** (*mūtatus*, Alex. 1 d); **aduréde** (*ad'dūrata*, Rol. 1396); **juïse** (*jūdicio*, Rol. 1733); etc.

2) U long latin atone, libre ou entravé, + j provenant soit d'une gutturale soit d'un i palatal, aboutit à ui, *toujours noté* ui *depuis les origines jusqu'à nos jours.*

Ex. : **Pluisor** (*plūsiores* pour *plŭriores*, Alex. 117 d); de très

bonne heure, sous l'influence analogique de *plus* = lat. *plūs*, l'*i* de
ui tombe : **plusor** (Rol. 2422); mod. *plusieurs* par une autre analogie ; **luisant** (*lūcente,* Rol 3345) ; **luiserne** (*lūcerna*, Rol. 2634);
et les formes faibles des verbes *duire, destruire,* etc., comme
duiseie (*dūcebam*), **destruirai** (*destrūgeraio*); etc.

REMARQUES. — 1º Le v. **cuidièr** vient de *cūgitare*, forme vulgaire de *cōgitare*; il est donc régulier.

2º Le groupe *ct* reçoit souvent un traitement à part, en ce sens
que la gutturale n'agit pas toujours sur la voyelle précédente;
de là, par exemple, **luitièr** dans l'ancienne langue (= *lūctare*),
mais *lutter* dans la langue moderne. Cette question reviendra
plus loin [1].

3º **Ruissel,** mod. *ruisseau* paraît être à *riu* (et, par métathèse,
rui = *rivo*) ce que *suit* est à *siut* (= *sĕquit*), ce que *tuile* est à
l'ancien français *tiule* (= *tĕgula*).

4º Les trois mots *moisir* (*mūcere*), *foison* (*fūsione*), *oignon*
(*ūnione*) sont des exceptions.

____

(1) Groupes latins : *ct*.

CONSONNANTISME

Les consonnes latines se présentent soit simples, comme dans
r-*e*-**m**-*a*-**n**-*e*-**r**-*e*, soit doubles comme dans *ma*-**pp**-*a*; soit en groupes,
comme dans **pr**-*o*-*t*-*e*-**ct**-*o*-*r*, *mo*-**nstr**-*a*-*r*-*e*, **sp**-*e*-**ctr**-*u*-*m*. La
théorie des consonnes doubles rentrant dans celle des consonnes
simples, nous admettrons deux grandes divisions dans l'étude des
consonnes : 1º *Consonnes simples*; 2º *consonnes complexes* ou
groupes de consonnes.

———

CHAPITRE III

CONSONNES SIMPLES

Les consonnes simples sont traitées différemment selon qu'elles
sont *initiales*, *médiales* ou *finales*. De là trois séries distinctes.

———

I. — CONSONNES INITIALES

Loi générale. — Les consonnes initiales, à l'exception des
labiales *f*, *v* et des gutturales, se sont maintenues sans changement
jusqu'à nos jours.

1) *Labiales*.— *P*.— **Poblo** (populo, *Serm.* I); **podir** (potere, *Serm.* I); **pulcella** (pullicella, *Eul. 1*); **penèt** (paenato,
Val. v° 10); **paiast** (pacasset, *Lég. 18 f*); **povres** (paupe-
res, *Alex. 20 b*); **pèrte** (perdita, *Rol. 1691*); *etc.*

B. — **Buona** (*bona*, Eul. 1); **bèl**, **bellezour** (*bello*, *bellatiore*,
Eul. 2); **bièn** (*bene*, Lég. 4 c); **beivre** (*bibere*, Lég. 34 b);
batèsme (*baptisma*, Alex. 6 d); **baleine** (*balœna*, Rol. 3101);
etc.

F. — **Fazęt** (*faciat*, Serm. I); **fains** (*fames*, Alex. 80 e); **foers**
(*foris*, Val. v° 8); **fenir** (*finire*, Rol. 169); etc.

Le changement de *f* en *h* remonte au moins au xiiᵉ siècle dans
foris, qui a ainsi donné *hors*, quoique *fors* ait été usité jusqu'au

milieu du xvie siècle. *Hâbler* et ses dérivés viennent de l'Espagnol.

Remarque. — Les Romains mettaient une certaine différence entre *f* et *ph*, graphie empruntée aux Grecs, car Priscien dit : *non tam fixis labris* est *pronuntianda f, quomodo ph* ; mais, à l'époque romane, *ph* était assimilé à *f* ; c'est pourquoi nous ne parlerons pas de cette articulation.

V. — **Valt** (*valet*, Alex. 101 b) ; **veintre** (*vincere*, Eul. 3) ; **vèrme** (*verme*, Val. v° 14) ; **vèrs** (*versus*, prép. Poème rel. 27) ; **vairs** (*varios*, Rol. 283) ; etc.

Quoique généralement maintenu, *v* initial est soumis à trois sortes d'exceptions : il se trouve parfois remplacé par *b*, par *g*, ou par *f*.

1° Changement de *v* en *b*. Il remonte à la fin de l'empire romain. Dans les inscriptions latines des ive, v[e] et vi[e] siècles de notre ère, on voit s'établir une confusion complète entre le *b* et le *v. Vixit* y est généralement écrit *Bixit* ; *mesibus*, c'est-à-dire *mensibus*, devient *mesivus* ; Le Probi *Appendix* recommande de dire *vapulo* et non *baplo*.

Cette confusion qui se retrouve, aujourd'hui encore, dans la prononciation du *b* et du *v*, atteignit surtout l'Italie et l'Espagne ; mais elle a laissé quelques traces dans la langue populaire des Gaules : *vervece* devient *berbece*, d'où **berbis** (par métathèse, le mod. *brebis*) ; et ses dérivés *berzil, bergier, bergerie*, etc ; de même *Vesuntione* donne **Besençon** (Rol. 1429) ; etc.

On doit s'attendre à trouver, inversement, des exemples de *v* pour *b* ; néanmoins ils sont rares et se rencontrent, non au commencement des mots, mais dans les groupes de consonnes, comme on le verra plus loin [1].

2° Changement de *v* en *g*. Les Germains avaient apporté en Gaule le son *w* (= le *w* anglais), que les Gallo-Romains ne pouvaient rendre par le *v* latin. Comme le celtique avait le son *gw* qui, dans certains cas, devenait *w*, c'est *gw* (*gu* prononcé *goua, goue* selon la voyelle qui suit jusque vers le xiie siècle, et plus tard *gua, ga, gue*, etc.) qui servit à noter les mots commençant par le *w* germanique. De là **guarde** (lisez *gouarde* (warta), sinon subst. verbal de *guarder = wart* germ. + *are*, Alex. 79 c, Poème rel. 59) ; **guarderai** (futur du même verbe, Alex. 31 b) ; **guardent** (prés. indic, Poème rel. 43) ; **guarir** (germ. *werjan*, Alex. 20 d) ; **guarniz** (part. passé de *guarnir*, du germ, *warnon*, Alex. 7 d) ; **guarnement** dérivé de *guarnir*, Rol. 1003) ; **Guenes** (*Wenilo* + s,

____

[1] Voyez groupes latins et romans.

Rol. 178) ; **Guenelon** (cas rég. du même mot, Rol. 1526) ; etc.

Cette transformation était opérée, on le voit, dès le xie siècle, ce qui n'empêche pas la notation *w* de subsister dans les textes d'origine anglo-normande ou *wallone* durant tout le moyen âge ; ainsi, à côté de *Guillalmes, Guillames,* la forme *Willalmes* (= *Wilhelmus,* ms d'*Oxford,* 3938) ; etc.

En outre, et dès la plus haute antiquité, par une de ces extensions abusives dont les langues offrent des exemples, la prononciation *gw, gu* s'appliqua à plusieurs mots latins commençant par *v* et qui auraient dû garder leur consonne initiale. De là **Gascoigne** (*Vasconia,* Rol. 172) ; **Gascoinz** (*Vasconius,* Rol. 2407) ; et les mots anciens ou modernes : **guivre** (*vipera*) ; **Goupil** (*vulpeculo,* nom du Renard) ; **gomir** (*vomire*) ; *gué* (*vado*) ; *guêpe* (*vespa*), *guéret* (*veracto*) ; *gâter* (*vastare*) ; etc.

3° Le changement de *v* en *f,* c'est-à-dire en la forte correspondante, est un fait rare dans toutes les langues romanes. On le rencontre, pour le français, dans les mots *fade* (*vapido*), *fois* (*vice* ; **feiz,** Alex. 90 c) ; *flasche,* v. fr. (= *vlasco* pour *vasculo*), d'où *flascon, flacon* ; etc.

2) Dentales. — T. — **Table** (tabula, *Alex. 50 b*); **tost** (tosto, *Eul. 19*) ; **tolir** (tollere, *Eul. 22*) ; **tuit** (totti, *Eul. 26*) ; **talent** (désir = talento, *Alex. 106 e*) ; *etc.*

La seule exception est **donc** (*tunc,* Rol. 240, etc.) ; mais il est vraisemblable que l'affaiblissement du *t* en *d* a commencé par le composé *adtunc, attunc, atunc, adunc,* d'où en roman **adonc** (Poème, rel. 79) et d'autres formes que l'on verra ultérieurement.

D. — **Deo** (Serm. I) ; **di** (*die,* Serm. I) ; **dift** (*debet,* Serm. I) ; **diavle** (*diabolo,* Eul. 4); **dans** (*dominus,* Alex. 10 c) ; **doceiet** (*docébat,* Val. v° 4) ; etc.

3) Sifflantes — S. — **Salvamènt** (Salvamento, *Serm. I*); **sèmpre** (semper, *Eul. 10*); **sovre** (supra, *Eul. 12*); **somondre** (submonere, *Alex. 102 d*) ; **sedeir** (sedere, *Rol. 251*) ; *etc.*

Quelquefois, dans la langue moderne, *s* est remplacée par son équivalent *c* doux : *cidre* (*sicera*), *cercueil* (*sarcophago*).

Z n'apparaît guère que dans des mots de formation savante ; on le trouve changé en *j* dans *jaloux,* anc^t *jalos, jaleus* (= *zeloso*), *jujube* (*zizypho*).

4) Liquides et nasales — l, r — m, n —. *Elles se maintiennent.*

L. — **Laborèt** (*laborato*, mot savant, Val. vᵒ 10) ; **lairmes** (*lacrymas*, Alex. 119 e) ; etc.

R. — **Returnar** (*retornare*, Serm. II) ; **raneiet** (*reneget*, Eul. 6) ; **rovèret** (*rogarat*, Eul. 22) ; etc.

M. — **Meon** (*meum*, Serm. I) ; **maent** (*manet*, Eul. 6) ; **mostrèt** (*mostrato*, Val. vᵒ 32) ; etc.

N. — **Nostro** (Serm. I) ; **neüls** (*neullus*, Serm. II) ; **nèf** (*nave*, Alex. 16 b) ; **noise** (*nausea*, Alex. 101 b) ; **nuit** (*nŏcte*, Rol. 717) ; etc.

Remarques. — Comme les liquides, *l*, *r* d'un côté, *m*, *n* de l'autre, présentent entre elles de grands rapports de parenté, elles permutent souvent entre elles sans règles déterminées, sous l'action des nécessités accidentelles d'euphonie, et cela, indépendamment de la place qu'elles occupent, initiales, médiales ou finales, isolées ou dans un groupe.

1ᵒ *L* se remplace quelquefois par *r* ou *r* par *l*. Cette permutation est de tous les temps et de toutes les langues. Pour nous en tenir au latin, on sait que les terminaisons *alis, aris* sont équivalentes, et qu'elles alternent suivant que le radical a une *l* ou un *r* :

Alaris (*ala*) et *pectoralis* (*pector*) — *secularis* (*saeculo*) et *parilitas* (*par*) ; *popularis* (*populo*) et *ventralis* (*ventre*) — *vulgaris* (*vulgo*) et *australis* (*austro*) ; etc.

Chez les Romains, le peuple disait indifféremment *palilia* ou *parilia* ; *caeluleus* ou *caeruleus*. Le latin vulgaire a accentué cette tendance ; l'auteur du Probi *Appendix* conseille de dire *supellex* et non *superlex*.

Dans notre langue, on remarque un certain nombre de ces permutations ; les unes appartiennent à la période la plus ancienne : **angre** (*angelo*, Poème, rel. 91) ; d'autres, et c'est le plus grand nombre, ne se sont introduites que peu à peu. Ainsi **apostle** (*apostolo*, mot semi savant, semi populaire, Rol. 2998) est devenu dans la langue moderne *apôtre* ; l'ancien *oulme* (= *ulmo*), encore en usage au xviᵉ siècle, est aujourd'hui *orme* ; de même *louseignol*, **altèr** (*altare*, Rol. 3732), *chapitle* (*capitulo*), *epistle* (*epistola*), *title* (*titulo*), etc., sont devenus *rossignol, autel, chapitre, épître, titre*, etc. L'ancien français avait *concire* (*concilia*), *contralier* (*contrariare*), *genterise* (*gentilitia*) ; nous écrivons encore et prononçons *navire* (*navilia*), *chartre* (*cartula*), *martre* (*martula*), *forteresse* (*fortalitia*) ; etc.

2° *L* se change en *n*, et réciproquement *n* devient *l* :

Dites *cultellus* et non *cuntellus*, recommande l'auteur du Probi *Appendix*.

Dans les textes mérovingiens, on trouve *cŏnucula* pour *cŏlucula* ; d'où l'ancien fr. *conoille* et le mod. *quenouille*. Nos plus anciens textes ne donnent pas d'exemples de ce genre, qui, en revanche sont nombreux plus tard : *entrailles* (*intraneas*), *quarillon* (*quaternione*), *Château-Landon* pour *Château-Nandon*, *nombril* pour *lombril* = *l'ombril*, *orphelin*, anc^t *orfenin* (= *orfanino*), *poterne*, anc^t *posterle* ; *marne* pour *marle*, qui a été usité jusqu'au xvie siècle ; *venin*, à côté de l'ancien *velin* ; *niveau*, anc^t *liveau* (= *libello*) ; etc..

3° Si nous posons *l* = *r*, *n*, il faut conclure *r* = *n*. En effet, on dit aujourd'hui *ordre* (=*ordine*), anc^t *ordne* concurremment avec *ordre* ; **ordres** (Rol. 3637) ; *diacre* (=*diacono*), anc^t *diacne* ; etc..

4° Il se rencontre quelques permutations de *n*, *m* : ainsi les mots modernes *nappe* (*mappa*), *natte* (*matta*) ; *nèfle* (*mespilo*) ; etc.,

5° Enfin les liquides *l*, *r*, surtout *r*, peuvent changer de place dans l'intérieur des mots lorsque l'euphonie l'exige. Tantôt la consonne reste dans la même syllabe, changeant de place seulement par rapport à la voyelle, comme dans *fromage* (=*fŏrmatico*), jadis et même encore aujourd'hui dans certains dialectes, *fourmage*; tantôt elle passe dans la syllabe voisine : *tremper* (= *temperare*), anciennement *temprer*.

Cette transformation est très commune dans la langue du peuple, qui dit volontiers *peurmier* pour *premier*, par exemple, etc.

Aussi est-elle également très répandue dans l'ancienne langue : **perneies** (*prendebas*, Alex. 84 d) ; **pernèz** (*prendatis*, ms d'Oxford, 804) ; **por** pour *pro* : **porpernèz** (ms d'Oxford, 805) ; *esprevièr* (*sparvario*), auj. *épervier* (Rol. 1492 : **espervièr**) ; *entredire* pour *enterdire* ; *freai* (= *ferai*) ; *terneté* (*trinité*) ; etc. Le dialecte picard emploie ces métathèses avec une prédilection marquée. Elles sont moins nombreuses dans la langue moderne : *bluter* anc. *beluter* pour *bureter* ; *brebis* pour *berbis* ; *breuvage* pour *bevrage* ; *troubler* (*turbulare*) ; etc.

5) *Gutturales* C (Qu, K), G, H, J.

C. — 1° En latin, *C* représentait originairement la gutturale sonore ; la sourde était *K* ; mais la différence entre les deux sons s'étant obscurcie, *K* devint hors d'usage, et, à l'époque de la première guerre punique, on prit *C* pour signe de la sourde, et on inventa la sonore *G*. La valeur de ces deux consonnes resta ainsi délimitée pendant toute la durée de la langue latine, avec cette réserve que parfois, en souvenir de la première valeur de *C* (sonore), on continua à écrire *C* pour *G* dans les inscriptions : *lecione* (= *legione*); *macistratos* (= *magistratus*); *Cartacinienses* (= *Carthaginienses*); etc., (*restauration de la colonne rostrale à l'époque de Claude*).

2° La prononciation du *C* devant *a, o, u* (*C vélaire*) n'est pas douteuse : elle était dure. L'était-elle devant *e, i* (*C palatal*)? Les inscriptions des premiers temps de la République *Keri, Dekembres* relevées par Mommsen et Ritschl, les transcriptions *Aecetiai* (= *Aequitiæ*), *Cincti* pour *Quintius*, où *qu* ne peut représenter que le son de la gutturale sourde, en sont des preuves directes. Les transcriptions, faites plus tard en caractères grecs, de mots latins (Κέλσος, Κικέρων, Πατρικίους, dans Plutarque, etc.) montrent la persistance du son guttural. Ajoutons que les Romains rendaient par *C* le κ grec : *Cecrops, Cineas*, etc. Le *C* était donc dur.

Et il en sera ainsi non seulement pendant la République, mais aussi durant les premiers siècles de l'Empire. Les grammairiens des quatre premiers siècles de l'ère chrétienne ne parlent d'aucune modification déterminée dans le son du *C* par la nature de la voyelle suivante, et la plupart d'entre eux considèrent les gutturales *K, Q* comme superflues, et confondent *C, K, Q* dans un seul et même son, d'où *hujusque* (= *hujusce*), *Proquilia* (= *Procilia*). On trouve même, dans une Charte de Ravenne de 650, *quaimento* (=*caemento*), ce qui reporterait beaucoup plus loin encore la persistance de la valeur gutturale du *C*. Dans les Catacombes de Rome, on a trouvé les transcriptions suivantes en caractères grecs : πακε (*pace*), περκεπτος (*perceptus*), et les Archives de Ravenne du VIe et du VIIe siècle offrent de nombreux exemples du même genre : δεκει (*decem*), δωνατρικι (*donatrici*), κιϐιτατε (*civitate*); etc.

Jamais, par contre, le *C* n'est rendu par ζ, τζ, σ, σσ devant *e, i*, comme cela eut lieu plus tard.

Enfin la persistance du son guttural de *C* palatal du VIe au VIIe siècle est prouvée par les emprunts qu'ont faits alors au latin les langues étrangères. Ainsi, dans l'allemand actuel, on trouve *Kaiser* (*Caesar*), *Keller* (*cellarium*), *Kerbel* (*caerefolium*), *Kicher* (*Cicer*), etc., dont l'introduction remonte à une époque très reculée.

Or ces mots montrent que le *C* latin devant *e*, *i* se prononçait *K* au moment de leur admission dans l'ancien allemand; et le fait est confirmé par cette circonstance que, dans les mots d'adoption plus récente, le *C* latin, au contraire, est représenté par *z* : *zeller* (*cella*), *zepter* (*sceptrum*) [1].

Donc, *jusque vers le* VIIe *siècle de notre ère, le* C *latin sonnait dur, quelle que fût la voyelle qui le suivait*, et c'était une même lettre *K* (gutturale sourde) qu'on entendait dans *cera, cilium, caput, corvus, cura.*

3° A partir du VIIe siècle, le *C* palatal (devant *e*, *i*) se transforme en un son sifflant. Or il en est de même de *ti* suivi d'une voyelle. Aussi, quoique l'étude du groupe *ti* + voyelle (ordinairement à la médiale) n'appartienne pas à la théorie des consonnes initiales, comme elle éclaire celle du *C* palatal, nous les considérerons ensemble.

Bien avant le VIe siècle, à l'époque classique déjà, sous la république même, dans certains mots, *ti* + voyelle se confondait avec *ci*. On écrivait *nuntius* et *nuncius*, *Martius* et *Marcius*, *Lartius* et *Larcius*. Dans les Chartes de Ravenne, on trouve πρεχειο (= *pretio*), et un document gothique du commencement du VIe siècle donne le mot *unKja*, transcription de *oncia* (fr. *once*). Il en résulte que *ci* sonnait comme *Kj*. En admettant, d'un autre côté, que *ti* devant une voyelle fût prononcé *tj* (*t* + *j* semi-consonne), on s'explique que les deux sons se soient confondus dans la bouche du peuple. *Kja* se rapproche beaucoup de *tja*; et en effet, la différence entre les deux sons consiste seulement en ce que la langue, pour prononcer *tja*, se reporte *un peu plus en avant*, près des gencives supérieures, que pour prononcer *Kja*.

On comprend donc qu'on soit porté à confondre *tja* et *kja* ; et, de fait, les exemples de cette confusion sont nombreux chez le peuple, qui dit volontiers *amikjé, pikjé*, etc., pour *amitié, pitié*, etc.

Ainsi, jusqu'à la fin du VIe siècle, *ci* ou *ti* + une voyelle avaient un son à peu près identique, et *ce*, *ci* avaient encore le son de la gutturale dure, la valeur d'un *k*.

Mais bientôt une révolution va s'opérer dans la prononciation : *ti* + une voyelle, ainsi que *ce*, *ci* perdront le son guttural dur et prendront un son sifflant particulier.

4° *Transformation de* C *palatal* (ce, ci) *et de* ti + *une voyelle dans la langue vulgaire.*

(1) C. JORET, *Du C dans les Langues romanes*. Paris, Vieweg, 1874, p. 26-30,

Suivant le grammairien africain Pompeius, qui vivait après le
ve siècle, probablement au vi^e, *ti* suivi d'une voyelle avait le son
sifflant : *quotiescumque* post **ti** vel **di** Syllabam sequitur vocalis,
illud *ti* vel *di* in **sibilum** vertitur.

Un disciple de Donat, le Gaulois Consentius, parle aussi de cette
assibilation mais comme d'un fait qui n'était pas encore généralement répandu ; et, d'après Isidore de Séville, le son nouveau était
analogue à celui du ζ grec, c'est-à-dire à *ts* ou *ds* : *cum* **justitia** z
litterae sonum exprimat, tamen, quia latinum est, per t *scribendum
est, sicut* **militia, malitia, nequitia** *et caetera similia.*

Ces témoignages positifs se trouvent confirmés par les transcriptions grecques des mots latins au vi^e et au viie siècle. On lit, dans
les Chartes de Ravenne : δωναζιονε, δωναζιονεμ (= *Donationem*),
δωνατζιονες (= *donationes*), ακτζιο (*actio*) ; etc.

D'un autre côté, *ti* noté par *tzi, zi, si* est très souvent remplacé
par *ci* : *terminaciones, definicionis, disposicionem, ocio, pruden-
cius* figurent dans des Chartes antérieures au viie siècle ; *negucia-
toris, oracionem, stacio* sont empruntés à des inscriptions chrétiennes de Lyon au commencement du viie siècle (601).

On peut donc admettre qu'au viie siècle *ci* et *ti* + une voyelle
avaient un son sifflant.

Or, au xiie siècle, l'étude des textes, les transcriptions en langues
étrangères nous apprennent que *ti* + voyelle ainsi que *ce, ci* avaient
un même son *ts* que ne connaissent plus nos grammairiens du
xve et du xvie siècle (il était alors réduit à *s* dure dans la prononciation comme depuis longtemps déjà dans l'écriture).

Ce son *ts*, par quels intermédiaires a-t-il passé ? On ne peut
répondre à cette question que par des hypothèses. Voici la plus
vraisemblable : 1° *ti* + voyelle devient successivement *tj, tsch*
(c'est la prononciation anglaise), *ts, s* : *platea, platia, platja,
platscha, platsa, platse, place*; 2° *Ci* ou *ki* : *kj, tj, tsch, ts, s* : *cera,
kjera, tjera, tschera, tschira, tsira, tsire, cire.*

kj, tj, tsch, ts, s sont les diverses étapes par lesquelles semble
être passée la palatale latine *k* pour arriver au son actuel *s* (*c* doux).

5° *Le* C *palatal initial en français.*

Quoique le son *ts* soit attesté jusqu'à la fin du xiie siècle, *c* palatal est toujours représenté par *c* dans les plus anciens monuments
de notre langue, et il est toujours suivi de *e, i*, excepté dans le
mot **ço** (= *eccehoc, ceoc*, où, comme on le voit, il est suivi de *e*,
et, par suite palatal, Val. v° 3, Alex. 17 a, etc.) : **cist** (*eccisto*,
Serm. I) ; **cièl** (*caelo*, Eul. 6) ; **cèls** (*eccillos*, Eul. 12) ; **cil**

(*eccille, cille*, Val, vᵒ 14) ; **celat** (*celavit*, Lég. 13 e) ; **citét** (*civitate*, Lég. 24 c) ; **cènt** (*cento*, Alex. 119 e); **cèrtes** (*certis*, Alex. 36 b) ; **celèste** (*caeleste*, Rol. 2253) ; **cerchièr** (*circare*, Rol. 3661) ; **cèrs** (*cervus*, Rol. 1874) ; **cire** (*cera*, Rol. 486) ; etc.

Au xiiᵉ et au xiiiᵉ siècle, on trouve parfois, reste de la prononciation ancienne, mais rarement, *s* pour *c* : *seleberroit* (Sermons de Saint-Bernard), *sengles* (Raoul de Cambrai) ; etc. Cet empiétement de l'*s* sur le *c*, si fréquent en provençal, s'est vite arrêté. La langue moderne, si l'on en excepte quelques mots comme *sangle* (*cingula*), *siller* (coudre les paupières ; de *cil* = *cilio*, autrefois *ciller*), *sarcelle* (*cercedula* pour *querquedula*), et peut-être *serfouir* (anciennement *cerfoïr* = *circumfodire*), rend par *c* le *c* palatal latin : *ciguë* (*cicuta*), *cent* (*cento*), *cire* (*cera*), *cendre* (*cinere*), *celer* (*celare*) ; etc.

Notons que le dialecte picard et aussi sans doute le dialecte normand semblent s'être arrêtés à l'étape qui, dans la série marquée plus haut, précède immédiatement celle de l'ancien français *ts*, c'est-à-dire à *tsch*, réduit plus tard, aux xiiᵉ et xiiiᵉ siècles, à *ch*, du moins dans l'écriture [1]; d'où *chelui, chité, cherf*, etc., pour *celui, cité, cerf*, etc.

6ᵒ *Transformations du C vélaire latin.*

Rappelons que le *c* est toujours vélaire devant *o*, *u*, et qu'il l'est le plus souvent devant *a*.

1. Affaiblissement de la vélaire en *g*. A l'époque de la constitution définitive de la langue latine, la gutturale sourde primitive, nous l'avons vu, avait été parfois remplacée par la sonore ; cette substitution eut lieu plus tard également entre *c* et *g*, rarement à l'initiale : **gaunaceam** = primitif *caunaceam*, pelisse de fourrure ; cf. le grec χαυνάχης ; mais plus souvent à la médiale : **negocium** = *nec otium* ; **gurgulio** (*Priscien*) = *curculio*, qui se trouve dans Plaute, œsophage, gorge ; **negligo** (= *nec lego*) ; **singulus**, diminutif primitif en *culus*.

Cette transformation une fois faite, le *c* et le *g* conservèrent, pendant la période classique, chacun leur domaine propre ; mais la confusion des deux gutturales s'était sans doute continuée chez le peuple, car, dans les derniers temps de l'Empire, il y eut de nouveau tendance à substituer la gutturale sonore à la sourde. Dites *calathus*, non *galatus*, dit l'auteur du Probi *Appendix* ; un glos-

---

(1) M. G. Paris incline à penser, au contraire, que ce son *ch* est indépendant de la série, et, en tout cas, postérieur à *ts*.

saire du temps avertit d'écrire *corax* (*corbeau*) par *c* et non par *g* ; de même pour *clangor*. Les Inscriptions et les Chartes du vi[e] et surtout du viie siècle montrent le *g* se substituant à *c* sur tous les points de l'Empire, très fréquemment au milieu des mots [1] : *segundae* (*secundae*), *vigarius* (*vicarius*), *vindegare* (*vindicare*), *sagramento* (*sacramentum*), *vogatur* (*vocatur*), etc.; beaucoup plus rarement à l'initiale : *galatus, gorax, grassum* (*crassum*) ; etc.

Au commencement des mots, la substitution du *g* au *c* a laissé quelques traces dans notre langue. Les exemples manquent dans nos anciens textes ; en voici quelques-uns empruntés à la langue moderne : *gonfler* (*conflare*), *girofle* (*cariophylum*), *geôle* (*caveola*), *galoche* (*calopedia*), *gobelet* (se rapportant à *cupa*), *gamelle* (*camella*), *gouffre, golfe* (*colphus*, du bas grec κολφος) ; etc.

2. En mettant à part ce petit nombre d'exceptions, on peut dire que *c* vélaire, devant *o, u,* persiste en français comme dans tout le domaine roman.

Ex. : **coist** (*coxit*, Eul. 20) ; **colomb** (*colombo*, Eul. 25) ; **colpes** (*culpas,* Eul. 20) ; **commun** (*commune*, Serm. I) ; **concreidre** (*concredere*, Eul. 21) ; **contrais** (*contractus*, Alex. 11 a) ; **corre** (*currere*, Alex. 16 d) ; **cure** (*cura*, Alex. 82 c) ; **corages** (*coraticus*, Rol. 191) ; etc.

3. *C vélaire devant a.* Si le français s'était contenté de transformer la palatale *ce, ci* en *tsche, tse, se — tschi, tsi, si,* il n'aurait fait que suivre la voie où ont marché les langues sœurs, comme cela a eu lieu aussi pour *c* vélaire devant *o, u* ; mais il fait subir au *c* vélaire devant *a* latin un autre changement qui le place à part dans les langues romanes : Suivant une marche analogue à celle de *c* palatal, *ca* latin passe probablement par la série *kja, tja, tscha,* et porte, au xie siècle, cette dernière prononciation en Angleterre avec les conquérants Normands (cf. *chapel* prononcé aujourd'hui *tschapel*). Cette prononciation persiste chez nous (*tscha, tcha; tcheval = caballo*) jusqu'à la fin du xiie siècle; alors seulement, dans la partie de la France comprenant l'Ile-de-France, l'Orléanais, la Touraine, la Champagne, la Bourgogne, le son *tch,* au lieu de devenir sifflant (*ts, s, ç*) comme *c* palatal, aboutit au son chuintant *ch.*

Cette transformation de *c* + *a* en chuintante est certainement postérieure au changement de *c* palatal en sifflante (viie siècle). A quelle époque a-t-elle eu lieu ?

<hr>

(1) C. Joret : *Du C dans les Langues romanes*, p. 39.

Les Serments notent le *c* vélaire par *c* simple ou par *k* : **cadhuna** (*catuna*) ; **Karle, Karlo, Karlus** (*Carolo, Carolus*), **cose** (*causa*).

Eulalie présente **cose, kose** (9, 23 = *causa*) à côté de **chièlt** (*calet*, 13) ; **chieef** (*capo*, 22).

De plus, le latin *qui*, où *q*, par rapport à l'*u*, a été traité comme vélaire devant *u*, et a, par suite, conservé le son dur, est représenté par **chi** (6) ; de sorte que la valeur véritable de *ch* devient obscure.

L'incertitude n'est pas entièrement dissipée par le Fragment de Valenciennes : Si l'on y lit, en effet, **chève** (*capo*, v° 11) ; **cherté** (*caritate*, v° 29), et, dans le corps des mots, **sèche** (*sicca*, v° 15) ; **achedèr** (*accaptare*, v° 31), où *cc*, réduit à *c*, a été traité comme initial, on y trouve aussi **jholt** (sans doute = *jhald* = *calido*, v° 10, 15), où une nouvelle notation *jh* représente le *c* vélaire ; et **chi** (= *qui*, v° 31).

Dans le Saint-Léger, le *c* a persisté dans tous les mots excepté *un*, et ce mot est **pechiètz** (= *peccatos*, 38 c), de même ordre que *sèche* et *achedèr* du Fragm. de Val. On sait que le Saint-Léger est un texte français copié par un provençal ; or le provençal maintient le *c* vélaire devant *a*. Le ms original pouvait donc contenir d'autres mots en *ch* que le scribe aura écrits par *c* simple.

Les manuscrits de l'Alexis et du Roland sont du xııe siècle ; or, comme les textes du milieu et de la fin de xııe siècle, à part ceux d'origine normande ou picarde, ont invariablement *ch*, il n'y a pas de doute qu'au xııe siècle le *c* vélaire fût noté par *ch* (= *tch*).

L'était-il au xıe siècle, ou, d'une manière plus générale, de quelle époque date la chuintante ?

Nous avons vu que *a* libre accentué latin s'est changé en *è*, et que cette transformation était accomplie dans Eulalie, sinon dans les Serments. Il est donc vraisemblable qu'alors, c'est-à-dire au commencement du xe siècle, le *c* vélaire n'avait plus le son dur du latin, et que sa transformation était commencée, sans quoi ce *c*, devant *è*, *iè* (= *a* latin) aurait été traité comme palatal ; et on ne trouverait pas des mots comme **chièlt** (= *calet*, 13), **chieef** (= *capo*, 22).

D'un autre côté, *c* devant *au* latin ayant donné *ch* : **chose** (= *causa*), **choix** (= *causio* = *kausium*), **choyer** (= *caucare*), **Choisy** (= *kausiaco*), etc., il est tout naturel de penser que *c* vélaire s'était déjà transformé avant le changement de *au* en *o*, sans quoi il serait resté dur (*cose*) comme dans *corps* (*corpus*), *cuve* (*cupa*). Or non seulement on lit *cosa* dans les Serments, mais, en outre, on trouve, dans les Gloses de Cassel, qui datent de la fin du vııı^e siècle, le mot *sor* (mod. *saure* = *roux* ?), dont l'origine est incertaine, mais qui se rapporte presque indubitablement à un type en *au*.

Si donc le son *au* s'est réduit à *o* à une même époque dans tout le domaine de la langue d'oïl, il faut admettre que la gutturale vélaire a commencé à s'ébranler et est devenue tout au moins *kj* dès le vııı^e siècle; lors même que cette réduction de *au* en *o* devrait être ramenée au commencement du ıx^e siècle, il n'en faudrait pas moins considérer le *cosa* des Serments comme l'équivalent de *kjosa*; et si le scribe écrit *cosa* en employant le *c* latin, c'est qu'il était embarrassé pour noter un son encore mal défini.

La même incertitude règne, quoiqu'à un degré moindre, dans Eulalie et dans le Fragment de Valenciennes. D'ailleurs une autre raison permet d'établir qu'au xe siècle *ca* était déjà devenu au moins *kja*. A cette époque, en effet, *qu*, dans nombre de mots, s'était réduit à *k*, témoin les notations *cal* (= *qual*) dans Boèce, *chi* pour *qui* dans Eulalie, le Frag. de Val. ; *alcans* pour *alquans* dans la Passion. Or si la gutturale, de vélaire qu'elle était (*qua*, *qui*), est devenue palatale (*ka*, *ki*), et si elle n'est pas devenue chuintante comme *ca* ou *ke* l'est devenu, par exemple, dans *chanter* (*cantare*), *chef* (*capo*), il faut que le changement de *k* en *kj* soit antérieur à la chute de l'*u* dans le groupe *qu*, c'est-à-dire antérieur au moins au xe siècle.

La notation *cose*, *kose* d'Eulalie n'a donc pas une importance exceptionnelle ; elle prouverait tout au plus que l'*o* provenant de *au* a pu conserver longtemps une valeur particulière, en considération de laquelle le scribe a hésité à employer *ch* comme dans *chieef*, *chièlt*.

Enfin le *jholt* du Fragm. de Val., notation ingénieuse et très claire du son *tscholt*, *tcholt*, prouve que, dans *chève*, *cherté*, *acheder*, *sèche*, on a tout au moins le son *kj*.

En résumé, on peut admettre que, dès le xe siècle, *ca* était devenu **partout** *kja* et peut-être même *tscha*, *tcha*, sinon dans tous les mots, du moins dans quelques-uns.

Dès lors, il faut considérer, dans le St-Léger, les mots en *ca* comme écrits sous l'influence du provençal, et restituer partout *ch*.

Il en est de même pour l'Alexis et pour le Roland, si on les considère comme des textes franciens d'origine, et si, comme c'est vraisemblable, l'extérieur anglo-normand ou simplement normand des manuscrits est dû uniquement aux copistes. Il en sera de même encore pour le Poème religieux, ainsi que pour le Pèlerinage, dont le texte franco-italien porte d'ailleurs normalement *ch*.

REMARQUES. — 1° Cette affection de la gutturale a embrassé tous les mots de la langue offrant le groupe *ca*. Les exemples sont très nombreux tant dans la langue ancienne que dans la langue moderne, et nous avons déjà eu l'occasion de montrer que *ca* aboutit à *cha* ou à *chę* à peu près indifféremment, quoique les mots en *chę* soient incontestablement les plus nombreux.

Les exceptions à la transformation de *c* en *ch* devant *a* sont très rares. Les mots en *ca* sont ou savants ou empruntés aux langues étrangères, notamment à l'italien.

2° Un certain nombre de mots latins ont donné une forme populaire (*cha*, *che*) et une forme savante (*ca*) ; de là des doublets comme *chance* et *cadence* (*cadentia*), *chenal* et *canal* (*canale*), *chétif* et *captif* (*captivo*) ; etc.

3° Le dialecte normand et le dialecte picard représentent, pour la vélaire devant *a*, comme pour la palatale, un état plus ancien de la gutturale latine, puisqu'ils se sont arrêtés au *c* simple et dur : *kien* (*chien*), *canteur* (*chanteur*), *quief* (*chef*), *kemise* (*chemise*), *keval* (*cheval*) ; etc. ; et certains mots de ces deux dialectes ont passé dans la langue commune : *camp* à côté de *champ*, mais avec un sens particulier ; *campagne* à côté de *champagne* ; etc.

Mais il ne faudrait pas croire que tous les mots aient adopté sans exception, en Normandie ou en Picardie, *c* dur pour la vélaire devant *a*, *ch* pour le *c* palatal : les rapports forcés de ces deux régions avec les autres pays de langue d'oïl ont amené des compromis, notamment dans les noms de lieux : *Chauvin* (Orne), *Cauvin* (Calvados), *Chaumont* et *Caumont* (Calvados) ; etc.

4° Quand *a* français s'est substitué à une autre voyelle ou à une diphtongue qui n'est pas *au*, *C* simple persiste avec le son dur : **cachier**, mod. **cacher** (= *catcare* pour *coatcare*, *coactare*) ; **cailler** (*cagulare* pour *coagulare*) ; etc.

7° Q. latin.

Au *c* se rattache le *q*, lettre que les Romains employaient à la place du *c* ou du *k* devant *u* ; de sorte qu'ils avaient trois signes différents pour représenter un même son. Aussi presque tous les grammairiens voulaient-ils bannir *q* de l'alphabet latin. Quelques-uns cependant, notamment *Quintilien*, étaient d'avis de le conserver devant *u,* et cette opinion prévalut toutes les fois que *u* fut suivi d'une autre voyelle.

Ces incertitudes avaient sans doute leur cause dans la prononciation : la preuve en est que l'auteur du *Probi Appendix* conseille d'écrire *equs* et non *ecus*; *coqus,* non *cocus*; *vacua,* non *vaqua*; etc. et que le *q* a en somme persisté et est passé dans les langues romanes, le valaque excepté, tantôt avec le son *cou* (ital. *quale* = *cou* + *a* + *le*), tantôt avec le son simple *k* (français et espagnol).

L'*u* qui suit fait de *q* une gutturale vélaire ; c'est pour cela qu'à l'initiale il reste généralement sans changement dans notre langue et toujours avec la valeur de *k,* quelle que soit la voyelle qui suit l'*u* : **quant** (*quanto,* Serm. I) ; **que** (*quod,* Serm. I) ; **qued** (*quod,* Eul. 7, 14, 27) ; **quèl** (ms *quale,* Lég. 25 e) ; **quanque** (*quamquod,* Alex. 45 d) ; **quatre** (*quattuor,* Alex. 56 a) ; **quar** (*quare,* Rol. 469) ; **quadrèl** (*quadrello,* Rol. 2265) ; **queidement** (*queide* = lat. *quieta* + *mente,* Rol. 1644) ; etc.

Et ce qui prouve que le son de *qu* est bien devenu en roman l'équivalent exact de *k* ou de *c* dur, c'est que ces trois consonnes peuvent se trouver concurremment dans les mêmes mots ou dans des mots de formation analogue : **car** (*quare,* Val. v° 18) ; **quèr** (*quare,* Alex. 1 b) ; **ki** (*qui,* ms L. de l'Alex. 46 d ; Rol. 7, 22, 116, etc.) ; **quer** (*cor,* Rol 2356) ; **kar** (ms d'Oxf., Rol. 390, etc.); **karlus** (Serm. II) ; **karlemagne** (ms d'Oxf., Rol. 2807) ; **cum** (*quomodo,* ms d'Oxf., Rol. 2203) ; **cume** (*quando,* ms d'Oxf., Rol. 427) ; etc.

Cette incertitude de notation a persisté durant une grande partie du moyen âge.

Dans la langue moderne, le départ s'est fait. Beaucoup de mots ayant *qu* en latin l'ont conservé : *quart, quant, quand, quarante, quartier, quatre, quatorze, quinze, que, quoi, quel, quérir, quête,* etc.

D'autres, en assez grand nombre aussi, ont admis *c* : *cahier, caille, car, carême, casser, comme, coi, carré, cote, carrière,* etc.

Il est rare que *qu* remplace le *c* vélaire initial : *quenouille* (*colucola*), *queue,* (*cōda* = *cauda*), *queux* (*cōtis*), *queux* (*cŏquus*).

Les indécisions dans la notation de *qu* latin ont eu pour effet de substituer, dans un petit nombre de mots, *c* palatal à *qu* ; et ce *c* palatal a abouti, selon la règle, à notre *c* ; de là **cinc,** mod., *cinq* (= *quinque,* Rol. 516) ; **cinquante** (*quinquaginta,* Rol. 33) ; etc.

8° G *latin.*

1. — L'affaiblissément de l'ancienne sonore latine *c* en *g* ne

devait pas s'arrêter là dans les langues romanes, en français notamment ; il allait se former deux groupes pour la sonore, selon la voyelle suivante : *la gutturale vélaire* et la *gutturale palatale*. Nous avons vu qu'il en est de même pour *c* ; mais, où commence la différence, c'est que, si *ca* est vélaire, *ga*, au contraire, est palatal. Le *g* devait donc conserver le son guttural devant *o*, *u* (vélaire) ; il allait dégénérer en *dj* puis en *j* devant *a*, *e*, *i* (palatal).

Pour comprendre comment *ga* est palatal tandis que *ca* est vélaire, il suffit de se rappeler qu'un léger mouvement de la langue d'arrière en avant fait de la gutturale vélaire une palatale. La sonore *g* exigeant de la langue une pression moindre contre la partie supérieure de la cavité buccale, on voit que la différence entre *ga* et *ge*, *gi* (*gue*, *gui*) tend à s'affaiblir ; de là une facile confusion de ces trois sons.

2. — *G vélaire, devant* o, u, *est resté sans changement avec le son guttural.*

Ex. : **governér** (*gubernare*, Alex. 115 e) ; **governent** (*gubernant*, Rol. 2631) ; etc.

3. — *G palatal, devant* a, e, i, *devient* j *ou* g *doux ; ces deux lettres se confondent depuis les origines jusqu'à nos jours.*

A quelle époque le *g* palatal a-t-il perdu sa valeur de gutturale sonore ou douce ? Les prêtres anglo-saxons, à la fin du vi[e] siècle, s'en servent encore pour représenter le son guttural devant *e*, *i*, aussi bien que devant *a*, *o*, *u*. Il faut en conclure que la transformation du *g* en *j* n'est pas antérieure à celle du *c* palatal en *ç*.

J, nous le verrons tout à l'heure, ayant, dans le français archaïque, le son *dj*, *g* doit avoir la même valeur, et, dès l'époque mérovingienne postérieure au vi[e] siècle, la confusion du *g* et du *j* est accomplie, comme le prouvent les mots suivants : **magestatis** (= *majestatis*, Tardif, Monum. histor., n° 25 bis) ; **agicientias, agecenciis** (= *ajicientias*, *ajecentiis*, cf. *aientia* = *affirmation*, n° 25 bis), où *g = j* ; *exigiatur* (= *exigatur*, ibid, n° 47, l, 11), où un *i*, placé à la suite du *g* indique qu'il est devenu spirant ; *distrinjendum* (= *distringendum*, ibid, n° 41, 1.11) ; *pajaes* (= *pagis*, n° 41, 1. 13), où le *j* tient lieu d'un *g*.

C'est donc du viie au viiie siècle que s'opère la transformation du *g* palatal en *j*.

L'ancienne langue confond à tel point *j* et *g* palatal qu'elle conserve parfois *g* devant *a*, sans qu'on puisse donner à cette consonne une autre valeur que devant *e*, *i*, c'est-à-dire la valeur de *j*.

Ex. : **gemmes** (*gemmas*, Alex. 118 a) ; **gensz** (*genitus*, Poème rel. 16) ; **gentement** (*genitamentc*, Alex. 10 b) ; **gent** (*gente*, Alex. 60 d) ; **gentils** (*gentilis*, Alex. 96 c) ; **gentilz** (*gentilis*, Poème rel. 7) ; **joie** (*gaudia*, Alex. 101 c ; ms L : *goie*) ; **joiose** (*gaudiosa*, Alex. 112 c ; ms L : *goiuse*) ; **genoil** (*genuculo*, Rol. 2664) ; **geste** (*gesta*, Rol. 1685) ; **gièls** (*gelus = gelu*, Rol. 2533) ; **jaianz** (*gagantes* pour *gigantes*, Rol. 3253) ; **jalne** (*galbina*, Rol. 1566) ; **jameilz** (*gamelos = cables*, Rol. 3739) ; **jode** (*gabata*, Rol. 3921) ; etc.

Dans quelques mots où le *g* latin représentait un *c* affaibli, la langue n'a pas poussé jusqu'au bout l'affaiblissement, et le *g* est resté guttural devant *a* français : *gamelle* (*camella*), *galoche* (*calopedia*) ; etc.

La plupart des autres exceptions sont fournies par des mots d'origine celtique ou germanique : *galant, galet, galoper, gamin, gai, gabelle, gaber,* etc.

Enfin, n'ont rien de commun avec les mots latins commençant par *g,* les mots français commençant par *ga, gua, gue, gui* et provenant de primitifs germaniques dont la consonne initiale était *w.*

8° J *latin.*

1. — Le *j* latin sonnait comme le *j* allemand dans Jahr, par exemple, ou comme notre *y* dans *yeux*. Comment est-il arrivé au son actuel, qui est un *ch* affaibli ? L'histoire de cette transformation est obscure ; elle n'est peut-être que la conséquence de la consonnification plus prononcée de l'*i* palatal à l'intérieur des mots devant les consonnes *a, o, u* : *omnia* (*omn*ja) ; *pius* (pj*us*) ; *diurnum* (dj*urnum*), etc. En tout cas, la plus ancienne prononciation du *j* français ou plutôt roman est *dj*, et elle se retrouve dans les textes mérovingiens où on lit : **madios, madius** (= *majos, majus,* Tardif, Monum. hist., n° 30, l. 12, 26) ; etc.

Cette addition d'un *d* initial pour rendre le *j* latin, qui n'offre rien d'anormal, et dont la physiologie rend très bien compte, a eu pour effet, nous l'avons déjà dit, d'assimiler l'histoire du *j* à celle du *g* palatal. La seule différence qui pourrait exister entre ces deux lettres, c'est le nombre des évolutions parcourues : *jo,* par exemple, (=*ego, eo, io*), qui a abouti à notre *je,* passe, en effet, par *die, dje* ; *ge* devient d'abord *gie* (avec un *i* très bref), puis *dje.*

En français, comme on l'a vu pour le *g* palatal, *j* et *g* sont confondus pour rendre le *j* latin, dans la langue moderne comme dans la langue ancienne.

Ex. : **giètent** (*jactant*, Alex. 53 d) ; **gettèrent** (*jactarunt,*

Eul. 19); as **geüt** (*jacuto*, Alex. 118 b); **gist** (*jacet*, Alex. 50 a);
gesir (*jacere*, Rol. 973); **getèr** (*jactare*, Rol. 1341); **giètent**
(ms : *getent*, Rol. 1809 =*jactant*); **getèdes** (*jactatas*, Rol. 3318);
gitèrent (*jactarunt*, Lég. 38 b); **gisant** (*jacente*, Rol. 2523);
etc.

Ja (*jam*, Lég. 16 b); **jo** (*ego, eo, io*, Val., v° 21); **jugedor**
(*judicatore*, Alex. 73 d); **jus** (*juso*, Lég. 38 b); **justise** (*justitia,*
Alex. 1 b); **jovente** (*juventa*, Alex. 96 a); **ja mais** (*jam magis*,
Rol. 376); **jerreiz** (*jacerabetis*, Rol. 1721; c'est la leçon du ms ;
d'après l'orth. générale de Roland, il faut restituer *gerrez*);
jointes (*junctas*, Rol. 223); etc.

Dans la majorité des cas, *j* est employé comme notation devant
a, o, u; on en comprend aisément la raison ; *g* est usité devant *e, i*.
C'est cette règle qui, à peu d'exceptions près, l'emportera définitivement dans la langue moderne; d'ailleurs on n'y trouve jamais
g devant *a, o, u* : la prononciation s'y oppose.

10° H.

1° L'*H* latine représente le plus souvent l'aspirée gutturale
primitive *gh* et a pour équivalent ϰ ou χ en grec, *g* en allemand :
hiare, χαίνειν, *gaehnen* ; — *heri*, χθές, *gestern* ; etc.

Cette origine, jointe à la circonstance que *h* remplace dans
certains dialectes italiens, dans l'ombrien, par exemple, le *c* latin,
permet de supposer que cette lettre, à l'origine, avait peut-être,
comme en gothique, un son analogue à l'aspirée gutturale *ch*;
mais ce son, s'il exista jamais réellement dans le latin, ne tarda
pas à disparaître, et l'*h* ne fut plus, à vrai dire, une lettre, mais un
simple signe d'aspiration.

L'aspiration elle-même, si prononcée aux premiers âges de la
langue latine, finit par s'affaiblir, au point que la conscience s'en
perdit presque, et qu'on ne sut le plus souvent dans quels mots
elle devait se trouver. Faite d'abord par les ignorants, cette
confusion cessa bientôt de leur être particulière, et tous les efforts
des grammairiens pour y mettre un terme furent inutiles.

Vers la fin de l'empire, l'aspiration cessa à peu près de se faire
entendre, et l'*h* ne fut plus qu'un signe orthographique qu'on
employait ou qu'on négligeait, on le voit par les anciens manuscrits,
un peu au hasard. On ne la trouve pas dans des mots où elle est
étymologique; on la trouve dans d'autres mots où elle ne devrait pas
exister; c'est ainsi qu'on lit dans la vie de Sainte-Euphrosyne
(I, l. 8) : *nocte hac die* pour *nocte ac die*, etc.

Tel était l'état dans lequel les langues romanes reçurent l'*h* latine. Aussi, quand elle n'a pas été supprimée, comme cela a presque toujours lieu en italien, n'a-t-elle le plus souvent persisté que pour conserver, en quelque sorte, au mot sa physionomie originelle. C'est ce qui a lieu notamment en français. Nous trouvons donc dans notre langue (dans l'ancienne comme dans la moderne) : 1o des mots qui ont conservé l'*h* latine tout en supprimant l'aspiration, éteinte depuis longtemps ; 2o des mots qui ont supprimé l'*h* latine après plus ou moins d'hésitations.

D'un autre côté, nombre de mots germaniques commençant par *h* aspirée ont passé, dès la plus haute antiquité, dans notre langue, qui les a admis avec cette aspiration ; c'est une troisième série.

La quatrième est fournie par des mots d'origine latine qui, par une influence généralement germanique, ont reçu indûment l'*h* et l'aspiration.

2o *Mots qui ont conservé l'*h *latine* : **habitèr** (*habitare*, Alex. 115 e) ; **honestèt** (*honestate*, Eul. 18) ; **home** (*homine*, Alex. 91 e, ms L) ; **hume** (Alex. 62 e, ms L ; M. G. Paris a partout restitué **ome**) ; **honors** (*honores*, Lég. 2 a ; ce mot est écrit, dans l'ancienne langue, tantôt par *h* tantôt sans *h* ; M. G. Paris, dans l'Alexis, a écrit uniformément **onor**) ; **hore** (Lég. 25 e) ; **heirs** (*haeres*, Rol. 504) ; **humilitèt** (*humilitate*, Alex. 6 a, ms L ; G. Paris : **umilitèt**) ; **herbos** (*herboso*, Rol. 1018) ; **herbut** (*herbe* + suff. *uto*, Rol. 3925) ; **honor** (*honore*, Rol. 2890) ; **hostelèr** (*hostel* + *are*, Rol. 160), **humle** (*humile*, Rol. 1163) ; etc.

3o *Mots qui ont supprimé l'*h *latine* : **om** (*homo*, Serm. I) ; **ome** (Alex. 34 e, 35 a, 60 b, 69 c, etc. = *homine* ; ms L : *ume*) ; **onor** (*honore*, Alex. 77 d, ms L) ; **onorent** (*honorant*, Alex. 37 d, ms L : *onurent*) ; **or** (*hora*, maintenant, Lég. 28 b ; on trouve, pour le même mot, *hor* au v. 26 a) ; **ièr** (*heri*, Rol. 2701) ; **om** (*homo*, Rol. 2127) ; **Omer** (*Homero*, Rol. 2616) ; **ore** (*hora*, maintenant, Rol. 27) ; **ore** (*hora*, heure, Rol. 3212) ; **ost** (*hoste*, Rol. 1052) ; **osteiièr** (*hosticare*, Rol. 528) ; **ostèl** (*hospitale*, Rol. 342) ; **out** (*habuit*, Rol. 1526) ; **ivèrs** (*hibernus*, Poème rel. 31) ; etc.

4o *Mots dans lesquels l'*h *aspirée est d'origine germanique* : **Haires** (Val. vo 24) ; **herberc** (Alex. 65 b) ; **herberge** (Alex. 84 d) ; **hadir** (Rol. 1244) ; **halbers** (Rol. 711) ; **hardis** (Rol. 2027) ; **hador** (Rol. 2771, subst. formé sur *hadir* : *had* + *ore*) ; **helme** (Rol. 629) ; **hastet** (Rol. 3445 ; on trouve aussi *astet* une fois dans le ms d'Oxford, mais ce n'est certainement qu'une erreur de copiste); **honir** (Rol. 631); **hoese** (Rol. 641); **honte** (Rol. 21); etc [1].

5° *Mots qui ont reçu indûment l'*h *et souvent, en même temps, l'aspiration* : **halçor** (*altiore*, Rol. 3698); **halt** (*alte*, Rol. 3334); **halz** (*altus*, Rol. 3745); **halte** (*alta*, Rol. 53); **haltement** (*haltamente*, Rol. 1974); etc.

La langue moderne augmentera le nombre de ces mots : ainsi *uit, uis, ermite, eür*, etc., qui, dans l'ancienne langue, s'écrivaient sans *h*, l'ont admise plus tard.

On a vu que jadis le même mot pouvait s'écrire indifféremment avec *h* ou sans *h* : la langue moderne a unifié l'orthographe dans un sens ou dans l'autre.

On remarquera enfin que la plupart des mots latins qui ont reçu indûment l'*h* sont des monosyllabiques ou des des dissyllabiques à terminaison muette, comme si cette addition était destinée à protéger leur ténuité, à leur donner plus de corps.

11° K.

Nous n'avons pas à parler du *k* qui, dès le iv° siècle de notre ère, pouvait être considéré comme hors d'usage dans la langue latine. Il n'est cependant pas probable que cette lettre ait complètement disparu de l'alphabet latin, car si le valaque, l'italien, l'espagnol et le portugais l'ont rejetée, le provençal et l'ancien français surtout l'ont conservée, en particulier pour représenter la gutturale ténue devant *e, i*. Mais peut-être aussi ne faut-il voir là qu'un effet de l'influence germanique sur ces idiomes, ou plutôt l'emprunt fait à ces langues, par les copistes, d'un signe commode représentant le *c* dur ou *qu*, et qu'on finit d'ailleurs par négliger et remplacer par *q, qu*. Ce sont surtout les copistes picards et normands qui ont prolongé l'usage du *k* ; mais il n'en est pas moins vrai que l'étude de *k* rentre dans celle du *c* vélaire devant *a* ou de *qu*, et cette étude a été faite.

II. — CONSONNES MÉDIALES

Nous appelons consonnes *médiales* ou *intervocales* celles qui se trouvent placées entre deux voyelles. Les lettres doubles dans cette situation sont considérées comme médiales (*ma-pp-a*, *gu-tt-a*), et sont soumises à la loi générale d'affaiblissement qui règle le sort des consonnes médiales.

En effet, *les consonnes doubles se réduisent aux simples; les consonnes simples, fortes ou sourdes, deviennent faibles ou sonores; les faibles ou sonores, quand elles sont explosives, disparaissent.*

Cette loi générale est sujette à des variations que nous allons examiner.

1) Consonnes doubles.

En général, *elles se réduisent à la simple*, et cela est particulièrement vrai des explosives et des liquides : **achedèr** (*accaptare*, Val. v° 31); **achat** (*accaptet*, Alex. 125 c); **acolèr** (*accollare*, Alex. 86 d); **acorent** (*accurrunt*, Alex. 102 e); **agravèz** (*aggravatus*, Alex. 58 d); **aparissant** (*appariscente*, Alex. 55 e); **apartenanz** (*appartenente*, Alex. 55 b); **apèlèr** (*appellare*, Alex. 13 b); **apresset** (*appressat*, Alex. 12 d); **arivèr** (*arripare*, Alex. 39 c); **asèz** (*assatis = adsatis*, Alex. 81 b); **atendeie** (*attendebam*, Alex. 96 d); **atornat** (*attornavit*, Alex. 28 d); **mètre** (*mittere*, Alex. 116 d); **batuz** (*battutus*, Poème rel. 44); **afermèt** (*affirmato*, Rol. 2033); **adurède** (*addurata*, Rol. 1460); **care** (*carra*, Rol. 131, 186); **combatre** (*combattuere*, Rol. 566); **novèles** *novellas*, Rol. 336); etc.

On pourrait facilement multiplier le nombre des exemples où la réduction des consonnes doubles est opérée; c'est cette règle qui dominera durant tout le moyen âge. Toutefois, dès l'origine, le souvenir du latin, présent à l'esprit des copistes plus ou moins lettrés, pousse à rétablir les deux consonnes latines, non seulement dans les formes savantes introduites dans la langue, on le sait, aux époques les plus reculées, mais encore dans les mots de formation purement populaire; de là les formes suivantes que l'on rencontre dans nos plus anciens textes, et dont le nombre pourrait être considérablement augmenté :

Affliz (*afflictus*, Lég. 28 a); **afflictions** (*afflictiones*, Alex. 72 c); **bellezour** (*bellatiore*, Eul. 19); **cesset** (*cessat*, Alex. 17 e); **commun** (*commune*, Serm. I); **commune** (Alex. 62 c); **communiat** (*communicavit*, Lég. 14 e); **correcious** (*corruptiosus*, Val. v° 3); **corropt** (*corrupto*, Lég. 18 c); **corre** (*currere*, Alex. 16 d); **Innocens** (*Innocente + s*, Alex. 61 a); **passèr** (*passare*, Alex. 104 b); **passèdes** (*passatas*, Alex. 80 c); **polle** (*pulla*

Eul. 10); **presse** (*pressa*, Alex. 115 c); **querre** (*quaerere, quaer're*, Alex. 23 b); **masse** (*massa*, Alex. 43 d); **summunse** (*summunsa*, de *summonere*, Alex. 60 a, ms L; le vrai mot est *somonse*); **terre** (*terra*, Alex. 61 e); **terrestre** (*terrestre*, Alex. 12 c); **carres** (*carras*, Rol. 33); **corre** (*currere*, Rol. 1197); **correies** (*corrigias*, Rol. 3738);.**messe** (*missa*, Rol. 164); etc.

Cette liste, tout incomplète qu'elle est, suggère plusieurs observations.

En premier lieu, on remarquera que *ss* reste souvent sans réduction; la raison en est que *s* simple, entre deux voyelles, est généralement sonore dans l'ancienne langue comme dans la langue moderne.

Les liquides *l, m. n, r* se maintiennent fréquemment doubles, surtout *r*; il faut y voir aussi un effet de la prononciation; c'est ainsi qu'au xvie siècle, par exemple, on écrira *appeller, jetter*, etc., non pas seulement en souvenir du latin, mais pour attester que *è* devant *l* ou *t* est encore ouvert et non muet.

Quant aux explosives proprement dites, ce n'est qu'à titre exceptionnel qu'elles se maintiennent doubles jusqu'au xive siècle, mais alors la rénovation des études et des lettres latines, le prétendu souci de l'étymologie ont rétabli, dans un grand nombre de mots, les deux consonnes. D'autres ont pourtant résisté à cette restauration : de là le chaos qui existe, sous ce rapport, dans la langue moderne.

Remarque. — Avant de passer à l'étude des consonnes médiales, il n'est pas sans intérêt de rappeler que c'est *entre les consonnes de même ordre que s'opèrent les permutations*; en règle générale, une labiale, par exemple, ne se change point en une dentale, ou réciproquement; mais, étant données des consonnes de même ordre, c'est de la forte à la douce que s'opère l'affaiblissement ou la disparition des consonnes latines, comme c'est de la douce en la forte que s'opère le relèvement qui a lieu dans certains cas.

Parmi les mots dérivés du latin, les uns peuvent s'arrêter au premier échelon descendant; d'autres, en plus grand nombre, iront jusqu'au second; d'autres enfin verront disparaître la médiale; mais, par des formes soit romanes, soit latines, il sera presque toujours possible de reconstituer la série des transformations parcourues.

2) LABIALES (P, B — F, V).

P

P, après avoir passé par b, *devient généralement* V. *Quelquefois il disparaît, surtout après la tonique, ou même avant la tonique, quand celle-ci est une voyelle labiale* o, u. *Rarement il s'arrête à* b.

Les textes mérovingiens présentent un certain nombre d'exemples comme **crebare** (=*crepare*), **saborem** (= *saporem*), **sabonem** (= *saponem*), etc., qui prouvent que l'affaiblissement du *p* est bien antérieur au IXe siècle.

Le changement en *v* est même accompli dans les Serments (842), où l'on trouve non seulement **poblo** (= *populo*, I), mais aussi **savir** (= *sapere*, I).

Eulalie n'a pas d'exemples de *p* médial latin; mais le groupe médial *pr* y est devenu *vr*, ce qui revient au même : **sovre** (*supra*, 12).

On trouve dans le Frag. de Val. : **chève** (*capo*, v° 11, où l'e indique simplement que l'*u* (*cheue*) est consonne; il faut prononcer *chef*[1], avec relèvement de la fricative *v* douce en la forte correspondante *f*, parce que, l'*o* tombant, le *v* cesse d'être médial pour devenir final); **saveiẹt** (*sapebat*, v° 4); et même **sore** (*supra*, v° 11), qui est en avance sur le *sovre* d'Eulalie, puisqu'il a déjà perdu le *v*.

Il n'y a donc pas de doute possible sur la transformation du *p* en *v* : elle était accomplie au IXe siècle; et le *sore* du Frag. de Val. prouve que sa chute, dans les cas où elle doit avoir lieu, était opérée déjà au Xe siècle.

A plus forte raison en est-il de même par la suite.

1° Les exemples d'affaiblissement de *p* en *b*, rares d'ailleurs dans notre langue en général (*abeille* = *apicula*, etc.), manquent dans nos plus anciens textes; on en rencontre quelques-uns dans la Passion, texte beaucoup plus provençal que français : *recebeut* (243), *receubist* (68), *sabeut* (*sapunt*, 333).

2° Affaiblissement de *p* en *v*, mais maintien de ce *v* devant la tonique : **covit** (= *cupivit*, Lég. 3 e); **saveir** (*sapere*, Lég. 4 e); **evèsque** (*episco*, Lég. 8 f); **evesquièt** (*episcato*, Lég. 16 c, 21 b); **crevèr** (*crepare*, Lég. 26 d); **avuec** (*abhoc*, Alex. 42 c); **chevèls** (*capillos*, Alex. 87 a); **covèrs** (*coopertus*, Alex. 70 a); **chevèl** (*capillo*, Rol. 976); **covèrt** (*cooperto*, Rol. 463); **recevèz** (*impér.* = *recipatis*, Rol. 320); **savons** (*sapomus* = *sapimus*, Rol. 2503), etc.

---

(1) Voy. *Romania*, VII, p. 416.

3º Disparition de la labiale, même devant la tonique, quand celle-ci est une voyelle labiale *o, u* : **sout** (*sapuit, savuit, sauuit,* Alex. 55 c); **sourent** (*sapuerunt, savuerunt, sauuerunt,* etc., Alex. 6 c); ici, le *v* s'est vocalisé et fondu avec la voyelle précédente; c'est ainsi qu'en somme il a disparu; il en est de même dans **soüssent** (*sapussent, savussent, sauüssent,* Alex. 98 c); mais il tombe simplement dans **reçut** (*recipūit,* Rol. 770); **reçut** (mis pour *receüt = recipūto,* Rol. 782); etc.

4º Chute complète de la labiale après la tonique : **sai** (*sapio,* Alex. 17 d); **sèt** (*sápit,* Rol. 427); **receit** (*recĭpit,* Rol. 464); etc. Cette chute est peut-être le résultat du rapprochement, dans un groupe roman *v't* (*recivit, receiv't,* puis *receif't*) de *v* et d'une muette, mais elle n'en est pas moins réelle.

Toutefois, dans la conjugaison, l'analogie peut maintenir *v* : **receivent** (*recĭpunt,* Alex. 57 c, par l'analogie de *recevons, recevéz,* où le *v* est régulièrement maintenu); de même **sèvent** (*sapunt = sapiunt,* Rol. 716); etc.

La langue moderne suit les mêmes lois.

B

Le B médial subit un traitement analogue à celui que nous avons constaté pour P; il est d'ailleurs la première étape par laquelle a passé P; donc *B s'adoucit en V lorsqu'il précède la tonique ; il tombe quand il la suit ; il tombe même devant la tonique, si celle-ci est une voyelle labiale o, u.*

Cet affaiblissement en *v,* qui a gagné toutes les langues de la famille néo-latine, s'est produit de bonne heure; on lit dans les monuments anciens : *devitum, acervus, incomparavilis;* dans les Chartes du vi^e siècle : *deviti, deliverationem;* du viie siècle : *movilebus, diveatis* (*debeatis*); du viiie siècle : *havitare, movile, havere,* etc. [1].

Il n'est donc pas étonnant de trouver *v* comme l'équivalent de *b* au ixe siècle : **avant** (Serm. I); **iv** (*ibi,* ibid., II). Dans **dift** (= *debet,* Serm. I), non seulement *b* est devenu *v,* mais celui-ci s'est déjà relevé en *f* devant la forte *t* après la chute de *i* (ou *e*) posttonique : *debet, devet, devit, div't, dift.*

Dans le mot *diavle* d'Eulalie (v. 4), le *b* du latin *diabolo* s'était préalablement affaibli en *v* avant la chute de l'*o* posttonique, car autrement *diablo* serait resté avec le groupe roman *bl,* et l'on aurait

____

(1) Diez, *Gram. des Lang. rom.* I, p. 259.

eu *diable,* qui est la forme de la langue commune (*diavle* est dialectal).

Dans les autres textes, le traitement du *b* médial n'est pas moins régulier.

1º Le *b* ne se maintient dans aucun mot vraiment populaire;

2º Il s'adoucit en *v* qui reste devant la tonique : **haveir** (*habēre,* Val., vº 1); **avant** (*abante,* ibid, vº 37); **aveist** *habētis,* Val., vº 27); **aveir** (*habere,* Leg. 16 d); **aveie** (*habēbam,* Alex. 81 b); **devemps** (*debēmus,* Lég. 1 a); **deveit** (*debebat,* Alex. 16 b); **ivèrs** (*hibernus,* Poème rel. 31); **avïons** (*habiomus* pour *habebamus,* Rol. 1504); **cheval** (*caballo,* Rol. 809); **chevalchièr** (*caballicare,* Rol. 480); **devons** (*debomus = debemus,* Rol. 429); **ivorie** (lisez *ivoire = eboreo,* Rol. 2406); **governent** (*gubernant,* Rol. 2631); **sovènt** (*subinde,* Rol. 739); etc.

3º Il tombe même devant la tonique lorsque celle-ci est une voyelle labiale *o, u* : **oüst** (*habuisset, havūsset, auüsset,* Alex. 29 c); **doüsses** (*debuisses, devūsses,* Alex. 64 c); **oüt** (*habuto, avūto, auūto,* Rol. 864); **dut** (*debūit, devūit, devūt,* Rol. 333); **deüst** (*debuisset, devūsset,* Rol 355); de même *soombrer,* mod. *sombrer* (*subumbrare*); *soonder* mod. *sonder* (= *subundare*); *taon* (*tabone* pour *tabano*); *viorne* (*viburno*); etc.

Il tombe rarement devant d'autres voyelles, et probablement par des raisons d'analogie : *aiant,* mod. *ayant* (*habente*), *tuyau* (*tubello*), etc.

C'est l'analogie des autres personnes qui fait tomber le *v* dans *aviomus, aviatis* au prés. du subj. du verbe *aveir* : *aions, aiièz* (*aiest,* Val. vº 29), tandis que les mêmes formes vulgaires donnent, à l'imparf. de l'indicatif : *avions, aviièz.*

4º *B* médial tombe après la tonique : **aiet** (*habeat, haviat,* Val. vº 28); **at** (*habet, havit, av't af't*); **dei** (*debeo, debio, devo,* Rol. 338); **deit** (*debet, dēvit,* Rol. 36); **ai** (*habeo, avio,* Rol. 18); **aie** (*habeam, avia,* Rol. 2901); **aies** (*abias, avias,* Rol. 1954); de même la conjug. du v. *beivre* (= *bibere*): *jo beif* (*bibo, bivo*; *v* devient final; plus tard *jo boi*); *tu beis* (*bibis*), *il beit* (*bibit*), *il beient* (*bibant* pour *bibunt*), mais bientôt, par l'analogie du pluriel *bevons, bevez* : *ils boivent.*

Le *V* provenant de *B* reste rarement après la tonique, et cela a lieu généralement par des raisons d'analogie, comme nous venons de le voir; c'est ainsi que l'on dit aujourd'hui *que je doive, que tu doives, qu'il doive,* etc , par l'action analogique du pluriel (anciennement: *jo deie, tu deies, il deiet* (*deit*), etc.); de même pour le v, *boire*; de même encore *fève* (= *faba*), sans doute à cause des dérivés, dans lesquels *b* précédait la tonique; tandis que *nuba* (= *nubes*) a donné *nue*.

Regnèvęt (= *regnābat*, Lég. 3 c) et **avardévęt** (*adwartābat*, Val. vº 8) sont des formes dialectales propres à la région orientale, car, dans la langue commune, qui adopte pour tous les imparfaits la forme *ēbam*, on a : **eie** (= *ebam*, *ēva*), **eies** (= *ēbas*, *ēvas*), **eięt, eit** (= *ēbat*, *ēvat*), **eięnt** (= *ēbant*, *ēvant*), où le *b* posttonique tombe, suivant la règle.

<h3 style="text-align:center">F</h3>

(On sait que *Ph* est assimilé à *F* par le latin vulgaire.)

La continue *F* est la plus persistante des labiales ; aussi *se maintient-elle souvent à la médiale.*

Coife (*Cofea?* Rol. 3436) ; **olifant** (*elephanto*, Rol. 609) ; etc.

Cependant cette consonne n'a pu échapper entièrement à la loi d'affaiblissement qui atteint en général les labiales médiales : *f* a disparu dans *biais* (= *biface*), **écrouelles** (*scrofellas*), *antienne* (*antifona*), *Etienne* (*Stefano*) ; etc.

<h3 style="text-align:center">V</h3>

V, étant le dernier échelon après lequel disparaissent *P, B* et même *F*, doit être soumis à peu près au même traitement que ces consonnes ; en effet, il tombe souvent.

Ce fait était déjà fréquent en latin. On connaît les formes *motus* (= *movitus*), *momentum* (= *movimentum*), *udus* (= *uvidus*), *audii* (= *audivi*), *petii* (= *petivi*), *amarunt* (= *amaverunt*), *boum* (*bovum*), etc. Chez les comiques latins, *novis*, *novus* ont une valeur monosyllabique. Dans les Inscriptions de la décadence, on trouve *noembr* (*novembrem*), *Faonius* (*Favonius*), *probai* (*probavi*). L'Appendix ad Prob. recommande de dire *avis*, non *aus*; *rivus* non *rius* ; et les Gloses de Cassel ont *paonem* (= *pavonem*).

Une autre ressemblance de *V* avec *P, B*, c'est qu'il reste généralement sous la forme *V* devant la tonique. Par conséquent, **V** *médial reste devant la tonique ; il tombe après la tonique, et même devant la tonique, si celle-ci est une voyelle labiale, o, u.*

1º Maintien devant la tonique : *moveir* (*movere*) ; *movons* (*movomus* = *movemus*), *movez* (*movatis* = *mōvetis*), *moveie* (*movebam*), et tout l'imparfait de ce verbe ; *novembre* (*novembre*), *noveler* (*novellare*), **novèlęt** (*novellat*, Rol. 2118) ; **novèles** (*novellas*, Rol. 336, 2918, etc.).

2º Chute devant la tonique, quand celle-ci est o, u. On peut remarquer que le fait a lieu également lorsqu'entre le *V* et la voyelle labiale se trouve un *j* latin qui passe dans la syllabe précédente : *aiol*, mod. *aïeul* (*aviolo*), *oblios*, mod. *oublieux* (*oblivioso*) ; **oncles** (*avunculus.* Rol. 1914) ; *paor*, mod. *peur* (= *pavore*) ; le provençal ayant souvent maintenu le *V* médial lors même qu'il disparaît dans la langue d'oïl, il est probable qu'il faut restituer *paor* au vers 13 d du Saint-Léger (M. G. Paris a conservé *pavor*); **moüstes** (*movustis*, Rol. 1355) ; **coneümes** (*cognovūmus*, Alex. 72 e) ; de même *moüt*, mod. *meü*, *mü* (= *movuto*); *paon* (= *pavone*); **vivant** (*vivente*, Rol. 562) ; *vivons* (*vivomus*), *viveie* (*vivevam*); etc. *Vivenda* est une forme analogue à *vivente*, *vivante*, qui, nous venons de le voir, maintient le *V* dans *vivant* ; et, cependant *vivenda* a donné *viande*.

3º Chute après la tonique : **adunat** (*adunavit*, Lég. 16 a); **amat** *amavit*, Lég. 3 e) ; **commandat** (*commandavit*, Lég. 4 b) ; **respondit** (*respondīvit*, Rol. 632) ; **descendirent** (*descendīvĕrunt*, Rol. 120) ; **clou** (*clavo*, Rol. 3574) ; **pluie** (*plŏvia*, Rol. 981) ; etc.

Remarques. — 1º Après *a*, le *v*, qu'il provienne d'un *v*, d'un *b* ou d'un *p* latins, a une tendance marquée à se vocaliser : *clou* (= *clavo*, *clauo*) ; *oisel*, mod. *oiseau* (*avicello*, *aucello*); **soüst** (*sapusset*, *savusset*, *sauusset*) ; *oüst* (*abusset*, *avusset*, *auusset*); etc.

2º L'analogie empêche souvent la chute du *v* ; ainsi *vivant* (pour *vivunt*) donne *vivent*, parce que *vient* eût été trop éloigné de *vivons*, *vivez*, etc.

De même *v* a été maintenu dans *vive* (= *viva*), *noeve* (*nova*), et autres adj. en *va* pour conserver l'analogie avec les masculins *vif* (*vivo*), *noef* (*novo*), etc.

3) Dentales (t, d, s, z).

1º T

Le latin, qui affaiblit en *dr* le groupe *tr* dans les mots nombreux en *quadr* — dérivés de *quattuor* : *quadra*, *quadraginta*, *quadrans*, *quadrigae*, *quadrimus*, *quadrupes*, *quadruplum*, etc., contient en germe le principe de l'affaiblissement de la dentale médiale.

Le latin vulgaire a fortement accentué cette tendance pour le *t* intervocal : on trouve *iradam* (*iratam*) dans une inscription de l'an 142. L'affaiblissement a dû commencer après la tonique pour s'appliquer à la médiale en général, quelle que soit sa position par rapport à la voyelle accentuée. Il est fréquent dans les documents mérovingiens : *podibat* (*potebat*, Tardif, Monum. hist., nº 13, 1. 4); *audentico* (*authentico*, nº 26, 1. 77, 79); *marcado* (*mercatus*, nº 44,

l. 5, 6, 21); etc.; on trouve aussi *limides* (*limites*), *sidus* (*situs*), *terridoriam* (*territoriam*), etc., dans les documents du ve siècle et de la loi Salique.

Ce *d* médial sorti de *t* devait s'affaiblir encore, en prenant un son sifflant, quelque chose d'analogue au *th* anglais, pour disparaître entièrement au commencement du xiie siècle. Ainsi :

T médial, affaibli en d *longtemps avant le* ixe *siècle, reste sous la forme de* d *jusqu'au commencement du* xiie *siècle, et disparaît ensuite dans l'écriture comme dans la prononciation.*

Il est certain que le *d* = *t* était déjà fort affaibli dès le ixe siècle ; c'est peut-être même le son sifflant de cette consonne que le scribe des Serments a voulu rendre par *dh* dans **aiudha** (2 fois = *adjuta*, I et II); **cadhuna** (*catuna*, I), **Ludhêr** (*Lothario*, I), à moins que *dh* ne soit une réminiscence du groupe germanique *th* que l'on rencontre dans certains textes mérovingiens (*saocitho* = *saliceto*, Tardif, n° 20, l. 3; *comparatho* = *comparato*, n° 20, l. 9), et dans la traduction allemande des Serments ; car on y lit aussi *podir* (*potere*, I); et *d* continuera à représenter *t* jusqu'à sa chute définitive.

Eulalie a deux exemples de *t* vraiment intervocal, et, dans les deux cas, on trouve *d* : **presentéde** (*praesentata*, 11); **spéde** *spatha*, 22).

Dans le Saint-Léger, *th* représente le *t* médial de *Lothario* : **Lothiers** (*Lotharius*, 3 *d*, 4 *a*, 9 *a*). Ce *th* n'est sans doute qu'une réminiscence germanique, et, en tout cas, pouve que le *t* médial n'est pas tombé dans ce texte.

Pour l'Alexis, la question est plus complexe : le plus ancien manuscrit (L) étant du xiie siècle, d'une époque où la dentale était tombée, le scribe a pu être tenté de la supprimer soit par inadvertance soit par le besoin de conformer l'orthographe à la prononciation. C'est ce qui, en effet, a eu lieu ; mais le plus souvent il a conservé le *d*, et quelquefois il a adopté la notation *th*, dont il a été parlé plus haut.

Notation *d* : **acuréde** (*accorata*, 80 e); **aiude** (*adjuta*, 107 e); **atemprèdes** (*adtemperatas*, 119 c); **apareüde** (*apparatuta*, 82 c); **contréde** (*contrata*, 27 c); **demenéde** (*deminata*, 29 b); **deramèdes** (*deramatas*, 29 d); **eschevelède** (*excapillata*, 85 d); **esguarède** (*exwarata*, 94 e); **feüde** (*fatuta*, 89 b); **forsenéde** (*forissennata*, 85 c); **honurède** (*honorata*, 4 d); **emperedur** (*imperatore*, 73 b, 83 e); **andurèdes** (*induratas*, 80 b); **jugedor** (*judicatore*, 73 d); **lède** (*laeta*, 27 e, 91 e, 92 e); **ledement**

(*laetamente*, 28 b, 53 b) ; **ledèce** (*laetitia*, 29 b, 99 b) ; **lavadures**
(*lavaturas*, 53 d) ; **maisnéde** (*mansionata*, 53 c, 83 e) ; **medisme** (*metismo*, 24 c, 87 b) ; **menude** (*minuta*, 105 d, 107 a) ;
parède (*parata*, 29 a) ; **plurédes** (*ploratas*) ; **poduns** (*potomus*,
114 b) ; **podeste** (*potestas*, 113 b) ; **retenude** (*retenuta*, 82 b) ;
salvédes (*salvatas*, 121 e) ; **pasmède** (*spasmata*, 85 e) ; **espède**
(*spatha*, 83 b) ; **espusède** (*sponsata*, 48 b, 94 b) ; **turnéde** (*tor-
nata*, 29 e) ; **truvéde** (*trovata*, 76 c) ; **venude** (*venuta*, 89 c) ;
vide (*vita*, 123 b, 124 d) ; **guerpide** (*werpita*, 42 e).

Notation *th* : **absoluthe** (*absoluta*, 82 e) ; **canuthe** (*canuta*,
82 a) ; **cuntrètha** (*contrata*, 45 e, 15 e) ; **dunèthe** (*donata*, 24 c) ;
esguarèthe (*exwarata*, 27 d) ; **honorèthe** (121 c) ; **emperethur**
(7 e) ; **enhadithe** (*inhatita*, 87 c) ; **lethèce** (*laetitia*, 14 e) ; **mus-
trèthe** (*monstrata*, 15 a) ; **pechethor** (*peccatore*, 73 a) ; **pothęnt**
(*potunt*, 32 b) ; **predèthe** (*praedata*, 29 c) ; **replenithe** (*replenita*,
123 c) ; **espèthe** (*spata*, 15 b) ; **vithe** (*vita*, 13 c).

Chute de la dentale : **avoglie** (*aboculita*, 87 d) ; **feüde**
(*fatuta*. 89 b) ; **feüt** (*fatuto*, 124 a) ; **empereor** (*imperatore*, 16 a,
72 a) ; **amvièz** (*invitatos*, 59 d) ; **muèz** (*mutatus*, 1 d) ; **obliér**
(*oblitare*, 32 b, 124 d) ; **porteüre** (*portatura*, 89 d) ; **poeste**
(*potestas*, 41 d) ; **criér** (*critare*, 79 a).

En présence de ce tableau, où la dentale a été, le plus souvent,
sous forme de *d*, beaucoup plus rarement sous forme de *th*, maintenue 9 fois sur 10, il n'y a pas d'hésitation possible : *la suppression de la dentale est indubitablement le fait du copiste du
XIIe siècle, qui, en effet, ne la prononçait plus; et, il faut partout, dans l'*Alexis, *restituer d.*

Quant à la notation *th*, on peut y voir, dit M. G. Paris (1), un
emprunt fait par les scribes anglo-normands à l'écriture saxonne.
Celle-ci, ajoute-t-il, avait, pour exprimer la dentale aspirée, des
caractères propres qui se sont maintenus dans l'usage longtemps
après le xiie siècle ; mais, concurremment à ce reste de l'ancienne
écriture runique, les écrivains anglo-saxons ont de bonne heure
employé le *th*, et il est surtout familier aux moines qui transcrivent
en latin des noms propres saxons. Or l'Alexis ayant été composé
avant la conquête de l'Angleterre, n'a pu être écrit avec des caractères inconnus en France ; il faut donc substituer partout le *d* au
th. D'un autre côté, comme le *d* médial provenant de *t* avait dis-

____

(1) La *Vie de saint Alexis*, Paris, Vieweg, 1872 (Bibliothèque de l'École
des Hautes Études) ; c'est à M. G. Paris que nous empruntons la plus
grande partie de cet article.

paru à l'époque où a été composé le ms L de l'Alexis, au milieu du xiie siècle, il est à croire qu'il a été exécuté d'après un ms de la fin du xie siècle, où le *d* se prononçait encore, mais affaibli, comme dans l'anglais *the*. C'est probablement ce son doux du *d* affaibli que les scribes ont voulu noter par *th*, et cette orthographe singulière a ainsi le mérite de nous fournir, sur la prononciation de la dentale intervocale, immédiatement avant sa disparition, une précieuse lumière ; le *d*, avant de disparaître, a eu, pendant quelque temps, un son à moitié sifflant et chuchoté.

Quand on passe de l'Alexis au Roland, on trouve une différence considérable : le plus souvent la dentale est tombée dans le ms d'Oxford ; néanmoins, et quelque restreint que soit le nombre des mots où elle est maintenue : **aiude** (*ajuta*, 1326, mais bien plus souvent *aiüe* ou *aïe*) ; **guastède** (*vastata* 703) ; **poedent** (*potunt*, 1841) ; **quitedèt** (*quittitate?* 907) ; **croisièdes** (*cruciatas*, 2250), etc., il faut tenir compte de ce fait que le ms d'Oxford est postérieur au ms L de l'Alexis ; que le scribe du Roland était, par suite, bien plus tenté encore de supprimer la dentale pour se conformer à la prononciation de son temps ; que, s'il l'a maintenue dans un certain nombre de cas, on est en droit de penser que le texte qu'il avait sous les yeux la maintenait souvent, sinon constamment.

Comme, dans le comput de Philippe de Thaun, qui est du commencement du xiie siècle, la médiale a disparu, on peut conjecturer, avec toute apparence de raison, qu'elle est tombée dans la langue écrite tout à la fin du xie siècle ou dans les premières années du xiie, et qu'il faut la restituer non seulement dans l'Alexis, mais dans le Roland, dans le Pèlerinage et dans le Poème religieux, qui, d'ailleurs, à côté de mots où la dentale est tombée, présente **edè** (*aetate*, 73, 84, 85), et **nercide** (*mod. noircie*, 61).

Aucun mot de formation populaire n'a échappé à la loi concernant la chute de la dentale médiale. Ceux qui l'ont conservée ou même simplement affaiblie sont des mots où, par la chute d'une voyelle, le *t* fait partie d'un groupe roman, comme *coude* (*cubito, cub'to*), ou bien des mots savants.

2° D

L'histoire du *d* médial est intimement liée à celle du *t*, avec lequel *d* se confond à partir du jour où *t* s'est affaibli en *d*, c'est-à-dire longtemps avant les premiers monuments écrits de notre langue.

D médial est donc maintenu dans les Serments, Eulalie, le

Fragment de Valenciennes et le Saint-Léger : **Lodhuvigs** (*Ludovicus*, Serm. II) ; **Lodhuwig** (*Ludovico*, II) ; **adunęt** (*adunat*, Eul. 15) ; **odit** (*audito*, Val, v° 27) ; **lodėr** (ms : *lauder = laudare*, Lég. 1 a) ; **lodėz** (ms : *laudas = laudatus*, Lég. 7 e) ; **Ostedun** (*Augustoduno*, Lég. 8 f) ; **prediat** (*praedicavit*, Lég. 36 c) ; **chadit** (*cadivit*, Lég. 39 c) ; etc,

Presque toujours le Saint-Léger maintient le *d* médial ; il le fait cependant tomber dans quatre mots : **enveia** (*invidia*, 17 f)) ; G. Paris : *invidie* ; il faut peut-être lire *enveie* avec M. Lücking ; en tout cas, l'*i* palatal a, de très bonne heure, contribué à la chute du *d*, comme dans *vei* (*= video*, *vidio*) ; **aurez** (19 e, 26 a) : dans les deux cas, le sens est bien celui de *audirabetis*, et M. G. Paris a restitué avec raison *odreiz* ; dans *audiretis* (= *audirabetis*), l'*i* protonique tombe et on a le groupe roman *dr*, que le Saint-Léger maintient intact : **credre** (= *creidre* = lat. *credere*, 31 f) ; **vidręnt** (= *viderunt*, 35 e). Pourquoi donc *aurez* ? Sans doute le scribe, qui ne paraît avoir guère compris le texte qu'il avait sous les yeux, aura confondu *aureiz*, *avreiz* (*haberabetis*) et *odreiz* (= *audirabetis*).

Le 4e mot est **cruels** (*crudelis*, 26 c). C'est le seul exemple incontestable de la chute du *d* dans le St-Léger ; peut-être la contrée qui a vu naître le copiste était-elle en avance sur le reste du domaine de la langue d'oïl ; en tout cas, il n'en reste pas moins établi que le *d* intervocal persiste dans le Saint-Léger.

Dans l'Alexis et dans le Roland, les proportions de la chute et du maintien de la dentale *d* sont à peu près les mêmes que pour *t* ; la même conclusion s'impose donc, et il faut restituer *d* dans l'Alexis, dans le Roland, dans le Pèlerinage et dans le Poème religieux. Ce *d* médial tombe dès les premières années du xiie siècle.

<h3 style="text-align:center">3° S</h3>

S était, en latin, douce entre les voyelles. Elle l'est restée en français ; et la syncope de cette consonne, à peu près inconnue au domaine roman en général, ne se rencontre dans aucun mot de notre langue. On peut donc dire que, depuis les origines, *S* a persisté avec le son doux ou sonore.

Ex. : **cosa** (*causa*, Serm. I) ; **cose** (*causa*, Eul. 9) ; **presentėde** (*praesentata*, Eul. 11) ; **repauser** (*repausare*, Val, v° 11) ; **chose** (*causa*, Alex. 61 d) ; **desidrose** (*desiderosa*, Alex. 92 a) ; **esposėde** (*sponsata*, Alex. 94 b) ; **baisat** (*basiavit*, Rol. 1487) ; **deserte** (*deserta*, Rol. 664) ; etc.

S n'est pas intervocale dans des mots comme **deseivrẹt** (= *de-separat*, Rol. 3467); *deseivrẹt* est un composé de *de* + *seivret* = *separat*, où l'*s* est en réalité initiale.

4° Z

Z médial n'entre que dans un petit nombre de mots d'origine étrangère. On connaît la parenté de *z* et de *j*, *dj*; aussi est-ce un défaut populaire assez répandu que de remplacer le *j* par le *z*, et réciproquement. Or, par suite de cette équivalence de *z* et de *dj*, le *z* latin, soit initial, soit médial, se transforme aisément en *j* par la chute de la dentale qui précède. Nous avons vu ce fait pour *jaloux* (=*zeloso*); on le retrouve pour la médiale dans *gingibre, gingembre* (= *zinziber*); **jujube** (*zizyphum*).

La transformation de *z* en *j* est populaire, et le maintien de *z* médial n'existe que pour des mots d'origine savante.

4) LIQUIDES ET NASALES (L, R — M, N).

1° L

L médiale proprement dite se maintient habituellement et sans variation depuis les origines de la langue jusqu'à nos jours.

Ex.: **celat** (*celavit*, Lég. 13 e); **celẹt** (*celato*, Alex. 64 e); **colomb** (*colombo*, Eul. 25); **delir** (*delere*, Val, v° 23); **delivre** (*deliberi*, Alex. 105 e); **chalenges** (*calumnias*, Rol. 3592); etc.

REMARQUES. — 1° Si *l* médiale est redoublée dans quelques mots de la langue moderne, c'est pour conserver à l'*é* (= *a* latin libre) sa valeur et l'empêcher d'être considéré comme muet : *telle, quelle, pelle*, etc. (anc^t *tele, quele, pele*, etc.); c'est pour une raison analogue que l'on redouble aussi *l* dans quelques mots où *l* médiale était précédée de *ē* latin : *querelle, chandelle*, etc [1].

2° Lorsque *l* médiale est précédée ou suivie d'une syllabe renfermant un *j*, on sait qu'il en résulte ordinairement *l* mouillée, représentée tantôt par *l* simple, tantôt par *ll*, tantôt enfin par *il* ou par *ill*. Mais, quelle que soit la notation, la règle n'en subsiste pas moins : *l* médiale se maintient : *fille*, par exemple (=*filia*), se décompose ainsi : *fi* + *l* mouillée + *e*.

3° La mouillaison était fortement prononcée à l'origine de la langue ; mais elle tend à disparaître, surtout à la fin des mots, comme nous le verrons en étudiant les liquides finales. Dans le corps des mots, elle existe encore, mais très affaiblie, de sorte que *ill* est remplacé par *y* ; le son de l'*l* est peu sensible, et *fille* se prononce presque *fi-ie*.

_____

[1] Ce ne sont peut-être que des mots savants.

2° R

R médial reste invariablement, tout en s'atténuant dans la prononciation.

Ex : **Salvarai** (*Salvaraio*, Serm. I); **èrẹt** (*erat*, Eul. 12); **baron** (*barones*, Lég. 9 d); **acorède** (*accorata*, Alex. 80 e); **jurẹt** (*jurat*, Rol. 3232); etc.

Il n'y a pas d'exceptions à ce maintien de *r* médial ; le mod. *proue*, qui, pour le sens, correspond à *prora*, ne paraît cependant pas en avoir été tiré : introduit tardivement dans la langue (xv⁰ siècle), *proue* vient probablement de l'ital. *proda*.

Remarque. — On sait qu'en latin le groupe *rs* se réduisait ordinairement à *r* ou à *s* simples (*amor = amors* ; *arbos = arbors*, etc.); que, dans la conjugaison, *s* médiale se transforme en *r* final. Tout cela prouve qu'il y a, entre *s* et *r*, une corrélation assez intime ; ces deux consonnes sont d'ailleurs des dentales ; mais on a remarqué plus d'une fois que *r* est d'une prononciation difficile ; aussi est-il une des dernières lettres que les enfants articulent bien, et il y a un grand nombre de langues dans l'alphabet desquelles il n'entre pas. Enfin, le peuple, qui garde, sans s'en douter, fidèlement les traditions, substitue assez volontiers *s* à *r* médial. C'est en vertu de cette confusion que *pluriores*, compar. barbare tiré de *plures*, a donné **pluisor** (Alex. 117 d), mod. *plusieurs*, et que nous disons aujourd'hui *besicle* (anc* *bericle = beryculo*); *poussière* (anc* *pourrière*); *chaise* (= *cathedra*) en même temps que *chaire*.

3° M

M médiale est restée sans changement : **amur** (*amore*, Serm. I); **preiement** (*precamento*, Eul. 8); **consolement** (*consolamento*, Lég. 29 f); **ami** (*amico*, Alex. 31 d); etc.

Remarque.—*M*, *B* et *V* sont des labiales ; sous ce rapport, elles sont de même ordre, et, par suite, il y a entre elles une certaine relation qui a pu, dans quelques cas assez rares, amener leur confusion. Il suffit, en effet, de fermer davantage les lèvres pour passer de *m* à la fricative *v*. C'est peut-être en vertu de cette confusion entre *m* et *v*, qu'on retrouve chez les enfants, que *dunetum* a donné le mot semi savant *duvet*, si toutefois cette étymologie ne doit pas être rejetée.

4° N

N médiale, comme les autres liquides, ne disparaît que rarement dans les langues romanes. Le portugais seul la fait tomber assez souvent, et le valaque la voit disparaître devant *i* palatal. En français, elle reste.

Ex : **dunat** (*donat*, Serm. I); **buona** (*bona*, Eul. 1); **adunęt**
adunat, Eul. 16); **énamat** (*inamavit*, Lég. 3 e); **bone** (*bona*, Alex.
26 d); **chanuz** (*canutus*, Rol. 538); etc.

REMARQUES. — 1° Nous savons déjà que *n* médiale, suivie de
deux voyelles en *hiatus*, reste, mais en formant avec *i* palatal
une lettre nouvelle que nous appelons *n* mouillée (*ñ*), et que notre
langue représente par *gn* : **chadeignon** (*catenione*, Rol. 1826);
chataignes (*capitaneus*, Rol. 1850); **compaignie** (*compania*, Rol.
1735); **Espaigne** : **haltaigne** : **remaignęt** :.... **montaigne**
(*Hispania, altania, remaniat, montania*, Rol. I et ss); etc.

Assez souvent, dans l'ancienne langue, particulièrement dans les
manuscrits anglo-normands, *n* mouillée est représentée par *ni* :
monies, canonies (lisez *moignes, chanoignes = monius, canonios =
canonicos*, Rol. 2956); **brunie** (lisez *broigne = brunia*, du germ.
brunja, Al. ms. L, 83 a); **demenie** (*domănio*, prononcez *domeigne*,
Rol. 729); **catanie** (lisez *chataigne = capitanio*, Rol. 3709); etc.

2° Depuis le XIVe siècle, on trouve fréquemment *n* médiale
redoublée dans un certain nombre de mots, et la langue moderne a
généralement maintenu cette gémination : *bonne* (*bona*); *honneur*
(*honore*); *donner* (*donare*); *ennemi* (*inamico*); *ennui* (*inodio*);
sonner (*sonare*); *tonner* (*tonare*); etc.

Ce redoublement n'est pas dû uniquement au hasard; il servait
à mieux marquer la nasalisation. Du XIVe au XVIe siècle surtout, *n*
n'était pas plus sonore devant *ę* muet que devant une autre voyelle,
mais le son nasal était fortement prononcé, de sorte que l'on disait
bon-ne, en-nemi, etc., comme si l'on eût séparé *bon* de *ne* et *en* de
nemi en employant pour *bon* et *en* la prononciation actuelle, tout
comme l'on disait *an-née, don-ner*, etc. Or, à partir du XVIIe
siècle, *nn* est redevenu sonore devant une voyelle : *bo-ne, è-nemi,
a-née, do-ner*; mais l'ancienne orthographe a généralement subsisté.

On remarquera encore que le redoublement s'applique de préférence aux mots de peu d'étendue, comme s'il s'agissait de leur
donner plus de corps.

La réduction de *nn* et de *mm* à *n*, *m* n'ayant pas été faite sur tous
les mots, il en est résulté, dans la langue moderne, des anomalies
qui compliquent les difficultés déjà si grandes de l'orthographe
française.

5) GUTTURALES.

I° C *palatal médial*

Nous nous limitons au cas exclusif où *c* simple ou son équivalent *ci, ti* est intervocal, et nous laissons de côté celui où *c, ci, ti,*

par la chute de la voyelle finale, deviennent eux-mêmes finals, comme dans *facio, tacio, placio*, etc. Nous ne considérons pas non plus *c* comme vraiment médial dans *cocĕre, dicĕre, ducĕre, facĕre, tacĕre, lucĕre*, etc., parce que, l'*ĕ* bref posttonique tombant de très bonne heure, avant même que, le *c* prenne le son sifflant qui l'aurait changé en *s*, nous sommes réellement en présence du groupe roman *c'r*. Cela posé, nous abordons la question de *c* médial : *C palatal médial, ainsi que ci, ti dans les mêmes conditions, deviennent, en prenant le son sifflant*, s *douce ou sonore s'ils précèdent la tonique ;* s *dure (ss ou c doux) s'ils la suivent.*

1° *S* douce devant la tonique : **Bellezour** (*bellatiōre*, Eul. 2); **domnizelle** (*dominicélla*, Eul. 23); **fesist** (*fecisset*, Val. v° 11); mais **doceiẹt** (*docébat*, Val, v° 4); **raizons** (*rationes*, Lég, 32 d); **fesist** (*fecisset*, Lég, 33 d); **oraison** (*oratione*, Alex. 62 c); **oreisons** (*orationes*, Alex. 72 b); **araisonẹt** (*adrationat*, Rol. 518); **diseiẹnt** (*dicebant*, Rol. 2560); **disant** (*dicente*, Rol. 445); **croisièdes** (*cruciatas*, Rol. 2250); **fesis** (*fecisti*, Rol. 1637); **gesir** (*jacere*, Rol. 973, 1694); **gisant** (*jacente*, Rol. 2523); **luisant** (*lucente*, Rol. 2646); **luisanz** (*lucente* + *s*, Rol. 3345); **saisit** (*sacivit*, Rol. 2280); **saisis** (*sacisti*, Rol. 2293); **oisèls** (*aucellos*, Poème rel. 37); **raison** (*ratione*, ibid 89); etc.

A mesure que l'on s'éloigne des origines, la règle devient d'une application plus manifeste. Au commencement, le son *ts* de *c* palatal est généralement représenté, on le voit dans les exemples cités, par *z* (son sifflant); plus tard, le son s'adoucit, et c'est *s* qui est presque invariablement usitée. Néanmoins *z* apparaît encore de temps en temps, même dans les textes qui emploient habituellement *s*, dans le Roland, notamment ; toutefois on peut remarquer que *z* ne se rencontre que dans des noms propres : **Jozeran** *de Provence* (*Joceramno*, Rol. 3007); **Jozerans** (ibid 3029); le mot *Sarrazin* (*Sarraceno*) a toujours *z* : **Sarrazins** (Rol. 147, 612, etc.); **Sarrazineis** (dérivé de *Sarazin*, 996).

2° *S* dure (*ss, ç* doux) après la tonique— **Fazẹt** (*faciat*, Serm. I); ici le son *ts* est manifestement rendu par *z* ; il l'est par *tc* dans **manatce** (*minacia*, Eul. 8). Postérieurement, on trouve *c* simple (les exemples font défaut dans le Saint-Léger, dans le Fragm. de Valenciennes ; et l'Alexis ne présente que **graciïet** (*gratiat*, 108 e), forme évidemment influencée par l'analogie du simple *grace* (= *gratia*, accentué sur le premier *a*) ; **brace** (*bracia* pour *brachia*, Rol. 1343); **face** (*faciam*, Rol. 316); **facẹt** (*faciat*, Rol. 750); **place** (*platia* = *platea*, Rol. 764); **placẹt** (*placiat* = *placeat*, Rol. 358,

1062); **prodèce** (*proditia*, Rol. 1734); **Sarragoce** (*termin. otia*, Rol. 10); **menace** (*minacia*, Rol. 314); etc.

L'analogie, notamment dans les verbes où la palatale tantôt précède tantôt suit la tonique, a souvent substitué *s* sonore à *s* dure ; c'est ainsi que l'on trouve **luisent** (= *lucent*, Rol. 1031), sous l'influence de *luisir* (*lucēre*), etc.; **gisent** (*jacent*, Rol. 3693), à côté de *gesir* (=*jacere*) et autres formes analogues ; etc.

Ajoutons que le groupe *ci*, *ti*, dans le suffixe nominal *icium*, *itium*, *itia*, fait exception à la règle durant tout le moyen âge et donne *ise* dans **judise** (*judicio*, Rol. 1733); **amendise** (*emenditia*, Rol. 518); **servise** (*servitio*, Rol. 319, 366 ; Poème rel. 53); **servises** (Rol. 29); **marbrise** (*marmoritia*, Rol. 2641); **justise** (*justitia*, Rol. 498, 3904); etc.

Pour la plupart de ces mots, la langue moderne (*service*, *justice*) est rentrée dans la règle, qu'elle observe d'ailleurs assez fidèlement, avec cette réserve que l'analogie exerce surtout son influence dans les formes verbales : ainsi nous disons aujourd'hui, au prés. du subj. des verbes *plaire*, *taire* : *que je plaise, que tu plaises, qu'il se taise, qu'ils se taisent*, etc ; mais très régulièrement *que je fasse, qu'ils fassent* ; et aussi *police, tristesse, malice, largesse, office, nourrice, espace, grimace*; etc.

Remarque. — Nous avons vu que *faire* vient en réalité de *fac're* et non de *facere* avec *c* palatal déjà devenu spirant. Il en est de même de **firent** (= *fēcĕrunt, fec'runt*, Alex. 18 c) ; l'*ĕ* de fece-runt est tombé avant que le *c* eût pris le son sifflant ; mais il est facile de concevoir que *fecerunt* ait aussi donné une forme particulière, où *c* médial, devenu sifflant, aboutisse à *s*; c'est ce qui a eu lieu ; de là **fisdrent** (ms : *fisdren*, Lég. 11 b); **fisdret** (= *fecerat*, ms : *fistdra*, Lég. 21 a, c). **Feïssent** (Lég. 9 e) est de même ordre que *firent* ; **fesist** (Val., v° 11 ; Lég. 33 d, etc) est formé comme *fisdrent*.

2° C vélaire médial.

Ce qui caractérise le c vélaire médial, c'est la facilité avec laquelle il tombe, tantôt sans laisser de traces, tantôt en développant un j qui forme une diphtongue avec la voyelle précédente, surtout quand cette voyelle est a ou e.

Les exemples manquent dans les Serments, mais abondent dans les autres textes que nous étudions.

Eulalie : **preiement** (*precamento*, 8); **pleiér** (pour *pleiièr* = *plicare*, 9); **preier** (pour *preiièr* = *precare*, 26); **seule** (= *saeculo*, 24, forme dialectale).

Saint-Léger : **communiat** (ms : *communiet = communicavit*, 14 e) ; **prediat** (*praedicavit*, 36 c) ; **paiast** (*pacasset*, 18 e, 19 b).

Alexis : **aloèz** (*allocatus*, 16 c) ; **amie** (*amica*, 33 e) ; etc.

Roland : **mie** (*mica*, 140, 724, etc.) ; **amie** (*amica*, 3713) ; **amies** (*amicas*, 957) ; **joèr** (*jocare*, 1638) ; **joẹnt** (*jocant*, 111) ; **pleiièt** (*plicato*, 2677) ; **preiièt** (*precato*, 2176) ; **preiièz** (*precatis*, 1132) ; **preions** (*precomus = precamus*, 3799) ; **avodèz** (*advocatus*, 136) ; **otreiièr** (*auctoricare*, 433) ; **otreiièt** (*auctoricato*, 194) ; **osteiièr** (*hosticare*, 528) ; **seürement** (*securamente*, Rol. 790) ; **seürs** (*securus*, Rol. 549) ; etc.

Nous avons systématiquement laissé de côté des mots comme *missatico, clericato, judicare, caballicare*, etc., où, par la chute de la voyelle précédant le *c* médial, qui le plus souvent s'est déjà affaibli en *g*, il se forme un groupe roman dont il sera question plus tard : *missatigo, missat'go* ; — *cler'gato* ; — *judigare, jud'gare* ; — *cavallicare, cavall'care*.

Les exemples que nous donnons sont assez nombreux pour que nous essayions d'en tirer une conclusion. Ils vérifient, avant tout, la règle posée plus haut, concernant la disparition du *c* vélaire médial.

Cette disparition a été évidemment précédée de l'affaiblissement en *g*, déjà pratiqué par le latin, nous l'avons vu (*negotium = nec otium, Saguntus =* grec Ζάκυνθος, etc), et attesté non seulement par un grand nombre de formes du plus ancien bas-latin (*matrigolarius, vindegare, vogator = vocatur, abogadus = advocatus, vigarius* dans les formes juridiques), mais aussi par les autres langues romanes et même par le français qui a maintenu ce *g* dans un petit nombre de mots mi-savants, mi-populaires : **agut** (*acuto*, Rol. 1954) ; **aguz** (*acutus*, Rol. 1530) ; **dragon** (*dracone*, Rol. 1641, 2543, 3266, 3330, 3550) ; *ciguë* (*cicuta*) ; *figue, figuier* (*fica, ficario*) ; *aiguille* (*acūcula*).

Ces réserves faites, voici à quelles lois particulières obéit le *c* vélaire médial :

1º *C* vélaire devant *o, u*, tombe sans laisser de traces : *seür, sûr* (*securo*) ; *fou* mod. *feu* (*= foco*) ; *lieu* (*= loco*) ; *Saône* (*Sauconna*) ; etc.

2º *C* vélaire devant *a* tombe également sans laisser de traces quand la voyelle qui précède est *o, u* : *joer, jouer* (*jocare*) ; *jou, gieu, jeu* (*joco*), *verrue* (*verruca*), *charrue* (*carruca*), *loer, louer* (*locare*), *avoué* (*advocato*), *tortue* (*tortuca*), etc.

Vochièt (Alex. 73 b ; ms L : *vocet*) correspond, non pas à *vocati*, mais à *voccati.* Dans le moderne *voyelle* (*vocale*) il y a eu sans doute insertion d'un *i* euphonique sous l'influence de *vois, voix* (= *vōce*).

3° *C* vélaire devant *a*, lorsqu'il est précédé d'un *a*, d'un *e* ou d'un *i*, disparaît, mais développe un *j* qui diphtongue *a, e, ĭ*, bref et qui renforcit *ī* long.

Braie (*braca*), *payer* (*pacare*), *baie* (*baca* pour *bacca*), *amie* (*amīca*), *neiièr, neier* mod. *noyer* (= *necare*) ; *deiien* mod. *doyen* (= *decano*) ; etc.

L'analogie a de bonne heure exercé son influence, surtout dans les verbes. Ainsi *pleiièr, preiièr* (*plĭcare, prĕcare*), pour ne citer que ceux-là, sont devenus *plier, prier.*

3° G médial latin

Le G *médial latin, qu'il soit palatal ou vélaire, qu'il précède ou qu'il suive la tonique, disparaît en français.*

Cette disparition du *g* se rencontre déjà dans les derniers temps de la latinité ; ainsi l'on trouve *niellatas* pour *nigellatas* dans une charte mérovingienne. Il y a donc lieu d'être étonné de lire dans Eulalie (xᵉ siècle) **regiel** (*regale*, 6) et **pagiens** (*paganos*, 12 et 21). Il est probable que, malgré la présence du *g* latin, il faut lire *rei-iel, pai-iens* [1]. Le même texte présente d'ailleurs **raneiet** (*reneget*, 8) ; **fuiet** (*fugiat*, 14) ; **ruovet** (*rogat*, 24) ; **roveret** (*rogaverat*, 22).

Les textes postérieurs à Eulalie n'offrent plus aucune trace du *g* médial : Saint-Léger : **liièr** (ms *lier*, probablement pour *leiièr* = *ligare*, 25 f) ; **païs** (*pagesio*, 36 a) ; **chastiièr** (ms *castier* = *castigare*, 18 b) ; **flaièl** (*flagello*, 30 e).

Magistre (*magistro*, 4 d), avec maintien du *g*, a subi l'influence du provençal *majestra, magestre.*

Alexis : **rues** (*rugas*, 43 b) ; **trente** (*triginta*, 56 a).

Roland : **chasteiièr** (*castigare*, Rol. 1739) ; **fuient** (*fugiunt*, 686) ; **fuiant** (*fugiente*, 2784) ; **neielez** (*nigellatos*, 684) ; **lient** (*ligant*, 3738) ; **leials** (*legalis*, 3764) ; **reïne** (*regina*, 2595) ; **quadrante** (*quadraginta*, 3936) ; **reialme** (*regalimen*, 2914) ; **paienor** (*paganorum*, 1019) ; **paiiens** (*paganos*, 24) ; etc.

Afin de préciser, comme nous l'avons fait pour *C* médial, nous dirons :

---

(1) C'est l'avis de M. Koschwitz (*Commentar zu den aeltesten sprachdenkmaelern*, Heilbronn, 1886, p. 75-76) contrairement à l'opinion émise par M. G. Paris (*Romania*, VII, p. 128), qui croit que l'on doit prononcer **reguiel, paguiens.**

1° *Devant* o, u, *voyelles labiales,* g *vélaire médial disparaît sans laisser de traces :* rue (ruga), eür, *mod.* bonheur, malheur (augurio) ; *etc.*

2° *Devant* a, e, i, g *médial disparaît encore, mais en développant un* j *qui agit diversement sur la voyelle précédente, selon qu'elle est accentuée ou atone :* neiièr, *mod.* nier (= negare), jaiant, *mod.* géant (gagante), leial, *mod.* loyal (= legale) ; etc.

3° *Quand la voyelle qui suit le* g *est un* i *long, le* j *développé par la gutturale se confond volontiers avec cet* i : reïne, *mod.* reine (regina), faîne (fagina), gaîne (vagina), sain (sagimen), *etc.*

L'analogie est grande entre le *g* médial et le *c* vélaire médial, celui-ci s'étant généralement affaibli en *g* avant de tomber.

4° CC devant a.

Quelques mots suffiront pour traiter ce cas particulier. On sait que les consonnes doubles se réduisent d'ordinaire à la simple ; c'est ce qui a lieu ici ; mais alors *c* vélaire est traité comme initial et, par conséquent, aboutit à *ch* : **pechièt** (*peccato*, Rol. 240) ; **bachelèrs** (*baccalares*, Rol. 3020) ; **vochièt** (*voccati*, Alex. 73 b) ; **boche** (*bucca*, Rol. 1487) ; etc.

5° Qu latin.

Qu médial se comporte de deux manières :

1° U *se consonnifie* : alors il forme un groupe *qv* qui sera étudié plus loin, mais dont nous pouvons dire dès maintenant que la gutturale, avant de tomber, développe un *j* qui peut agir sur la voyelle précédente : **aive** (= *aqua*, Alex. 54 b ; ms L : *egua*) ; dans **ève**, qui se trouve assez souvent dans le Roland, la gutturale n'a pas agi (3667, 2225, 2465, 1778, 2640).

2° U *ne se consonnifie pas* : *qu* médial s'affaiblit régulièrement en *g* dur : **egua** (ms L = *aqua*, Alex. 54 b) ; l'ancienne langue emploie souvent *aigue* (= *aqua*), d'où *aiguade, aiguière. Aigues-Mortes, Chaudes-Aigues* ; etc. ; de même *égal* (= *aequale*) ; **fregondent** (*frequentant*, Alex. 60 d).

Dans *Aix* (= *Aquis*), *qu* est tombé.

6° X.

X est une lettre double dont l'équivalent est *cs* (quelquefois *sc*). *X* médial ne peut donc pas être considéré comme une consonne intervocale simple.

III. — CONSONNES FINALES

Les consonnes finales latines sont *b, c, d, l, m, n, r, s, t.*

B, c, d, l se trouvent dans quelques mots seulement : *ab, ac, lac, ad, fel, mel, vel, sol, exsul, consul,* et dans les noms neutres en *al, alis*; encore, dans la plupart de ces mots (*lac* et ceux qui sont terminés par *l*), *c* et *l* ne sont-ils pas véritablement finals, puisque ces mots ont été assimilés à des masculins et ont reçu une désinence (*consulus, mellus,* etc).

R est final dans *per, por* (= *pro*) et dans beaucoup de nominatifs de la 2ᵉ et de la 3ᵉ déclinaison. Dans ces noms, comme c'est l'accusatif qui a donné le mot français, *r* ne redevient final que par la chute de la désinence *m* ou *s* et de la voyelle qui précède (*e, i, o, u*).

M, s, t sont d'un emploi extrêmement fréquent comme lettres de flexion dans la déclinaison et dans la conjugaison.

Dans l'étude qui va suivre, nous distinguerons toujours deux cas : 1° Celui où la consonne est vraiment finale; 2° celui où elle ne devient finale que par la chute de la désinence et de la voyelle précédente.

1) — LABIALES (B, P, F, V).

P

Le *p* vraiment final n'existe dans aucun mot latin; nous n'avons donc à examiner que le cas où il est devenu final par la chute de la désinence et de la voyelle qui précède; encore le nombre des exemples est-il très restreint.

Comme, dans ce cas, il était primitivement médial, il s'affaiblit d'abord en *b* puis en *v*; alors :

1° *Il disparait* : **lou** (*lupo*, Rol. 1751, avec maintien de l'*u*(o) posttonique; plus tard *leu*; mod. *loup*).

2° *Après s'être affaibli en* b *puis en* v, *il se relève en* f : **chièf** (*capo*; *cabo* dans le bas-latin; Eul. 22); dans le mot **quieu** (= *capo*) du Saint-Léger, 21 e, *v* est tombé et *o* posttonique s'est maintenu; **receif** (*recipo*, Rol. 1376, 2838); **receif** (*recipe*, Rol. 3597); de même *proef* (*prope*), anc. fr.; *seif* (*sepe*), anc. fr.; etc.

L'analogie, dès le XIIᵉ siècle, fera tomber *f* final roman dans les formes verbales.

B

B, étant le second échelon descendant de l'échelle *p, b, v,* doit éprouver les mêmes transformations que *p*; c'est-à-dire qu'il *disparaît ou reste sous forme d'*f.

Je ne connais pas, en dehors de *ubi* (*o, u*, quelquefois *ou* dans l'Alexis, ms L, et dans le Roland) d'exemples de mots où il disparaisse; mais, après s'être affaibli en *v*, il se relève en *f* dans **trèf** (*trabe*, Rol. 159), *proef* (= *probe*) et dans les formes verbales *cof* (*cubo*), *proef* (*probo*), et autres semblables, que l'analogie a transformées dès le XIIᵉ siècle.

V

Il subit naturellement le même traitement que *p* et *b*; mais, en même temps, il doit à sa qualité de continue de ne pas tomber; par conséquent, devenu final par la chute de la terminaison, *il se relève régulièrement en* f : **brièf**, mod. *bref* (*breve*, Rol. 341, 487); **nèf** (*nave*, Alex. 39 a); **grièf** (*grève* pour *grave*, Rol. 1687); **vif** (*vivi*, de *vivus*, Rol. 2061); **vif** (*vivo*, verbe, Rol. 2030, 3459); **chaitif** (*captivo*); **noef** (*novem*, mod. *neuf*); **noef** (*novo* mod. *neuf*); **boef** (*bove*, mod. *bœuf*); **relièf** (*relevo*, verbe; d'où le subst. verbal *relief*, qui est resté); etc.

Ici encore, l'analogie a fait tomber *f* dans les formes verbales *vif, relief*, etc.; mais, en général, *f* a été maintenu dans la langue moderne.

F

Absence totale d'exemples.

2) DENTALES ET SIFFLANTES (T, D — S, Z)

T

Si nous examinons les exemples de *t* final que présentent les plus anciens monuments de notre langue, nous constatons ce qui suit :

Serments. — Il persiste invariablement : **dunat** (*donat*, I), **fazet** (*faciat*, I); **sit** (*sit*, I), **jurat** (*juravit*, II); **conservat** (*conservat*, II); **fraint** (*frangit*, II).

Eulalie. — Sur vingt-deux exemples, au moins, deux seulement sont sans *t* : **arde** (*ardat* = *ardeat*, 19); **perdesse** (*perdesset*, 17), et, dans les deux cas, le *t* ne pouvait pas se prononcer, parce qu'il était suivi d'une autre dentale, *t, s*; c'est sans doute la raison pour laquelle le scribe a cru pouvoir l'omettre. Partout ailleurs, on a régulièrement *t* : **fut** (*fuit*, 1); **avret** (*habuerat*, 2); **eskoltet** (*ascultat*, 5); **sostendrèiet** (*sustinerevat*, 6); **honestèt** (*honestate*, 18); etc.

Fragment de Valenciennes. — Le *t* final est maintenu avec une seule exception : **avardèvet** (*adwartabat*, vᵒ 8); **perdut** (*perduti*, v° 18) ; etc. L'exception est **chertė** (*caritate*, v° 29) ; mais elle n'a pas d'importance, vu que, dans les mots analogues, *t* reste : **salut** (*salute*, v° 5) ; **pretièt** (*pretiato*, v° 7) ; **laborèt, penét** (*laborato, paenato*, v° 10) ; **encredulitèt** (*incredulitate*, v° 36).

Saint-Léger. — Les quelques exceptions au maintien du *t* final présentées par ce texte, d'ailleurs assez gravement défiguré par le scribe provençal qui l'a copié sont en si petit nombre qu'elles ne doivent pas compter.

Alexis. — T persiste aussi dans l'Alexis, mais, pour quelques mots, il y a une certaine hésitation entre *t* et *d* : *ad* et *at* (= *habet*) se font une concurrence perpétuelle dans le ms L.

On remarque, dit M. G. Paris [1], que *at* ne se trouve qu'une fois devant une voyelle (122 d) ; tandis que *ad*, qui paraît vingt-cinq fois, est six fois, c'est-à-dire dans tous les autres cas, placé devant une voyelle. La comparaison avec d'autres textes et la logique portent à croire que, dans l'original, *at* était toujours devant les consonnes, *ad* devant les voyelles. Plus tard *ad* a gagné, surtout en Angleterre, où la tendance a de bonne heure été grande à remplacer *t* final par *d*.

C'est cette même tendance qui se fait jour dans l'orthographe de *fud* (*fuit*), qui se rencontre deux fois (7 a, 9 a) pour *fut* ; **fu** (3 d) est une faute.

En dehors de ces cas, le ms L maintient *t* final ; citons cependant encore *citied* (pour *citet* = *civitate*, 34 b).

Poème religieux. — En ce qui concerne ce texte, il ne faut pas tenir compte des mots assez nombreux dont l'orthographe a été défigurée par l'addition d'un *t* final que rien n'autorise : *pulcelle(t)* (= *pullicella*, 4) ; *odi(t)* (= *audivi*, 4) ; *dire(t)* (= *dicere*, 19) ; *milie(t)* (= *millia*, 20) ; etc.

Quant au *t* final latin isolé, il persiste le plus souvent, quelquefois affaibli en *d*. Il est tombé dans **respondi** (*respondivit*, 11) ; **edé** (*aetate*, 73, 84, 85) ; il est changé en *d* dans **estèd** (*aestate*, 16) ; **pued** (*potet*, 17) ; **apeleid** (*appellato*, 25) ; **casteéd** (*castitate*, 38) ; **aveid** (*habebat*, 53) ; **proud** (*prod*, 56) ; **futd** (*fuit*, 79, 67) ; **enveiad** (*inviavit*, 68) ; **saludz** (*salute*, 92).

L'affaiblissement n'est sans doute que l'avant-coureur de la disparition prochaine.

Chanson de Roland. — Ici le *t* final se maintient d'une façon encore plus nette ; *habet* s'y présente assez souvent sous la forme

_____
(1) La *Vie de saint Alexis*, p. 98.

de *ad*, mais nous avons vu plus haut que cette forme est habituelle chez les scribes anglo-normands. *Et* latin y est toujours, comme dans le ms L de l'Alexis noté *e*, ce qui est peut-être encore un usage anglo-normand. En tout cas, l'orthographe francienne du xıᵉ siècle paraît être : *e* devant une consonne, *et* devant une voyelle.

Quant à *aut*, il a perdu le *t* dans tous les textes : **o** (Alex, 116 d, 120 b ; Rol. 41, 1279, 2733 ; etc ; le Roland écrit, comme le ms L de l'Alexis, *o* et *u*) ; **ou** (Alex. 41 d, ms L) ; *u* (Val., vᵒ 9) ; etc.

En mettant à part ces deux exceptions, nous pouvons tirer facilement une conclusion : *jusqu'à la fin du* xıᵉ *siècle, le* t *final isolé, qu'il soit final étymologiquement ou par la chute de la terminaison, persiste invariablement* ; et il est juste d'attribuer aux copistes postérieurs les quelques exemples où il est tombé.

Mais l'affaiblissement en *d*, qui devient plus fréquent après *a* et *é, ę,* à mesure qu'on approche de la fin du xıᵉ siècle, indique que, dans ces cas, la dentale disparaîtra bientôt. C'est dans la première moitié du xııᵉ siècle, en effet, que cette chute s'accomplira. Ainsi le Comput de Philippe de Thaün, qui appartient à cette époque, a encore de nombreux exemples du maintien de la dentale, mais sa chute est constatée également par un certain nombre de mots qui diffèrent selon les manuscrits [1].

Puis, dans la seconde partie du xııᵉ siècle, *t* tombe également après *i, u* dans les terminaisons verbales ; mais il a été restitué dans ces deux cas vers la seconde moitié du xıııᵉ siècle ; et dès lors la langue suit la règle suivante : *Chute de la finale après* a, ę, è (il chanta, il chante, il a chanté) ; *son maintien après les autres voyelles* (il finit, il donnait, etc.)

D

Serments. — *D* final est maintenu dans *quid* (= *quid*, I) ; il est tombé dans *que* (*quod*, I).

Eulalie. — **Qu'***elle* (*quod illa*, 6) ; **qued** (*quod*, 14) ; **qued** (*quod*, au sens de *quam*, 17) ; **qued** (*quod*, 27) ; **a** (*ad*, 21, 25) ; **ad** (*ad*, 22). Il faut remarquer que le *d* final de *quod* tombe ou reste dans Eulalie, pour ainsi dire à volonté, et qu'il reste pour empêcher l'élision de la voyelle précédente : *qued elle fuiẹt — lo nom christiien* (14) ; mais *qu'elle Deo raneiẹt — chi maent sus en ciel* (6) ; etc. Final par la chute de la terminaison, *d* se relève en *t* : **mercit** (*mercede*, 27).

Fragment de Valenciennes. — Le mot *quod* ou *quid* apparaît

<hr>

(1) E. M**all** : *li Cumpos Philipe de Thaün*, Strasbourg, 1873, p. 83 et ss.

sous les formes **quet** (v° 1, 28, 29, 36) ; **qued** (v° 11), et **que** (v° 2, 4, 23, 25, 31, 32, 33). *Ad* est représenté par **a** (v° 12), et par **ad** (v° 14).

Saint-Léger. — Pour *ad* latin, le *d* est maintenu devant une voyelle, mais tombe devant une consonne. Il en est de même de *quod*, roman **qued, que**. Dans un seul exemple, *d* est tombé devant une voyelle : *dentro qu'il vit* (33 d).

D, devenu final par la chute de la terminaison, est noté tantôt par *t* : *fiet* (= *fide* ; lisez *feit*, 9 e), tantôt par *d* : *fid* (= *fide*, lisez *feit*, 6 d, 19 f).

Alexis. — Le maintien de *d* dans *ad* y est aussi de règle devant une voyelle ; mais sa chute n'est pas régulière. On trouve, devant une consonne, **ot** (= *apud, abud, avud avd, aud, od*, 43 d, 122, c, d), et le *d*, primitivement médial et devenu final, se relève le plus souvent en *t* : **feit** (*fïde*, 1 b, 100 e); **prot** (ms L : *prut* = *prod*, 1 c) ; **degrèt** (*degrado*, 44 c, 47 a) ; etc.

Poème religieux. — On trouve *a* (= *ad*) devant une consonne ; les exemples font défaut devant une voyelle ; *quod* donne **que** même devant une voyelle. Notons **mercid** (*mercede*, 24) ; **fei** (*fide*, 69).

Chanson de Roland. — Comme dans les textes postérieurs, *od*, *ot* se rencontrent aussi bien devant les consonnes que devant les voyelles ; *ad* revient souvent, mais pas sans exceptions, devant les voyelles; *d* médial, devenu final, se relève ordinairement en la forte *t*, quoique l'on trouve parfois dans certains mots, *d* : **prod** (699, 2098, 3499) ; **feid** (86, 507, etc.) ; **pied** (120, 2138) ; **piet** (2013, 2168) ; etc. Les formes régulières sont **prot, feit, pièt**.

Enfin *d* médial, devant deux voyelles en hiatus, tombe sans conteste : **oi** (*audio*, 1768) ; **hoi** (*hodie*, 1196, 1936) ; **oi** (*hodie*, 1210, etc.) ; **mi** (*medio*, 986, 1018) ; **pui** (*podio*, 1017, 3292) ; **pui** (*podii*, 814) ; etc. Cela provient, sans doute, de ce que *d* forme avec l'*i* palatal un groupe *dj* dans lequel l'explosive, comme nous le verrons plus loin, s'assimile à l'autre consonne et disparaît.

Après cet exposé de la question, nous pouvons facilement déduire l'histoire du *d* final *jusquà la fin du* xi° *siècle*.

1° *Quand le* d *médial latin, destiné à devenir final par la chute ou la transformation de la terminaison, se trouve devant deux voyelles en hiatus* (i + o, u, e), *il est traité comme médial, et il tombe dès les origines de la langue* (pui, mi, hui, etc.).

2° *Lorsque le* d *médial se trouve devant une voyelle simple destinée à tomber et devient ainsi véritablement final, il se relève le plus souvent en* t; *s'il persiste assez souvent dans les manuscrits, c'est en souvenir du latin* (mercit, feit, nit, etc.).

3⁰ *D final latin des mots* **ad, quod, quid** *persiste généralement devant une voyelle; avant le* xi⁰ *siècle, il se relève fréquemment en* t; *devant une consonne, il tombe.*

Le maintien de *d* final, dans ce troisième cas, est de moins en moins fréquent à mesure que l'on s'éloigne de l'époque des Serments; et cette observation s'applique particulièrement à *quod, quid* (roman *qued*, mais presque invariablement **que** dès le xi⁰ siècle.)

Dans **od** (= *apud*), le *d* a généralement persisté dans l'ancienne langue jusqu'au moment où le mot lui-même a cessé d'être en usage.

Dès le commencement du xii⁰ siècle, *ad, quod* perdent le *d* final: *a, que*; les mots comme *mercit, fcit, nit,* etc. le perdent dès le milieu du xii⁰ siècle; et, durant tout le moyen âge jusqu'au xvi⁰ siècle, on trouve *pié, ni (nido), merci, foi, mui, pui, mi, demi,* etc. Mais alors, par un prétendu souci étymologique, on a rétabli le *d* dans quelques mots, comme *pied, muid, nid,* etc.

S

S finale était sourde et morte dans la langue populaire ancienne, et elle serait sans doute tombée entièrement (ce qui s'est passé pour *m*) dans la flexion, si le mouvement littéraire qui se produisit vers l'an 250 avant J.-C. sous l'influence de la Grèce ne l'avait préservée à la fois dans la langue littéraire et dans la langue populaire. Grâce à cette résurrection, imposée au roman par la déclinaison, elle put se perpétuer dans l'espagnol, le portugais et le français comme signe du pluriel; bien plus, importée en Angleterre par la conquête normande, elle joue en anglais le rôle qui lui est assigné chez nous.

S latine finale persiste donc dans la déclinaison et dans la conjugaison; devenue finale par la chute de la terminaison, elle persiste également : **mès** (*ms* : *meis* = *missos*, Lég. 15 f); **meis** (*mense, mese,* Rol. 2751); **pris** (*prēso* pour *prenso,* Rol. 509); etc.

Remarque. — *Z* ne se rencontre pas à la finale dans les mots latins.

3) Liquides et nasales (l, r —m, n).

L

L persiste depuis les origines, qu'elle soit finale latine ou romane.
Ex. : **mals** (*malos,* Eul. 5); **cièl** (*caelo,* Eul. 6); **regièl** (*regale,* Eul. 8); **mèl** (*malo,* Lég. 17 e); **crudels** (*crudelis,* Lég. 26 c); **sol** (*solo,* Alex. 8 b); **vassal** (*vassale,* Rol. 1123); etc.

Remarque. — Le trait le plus caractéristique de *l,* c'est son changement en *u,* dans certaines conditions, devant une consonne.

Quoiqu'alors il s'agisse réellement d'un groupe de consonnes, nous allons cependant donner un résumé rapide de cette transformation.

Elle n'est pas totalement inconnue aux autres langues romanes, mais elle ne se retrouve dans aucune au même degré que dans la langue française.

On en aperçoit quelques indices dans le latin vulgaire : un manuscrit de Virgile, datant du VIIe siècle, donne *autis, auta* pour *altis, alta* (Géorg. IV, 125 et 467); les ms du VIIe au IXe siècle présentent souvent *cauculus* pour *calculus*, et un édit de 303 porte en grec καυκολλατορ pour *calculator* [1].

A quelle époque remonte ce changement de *l* en *u*? Les plus anciens textes provençaux nous offrent déjà *au, eu, ou*, tandis que la vocalisation, au moins graphique, est rare même dans les textes français du XIIe siècle; à plus forte raison trouve-t-on invariablement *al, el, ol* dans les plus anciens monuments de notre langue jusqu'à la fin du XIe siècle.

Est-ce à dire pourtant que la vocalisation n'ait pas commencé, comme on l'a prétendu, avant le dernier tiers du XIIe siècle? Si la plupart des cas de vocalisation qu'on a cru remarquer dans des chartes mérovingiennes reposent sur des erreurs, il n'en est pas moins vrai qu'on pourrait en signaler un certain nombre dès le Xe siècle; M. G. Paris [2] mentionne, dans les fragments de Chartes de cette époque publiés par M. Grandmaison [3], des exemples comme *Girau, Rainaudus, Girou*, etc.; l'étude des noms de lieu, ajoute-t-il, en fournirait pour la même époque ou à peu près en grande abondance.

Quoi qu'il en soit, elle n'est effectuée d'une façon courante, dans l'écriture, que vers la fin du XIIe siècle. Il y eut trois périodes.

1° La vocalisation s'opère d'abord seulement devant une consonne dans le même mot, et particulièrement devant l'*S* de flexion : *chevaus* (*caballus, caval's*), *aube* (*alba*), *couper* (*colpare*); etc.

2° Par la rapidité de la prononciation, elle s'opère ensuite devant un mot commençant par une consonne, et ne faisant pour ainsi dire qu'un avec le mot précédent : *au roi* (= *al roi*), *chevau-léger*, *maussade* (*mal sade*); etc.

3° Enfin, par analogie, dans les dialectes orientaux, même lorsque *l* n'est pas suivie d'une consonne, la vocalisation a lieu : *un chevau, le mau*, etc. La langue commune a suivi la même voie pour les

---

(1) Cf. SCHUCHARDT, *Vokalismus*, II, p. 493-496.
(2) *Romania*, XVII, p. 428, note 1.
(3) *Biblioth. de l'École des Chartes*, XLV-XLVI, tirage à part, Paris, 1886

mots en *el* ; nous disons *un cheveu* (*chevel*), *un veau* (lat. *vitello*, rom. *vedel, veel*), etc., mais *l* en est restée à la vocalisation devant l's de flexion pour les mots en *al* : *des chevaux, un cheval.*

R

Le maintien de *r* est sans exception, qu'il soit vraiment final ou qu'il le devienne seulement par la chute de la terminaison.

Ex. : **amur** (*amore*, Serm. I) ; **servir** (*servire*, Eul. 4) ; **por** (*por = pro*, Eul. 11) ; etc.

M

Vraiment finale en latin, comme lettre de flexion, dans *servum, mensem, diem, manum — amabam, amem, debeam, debebam, legam*, par exemple, elle était tombée dans le langage populaire dès la République. On lit dans la deuxième Inscription du tombeau des Scipions (250 avant J.-C.) : *optimo fuisse viro* (= *optimum fuisse virum*). *M* finale avait en effet un son si sourd qu'on hésitait à la désigner par une lettre ; mais, depuis l'époque des guerres macédoniennes et syriennes, c'est-à-dire depuis les rapports suivis avec la Grèce, l'*m*, dans la bouche des gens instruits, reprit un peu de vigueur (on sait que l'*m* et l's, par la même influence, ont été maintenues dans la langue littéraire). Toutefois, dans la bouche du peuple, de Cicéron à Titus, c'est-à-dire même à la belle époque de la littérature romaine, *m* n'était qu'un son bien effacé qui se faisait à peine entendre après la voyelle, comme le prouvent les Inscriptions murales de Pompéi, griffonnées ou barbouillées à la hâte ; l'*m* de l'accusatif y manque : *multu, aliu, lucru, puella, salute*, etc.

Depuis la fin du III° siècle après J.-C., la chute de l'*m* finale a lieu fréquemment dans les Inscriptions : *habituru, vinu, annu, sexto, meo, vestra, uxore*, etc.

Priscien dit au sujet de cette lettre : *m obscurum in extremitate dictionum sonat, ut* **templum** ; *apertum in principio, ut* **magnus** ; *mediocre in mediis, ut* **umbra**.

L'*Appendix ad Probum* recommande de dire *passim*, et non *passi* ; *nunquam*, et non *nunqua*. Dans les anciennes Chartes, on trouve *nove, dece*, et autres semblables.

Lorsque le latin populaire donna naissance au roman, l'*m* finale de la flexion et de la conjugaison était donc irrémédiablement tombée. Aussi, quoique la plupart des substantifs et des adjectifs français viennent de l'accusatif latin, serait-il inexact de leur donner pour équivalent, au singulier, l'accusatif du latin classique. En réalité, *chose, mère, père, serf, temple, cheval*, etc., correspondent à *causa, matre, patre, servo, templo, caballo* (on sait que *ŭ* et *ō* se sont fondus en un seul son populaire, *ó* fermé) et non à *causam, matrem, patrem, servum, templum, caballum*. De même **aveie retenude** (Alex. 32 b) provient de *habebä retenuta* et non de *habebam retenutam*, etc.

M finale n'apparaît donc pas en français ; on n'en trouve plus de trace dans les plus anciens monuments de notre langue.

Les seuls mots où elle se soit maintenue jusqu'aujourd'hui, ce sont les monosyllabes *rien* (*rem*), *mon, ton, son* (*meum, tuum, suum*) et le mot *on*, tiré du dissylabe *homo*, devenu monosyllabe par la chute du second *o*. Dans ces mots, *m* finale s'est changée en *n* dès l'origine de la langue ; on trouve souvent *om, hom* en souvenir du latin dans nos plus anciens textes : **hom** (Rol. 2230, etc.). D'ailleurs, dans les Chartes et Inscriptions, on constate la parfaite équivalence de *n* et de *m* à la fin des mots : *mensen, parten, pacen, crinen, incolumen, hiemen, damnosan*, etc. [1].

Dans les mots où *m* devient finale par la chute de la terminaison, elle persiste, généralement changée en *n* dans l'ancienne langue : **aim** (*amo*, Rol. 327 ; *m* est maintenue par analogie) ; **duom** (*domo*, Lég. 33 f) ; *fain*, mod. *faim* (*fame*), *dain* (*damo*, d'où le féminin *daine* ; mod. *daim*) ; etc.

N

N, tombée dans la flexion des neutres en *en-inis*, qui furent ramenés par le latin vulgaire à la déclinaison *is-inis*, n'est restée que dans les monosyllabes *in, non* (rom. **en, non**) ; encore est-elle tombée dans *non* lorsque cette négation était considérée comme atone ; d'où *no, nę*.

Devenue finale en roman, elle a toujours persisté : **main** (*manu*, Alex. 75 a) ; **pain, vin** (*pane, vino*, Alex. 45 e) ; **bièn** (*bene*, Lég. 14 d) ; etc.

4) GUTTURALES (c, g).

C et *G* sont les seules gutturales dont il puisse être question à la fin des mots ; encore *g* n'est-il final que par la chute de la terminaison.

C

1º C'est la seule gutturale vraiment finale en latin : *elle tombe purement et simplement* : **si** (*sic*, Lég. 2 d ; Alex. 97 d ; Rol. 24) ; **ne** (*nec*, mod. *ni*, Alex. 27 c) ; **ici** (*eccehic*, Rol. 401) ; **iço** (*eccehoc*, Alex. 106 c) ; **la** (*illac*, Alex. 16 e) ; **fai** (*fac*, Rol. 3895), etc.

____

(1) Cf. SCHUCHARDT, *Vokalismus*, I, p. 118.

2º *C* devenu final par la chute de la terminaison.

1. — *C* vélaire, précédé et suivi des voyelles labiales *o, u*, tombe sans laisser de traces ; précédé des voyelles *a, e, i*, il tombe également, mais développe un *j* qui agit sur celles-ci. Ex. : **fou** (*fŏco*, Eul. 19 ; Rol. 3106 ; mod. *feu*) ; **fous** (=*fŏcus*, Rol. 2535) ; **pou** (*pauco*, Alex. 22 d, mod. *peu*) ; **giou** (*jŏco*, avec un *i* développé par *j*, Rol. 977 ; ms d'Oxford : *giu* ; plus tard *gieu*, mod. *jeu*) ; **lieu** (= *lŏco*, avec un *i* probablement analogique ; Alex. 27 c ; ms L : *leu = lue(u)*, mod. *lieu*) ; **lious** (*lŏcos*, Rol. 3016 ; ms : *lius*) ; **leuz** (*locos*, Poème rel. 32). La forme la plus ancienne du mot *liou, lieu* est sans doute *lou*, forme correspondant exactement à *lŏco*, comme *fou* à *fŏco* ; **di** (*dīco*, Rol. 591) ; **ami** (*amīco*, Rol. 362) ; les mots modernes *queux* (= *cocus* pour *coquus*), *fètu* (*festuco*), *épi* (*espi =* *spīco*), *foie* (*fĭcăto*), *lai* (*laïco*), *vrai* (*veraco, vraco*) ; de même les noms de lieu en *acum, aco* : *Cambrai* (= *Cameraco, Camraco*), etc.

D'après cela, *prĕco* donne régulièrement **pri** (Rol. 1473 : *ĕ = iè* ; *iè + j = i*) ; et il aurait dû en être de même des verbes en *ĭcare*, où *ĭ* bref, qui devient *ei*, pouvait aboutir à *i* sous l'influence du *j* développé par la gutturale ; mais les exemples qui précèdent prouvent le peu de consistance du *c* final, et nous savons en outre que les verbes en *icare* ont subi l'influence analogique des verbes en *iare* ; de sorte que des formes comme **otrei** (Rol 3760, à l'assonance) correspondent, en réalité, non à *auctrĭco* pour *auctorĭco*, mais à *auctrĭo*.

Nous croyons qu'il faut considérer comme une forme analogique influencée par **poi** (=*paucī*, où l'*ī* long posttonique final a déterminé la diphtongaison en *oi*) l'adverbe **poi** que l'on trouve concurremment avec **pou** (=*pauco*). Le Roland présente toujours *poi* (v. 325, 3608, etc.).

2. — *C* palatal ou *ti* + une voyelle aboutissent à *s* ou à *z*, et développent un *j* qui diphtongue *a, o, u* et change *ĕ* bref accentué en *i* (*iè + j = i*).

Devant *t*, au présent du subjonctif, la palatale prend un son fortement spirant représenté non par *s*, mais généralement par *z*.

Ex. : **pris** (*prĕtio*, Rol. 3189) ; **tais** (*tace*, Rol. 1026) ; **plaist** (*placet*, Rol. 606) ; **voiz** (*voce*, Alex. 63 c, 59 b ; Rol. 1518, 1755) ; **pais** (*pace*, Alex. 125 c ; Rol. 73, 391) ; **dis** (*dĕcem*, Rol. 41) ; **croiz** (*crŭce*, Rol. 2504) ; **prizt** (*prĕcet*, Rol. 854) ; **chevalzt** (*caballicet, cavalç't*, Rol. 2119) ; **prist** (*prĕtiet*, Rol. 2739) ; **colzt** (*collocet, colç't*, Rol. 2682) ; etc.

Remarques. — 1º Nous savons déjà que le groupe *ti* fait souvent entrave ; alors la voyelle précédente ne se diphtongue pas : **faz** (*facio*, Rol. 678) ; de même *taz* (*taceo, tacio*) ; *plaz* (*placeo, placio*) ; mod. *soulas* (*solatio*) ; etc.

2º On devrait avoir : *dist* (*dicit*), *duist* (= *ducit*), *nuist* (= *nocet*), *faist* (= *facit*) ; etc. ; et cependant l'on trouve **dit** (Rol. 136) ; *duit* ; *nuit* ; **fait** (Alex. 23 b) ; etc.

A cela, il y a deux raisons : la première, c'est qu'il y aurait eu confusion avec les parfaits *dist* (*dixit*), *duist* (*duxit*) en ce qui concerne ces deux verbes notamment ; de plus, il y a eu l'influence analogique de formes comme *faire* (*facere, fac're*), *duire* (*ducere, duc're*), *fait* (*facto*), *dit* (*dicto*), *nuit* (*nocito, noc'to*), etc. ; de sorte que *facit, dicit, ducit*, ramenés à *fac't, dic't, duc't* par la chute de l'*ĭ* posttonique effectuée de très bonne heure, ont naturellement abouti à *fait, dit, nuit*, etc., les formes en *S* (*fist, dist, nuist*) étant habituelles au parfait.

3º Les verbes en *ĭcare*, dont le présent du subjonctif *ĭcem, ĭces, ĭcet* a l'accent sur *i*, n'ont pas maintenu le *c*, qui est tombé non seulement sans se transformer en *z* devant *t*, comme nous l'avons vu pour *colzt, chevalzt*, où le *c* palatal, après la chute de la voyelle précédente (*collocet, coll'cet — caballicet, caball'cet*), était protégé par un groupe (*ll*), mais encore sans agir sur la tonique : **chapleit** *capulicet*, Rol. 3462) ; **flambeit** (*flambicet*, Rol. 1003) ; **otreit** (*auctoricet*, Rol. 1008) ; **guerreit** (*werricet*, Rol. 579) ; etc. Ces formes sont certaines, car elles se trouvent à l'assonance. Nous avons vu plus haut [1] qu'il y a ici influence analogique des verbes en *iare*.

G

G n'est final que par la chute de la désinence et d'une voyelle. Qu'il soit vélaire ou palatal, *il tombe invariablement lorsqu'il est isolé*, c'est-à-dire lorsqu'il ne fait pas partie d'un groupe, et le *j* qu'il développe agit généralement sur la tonique qui précède : **fuit** (*fugit*, Alex. 15 e) ; **list** (*lĕgit*, Alex. 75 d, 76 b) ; **mais** (*magis*, Lég. 11 b ; Alex. 42 a ; Rol. 273) ; etc.

La gutturale n'a pas agi dans **raneiet** (= *renĕget*, Eul. 6 ; on attendrait *ranit*). D'ailleurs elle ne paraît pas avoir sur *ē* long, *ĭ* bref, comme nous l'avons déjà constaté pour *c*, la même influence que sur *ĕ* bref ; de là **lei** (*lēge*, Lég. 12 e ; mod. *loi*) ; **rei** (*rege*, Lég. 3 b) ; etc., à moins qu'il ne faille voir là l'influence analogique des nominatifs *lex, rex*, qui donnent régulièrement *leis, reis*.

____
(1) P. 133.

CHAPITRE IV
GROUPES DE CONSONNES

I. — GROUPES LATINS DE DEUX CONSONNES

Les consonnes latines sont en réalité au nombre de quatorze (*h* non comprise) : quatre liquides (*l, r, m, n*) ; six explosives (*p, b, — t, d, — c (k, qu), g*) ; quatre continues (*f, v, s, j*). Les combinaisons différentes de ces quatorze consonnes deux à deux forment un total de $14 \times 13 = 182$, qui, on le comprend, ne sont pas toutes réelles ; néanmoins le nombre en est encore assez grand pour qu'il soit nécessaire de simplifier. C'est ce que nous allons essayer de faire.

1) La première consonne est une liquide (l, m, n, r), *et la seconde, soit une liquide, soit une explosive* (c *ou* k, qu, g — t, d — p, b), *soit une continue* (j, s, f, v).

Dans ce cas, la première consonne reste, avec cette réserve que l *se vocalise au* xiie *siècle, et que* m, n *donnent naissance, dès la fin du* xie *siècle, à des voyelles nasales.*

En ce qui concerne la seconde consonne, elle persiste également ; toutefois c *et* g *deviennent respectivement* ch *et* j *devant* a *et* ç *doux* (*ou* s, ss), j *devant* e, i.

1° Liquides et liquides

LM. — **Palmes** (*palmas*, Alex. 85 d) ; mod. *paume* ; de même le mod. *saumon* (*salmone*) ; etc.

LN. — *Alne*, mod. *aune* (*alno*). Le latin *balneum* a dû perdre de très bonne heure *l*, soit par syncope : *baneo, banio*, soit après assimilation : *banneo, baneo, banio*, car c'est à cette dernière forme que se rapportent le franc. **bain** (Rol. 154), l'italien *bagno*, l'espagnol *baño* et le prov. *banh*.

RM. — **Ferméde** (*firmata*, Rol. 707) ; **arméz** (*armatos*, Lég. 37 e) ; etc.

RN. — **Tornet** (*tornat*, Lég. 35 b) ; **tornér** (*tornare*, Alex. 33 e) ; **charnéls** (ms *charniels = carnales*, Lég. 29 c) ; **cornent** (*cornant*, Rol. 2111) ; **charniér** (*carnario*, Rol. 2954) ; etc.

Lorsque le groupe *RN* devient final, la prononciation de *n* tend à s'affaiblir, et cette consonne finit par disparaître entièrement, même dans l'écriture (mod. *tour*, *cor*, etc.).

Cette chute a dû commencer dans le cas où *n* est suivie de l's de flexion ; comme nous le verrons en effet dans l'étude des groupes de trois consonnes finissant par *s*, la seconde disparaît souvent sans laisser de traces, ou se combine avec la consonne suivante ; de là, par exemple, **cors** (*cornos* pour *cornua*, Rol. 1629). On trouve encore, il est vrai, dans le Roland, et, à plus forte raison dans les monuments antérieurs de notre langue, des formes en *rn* : **jorn** (*diurno*, Rol. 1477) ; **charn** (*carne*, Rol. 1265, 3606) ; **corn** (*cornu*, Rol. 1765, 1789) ; et, même au xii⁰ siècle, chez des auteurs qui se piquent d'archaïsme, comme Garnier de Pont-Sainte-Maxence, *corn* (v. 1177, fol. 2 b, 17) ; ce qui prouve que l'*n* finale du groupe *rn*, quoique très probablement fort affaiblie dans la prononciation vers la fin du xi⁰ siècle, était encore loin de tomber dans l'écriture ; et en effet, dans le Comput de Philippe de Thaün (commencement du xii⁰ siècle), le maintien de *n* peut encore être considéré comme la règle.

MN. — Ce groupe présente une particularité : il en résulte bien une nasale vers la fin du xi⁰ siècle, mais la première consonne ne persiste pas toujours ; il y a, dans la langue moderne, assimilation soit de *n* à *m*, puis réduction dans *some*, *someil*, *someillier*, mod. *somme*, *sommeil*, *sommeiller* (du lat. *somno*) ; soit de *m* à *n*, ce qui paraît être le cas le plus fréquent, dans *dan* (*damno* ; mais *damage*, *domage*), *colone*, mod. *colonne* (*columna*) ; etc.

Dans l'ancienne langue, et pour la période que nous étudions, *mn* final se réduit à *m* ou à *n*, ce qui produira, quelle que soit la consonne conservée, la nasale *an* à la fin du xi⁰ siècle. Médial, le groupe devient le plus souvent *n*, quelquefois *m* ; et la même distinction se conservera dans la langue moderne, sans qu'on puisse en définir nettement la raison : **danz i** fut *granz* (ms *damz* = *damnus*, Lég. 9 c) ; **damage** (*damnatico*, Rol. 1885) ; **sonjat** (*somniavit*, Rol. 719, 725) ; etc.

2⁰ *Liquides et explosives*

LP. — **Colpes** (*culpas*, Eul. 20) ; **colpe** (*culpa*, Rol. 2239, 2369, 3720). Dans ce mot, *ŭ* entravé devant aboutir à *ou* dès la fin du xiii⁰ siècle, on ne sentit pas le besoin de vocaliser *l*, qui est restée très longtemps et se prononce même aujourd'hui d'une manière assez sensible sous l'influence du latin *culpa* : *coulpe* ; mais le dérivé *coupable* l'a perdue. Ajoutons que, par une transformation dont nous avons donné des exemples, *l* s'est changée aussi en *r*, d'où, dans l'ancienne langue, *corpe, corpable*. *L* est tombée dans le mod. *pupitre* (*pulpitulo*).

LB. — **Albe** (*alba*, Rol. 667, 737 ; mod. *aube*) ; **albes** (*albas*, Alex. 117 b).

LT. — **Halt** (*alto*, Alex. 9 a ; Rol. 814) ; **alter** (*altare*, Alex. 34 d, Rol. 3732); **halte** (*alta*, Alex. 79 a, Rol. 53); **halçor** (*altiore*, Rol. 3698) ; **salt perdut** (*salto perduto*, Rol. 1554) ; etc.

L persiste encore régulièrement dans **oltre** (*ŭltra*, Alex. 103 e) ; **mult** (Val. v° 20) ; **escolter** (*ascultare*, Rol. 455) ; mais, quand elle se vocalisera, *u* qui en résulte se confondra avec *ou* de *ŭ* entravé, d'où *outre, écouter* ; cependant *moult* a conservé *l* de la même manière que *coulpe*.

LC. — **Falcons** (*falcones*, Rol. 1529) ; mod. *faucon* ; **enchal-cent** (*incalceant, incalciant*, Rol. 2462). La chute de *l* dans **encacièrent** (*incalciarunt*, Rol. 1627), **enchaciet** (*incalciato*, Rol. 2785) est une simple faute de copiste, provenant peut-être d'une confusion avec *chacièr*, mod. *chasser* (= *captiare*). Il faut restituer *enchalcièrent, enchalciet*.

Un cas particulier est celui où *lc* devient final par la chute de la terminaison ; devant *e*, *c* est palatal et se transforme régulièrement en *s* : *faus, chaus* (*falce, calce*), mod. *faux, chaux*.

RP. — **Serpenz** (*serpentes*, Rol. 2543).

RB. — **Herbe** (*herba*, Rol. 1569); **herbos** (*herboso*, Rol. 1018); **charboncle** (*carbunculi*, Rol. 1326).

RT. — **Part** (*parte*, Serm. II); **art** (*arte* = *manière*, Lég. 5 a); **porter** (*portare*, Lég. 1 b); **portedure** (*portatura*, Alex. 89 b); etc. Ce groupe se rencontre souvent. Médial, il persiste invaria-blement; suivi de l'*s* de flexion, il rentre dans les groupes de trois consonnes; *t* se combine avec *s* pour donner *z*. Lorsqu'il devient vraiment final, le son du *t* s'affaiblit dans la prononciation au point de ne plus se faire sentir, dans la langue moderne, même devant un mot commençant par une voyelle : *j'en ai donné une* **part** *à mes amis*. Cet affaiblissement, qui a dû commencer à se produire de très bonne heure, a eu pour conséquence que le mot *part*, dans l'expression de *part le rei* (= de la part du roi) a perdu le *t*; d'où *de par le roi*.

C'est ainsi encore que **cort** (*cōrte* pour *cohorte*, Rol. 351) est devenu **cour**.

RD. — Il faut distinguer deux cas, selon que le groupe est médial ou final.

1° *Rd* médial. Il persiste invariablement : **ardent** (*ardant*

= *ardent*, Rol. 1662); **ardeir** (*ardere*, Rol. 3760); **perde** (*perdam*, Alex. 12 e).

2° *Rd* final. Ceci n'a lieu que par la chute de la terminaison; et, conformément à une règle bien connue du français ancien, par laquelle toute explosive ou continue douce qui se trouve être finale se relève en la forte correspondante, le groupe *rd* aboutit à *rt* : **tart** (*tardo*, Alex. 13 e).

RC. — **Cerchièr** (*circare*, Rol. 3661); **cerchet** (*circat*, Rol. 2185); **porc** (*porci*, Rol. 2591). Final, *rc* s'affaiblit aussi dans la prononciation : *porc* (prononcé *por*); etc.

RG. — **Verge** (*virga*, Rol. 3323); **argènt** (*argento*, Rol. 32); s'**argudent** (*argutant*, Rol. 992); etc.

Lorsque le groupe devient final, *g* se relève en *c* : **borc** (*burgo*, Rol. 973). **Parchamin** (Alex. 57 a), mod. *parchemin*, correspond à *percamino* pour *pergamino*.

MP. — **Compaing** (*companio*, Rol. 1051); **compaignon** (*companione*, Rol. 1020); **champ** (*campo*, Rol. 922); **emperédre** (*imperator*, Alex. 4 d); etc.

Final, ce groupe a dû s'atténuer de bonne heure dans la prononciation; mais, à la fin du xiᵉ siècle, la nasalisation de *a* et de *e* était à peine commencée; *n* ou *m* était donc sonore; et il est probable que le *p* se faisait aussi fortement sentir. Aujourd'hui, il a totalement disparu dans la prononciation.

MB. — **Ambes** (*ambas*, Rol. 419); **ambor** (ms : *ambure* = *amborum*, Rol. 1546); etc.

NT. — **Chantoms** (*cantomus*, Lég. 1 c); **contenance** (*continentia*, Rol. 118); **cènt** (*cento*, Alex. 119 e); etc.

Final, *nt* s'atténue dans la prononciation, après la nasalisation de *n*, de sorte que le *t* n'est plus sensible.

Le changement de *nt* en *nd* dans le moderne *marchand*, *marchande* (primit. *marchedant*, *marcheant*, *marchant*) est sans doute produit par l'analogie de *grand*, *grande* ou autres mots semblables (ancᵗ *grant*).

ND. — **Mendistièt** (*mendicitate*, Rol. 542); **endurèr** (*indurare*, Rol. 1911); **grant** (*grande*, Alex. 97 d; Rol. 301); **ent** (*inde*, Eul. 15); etc.

Final, *nd* relève le *d* en *t*; il s'atténue également dans la prononciation; et la chose s'est faite si rapidement pour **ent** (= *inde*), que ce mot est déjà devenu, peut-être par l'analogie de *en* (= *in*) préposition, **en** dans les textes du xiᵉ siècle (Alex. 56 d; Rol. 11; etc.)

NC. — **Encombrent** (*incumulant*, Alex. 40 e); **France** (*Francia*, Rol. 835), **lances** (*lanceas*, Rol. 541); **branches** (*brancas*, Rol. 72); **ancienor** (*antianorum*, Alex. 1 a); **anonciet** (*anuntiato*, Rol. 2529); etc. Final, *nc* s'atténue dans la prononciation après la nasalisation des voyelles *a, e, o* devant *n*.

NG. — **Angoisset** (*angustiat*, Rol. 2010); **angoissose** (*angustiosa*, Alex. 92 b); **longe** (*longa*, Alex. 89 c); **poignant** (*pungente*, Rol. 2055); etc.

Une particularité à noter, c'est le changement de *g* vélaire qui suit *n* en un *j* qui sert à mouiller la nasale : *poignant* (*pungente*); **loing** (*longe*, Rol. 250); etc. La même chose n'a pas lieu devant *a, o, u,* c'est-à-dire pour *g* vélaire; et *ng*, devenant final, relève régulièrement *g* en *c* : *lonc* (*longo*), *solonc* (*sublongo*).

Enfin le même *nc* final (= *ng*) s'atténue dans la prononciation. La langue moderne a restitué *ng*.

3° *Liquides et continues*

LV. — **Sèlve** (*silva*, Rol. 3292); **salvament** (*salvamento*, Serm. I); **salvetet** (*salvitate*, Alex. 18 d); etc. — *Lv*, devenant final, relève *v* en *f* : *salf* (*salvo*), mod. *sauf.*

V reparaît devant une voyelle : *jo salf* (*salvo*), *tu salves* (*salvas*), *nos salvons* (*salvomus*); etc.

LS. — **Fals** (*falso*, Rol. 307; mod. *faux*); **false** (*falsa*, Rol. 3638; mod. *fausse*); *jo* **fals** (*falso*, je déclare *faux*, je démens, Rol. 3844); etc.

LF. — Ce groupe n'existe que dans les composés romans commençant par les prépositions romanes **par, por, sur** (lat. *per, por, super*) : **perfiz** (*perfectus*, Lég. 6 c.); **parfite** (*perfecta*, Alex. 14 c); etc.

RV. — Il reste sans changement au milieu des mots, que ceux-ci viennent directement d'un mot latin, comme **servir** (*servire*, Eul. 4); **servise** (*servitio*, Alex. 56 b); etc., ou qu'ils aient été formés par composition : **parvient** (*par* + *vient*, Rol. 2398); **parvont** (*par* + *vont*, Rol. 2638); etc.

Devenant final, *rv* relève *v* en *f* dans la langue moderne comme dans la langue ancienne.

RS. — Ce groupe n'est pas rare en latin; mais, dans un certain nombre de mots, il s'était de bonne heure réduit à *s* par la chute pure et simple de *s*, ou à *ss* par assimilation. On trouve, en effet, dans les inscriptions, *prosa, retrosum, susum, rusus, dossum, dossuarius,* pour *prorsa, retrorsum, sursum, rursus, dorsum, dorsuarius.* De là **sus** (*suso*, Eul. 4, Rol. 2085); **dos** (*dosso*, Rol. 1201); etc.

En réalité, il n'est plus, dans ces mots, question du groupe *rs*. Lorsqu'il a été maintenu en latin, il a persisté aussi dans notre langue : **cors** (*cursus*, Rol. 2878); etc. Il persiste aussi, cela va de soi, en composition : *porsivre*, etc.

NF. — **Enfes** (*infas* pour *infans*, Alex. 7 e); **enfermetèt** (*infirmitate*, Alex. 56 c); **enfodir** (*infodire*, Alex. 120 b); **enfèr** (*inferno*, Rol. 1391); etc.

NV. — Ce groupe ne se trouve guère que dans des mots composés, qui, il est vrai, sont usités même dans le latin classique : **enveie** (*invidia*, Lég. 17 f); **enviz** (*invitus*, Lég. 17 a); **converset** (*conversat*, Alex. 53 a); **envadir** (*invadire*, Rol. 2062); etc.

L'*n* de *nv* était déjà tombée en latin, sans doute par l'analogie de mots comme *coago, cohibeo, coerceo,* etc., dans *convenire*; d'où *covenire* et le roman *covenir*; **covenist** (*covenisset*, Alex. 83 a); **coviènt** (*covenit*, Rol. 192). La langue moderne a restitué *n* dans le verbe *convenir*, mais non dans le mot *couvent*.

NS. — Il reste sans changement dans les mots composés formés au moyen des prépositions *in* et *cum* (roman *en, con*) : **enseint** (*insignet*, Alex. 63 b); **ensèmble** (*insimul*, Alex. 122 b); **ensurquetot** (Alex. 123 e); **enseigne** (*insignia*, Rol. 707); **ensemènt** (*ensi* = *insic* + *ment*, Rol. 3173); etc.

Mais il en est autrement des mots où le groupe *ns* se trouve dans le corps d'un mot latin : la langue vulgaire y a réduit *ns* à *s*. Cette réduction s'opérait déjà en latin : tandis que les textes de la vieille langue latine donnent *formonsus, quadragensimus, quotiens,* le latin classique dit *formosus, quadragesimus, quoties*. A leur tour, les formes classiques *consul, censor, mensis, impensa, inscitia, mensa,* etc., deviennent, dans le latin vulgaire, *cosol, cesor, mesis, impesa, iscitia, mesa,* etc., comme nous l'affirment Varron, Festus, Flav. Caper, Jornandès. Le latin mérovingien continue cette tradition, qui d'ailleurs n'est pas particulière au latin seul ; on trouve, dans les Chartes du vII[e] siècle, *masus, remasisse* pour *mansus, remansisse*. Dites *ansa* et non *asa*, écrit l'auteur du *Probi Appendix*; et il faut croire que, chez le peuple, on suivait tantôt la nouvelle tradition qui supprimait l'*s*, et tantôt l'ancienne qui la maintenait, car il recommande de dire *formosus*, et non *formonsus*; *occasio* et non *occansio*.

De là en roman : **maisniède** (*masionata* pour *mansionata*, Alex. 53 c); **maison** (*masione* pour *mansione*, Alex. 65 c); **mesure** (*mesura* pour *mensura*, Rol. 146); **spose** (*sposa* pour *sponsa*, Alex. 22 c; mod. *épouse*); **pristrent** (*preserunt* pour *prenserunt*, Alex. 16 e); **meis** (*mese* pour *mense*, Rol. 2751); **très** (*tras* pour *trans*, Rol. 1535); etc.

NJ. — **Enjure** (mod. *injure* = *injuria*); *enjoèr* (= *injocare*, mod. *enjouer*); etc.

2) La première consonne est une explosive (c, qu, g — t, d — p, b) *et la seconde une explosive ou une continue* (j, s, f, v).

D'ans ce cas, *la première consonne s'assimile à la seconde et disparaît.*

Les groupes latins de cette série sont moins nombreux que les précédents, parce que le latin avait déjà pratiqué l'assimilation sur une vaste échelle, quelle que fût d'ailleurs la seconde consonne.

Ainsi **supnus** (cf. *sup-erior*) était devenu **summus**; **flagma** (cf. *flag-rare*) **flamma**; **secra** (cf. *sec-o*) **serra**; **sedla** (cf. *sed-ere*) **sella**; **vacnus** (cf. *vac-uus*) **vanus**; **decni** (cf. *dec-em*) **deni**; **quincni** (cf. *quinqu-e*) **quini**; **picnus** (cf. *pix, pic-is*) **pinus**; etc.

De là vient que, sur les cinquante-quatre groupes de cette série, une quinzaine à peine se retrouvent en latin; et, dans cette quinzaine, quelques-uns n'appartiennent qu'à la langue classique. En effet, ces groupes sont surtout fournis par les combinaisons des prépositions *ad*, *sub* avec les verbes et les noms; or le latin classique avait assimilé la consonne finale de la préposition à la consonne suivante dans un certain nombre de composés. Si, durant l'empire, par exemple, quelques puristes disaient et écrivaient *adportare*, *adfirmare*, *adgredi*, *subferre*, etc., le peuple ne connaissait que les formes assimilées *apportare*, *affirmare*, *aggredi*, *sufferre*, etc.

PT. — **Achat** (*accaptet*, Alex. 125 c); **achatet** (*accaptat*, Alex. 8 e); **sèt** (*septem*, Rol. 2, 31); **escrit** (*scripto*, Alex. 74 d); **recèt** (*recepto*, Rol. 1430); **atemènt** (*aptamente*, Alex. 114 d; ms L : *attement*); de même, *noces* (*nuptias*), *chacièr* (*captiare*), *nièce* (*neptia*), etc.

Le latin vulgaire présente des formes comme *otime* (*optime*), *scritus, setembre, setima* (*septima*), *Tholomaeo* (*Ptolemaeo*); etc.[1].

BT. — Ce groupe est très rare en latin, où la réduction avait déjà eu lieu. Il n'y a guère à citer que *subtile*, qui a donné dans l'ancienne langue **soutil.**

(1) Schuchardt, *Vokalismus*, I, p. 144-145.

DB — Très rare aussi, ce groupe ne se rencontre que dans les mots composés au moyen de la préposition *ad*, comme *adbaubare, adbiberare*, etc. (roman *aboer, abaier ; abevrer* ; mod. *aboyer, abrever*), et où le latin avait déjà opéré l'assimilation.

C T mérite une attention particulière. Très commun dans les langues anciennes, il a été rejeté par les idiomes qui en sont dérivés, et celles mêmes des langues relativement primitives qui ont subsisté jusque dans les temps modernes, comme les langues germaniques, pour ne citer que cet exemple, l'ont aussi profondément modifié. Le latin même a fini par réduire, à l'époque de sa décadence, ce groupe, qu'il avait admis jusque-là; c'est ce que montrent les Inscriptions : *cintum* (= *cinctum*) ; *defuntus* (= *defunctus*) ; *lattucae* (= *lactucae*) ; *praefetto* (*praefecto*) ; *santus* (*sanctus*). Les idiomes néo-latins devaient continuer cette tendance de la langue mère, et, dans le français, notamment, depuis les origines, le *c* du groupe *ct* a disparu sans conteste, mais non sans laisser de traces.

Nous examinerons deux cas :

1° Le groupe *ct* est suivi d'un *i* et d'une autre voyelle. Le *c*, devant *ti*, qui, nous le savons, est assimilé, lorsqu'il est suivi d'une voyelle, à *c* palatal, s'est assimilé, puis réduit, conformément à l'usage de l'ancienne langue, à *s* dure (*ç* ou *s, ss*), et c'est cette assimilation qui a empêché *c* d'agir sur la voyelle précédente ; de là **drècet** (*dirēctiat, drēctiat*, Rol. 195, 218, 2829, 2884, etc.) ; **drecièz** (*drectiatis*, Rol. 2829) ; **drècent** (*drectiant*, Alex. 16 d) ; de même *leçon* (*lectione*), *façon*, (*factione*) ; etc.

2° *Ct* est suivi d'une seule voyelle. Dans ce cas, l'italien a encore assimilé *c* à *t* (*otto, fatto* = *octo, facto*), mais non le français : *c* s'est résolu en *j*, qui a agi diversement sur la voyelle précédente, suivant qu'elle était ou n'était pas susceptible de se diphtonguer ; par conséquent, elle a simplement renforcé *ī* sans y apporter d'autre changement ; transformé *ĕ* en *i* quand il était accentué (*ie* + *j* = *i*) ; et diphtongué les autres voyelles *a, ē, ĭ, o, u*. Ainsi **ccnduit** (*conducto*, Rol. 3689) ; **fait** (*facto*, Val., v° 25, 31) ; **nuit** (*nocte*, Alex. 15 e) ; **dit** (*dīcto*, Rol. 1074) ; **oitante** (*octoginta*, Poème rel. 96) ; **fruit** (*frūcto*, Lég. 36 e) ; **piz** (*pĕctus*, Alex. 86 b) ; **dreit** (*drēcto*, Rol. 228) ; **contraiz** (*contractos*, Alex. 111 a) ; **parfite** (*perfĕcta*, Alex. 14 c) ; etc.

REMARQUE. — Il semble que la conjugaison du v. jeter soit un compromis entre *jectare*, dérivé d'un supin composé, *conjectum*, et *jactare*. A *jectare* correspondrait **gettèrent** (*jectàrunt*, Eul. 19), et sans doute aussi *jetter, jeter* ; à *jactare* se rapportent les formes

giètęt (*jactat*, où l'*a* se change en *ie* sous l'influence du *j*, Alex. 88 a) ; **giétęnt** (*jactant*, Alex. 53 d, 72 b).

Dans certains dialectes, *iè*, provenant de *a* sous l'influence de *j*, se change en *i* par l'action du *j* développé par la gutturale *c* ; de là *gitęt* (= *jactat*) ; puis, même à l'atone, par analogie : **gitèręnt**, *jactarunt*, Lég. 38 b). Ces formes en *i* sont orientales.

Il a dû y avoir métathèse de *ct* en *tc* dans *cachièr*, mod. *cacher* (*catcare* pour *cactare* = *coactare*) et quelques autres analogues.

GD. — Ce groupe se rencontre dans les mots *Magdalena*, *Smaragdus*, *amygdalum*, tous trois d'origine étrangère. La gutturale n'agit pas et s'assimile à *d* dans *Magdalena*, d'où *Maddalena* et enfin *Madeleine*. Elle se corrompt en *l* dans *smaragdus*, d'où *smaraldo*, et, en roman, *esmeralde*, plus tard *émeraude*. Enfin *amygdalum* s'est de bonne heure corrompu en *amindala* ; de là *aminda*, puis *amende*, *amande*.

PS. — L'assimilation a dû se produire de bonne heure pour le petit nombre de mots que fournit ce groupe. Si cependant le mot *eps* (*ipse*, Lég. 10 b) pouvait être considéré comme français, on devrait en conclure que cette assimilation n'est pas, au xe siècle, un fait accompli dans tous les mots ; mais il est à croire que *eps*, mot provençal, était usité, dans le domaine de la langue d'oïl, tout au plus vers la limite des deux domaines.

En tout cas, l'assimilation était probablement opérée depuis longtemps déjà dans des mots comme **nisun** (*ne id ipsum* ? + *unum*, Rol. 806) ; **medisme** (*metipsimo*, *metismo*, Alex. 24 c, 108 d).

Psalmus, *psalmo* donnera *salme*, *saume* ; forme moderne refaite : *psaume*.

BV. — La chute du *b*, dans certains cas, remonte au latin. Ainsi *avertere* équivaut à *abvertere* ; il en est de même de *ovvertit*, *ovvius* (= *obvertit*, *obvius*), cités par les grammairiens latins. Ce groupe n'existe d'ailleurs que par composition. La réduction de *bv* en *v* se fait en roman : **sovenir** (*subvenire*, Rol. 3488), mod. *souvenir*.

BS. — L'assimilation s'était opérée aussi dans le latin classique ; ainsi *jussi* est pour *jubsi* ; et, dans les Chartes des vi^e et viie siècles, on trouve des formes telles que *suscribturi*, *suscripsimus* qui, quoique présentant en réalité des groupes de trois consonnes, n'en sont pas moins probantes pour l'objet qui nous occupe. Dès l'origine de notre langue, l'assimilation ou la réduction est donc un fait indéniable ; aussi faut-il attribuer au scribe, hanté par le souvenir du latin, des formes comme **absols** (*absolsit*, Lég. 38 d ;

il faut lire *asolst*); **absoluthe** (*absoluta*, Alex. 82 e ; lisez *assolude* ou *asolude*). Du reste, le Roland présente plusieurs fois la forme régulière : **asoldrai** (1133) ; **ad asols** (340, 2205) ; **ont asols** (2957) ; etc.

BJ. — Le *j* provient le plus souvent d'un *i* palatal consonnifié, et la réduction du groupe à *j* ou à *g* doux est effectuée dans nos plus anciens textes : **rage** (*rabie, rabia, rabja*, Rol. 747); **tige** (*tibia, tibja*, Rol. 500) ; etc.

PJ. — Selon que l'on accentue plus ou moins fortement le son du *p* devant la semi-consonne *j* dans le groupe *pj*, on arrive au son chuintant *ch* ou à l'assimilation de *p* à *j* ; de là un double traitement de ce groupe.

Sage (*sapjo*, Rol. 648, 1093) est très régulier, et présente la réduction à *j* après assimilation ; encore trouve-t-on dans le Roland même, pour ne citer que ce texte, une autre forme peut-être dialectale, mais en somme non moins régulière, tirée de *sapio* : **saive** (Rol. 279) : le *j* a servi à diphtonguer l'*a* comme dans **sai** (= *sapio*, je sais).

Dans **sachent**, au contraire (Rol. 3136 ; *ms* : *sacent*), et dans tout le subj. prés. du verbe *saveir*, *pj*, après avoir hésité entre le son spirant *ts, dz* (*sacent*) et le son chuintant *tch, ch*, qui existait certainement au xie siècle, a fini par adopter définitivement celui-ci dès le xiie siècle. Citons encore **aprochièt** (*appropiati*, Rol. 2800; *ms* : *aprociét*), et toute la conjugaison du verbe *aprochièr*.

DV. — Ce groupe ne se rencontre guère qu'en composition dans les mots formés d'un simple commençant par *v* et précédé de la prép. ad. Le traitement est régulier ; la réduction à *v* est accomplie dans nos plus anciens textes : **avièit** (*advenit*, Val., v° 27); **avenir** (*advenire*, Alex. 102 a); **avendrat** (*advenirabet*, Rol. 335); **aventure** (*adventura*, Alex. 89 a); **aval** (*advalle*, Rol. 2235) etc.

DJ. — Le *d* disparaît conformément à la règle ; mais le *j* (palatal) se fond avec la voyelle précédente dans les mots composés passés à l'état de simples, parce que le simple ne s'emploie plus isolément; de là **aiudha** (*adjuta*, Serm. I); **aidièz** (*adjutatis*, Alex. 93 b); **aïut** (*adjutet*, Lég. 40 e ; *ms* : *aïud*); et toute la couju gaison du verbe **aidièr** (*adjutarc*, Rol. 26).

Si le simple s'emploie isolément, *j* persiste comme consonne **ajostet** (*adjuxtat*, Rol. 919); et de même toute la conjug. du verbe *ajoster* (*adjuxtare*); de même aussi le vfr. *ajoindre*, mod. adjoindre (*adjungere*); *ajorner*, mod. *ajourner* (*addjurnare*); etc.

DS. — Il provient de la prép. *ad* suivie d'un mot commençant par *s*. Le latin avait déjà pratiqué l'assimilation sur une large échelle (*assentire*=*adsentire*, etc.); le roman n'a fait que généraliser la chose : **asalir** (*adsalire, assalire*, Lég. 24 b); **asemble-mènt** (*adsimul* + *ment*, Alex. 10 a); **asèz** (*adsatis*, Alex. 81 b); etc. La langue moderne traduit *s* dure devant une voyelle par *ss* : *assez*, etc.

X (= *cs, gs*). Comme nous ne traitons ici que des groupes de deux consonnes, il n'est question que de *x* suivi d'une voyelle. Nous examinerons trois cas :

1º C *s'assimile à s sans agir sur la voyelle précédente*. — L'assimilation était toute indiquée pour briser la dureté du groupe *cs*. Il y en a déjà des exemples en latin, comme *cossim, assis, lassus, trissago*, pour *coxim, axis, laxus, trixago*. On trouve dans les inscriptions : *conflississet, obstrinserit, sistus* (*sextus*); et, dans les manuscrits : *frassinus, tossicum* (=*fraxinus, toxicum*); etc. [1].

Ex. : **essaiièz** (d'après *essai* = *exagio*, Rol. 2068); **essèmple** (*exempla*, Rol. 1016); de même *oseille* (*oxalia*); *massue* (*maxuca*); *essoriller* (*exauriculare*); etc.

2º C *se résout en* j *et agit sur la voyelle précédente*. — C'est le cas le plus fréquent. Il n'y a pas eu assimilation, et si, dans la plupart des cas, il en est résulté *ss*, c'est pour conserver à *s* le son dur : **Alissandre** (*Alexandria*, Rol. 2626); **eissit** (*exivit*, Alex. 17 c; ms L : *eisit*); **ist** (*exit*, Alex. 43 a; ms L : *eist*); **eistrat** (*exirabet*, Alex. 34 c; ms L : *istrat*); **eissirẹnt** (*exiverunt*, Rol. 1776); **eissut** (*exuti*, Rol. 2810); **ist** (*exit*, Rol. 2260); **issẹnt** (*exeunt*, Rol. 2640); **lazsièr**, plus tard *laissièr*, mod. *laisser* (*laxare*, Eul. 24); **laissẹt** (*laxat*, Lég. 17 b; ms : *laisse*); **laisérẹt** (*laxarat*, Lég. 21 f; ms : *laisera*); **buisine** (*bucsina* pour *buccina*, Rol. 3523); etc.

On peut voir, par les exemples ci-dessus, que la gutturale agit différemment sur la voyelle précédente, selon que celle-ci est ou n'est pas accentuée; que *e* notamment devient *i* à la tonique, mais *ei* à l'atone, à moins que l'analogie n'ait déjà exercé son œuvre.

3º *Il y a transposition dans le groupe* cs, *qui devient* sc *par une erreur de prononciation* fréquente chez le peuple (cf. *isque* = *x, sesque* = *sexe, fisquer* = *fixer*, etc.) C'est ainsi que *laxare,*

____

(1) Diez, *Gr. des Langues rom.*, trad. fr., I, p. 240. — Réciproquement, on trouve *x* pour *s* : *milex, locuplex* (App. ad Prob.; — Schuchardt, *Vokalismus*, I, p. 133).

qui est devenu régulièrement *laissièr*, mod. *laisser*, a donné, d'un autre côté, *laschièr*, mod. *lâcher* (= *lascare*) ; de même l'anc. fr. *vesquit* (= *viskivit* pour *vixivit*) ; etc.

3) — La première consonne est une explosive (c, k, qu, g—t, d—p, b) *ou une continue* (j, s, f, v), *et la seconde une liquide.*

Dans ce cas, *la liquide n'agit pas* ; *l'explosive ou la continue suit les lois des consonnes initiales si elle est initiale, ou celle des médiales, si elle est médiale.*

En d'autres termes, *la liquide reste* ; *l'explosive ou la continue persiste généralement si elle est initiale* ; *elle s'affaiblit ou disparaît, si elle est médiale.*

Les groupes *pm, tm, cm — fm, fn ; — vl, vr, vm, vn ; — sl, sr, sm, sn ; — jl, jr, jm, jv* manquent en latin. Quant aux groupes *pn* (cependant *pneuma*, d'origine grecque, est devenu en v. fr. *neume*), *bm, bn, dm, dn*, ils n'ont pas passé au roman, non plus que *tl* (*Atlàntem*) et *tn* (*Aetna*).

Il ne reste donc à étudier que les groupes *pl, pr* ; *bl, br* ; *tr, dr* ; *cl, cr, cn* ; *gl, gn* ; *gm, gn* ; *fl, fr.*

PL. — **Plaid** (*placito*, Serm. I) ; **plait** (*placito*, Alex. 10 d) ; **plaidis** (*placitivus*, Alex. 120 e) ; **plainstrent** (*planxerunt*, Alex. 119 d) ; **pleine** (*plena*, Alex. 28 a) ; etc. On pourrait aisément multiplier les exemples, car ce groupe est très fréquent à l'initiale.

A la médiale, par contre, il est très rare. On le rencontre, en latin, dans les composés de *plus, a, um* ; *plex-icis*, comme *duplus, duplex* ; *triplus, triplex, quadruplex, centuplex*, etc. ; mais, à l'exception de *duplum*, tous ces mots ont donné exclusivement des mots savants. Dans *duplum* ou ses dérivés, *p* s'affaiblit régulièrement en *b* : **doble** (*dupli*, Rol. 3583) ; **doblèt** (*duplati*, Rol. 995) ; **doblaines** (*duplanas*, Rol. 3088).

PR. — **Precios** (*pretioso*, Alex. 14 b) ; **prisdrent** (*preserunt*, Lég. 36 b ; ms : *presdrent*) ; **prediat** (*praedicavit*, Lég. 36 c) ; **preiièr** (*precare*, Eul. 26) ; etc.

PR persiste invariablement à l'initiale ; à la médiale, *p* s'affaiblit régulièrement en *v*, après avoir passé par *b*, comme le prouvent les mots *cabri, cabriole, cabriolet, cabrioler*, formés, il est vrai, d'après le provençal, mais dérivés du latin *capra, capreola*. Exemples romans d'affaibl. en *v* : **avril** (*aprile*, Rol. 3503) ; **chèvre** (*capra*) ; etc.

BL. — Ce groupe est assez rare en latin ; la plupart des mots dans lesquels il est initial, comme les composés ou les dérivés de *blandus*, n'ont rien donné en roman.

Presque tous les mots de notre langue qui commencent par *bl* sont d'origine germanique. BL reste sans changement : **blanc** (Alex. 82 a); **blasmèr** (*blasmare* pour *blasphemare*, Alex. 13 c).

Dans *ablatum*, *bl* est devenu initial par l'aphérèse de *a*; d'où **blèz** (*ablatos*, Rol. 980).

Nous ne connaissons pas d'exemples de mots qui présentent *bl* à la médiale.

BR. — **Briès** (*brevis*, Alex. 110 c); **brace** (*bracia* pour *brachia*, Rol. 1343); **branches** (*brancas*, Rol. 72); **Bretaigne** (*Britannia*, Rol. 2322); etc.

A la médiale, *b* s'affaiblit régulièrement en *v*; **lévres** (*labras*, Poème rel. 25; le Saint-Léger porte *lauuraz* 27 a et *labia* 31 a; ce sont des fautes de copiste); **livres** (*libras*, Rol. 516); etc.

TR. — Ici encore, il faut distinguer soigneusement les cas où *tr* est initial de ceux où il est médial. Initial il se maintient invariablement : **trairont** (*tragerabent*, Alex, 41 e) ; **tramist** (*tramisit*, Lég. 15 b); **treis** (*tres*, Alex. 59 b) ; etc.

A propos des consonnes intervocales, nous avons vu que la dentale *t* s'affaiblit en *d* dès les origines de la langue, mais que *d* ne tombe qu'au xiiᵉ siècle; il en est de même de *t* dans le groupe *tr* entre deux voyelles ; il s'affaiblit en *d* : **fradre** (*fratre*, Serm. I) ; *e* le **pèdre** *e* la **mèdre** (Alex. 48 a). Au xiiᵉ siècle, *dr* assimilera *d* à *r*, et il y aura ensuite réduction à *r* simple. Mais *dr* subsiste encore à l'époque du Roland ; on doit donc lire dans ce texte : **rièdreguarde, rièdreguardèr** (574, 613, 2774); **pèdre** (2337); **mèdres** (1402); **padrastre** (753); etc.

DR. — Ce groupe, étant l'étape par laquelle passe *tr* avant d'arriver à la réduction en *r*, suit naturellement la même voie ; de là **quadrèl** (*quadrello*, Rol. 2265), et non *quarrel*.

DR initial reste sans changement : **drècęt** (*drēctiat*, Rol. 3330); etc.

CL. — Il s'est maintenu à l'initiale, presque sans exception, à toutes les époques de la langue : **clamor** (*clamore*, Alex. 45 a; mod. *clameur*); **clèr** (*claro*, Lég. 34 f; ms : *clar*; mod. *clair*); **clerc** (*clerici*, Alex. 117 b); **clinéde** (*clinata*, Rol. 3727); etc.

On constate, comme nous l'avons déjà fait pour *c* simple, grâce à l'incertitude qui a longtemps régné, en latin même, pour la représentation de la gutturale sonore et de la gutturale sourde, l'affaiblissement de *cl* en *gl* dans *glaire* (*clarea*, *claria*), *glas* (*classico*).

Cl médial n'est pas d'origine latine ; il est essentiellement roman.

CR. — Initial, il persiste le plus souvent : **credance** (*credentia*, Alex. 1 c) ; **creidre** (*credere* Lég. 31 f ; ms : *credre*) ; **crevèr** (*crepare*, Lég. 26 d) ; **cridèr** (*critare*, pour *quiritare*, Alex. 79 a) ; **crins** (*crines*, Alex. 86 c) ; etc.

Crassus se trouve écrit *grassus* dans Isidore de Séville ; c'est pourquoi nous avons *gras*. C'est d'ailleurs une erreur de prononciation fréquente, en France, chez le peuple, que l'affaiblissement de *cr* en *gr* : *gracher* pour *cracher* ; etc.

Une transformation, toute populaire aussi, est celle de *cre* en *keur*, par la métathèse de *r* et de *e* : *keurver* pour *crever* ; etc.

Médial, le groupe *cr* s'affaiblit d'abord en *gr*, comme le prouve le **sagramènt** (*sacramento*, II) des Serments ; puis *g* lui-même se transforme en un *j* qui agit sur la voyelle précédente ; de là, dès le xᵉ siècle : **sairemènt, lairmes** (*lacrymas*, Alex. 117 d, 119 e).

CN. — Nous ne connaissons, comme présentant ce groupe, que le mot *cycnum*, emprunté d'ailleurs au grec ; le *c* est tombé en laissant un *j* qui a mouillé *n* : **cigne**, mod. *cygne*.

TM. — Ce groupe n'est pas initial ; médial, il perd régulièrement l'explosive : *rime* (*ritmo* pour *rhythmum*).

GR. — Initial, il reste sans changement : **grace** (*gratia*, Alex. 73 b) ; **granz** (*grandis*, Lég. 9 c).

Médial, ce groupe assimile à *r*, pour la faire disparaître sans laisser de traces, la gutturale, qui ainsi n'agit point sur la voyelle précédente : **neirs** (*nĭgrus* pour *niger*, Rol. 1635 ; mod. *noir*) ; **neire** (*nĭgra*, Rol. 982, 1917) ; **pelerin** (*peregrini*, Rol. 3687) ; de même *paresse* (*pigritia*).

Pour *nigro*, les dialectes orientaux ont donné *nèr*, qui est encore ainsi prononcé aujourd'hui. Le Poème religieux a **nercide** (61) qui en est un dérivé.

GL. — **Gladies** (*gladios*, pron. *glaides*, mot savant, Lég. 23 b) ; **glorie** (*gloria*, pron. *gloire*, Alex. 59 e) ; **glorios** (*gloriosas*, Rol. 124) ; **gloz** (*gluttus*, Rol. 3456), etc.

Nous ne connaissons pas d'exemples de *gl* médial d'origine latine.

La chute du *g* est anormale dans le mod. *loir* (= *glire*), mais doit remonter haut.

GM. — Ce groupe est à peine latin : médial dans *sagma*, il s'est transformé, par une erreur de prononciation, en *lm*, d'où *salma*, plus tard *sauma* et le roman *some*, mod. *somme*.

Dans *phlegma* (fr. *flemme*), il y a eu assimilation de *g* à *m* dans toutes les langues romanes.

GN. — Ce groupe n'est pas initial. A la médiale, on le trouve dans *rēgnum*, *dĭgnum*, et dans les verbes *rēgnare*, *dĭgnare*, qui ont donné des dérivés dans notre langue : **règne** (*rēgno*, subst. Lég. 22 f ; Alex. 40 c, 36 d ; Rol. 812, 1961 ; ce mot n'a jamais changé) ; **regnér** (*rēgnare*, Alex. 110 e) ; **regnévęt** (*regnabat*, Lég. 3 c) ; **regnèt** (*regnato* = *royaume*, Rol. 697) ; **dignes** (*dĭgnus*, Alex. 35 c) ; **dègnęt** (*dignat*, Eul. 26) ; **deignastes** (*dĭgnastis*, Rol. 1101) ; **deintièt** (*dĭgnitate*, Rol. 45).

Des exemples que nous venons de citer, il est facile de conclure que le groupe *gn* fait entrave ; que le *g* disparaît en développant un *j* qui mouille *n*, mais n'agit pas sur *ē* long qui précède, tandis qu'il diphtongue *ĭ* bref. Il résulte aussi que *digne* aurait dû être *deigne* et qu'il est un mot savant, quoique fort ancien dans la langue.

FL. — Ce groupe n'apparaît qu'à l'initiale ; il reste sans changement : **flaièl** (*flagello*, Lég. 30 e, 33 a) ; **flamme** (*flamma*, Lég. 34 f) ; **flor** (*flore*, Rol. 2431) ; etc.

FR. — Comme le précédent, il n'existe qu'à l'initiale, et reste également sans changement : **frèdre, fradra** (*fratre*, Serm. I) ; **frailes** (*fragilis*, Alex. 2 d) ; *franc* (*franco*, Alex. 8 e) ; etc.

4) La première consonne est une continue ; la seconde est une explosive, une continue ou une liquide.

Parmi les groupes nombreux que présente la combinaison d'une continue (*f, v, j, s*) avec une continue ou avec une explosive (*c, g, t, d, p, b*) ou encore avec une liquide (*l, r, m, n*), les plus importants sont *sp, st, sc* ; on trouve aussi *sd, sf, sl, sr, sm, sn*, mais ils sont très rares, et le groupe *sf* peut même être considéré comme roman.

SP, ST, SC. — *Initiaux, ils se font, par un procédé populaire qui est commun à un grand nombre d'idiomes, précéder d'une voyelle. Cette voyelle est* ĭ *en latin vulgaire, et cet* ĭ *devient régulièrement* è *en roman.*

Le grec employait assez volontiers *a* pour adoucir la prononciation de certains groupes initiaux ; mais comme l'élément vocalique précédant l'émission de la consonne *s* correspond déjà lui-même à un léger *i*, c'est *i* qui a été employé par le latin vulgaire. « Au ive siècle, on trouve *istatuam*, *ispirito*. Dans un manuscrit de Gaïus, du vie siècle, *Istichum* est mis pour *Stichum*. Lachmann a réuni de nombreux exemples manuscrits de *i*, *hi* ou *in* placés en tête du mot (*histoïcis*, *instoïci*). Des inscriptions chrétiennes d'âge différent ont *Ismaragdus*, *Istefann*, *Ispeti*. Dans les Chartes mérovingiennes, cela se présente fréquemment : *istabilis, estodiant* (*studeant*), *esperare, estabilis, estodium, especiem, istabulatione*, etc. [1]. » Les exemples sont innombrables dans tous les textes plus ou moins populaires.

En français, l'*ĭ* entravé devient *è*. Cependant cette voyelle ne s'ajoutait qu'autant que le mot précédent finissait par une consonne, la prononciation, dans le cas où il finissait par une voyelle, se trouvant naturellement adoucie. Voilà pourquoi l'italien, par exemple, dont presque tous les mots se terminent par une voyelle, connaît à peine cette addition de l'*i* ; voilà pourquoi l'on trouve encore au xe siècle, dans notre langue : **une spéde** (*una spatha*, Eul. 22) ; et, même au xie siècle, dans Alexis : *ço dist* **la spose** (*sponsa*, 22 b) ; *et a* **la spose** (21 b) ; *si fist* **la spose** (30 b) ; etc. Il est vrai que le mot *spose* est le seul qui ait gardé la physionomie latine ; les autres, même au xe siècle, ont l'*è* prosthétique : l'*estrit* (Lég. 10 a) ; **estut** (Lég. 19 c = *stūit* pour *stetit* ? ms *instud*) ; **espièt** (lance, d'un mot germanique commençant certainement par *sp*, Lég. 38 f ; ms : *inspieth*) ; **estèrẹt** (*starat* pour *staverat*, de *stare*, Lég. 39 b, f ; ms : *estera*).

La notation par *ins* du groupe *es* paraît étrange ; elle est l'effet d'une préoccupation étymologique ou plutôt orthographique. Quand le latin populaire en fut venu à faire précéder régulièrement d'une voyelle les mots commençant par *sp, st, sc*, il arriva que ces mots ne furent plus distincts, dans la prononciation, soit des mots en *ex-, ext-, exp-*, (où le *c* de l'*x* était tombé), soit des mots en *insc, inst, insp*, où l'*n* avait disparu de très bonne heure. De là vient que les manuscrits des bas temps, qui cherchent toujours à conserver l'orthographe classique, font entre ces trois groupes des confusions perpétuelles, écrivant *ispiritus*, mais *sclusa* ; *exspolia*, mais *speriri* ; *strumentum* ou *istrumentum*, mais *instrata* ; etc. [2].

Quoi qu'il en soit, à partir du xie siècle, l'usage de l'*è* prosthétique est devenu général chez nous même après un mot terminé

---

(1) Diez, *Gr. des langues rom.*, trad. fr., I, p. 224 ; Cf. en outre Schuchardt, *Vokalismus*, II, p. 337-365.

(2) G. Paris, *La Vie de saint Léger, Romania*, I, p. 309, note correspondant au vers 19 c.

par une voyelle : **escole** (*scola*, Alex. 7 c) ; **espos** (*sponso*, Alex. 14 a) ; **esteit** (*stabat*, Alex. 48 c) ; **escriture** (*scriptura*, Alex. 52 b) ; **escrit** (*scribit*, Alex. 107 d) ; **espèlt** (veut dire, de l'anc. haut all. spellon, Alex. 70 e) ; et, dans le Roland, on trouve partout *es*, même pour les mots qui auraient pu encore, comme *spose* dans l'Alexis, maintenir la forme latine après une voyelle : l'**espède** (*spatha*, 2340) ; s'**espède** (465) ; etc.

Non initiaux, ces mêmes groupes *sp, st, sc* n'ont pas à se faire précéder d'une voyelle qui existe déjà, mais ils persistent invariablement : **evesquièt** (*episcato* pour *espiscopato*, Lég. 16 c ; ms : *evesquet*) ; **bèste** (*besta* pour *bestia*, Rol. 1555) ; **despersonęnt** (*dispersonant*, Rol. 2581) ; etc.

Les groupes *sd, sf, sm, sn, sr* se maintiennent aussi sans changement jusqu'à la fin du xiᵉ siècle ; et, comme pour les groupes précédents, l'*s* se fait assez fortement sentir. Ces groupes se rencontrent généralement dans les mots composés d'un simple et de la préposition *dĭs* (roman *des* devant une consonne) : *desduire* (*dĭsducere*) ; **desfaire** (*dĭsfacere*, Rol. 934) ; **desfît** (*dĭsfido*, Rol. 287) ; **desmembrèr** (*dĭsmembrare*, Rol. 1970) ; **desmentir** (*dĭsmentire*, Rol. 3834) ; **desrèngęt** (*dĭs + renget*, Rol. 809) ; etc.

A cet article on peut rattacher les mots provenant de mots latins composés au moyen de la préposition *ex*, et, en général, tous ceux dans le corps desquels entre *x* + une consonne.

X étant une lettre double dont l'équivalent ordinaire est *cs*, il s'agit ici, en réalité, devant les simples commençant par une consonne, d'un groupe de trois consonnes ; mais le traitement de *x* + consonne concorde si bien avec celui des groupes que nous venons d'étudier, qu'il est tout naturel de ne pas les disjoindre.

Comme nous l'avons déjà constaté pour *x* entre deux voyelles, mais dans certains cas seulement, *x* + consonne (= *cs* + consonne) perd la gutturale, qui tombe sans laisser de traces. Cette transformation est déjà accomplie dans quelques inscriptions latines, qui donnent *sistus* (= *sextus*), *obstrinserit*, (= *obstrinxerit*), etc. De là en roman : **esbaldissęnt** (*ex + bald + issent*, Rol. 1481) ; **esbaneiièr** (*ex +* germ. *ban + icare*, Rol. 111) ; **eschapęt** (*ex + cape = cappa*, Rol 3955) ; **escharbonęt** (*excarbonat*, Rol. 3580) ; **eschange** (subs. verb. de *eschangièr = excambiare*, Rol. 3714) ; **esdevint** (*exdevenit*, Lég. 14 a ; ms : *esdevent*) ; **estranges** (*extraneus, extranius*, Alex. 122 c) ; **escolorèz** (*excoloratus*, Rol. 485) ; **ajostède** (*adjuxtata*, Rol. 1461) ; **desarmèr** (*deexarmare*, Rol. 2498) ; **deschevalchièt** (*deexcaballicato*, Rol. 1513) ; etc.

Parlons enfin d'une particularité que nous avons constatée pour *x* (= *cs*, lequel devient parfois *sc*) et qui se retrouve dans le corps de certains mots, mais en sens inverse : *sc* devient par métathèse *cs*.

C'est ainsi que des formes comme *cresco, crescomus* (= *crescimus*), *nasco, nascomus* (=*nascimus*), *nascentem, piscionem, vascellum, finisco, finiscunt, finiscebam*, etc., sont devenues en latin vulgaire, par une métathèse fréquente chez le peuple, et qui ne paraît pas soumise à des règles fixes : *crēcso, crēcsomus, nacso, nacsomus, nacsentem, picsionem, vacsellum, finicso, finicsunt, finicsebam*, et ont donné en roman : *creis*, mod. *crois* ; *creissons*, mod. *croissons* ; *nais, naissons, naissant* ; *peison*, mod. *poisson* ; *vaissel*, mod. *vaisseau* ; *fenis, fenissent, fenisseie*, mod. *finis, finissent, finissais* ; etc.

Une transformation analogue a eu lieu dans *cassèl* (= *catsello* pour *castellum*); dans **angoissęt** (= *angutsiat* pour *angustiat*, Rol. 2010 ; et les temps ou dérivés du verbe *angustiare* ou du subst. *angustia*) ; dans *huis* (= *otsio* pour *ostium*) ; etc.

S devant une consonne tombe généralement, dans la prononciation, dès le xiie siècle, mais se maintient dans l'écriture jusqu'au xviie ; et, aujourd'hui, si quelques mots l'ont conservée dans l'orthographe et, dans la prononciation, c'est souvent par une rénovation toute latine [1].

II. — GROUPES ROMANS DE DEUX CONSONNES

Les groupes romans sont formés par la chute d'une voyelle placée entre deux consonnes. Ainsi l'*u* de *cumulare* tombant comme protonique (*cum'lare*), il en résulte le rapprochement de *ml*, qui est un groupe roman ; de même *u* tombant comme première posttonique dans *periculum* (*peric'lum*), il en résulte le groupe roman *c'l*. Dans *amatos*, la posttonique *o* disparaît, et *t's* est un groupe roman.

Ce serait certes une erreur de croire que la chute de la protonique ou des posttoniques soit, dans la langue latine, un fait absolument nouveau, inusité. La plupart des transformations qui ont été étudiées jusqu'ici ont existé en germe soit dans l'ancienne langue latine, d'où procède le latin vulgaire, soit parfois même dans le latin classique ; la nouvelle langue n'a fait que suivre, développer, si

<hr>

(1) Voir pour l'étude de cette question intéressante : Wilhelm Kœritz, Strasbourg, Bauer, 1886, in-8°, viii-135 pages, dissert. de docteur ; *Romania*, XV, p. 614 et ss ; — enfin Thurot, *Prononciation française depuis le commencement du xvie siècle*. Paris, 1883, II, p. 317 et ss.

l'on veut, des tendances plus ou moins accentuées. L'idiome des Gallo-Romains n'est qu'une étape nouvelle de la langue populaire des Latins, dont la langue classique n'a commencé à se séparer sérieusement qu'après la conquête de la Grèce. On ne sera donc pas étonné si nous disons que les groupes romans sont soumis à peu près aux mêmes lois que les groupes latins. Cependant, comme, durant la période qui s'étend du IIIe au VIIIe siècle de l'ère chrétienne, c'est-à-dire celle qui précède la naissance du roman, on constate de fréquentes chutes de voyelles inaccentuées qui antérieurement ne se produisaient guère qu'accidentellement, il en est résulté, en réalité, un état nouveau de la langue, et il faut considérer les consonnes ainsi rapprochées non telles que les présente le latin, mais telles qu'elles sont réunies en groupe au moment de la chute de la voyelle. Ainsi *mendicitātem*, par la chute de l'*i* protonique, devient *mendiçtatem*, *mendiç-tate*. Si nous voulons appliquer à ce groupe *ct* la règle de la combinaison du *c* et du *t* telle que nous l'avons formulée précédemment, nous commettons une erreur fondamentale, parce que, avant la chute de l'*i*, le *c* avait déjà perdu de sa qualité de gutturale latine sonnant *k* pour se transformer en sifflante : *mendiçtate*; d'où **mendistièt** en roman, tandis qu'un mot latin *mendictatem* (*mendiktate*) n'aurait donné que *menditièt*.

De même *carricare* est déjà devenu *carrigare* lorsque *ĭ* tombe; de là *car'gare* et le roman *chargièr*, mod. *charger*, tandis que le mot latin *circare*, par exemple, aboutit à *cerchièr*, mod. *chercher*.

On peut remarquer que les groupes romans sont plus nombreux que les groupes latins : la chute de la voyelle a donné lieu à toutes sortes de combinaisons nouvelles qui naturellement n'ont fait qu'apparaître pour disparaître aussi vite, emportées dans ce travail de simplification qui caractérise la formation des langues romanes. Nous suivrons, dans cette étude, un ordre analogue à celui qui a été adopté pour les groupes latins.

1) Le groupe roman est formé de deux liquides : la première reste sans changement; la seconde persiste aussi; mais, entre les deux liquides, si toutefois la dernière est l *ou* n, *s'intercale, dès les origines de la langue, une dentale ou une labiale destinée à faciliter la prononciation (une dentale* d *après* l *ou* n *qui sont des liquides dentales; une labiale* b *après* m, *qui est une liquide ou nasale labiale).*

Au XIIe siècle, la première consonne se change en *u*, si c'est une *l*.

1° *L'r* devient *ldr.* — **Voldrent** (*vol'runt* pour *volerunt* = *volue-runt*, Eul. 3 et 4) ; **voldret** (*vol'rat* = *volerat*, Eul. 21) ; **voldrat** (*vol'rabet* = *volerabet*, Rol. 155) ; **voldreient** (*vol'revant* = *vole-rabebant*, Rol. 412) ; **asoldrai** (*asol'raio* = *absolverabeo*, Rol. 1133) ; **poldre** (*pul're* = *pulere* pour *puluere, pulvere*, Rol. 3633) ; **poldros** (*pul'roso* pour *pulveroso*, Rol. 2426) ; etc.

2° *N'r* devient *ndr.* — **Sendra** (*sen'r* = *senor* = *senior*, Serm. I) ; **tendre** (*ten'ra* = *tenera*, Alex. 24 a) ; **tendremènt** (*ten'ramente*, Alex. 49 b) ; **vindrent** (*ven'runt* = *vēnĕrunt*, Lég. 20 c) ; **vendrunt** (*ven'runt* = *venirabunt* = *venirabent*, Alex. 102 d ; Rol. 2911) ; **tindrent** (*ten'runt* = *tenĕrunt* = *tenuerunt*, Rol. 2113) ; **tendrat** (*ten'rabet*, Rol. 53) ; **crendreie** (*crem'rēva* pour *tremerabebam*, Rol. 257) ; **remandrat** (*reman'rabet*, Rol. 907) ; **remandreient** (*reman'rēvant* = *remanerabebant*, Rol. 598 ; etc.

Très anciennement, peut-être dès les origines de la langue, en tout cas, aux xiᵉ, xiiᵉ et xiiiᵉ siècles, on pratiquait volontiers l'assimilation de *n* à *r* dans certaines formes verbales et autres où *n* était précédée de *e, o* : ainsi, pour le latin *genere, gen're*, on trouve, au moyen âge, en même temps que *genre*, la forme *gerre* ; l'*e* provenant de *a* protonique tombant aussi assez facilement dans notre vieille langue entre *n* et *r*, il en résulte des formes comme les suivantes : **dorrat** (pour *donerat, don'rat*, = lat. *donarabet*, Rol. 472) ; **dorrai** (pour *donerai, don'rai* = lat. *donaraio*, Rol. 3399) ; etc.

D'ailleurs l'intercalation du *d* n'avait pas lieu dans tous les dialectes : *nr* est resté sans changement dans les patois de la Champagne, qui disent encore aujourd'hui : *cenre* (*cendre*), *ponre* (*pondre*), *genre* (*gendre*), *menre* (lat. *minor*), *venredi, venra, tenra*, etc.

3° *M'r* devient *mbr.* — **Chambre** (*cam'ra* = *camera*, Alex. 29 a ; ms : *cambra*) ; **nombrent** (*num'rant* = *numerant*, Rol. 3262) ; **remèmbret** (*remem'rat* = *rememorat*, Alex. 12 b) ; etc.

Dans *marbre* (= *marm're* = *marmore*), il y a eu intercalation de *b* selon la règle ; mais alors, dans le groupe de quatre consonnes *rmbr*, *m* devenait d'une prononciation impossible et est tombée.

Exprimere et *cremere* (= *tremere*), devenus *esprim're, crem're*, puis en roman *espreindre, creindre*, ont inséré un *d* non pas entre *m* et *r*, mais, en réalité, entre *n* et *r*.

4° *M'l* devient *mbl.* — **Semblant** (*sim'lante* = *simulante*, Alex. 23 e) ; **ensèmble** (*insim'l* = *insimul*, Alex. 122 b) ; etc. La forme **humeles** (= *humile* + *s*, adverbe, *humblement*) que l'on trouve dans le Roland (v. 1163) est sans doute due au copiste ; *e* ne compte pas dans le vers : *E vers Franceis humeles e dolcement* (= *hum'les*, et, par conséquent, *humbles*). Nous savons que ces voyelles parasites, dues au souvenir du latin, sont fréquentes dans le dialecte anglo-normand.

5° *N'L* devient *ngl* dans *espingle*, mod. *épingle*, si toutefois on doit admettre l'étymologie *spinula*, ce qui n'est nullement certain.

6° *Quand la seconde consonne est une nasale, il n'y a pas d'insertion de muette.* Il s'agit ici des groupes *l'm*, *l'n*, — *r'm*, *r'n*, qui d'ailleurs ne présentent rien que de très régulier ; les deux liquides restent sans changement : **almosne** (*eleemosyna*, *elemosyna*, *el'mosna*, Alex. 20 c, 24 c, 105 d) ; **almonièrs** (*el'mosnarius*, Alex. 25 c) ; **ièrmes** (*erimus*, *er'mus*, Alex. 105 e) ; **reialme** (*regalimen*, *regal'me*, Rol. 2914) ; etc.

7° *R'L.* — Il n'y a pas non plus d'insertion de muette dans le groupe *rl* : **parlèr** (= *parabolare*, *paravolare*, *parav'lare*, *paraulare*, *parolare*, *par'lare*, Alex. 18 b, 34 c, etc.).

Les groupes *m'n*, *n'm*, où les deux liquides sont des nasales, s'écartent de la règle et exigent une étude à part.

8° *M'N.* — En vertu de la tendance des liquides ou nasales à permuter entre elles, ce groupe assimile la seconde consonne à la première (d'où *mm*), puis réduit les deux consonnes à la simple (*m*) : **dame** (*domina*, *dom'na*, Alex. 30 c) ; **ome** (*homine*, *hom'ne*, Alex. 91 c) ; **fème** (*femina*, *fem'na*, Alex. 91 e) ; **noment** (*nominant*, *nom'nant*, Alex. 10 a) ; etc. Plus tard, sous l'influence de la forte nasalisation devant *m*, un certain nombre de mots ont redoublé *m* : *homme*, *femme*, *nommer* ; etc, et cette orthographe est restée lorsqu'au xviie siècle la nasalisation a disparu devant une voyelle.

Quand le groupe *m'n* devient final, *m* se réduit à *n* conformément à la règle ; mais le souvenir du latin est si vivace, que *m* reste quelquefois : **danz** (*dominus*, *dom'nus*, Alex. 10 c, 13 b, 17 c, 20 b, 25 b, 32 c, etc.) ; **dom** (*domino*, *dom'no*, Lég. 24 b) ; **dam** (*dom'no*, Rol. 3806) ; **nom** (*nomine*, *nom'ne*, Eul. 14 ; Alex. 43 e, 76 c, etc.) ; de même *merrain* (*materiam'ne*), *estrain*, mod. *étrain* (*stram'ne*) ; etc.

9° *N'M.* — Ce groupe est rare ; on ne le trouve que dans *anima*, *animalia*, qui sont devenus, par la chute de la posttonique dans le premier et de la protonique dans le second, *an'ma*, *an'malia*. Ces mots devaient subir l'influence de lois phonétiques diverses : 1° ou bien il y aurait assimilation de *n* à *m*, chose très fréquente dans la langue latine, classique ou populaire, puis réduction à *m* simple; d'où *amme*, **ame**; 2° ou bien, ce qui n'est pas moins fréquent, il y aurait substitution de la liquide *l* à la nasale *n*; d'où **alme**; 3° ou bien encore cette *l* devait se changer en la liquide correspondante *r*; d'où **arme** et le dérivé diminutif *armelète*; 4° enfin *animalia*, devenu *alimalia, al'malia*, allait aboutir à *almaille*, et, au xııᵉ siècle, par la vocalisation de *l*, à *aumaille*.

Jusqu'à la fin du xıᵉ siècle, *anima* reste **anme** (Rol. 1133, 1202, 1848, etc.); et même quand, par le souvenir du latin, il ne reste pas tout simplement **anima**, (Lég. 29 f, leçon du ms; ms L de l'Alex. 82 e, etc.), il se trouve sous la forme **aneme**, où *ę* (= ĭ *atone* latin) ne compte pas dans le corps du vers (Alex. 67 b, 109 d, etc.).

Remarque. — Le suffixe latin *tudine* dans les mots *consuetudine, amaritudine, suavitudine*, etc., paraît s'être changé, par erreur de prononciation, en *tubine*, d'où *tub'ne, tum'ne* et enfin *tume* : *costume, amertume, suatume, v. fr.*[1]

2) La première consonne est une liquide (l, r, m, n) *et la seconde une explosive* (c, k, qu, g—t, d—p, b) *ou une continue* (s, j, f, v) : *la première reste sans changement jusqu'au* XIIᵉ *siècle, où elle se vocalise en* u *si c'est une* l ; *la seconde, explosive ou continue, est traitée comme initiale.*

1° *Groupes formés par* l + *explosive ou continue* : *l'c, l'g—l't l'd—l'p, l'b—l's, l'j, l'f, l'v.*

L'C, L'G. — **Chevalchièr** (*caballicare, cavalcare,* Rol. 480; et toute la conjugaison de ce verbe); **colchièr** (*collocare, col'care,* Alex. 11 b; ms L : *colcer*); **colchęt** (*collocat, col'cat,* Rol. 12); etc.

L se vocalise au xııᵉ siècle, d'où *chevauchièr,* mod. *chevaucher*; *couchièr,* mod. *coucher*; de même *cousin* (*culcino*); *poussin* (*pul'ceno*); *soucier* (*sol'citare*); etc.

Il est à remarquer que, selon que l'*i* qui précède la gutturale *c* est tombé plus tôt ou plus tard, le traitement de celle-ci est différent. Prenons, par exemple, la terminaison *icare* dans *caballicare* et *bullicare* : si l'*i* tombe avant l'affaiblissement de *c* en *g*, on a *caval'care, chevalchièr*; s'il ne tombe qu'après, et les deux faits ṣont pour ainsi dire contemporains, on se trouve en présence non plus de *icare*, mais, en réalité, de *igare* : *bulligare, bul'gare,* rom. *bolgièr,* mod. *bouger.*

<hr>

(1) M. Havet, *Romania,* VII, pp. 593-594.

Dans ce second cas, la gutturale est encore traitée comme initiale, mais elle n'est plus ce qu'elle était à l'origine.

L'T. — **Volt** (*volit, vol't*, Rol. 40); mod. *veut*; **voltice** (*volutitia, vol'titia*, Rol. 2593); etc.; de même *crudeltèt, cruauté* (*crudelitate, crudel'tate*); *noveltèt, nouveauté* (*novel'tate*); etc.

L'D. — **Chalt** (*calido, cal'do*, mod. *chaud*); **chalz** (*calidus* ou *calidos, cal'dus, cal'dos*, Rol. 3633, 1011); **maldiҫnt** (*maledicunt, mal'dicunt*, Rol. 2579), mod. *maudissent*; **Malduiz** (*Maleductus, Mal'ductus*, nom propre, Rol. 642); **soldedièrs** (*solidatarios, sol'datarios*, Rol. 34, 133); etc.

Quand *l'd* est final, *d*, selon la règle, se relève en *t*; suivi de l's de flexion, il devient *z*.

L'P. — Les exemples font défaut, mais le traitement est régulier, comme le prouve *colper*, mod. *couper* (= *colapare, col'pare* pour *colaphare*).

L'B. — L'anc. fr. *alebastre* (*alabastro*) est devenu *albâtre* assez tard pour que *l* ne se vocalisât pas.

L'S. — On ne trouve ce groupe qu'à l'état de final, suivi de *u, o* devant *s* de flexion; **chevals** (*caballus, caval's*, Rol. 809); **chevals** (*caballos, caval's*, Rol. 1095), **mals** (*malos, mal's*, Eul. 5, Val., v° 32); etc.

Le traitement est très régulier; les deux consonnes restent, et *l* se vocalise après le xiᵉ siècle. *Parfois* l *se combine avec* s *pour former* z, *ou encore* z *se substitue simplement à* s, *mais seulement après* l *mouillée, c'est-à-dire après* l *sous l'influence d'un* i *palatal* : **mìelz** (*melius*, Rol. 2473; ms : *miez*). Abusivement et par analogie, *s* se change en *z* après *l* non infectée d'*i*, ou encore *ls* se change en *z*; ainsi **nulz**, **nuz** (= *nullus*), mais c'est un fait rare.

L'J, L'F, L'V. — Groupes extrêmement rares; *l'f* est le seul qui donne un exemple ; *chalfer*, mod. *chauffer* (= *calefare, cal'fare*).

2° *Groupes formés par* r + *explosive ou continue :* r'c, r'g — r't, r'd — r'p, r'b — r's, r'j, r'f, r'v.

R'C, R'G — **Chargièr** (*carricatos, carrigatos, car'gatos*, Rol. 32, 185); *forgièr* (= *fabricare, favrigare, faur'gare*), mod. *forger*; etc. Il se passe la même chose que pour *l'c* : *care* donne *chièr* ou *gièr*, selon que la voyelle qui précède est tombée avant ou après l'affaiblissement du *c* en *g*.

RT, RD. — **Ièrt** (*erit, er't*, Rol. 517); **cherté** (pour *chertèt* = *chèr* (*caro*) + suff. *itate, tate*, Val., v° 29); *vèrt* (*viride*); etc.

L'ancienne langue possédait **vertèt** (= *veritate, ver'tate*); mais de bonne heure ce mot a été combattu par le mot savant **veritét** (Alex. 13 d), mod. *vérité,* qui l'a supplanté.

R'P, R'B. — Les exemples manquent pour *r'p* ; *arpent* correspond à *arpentum,* qui, dans le latin vulgaire, avait remplacé *arepennis.* Quant à *r'b,* il avait déjà affaibli le *b* en *v* avant la chute de la voyelle précédente dans **cervèl** (*cerebello, cerevello, cer'vello,* Rol. 1764) ; **cervèle** (*cerebella, cerevella, cer'vella,* Rol. 1356), mais non dans **herbèrge** (*heriberga, her'berga,* Rol. 2488). Dans *cervèl, cervèle,* mod. *cerveau, cervelle,* il s'agit, en réalité du groupe roman *r'v.*

R'S, R'J, R'F, R'V. — Les deux consonnes restent sans changement : **ièrs** (*eris, er's*) ; **cors** (*curris, cur's*) ; de même **orfèvre** (*aurifabro, aur'favro*) ; **cervoise** (*cerevisia, cer'visià*) ; etc.

3° *Groupes formés par nasale* (m, n) + *explosive ou continue.*

1. *M'c, m'g — n'c, n'g.* — *M* se réduit à *n* : *ronce* (*rumice, rum'ce*). *C* ou *g,* traités comme consonnes initiales, donnent *che* ou *ge* devant *a* ; toutefois *c* a pu s'affaiblir en *g,* comme nous l'avons vu plus haut, avant la chute de la voyelle précédente ; de là, d'un côté : *manche* (*manica, man'ca*), *didemanche,* mod. *dimanche* (*diedominica, didomin'ca*) ; et, de l'autre, le *v. fr. escomengièr* (= *excommunicare, excommunigare, excommun'gare*).

Parfois même le *c* médial est tombé dans le latin vulgaire par analogie ; de là *bétoine* (*bettonia* pour *bettonica*), *chanoigne,* mod. *chanoine* (= *canonio* pour *canonico*), etc.

2. *M't, m'd — n't, n'd.* — *M* se réduit encore à *n,* mais la langue moderne a parfois restauré *m* : **conte** (*comite, com'te,* Rol. 635, 1526 ; ms : *cunte*), mod. *comte* ; **bontét** (*bonitate, bon'tate,* Rol. 503, 2507) ; de même mod. *santé* (= *sanitate, san'tate*) ; *dompter,* anc. *donter* (= *domitare*) ; *sente* (*semita, sem'ta*) ; etc.

3. *M'p, m'b — n'p, n'b.* — Groupes très rares : *chanve,* mod. *chanvre* (= *cannabo, cannavo,* [*can'vo*). Le groupe est en réalité *n'v.* D'ailleurs, dans les mots latins qui pourraient présenter *m'p, m'b, n'p,* la labiale se serait affaiblie avant la constitution du groupe, de sorte que, dans tous les cas, on aurait le groupe *n'v.*

4. *M's, m'j, m'v — n's, n'j, n'f, n'v.* — Toutes ces combinaisons, tant s'en faut, ne se rencontrent pas. Nous venons de voir *n'v* persister dans *chanve,* mod. *chanvre* (= *cannavo, can'vo* pour *cannabo*) ; il en est de même des autres groupes (avec cette restriction que *m* devient *n*), car on sait que la continue a une force de résistance considérable : **chièns** (*canes, can's,* Rol. 30) ; **uns** (*unus, un's,* Rol. 627) ; **avons** (*habomus, avom's* pour *habemus,*

Rol. 1923); et toutes les premières personnes du pluriel en *ons*
(= *omus om's*).

3) La première consonne est une explosive (c, k, qu, g —
t, d — p, b) *ou une continue* (s, j, f, v), *et la seconde aussi
une explosive ou une continue : la première s'assimile à la
seconde et disparaît ; si elle est une gutturale, elle développe
un* j *qui agit sur la voyelle précédente. La seconde consonne
reste généralement intacte ; si c'est un* c, *elle s'affaiblit le
plus souvent en* g *devant* a.

Le nombre des groupes de cette série est si considérable qu'il
importe d'admettre des catégories. Nous pouvons les réduire
à trois.

1. *Gutturale + explosive ou continue.* Les seuls groupes qui, à
notre connaissance, fournissent des exemples, sont *c't, c'd, c's, g's,
g't, g'd,* : la gutturale se résout en *j* et agit sur la voyelle précédente pour la diphtonguer si elle est *a, o, u,* et pour la renforcer
si elle est *i.* La palatale *c* reste sous forme de *s* devant *t* ; et, à ce
propos, nous devons rappeler que, selon que la voyelle qui suit est
tombée avant ou après cette palatale, celle-ci a conservé le son dur
de la gutturale latine (*k*) ou pris le son spirant.

Dans le premier cas, elle tombe : **fait** (*facit, fac't,* Alex. 23 b,
29 d, etc.) ; **faites** (*facitis, fac'tis,* Alex. 101 a) ; **voide** (*vocita,
voc'ta.* Rol. 1668) ; **plait** (*placito, plac'to,* Rol. 1409) ; etc.
Dans le second cas, elle a eu le temps de prendre le son sifflant, et
alors elle reste, comme nous venons de le dire, sous forme de *s* :
amistièt (*amicitate, amiç'tate,* Alex. 33 c) ; **fist** (*fecit, feç't,* Rol.
154) ; **plaist** (*placet, plaç't,* Rol. 606).

La gutturale *g* tombe : **mais** (*magis, mag's,* Alex. 8 a) ; etc.

La dentale s'était déjà affaiblie en *d* avant la chute de la
voyelle précédente dans les verbes *placitare, cugitare* ; de là
placidare, cugidare ; — *plac'dare, cug'dare,* et, en roman :
plaidièr (Rol. 2667) et **cuidièr.**

Dans *vicecomite, viç'comte,* on a bien une consonne double, mais
la première a pris le son spirant qui a été rendu par *z* : **vezcontes**
(Rol. 849).

2. *Dentale + explosive ou continue. Parmi les groupes très
nombreux, réels ou fictifs qui composent cette série, les plus
intéressants, sans contredit, sont ceux qui sont formés d'une
dentale et d'une gutturale :*

T'c, t'g ; *d'c, d'g*. La gutturale reste, mais, comme *c* s'était affaibli en *g* avant la disparition de la voyelle précédente, nous n'avons plus, à vrai dire, affaire qu'aux groupes *t'g, d'g* : **jugedor** (*judicatore, judigatore, judgatore*, Alex. 73 d ; mod. *jugeur*) ; **edage** (*aetatico, edadigo, edad'go, edage*, Rol. 291); et tous les dérivés du suffixe *atico, adigo, adgo, aggo, agga, age*.

Si *exradicare* a donné *esrachièr*, mod. *arracher* et non *esragièr, arragièr*, c'est que, par l'analogie d'autres verbes en *icare* comme *expandicare*, où le *c* a été maintenu sous l'influence d'un groupe précédant *i*, l'*i* est tombé avant l'affaiblissement de la gutturale en *g*.

Dans *expandicare, expand'care*, on trouve un groupe de trois consonnes dont il sera question plus loin.

Les groupes formés d'une dentale et d'une explosive sont traités régulièrement : la dentale s'assimile et tombe : **veit** (*videt, vĭd't*, Alex. 123 e); devant *s* de flexion, elle aboutit à *z* (= *ds, ts*) : **veiz** *vides, vid's*, Rol. 2979); **leiièz** (*lĭgatus, ligat's*, Rol. 434), etc.

3. *Labiale + continue ou explosive*. La labiale s'assimile et disparaît invariablement; aucun groupe ne présente de particularité : **niès** (*népos, nĕp's*, Rol. 384); **oes** (*ŏpus, ŏp's*, Rol. 373); **dotęt** (*dŭbitat, dŭb'tat*, Rol. 3580); **dotance** (*dubitantia, dub'tantia*, Rol. 3613); **deit** (*debet, deb't*, Rol. 36); **receit** (*recipit, recivit, recĭv't, recif't*, Rol. 464); etc.

4. *Sifflante + explosive ou continue*. Nous savons déjà que les continues et, en particulier, la sifflante, ont une grande force de résistance; aussi *s* a-t-elle persisté dans la prononciation jusque dans la seconde partie du xiie siècle, et beaucoup plus longtemps dans l'écriture. Les exemples manquent dans nos plus anciens textes ; mais il suffit de citer des mots comme *prevost*, mod. *prévôt* (= *praeposito, prevos'to*) ; *costure*, mod. *couture* (= *consutura, cosutura, cos'tura*); etc., pour voir que cette question se rattache intimement à celle que nous avons traitée à propos des groupes latins *sp, st, sc* ; il est donc inutile de nous y attarder.

5. *Continue + explosive ou continue*. Les seuls groupes effectifs sont ceux dans lesquels entre *v* : *v* tombe régulièrement : **citèt** (*civitate, civ'tate*, Alex. 9 a); **briès** (*brĕves, brĕv's*, Rol. 2613 ; ms *brefs*, avec maintien de *f* sous l'influence du sg *brief = brĕve*); **nès** (*naves, n'avs*, Rol. 2625 ; ms *nefs*, avec maintien de *f* sous l'influence du sg *nef = nave*); **nagęnt** (*navigant, nav'gant*, Rol. 2631); etc.

4) La première consonne est une explosive (c, k, qu, g—t,

d—p, b) *et la seconde une liquide : La liquide se maintient, l'explosive s'affaiblit, tombe ou s'assimile. Si elle est une gutturale, elle développe un j qui agit, mais diversement, sur la voyelle précédente.*

1. *Gutturale + liquide* ; *c'l, c'm, c'n, c'r — g'l, g'm, g'n, g'r.*

C'L — Tous ces groupes ne sont pas réels, mais *c'l* est extrêmement fréquent; on le rencontre dans les suffixes *aculum, eculum, ĭculum, īculum, oculum, uculum* devenus de très bonne heure, par la chute de la première posttonique, *ac'lo, ec'lo, ĭc'lo, īc'lo, oc'lo, uc'lo* : la gutturale, en se transformant en *j*, diphtongue *a, e, ĭ, o, u* (*ai, ei, oi, ui*) et renforce *ī*. Ex. **travaillent** (*trabaculant, trabac'lant*[1], Rol. 380); **oreille** (*aurĭcula, aurĭc'la*, Rol. 722); **peril** (*perīculo, perīc'lo*, Rol. 152); **vièlz** (*vetulus, vĕt'lus, vĕc'lus*[2], Rol. 797); etc.

Le *c* palatal, quand il a eu le temps de prendre le son spirant avant la chute de la voyelle qui suit, reste sous forme d'*s*; nous connaissons assez ce fait pour qu'il soit inutile d'insister : *graisle* (*gracile, graç'le*, Rol. 3194); etc.

C'M. — *C*, avant la chute de l'*i*, avait pris le son spirant dans *dĕcima* ; de là son maintien sous forme d'*s* : **disme** (Rol. 3084), mod. *dime.*

C'N. — Ce groupe se rencontre dans *acina, aç'na*, rom. *aisne* : le *c* palatal et spirant s'est maintenu aussi sous forme d'*s*.

C'R. — Il est toujours médial; *c* se change en *j* et disparaît s'il ne s'est pas changé en spirante avant la chute de la voyelle qui suit : **faire** (*facere, fac're*, Eul. 4); il reste et devient *s* dans le cas contraire ; de là *s'r*, groupe qui exige l'intercalation d'une dentale : **fisdrent** (*fecerunt, feç'runt*, Lég. 11 b). Ce sont des faits que nous avons déjà étudiés ; il est inutile d'insister.

G'L. — La gutturale tombe régulièrement en laissant un *j* qui agit sur la voyelle précédente : **veillièr**, mod. *veiller* (= *vigilare, vig'lare.*

G'N. — Le *g* de ce groupe n'a pas eu d'action sur la voyelle précédente dans *imagine, imag'ne*; mais il a mouillé *n* : **imagene** (lisez *imagne*, Rol. 3268, 3664), mod. *image*, avec suff. *age* dû sans doute à l'analogie.

La chute du *g* dans le groupe latin ou roman *gn* remonte au

---

(1) A moins que le v. *travaillièr* (mod. *travailler*) ne soit formé sur *travail* (= *trepalium*), comme incline à le croire M. P. Meyer.
(2) *Vĕc'lus* (devenant *vĕc'l's*) présente, en réalité, un groupe de 3 consonnes.

latin : les Romains disaient indifféremment *aprugna* et *apruna*; de là le mod. *plantain* (= *plantagine, plantag'ne, plantane*).

2. *Dentale + liquide* : *t'l, t'm, t'n t'r* — *d'l, d'm, d'n, d'r*.

T'L. — La chute de la dentale après assimilation est la règle : *espalle*, mod. *épaule* (= *spatula, spat'la, spalla*); *vellin* mod. *vélin* (*vitulino, vit'lino*); etc.

Mais si, dans la prononciation de ce groupe, la langue se reporte légèrement en arrière, on arrive à *c'l*. C'est ainsi que *vĕtulo, vĕt'lo* a été remplacé par *vĕc'lo*, d'où le roman **vièil** (Rol. 2189). Nous avons déjà vu *tremere* donner *cremere*, d'où *crièndre* et le mod. *craindre*.

T'N. — Le *t* tombe aussi très régulièrement : mod. *rêne* (= *retina, ret'na*); *plane* (*platano, plat'no*) ; etc.

T'R. — La dentale n'étant pas encore tombée au xie siècle, *t'r* se présente très correctement sous la forme *dr* : **edrérs** (subst. verbal de *edrér* = *iterare, iderare, id'rare*, Alex, 80 e; la dentale *t* s'est déjà affaiblie en latin ; il s'agit donc ici, en réalité, du groupe roman *d'r*). Dans l'Alexis et le Roland, il faut partout substituer *dr* à *rr*, qui est dû aux copistes du xiie siècle : **podrai** (*poteraio*, Rol. 146, et non *porrai*) ; etc.

D'R. — La même observation s'applique au groupe *d'r*, qui ne devient *rr*, par assimilation, qu'au xiie siècle : **èdre** (*hedera, ed'ra*, Val., v° 11, 12, 14, 16); **desidrèr** (*desiderare, desidrare*, Alex. 88 d ; ms L : *desirrér*); **creidre** (*credere, cred're*, Rol. 987 ; ms : *creire*) ; etc.

Ce n'est qu'accidentellement et isolément que ce groupe, comme tous ceux que nous étudions en ce moment, apparaît au commencement des mots : **dreit** (= *d'rēcto* pour *directo*, Alex. 17 a, 38 e, etc.). Les groupes formés d'une explosive et d'une liquide ne se trouvent que dans le corps des mots.

3. *Labiale + liquide* : *pl', p'm, p'n, p'r* ; — *b'l, b'm, b'n, b'r*.

Deux groupes de cette série *P'L, B'L* s'écartent complètement de la règle en ce que la labiale reste sans changement. Ainsi **pueples** (= *pŏpulus, pŏp'lus*, Alex. 118 d ; ms L : *poples*), mod. *peuple* ; de même le mod. *peuplier*, dérivé de *pōpulus*. La forme **poblo** (= *pŏpulo*) des Serments prouve qu'un dérivé vraiment populaire aurait été successivement *poblo, pov'lo, puele*, mod. *peule*.

L'*u* atone est tombé avant l'affaiblissement de la labiale ; et c'est pourquoi les suffixes *abula, abile* ont donné aussi *able* : **tables** (*tabulas, tab'las*, Rol. 111) ; **chadeignables** (d'après *chadeigner* + *abiles*, Rol. 183).

P'R. — Le traitement de ce groupe est régulier, mais la transformation de la labiale s'arrête à l'affaiblissement en *v*, même dans la langue moderne: **receivre** (*recipere, recivere, reciv're,* Lég. 10 c; ms: *recivre*); **ovrir** (*operire, overire, ov'rir,* Rol. 2964); **povre** (*paupere, pauvere, pauv're,* Alex. 106 b); **lièvre** (*lepore, levore, lev're,* Rol. 1780); **sevrét** (*separato, sevarato, severét, sevrét,* Rol. 2781); etc. Ici encore, c'est en réalité le groupe roman *v'r* qui est en question.

B'R ou *V'R.* — C'est le dernier qu'il faut en somme considérer, la labiale s'étant affaiblie en *v* avant la chute de la voyelle : **livrent** (*liberant, liverant, liv'rant,* Rol. 2480); **beivre** (*bibere, bivere, biv're,* Leg. 34 b; ms: *bevre*); etc. Dans ce dernier verbe, le *v* s'assimilera plus tard à *r* pour tomber définitivement ; de là le moderne *boire* ; mais *boivre* est commun au moyen âge.

Remarque. — *En résumé, l'explosive tombe dans la plupart des cas devant la liquide, excepté lorsqu'elle est une labiale ; p et b se maintiennent devant* l, *mais s'affaiblissent en* v *devant* r ; boire *pour* boivre *est une exception.*

5) La première consonne est une continue ; (j, s, f, v) *et la seconde une liquide* (l, m, n, r). *La première persiste généralement, surtout si c'est une* s ; *la liquide reste sans changement.*

Ces groupes sont rares.

F'N. — Ce groupe est traité régulièrement dans *antienne* (*antifona, antif'na*) ; *Estiène, Estienne, Etienne* (*Stěfano, Stěf'no*), qui anciennement étaient *antiefne, Estiefne,* et n'ont perdu la continue que vers la fin du xiie siècle.

V'R. — Le *v* de ce groupe est resté sans changement, ce qu'il doit à sa double qualité de continue et de labiale, comme on l'a vu plus haut : **vivre** (*vivere, viv're,* Rol. 2936). Dans *paraveredum, parav'redo,* il s'est même, et à titre exceptionnel, relevé en *f* : **palefreit** (Rol. 479) ; c'est une conséquence de son maintien ; la prononciation de *v* devant *r* et après la liquide *l* devenait difficile.

V'M. — Il serait peut-être erroné de dire que le *v* du groupe *v'm* s'est relevé en *f* dans les anciennes formes **griefmènt** (*grev(i)-mente*), **briefmènt** (*brev(i)mente*) ; la vérité est que ces mots sont des composés romans : *grief + ment, brief + ment* ; la preuve en est que, lorsque les adj. *grief, brief* sont devenus au féminin *grieve, brieve,* les adverbes sont devenus, eux aussi, *grièvement, brieve-*

ment. Cependant *novima* a donné **noefme** (Rol. 3229) ; on trouve aussi *noevme.*

S'M. — *S* est restée dans la prononciation, selon la règle, jusqu'au xiie siècle inclusivement, dans *quadrantisme* (*quadragintes*(i)*mo*), *centisme* (*centes*(i)*mo*) et autres ordinaux du même genre ; elle est tombée même dans l'orthographe des formes modernes *quarantième, centième*, etc.

S'R. — Ce groupe est le plus fréquent : *S* reste dans les conditions que nous venons de rappeler ; de plus, pour faciliter la prononciation, il y a, entre *s* et *r* (*s* est une dentale), l'intercalation d'une dentale (ordinairement *t*, quelquefois *d*) : **pristrent** (*preserunt, pres'runt*, Alex. 16 e, Rol. 2606), mod. *prirent* ; **remèstrent** (*remaserunt, remas'runt*, Rol. 714) ; **reclusdrent** (*recluserunt, reclus'runt*, Lég. 30 d) ; **èstre** (*essere, es're*, Alex. 22 e, 30 a) ; etc.

III. — GROUPES LATINS OU ROMANS DE TROIS CONSONNES

Les lois générales qui ont été exposées pour les groupes de deux consonnes s'appliquent, avec des variantes, aux groupes de trois consonnes. Voici, si l'on cherchait une formule générale, comment on pourrait l'exposer :

Quand trois consonnes se suivent, la première et la dernière sont traitées d'après les lois générales, c'est-à-dire que la première se maintient le plus souvent si elle est initiale ; que les gutturales, même initiales, se changent en j et que les explosives disparaissent devant une muette suivant la loi des groupes de deux consonnes ; que la dernière consonne persiste également en se transformant plus ou moins, comme dans les groupes de deux consonnes, surtout si c'est une gutturale.

Quant à celle du milieu, elle reste ou disparaît, suivant qu'elle se lie facilement ou non avec les deux autres. Quand elle dispariat, il peut arriver qu'une nouvelle consonne s'introduise pour faciliter la prononciation.

Mais une règle aussi compliquée laisse beaucoup de vague dans l'esprit, outre qu'elle ne peut tenir aucun compte des faits particuliers. Pour plus de précision et de clarté, nous allons étudier en détail le sort de chaque consonne d'après la place qu'elle occupe dans le groupe.

1o CE QUE DEVIENT LA PREMIÈRE CONSONNE

1) Lorsque la première consonne est une liquide, elle reste invariablement, mais l se vocalise au XIIe siècle; m devient n, excepté lorsque, dans le mot roman, elle se trouve devant une labiale.

Les groupes sont très nombreux; voici les plus connus :

LDS. — **Chalz** (*calidos, cal'd's,* Rol. 1011, mod. *chauds*); **balz** (*gais* = germ. *bald* + *s,* Rol. 96); **solz** (*solidos, sol'd's,* Lois de Guillaume, I; mod. *sous*); etc.

LPS. — **Cols** (*colapos, col'p's,* Rol. 541; mod. *coups*); etc.

LTS. — **Salz** (*saltus, salt's,* Rol. 731; mod. *sauts*); **halz** (*altus, alt's,* Rol. 3745); etc.

LTR. — **Vèltres** (*veltrus,* dans la loi Salique, *veltrum, veltrem* pour *vertragus,* qui existe dans Martial; Rol. 730); *oltre* (*ultra,* Alex. 103 e; mod, *outre*).

LTL. — Mod. *vautrer* (*volutulare, vol't'lare*); etc.

LBN. — **Jalne** (*galbino, galb'no,* Rol. 1655; mod. *jaune*).

LFG. — **Jalgièr,** mod. *jauger* (*qualificare, galf'gare?*).

LGR. — **Foildres** (*fulguras, fulg'ras,* Rol. 1426; mod. *foudres*); *bougre* (*bulgaro, bulg'ro*); etc.

LPR. — **Malprimes** (nom d'un Païen, Rol. 3176); mod. *auprès* (*al* + *près*); etc.

LVR. — **Asoldrai** (*asolveraio, asolv'raio,* Rol. 1133); **poldre** (*pulvere, pulv're,* mod. *poudre,* Rol. 3633); **poldros** (*pulv'roso,* Rol. 2426). Dans les mots dérivés de *pŭlvere,* l'ó fermé (*ŭ*) devait aboutir, dès le XIIIe siècle, à *ou,* de sorte que *l,* en se vocalisant, s'est fondue avec *ou* : *ou* + *l* ou *ou* + *u* = *ou*; aujourd'hui : *poudre, poudreux.*

MPR. — **Rompre** (*rumpere, rump're,* Alex. 3533).

MPT. — **Contèr** (*comp'tare,* Poème rel. 14). La labiale *p* étant tombée devant la muette qui suit, *m* est devenue régulièrement *n*; de même dans *changièr* (*cambjare,* groupe *MBJ*); *plongièr* (*plumbicare, plumbigare, plumb'gare,* groupe *MBG*).

MPN. — *Timbre* (*tympano, tymp'no*).

MPL. — **Essèmple** (*exempla,* Rol. 1016).

MBD. — **Andui** (*ambodui, ambdui,* Alex. 5 c); **amdui** (Rol. 1380); etc.

NGR. — **Plaindre** (*plangere, plang're,* Alex. 93 b); *ceindre* (*cing're*); etc.

NDJ. — **Prènjet** (*prendiat; prendjat,* Alex. 8 d); etc.

NCR. — **Veintre** (*vinc're*, Eul. 3).

NDT. — **Rènt** (*rendit, rend't*, Rol. 2198); **prènt** (*prend't*, Rol. 343); etc,

RDG. — **Targièr** (*tardicare, tard'gare*, Rol. 2451); **target** (*tard'gat*, Rol. 1345); etc.

RMN. — **Tèrmes** (*terminus, term'nus*, Rol. 54); *charme* (*carmina, carm'na*); etc.

RVS. — **Sèrs** (*servos, serv's*, Alex. 25 c); etc.

La persistance de la liquide est un fait indéniable; il est inutile de proposer d'autres groupes et d'autres mots. La seule exception est la chute de *n* devant *s* : elle a lieu dans les groupes de trois consonnes comme dans ceux de deux consonnes, cela va de soi : **mestièr** (= *misterio* pour *ministerio, minsterio*, sous l'influence de *mysterium*, Rol. 1472); **mostièr** (*monsterio, mosterio* pour *monasterio*, Rol. 2907); **isle** (*isla* pour *insla* = *insula*); *n* étant tombée de bonne heure, il s'agit ici, en réalité, des groupes romans *s't, s'l*.

2) Lorsque la première consonne est une gutturale (le groupe n'est jamais initial, il est toujours médial), la gutturale tombe en développant un j *qui agit diversement sur la voyelle précédente.*

Les groupes ne sont pas nombreux :

G'RM. — **Lairmes** (*lacrymas, lagrimas, lag'rmas, lajrmas,* Alex. 117 d) ; etc.

CTR. — *Peitrine*, mod. *poitrine* (*pectorina, pectrina*); *peitral,* mod. *poitrail* (*pectorale, pectrale*); etc,

CNT. — *Peignièr*, mod. *peigner* (*pect'nare*); etc.

CTM. — **Huidme** (*octima, oct'ma*, Rol. 3068, 3229).

GNT. — **Cointes** (*cognitus, cogn'tus*, Alex. 43 b); **acointièr** (*accogn'tare*; cf. le mod. *accointé*); etc.

XTR ou *STR.* — **Destrièr** (*dexterario, destrario*, Rol. 345).

CTS. — **Piz** (*pectus, pect's*, Rol. 48, 1107, etc.).

3) Lorsque la première consonne est une labiale ou une dentale, elle s'assimile à la seconde et disparaît.

Nous ne connaissons que les groupes suivants :

PTM. — **Sèdme** (*septimo, sept'mo, setmo, sedmo,* Alex. 116 a; cf. le mod. *semaine*).

BSC. — *Oscur* (*obscuro*; restitution moderne : *obscur*).

BST. — **Ostage** (*obstatico*, provenant de la confusion de *obsi-*

daticum et de *hospitaticum*; de là tantôt *h*, tantôt absence de *h* au commencement du mot; Rol. 3950).

VRG. — *Forge* (*fabrica, favriga, faur'ga*). C'est un cas particulier, se rattachant au cas plus général d'une labiale devant *R* : la labiale s'affaiblit simplement en *v*; ou celui-ci (c'est le cas présent) se vocalise après *a*, de sorte que l'on se trouve avoir affaire, en réalité, au groupe roman *R'G*.

DRN pour *TRN*. — *Marne* (*matrona, madr'na*).

DJD. — **Aidièz** (*adjutatis, adjudatis, adj'datis, aj'datis*).

Cette assimilation de l'explosive devant une autre explosive, suivie de la réduction à la seconde consonne, était accomplie, pour les groupes de trois consonnes, comme pour ceux de deux consonnes, depuis longtemps dans le latin populaire, puisque Suétone raconte que l'empereur Claude mit un sénateur à l'amende pour avoir prononcé *isse* au lieu de *ipse*.

4) Lorsque la première consonne est une continue (s ou v; on ne trouve pas les autres j, f), la spirante s se maintient; dès le XIIe *siècle, elle tombe dans la prononciation, mais ne disparaît dans l'écriture que vers le* XVIIe *siècle. Quant à v, il tombe dès les origines.*

Ajoutons que, comme dans les groupes de deux consonnes, au commencement des mots, *s* s'est fait précéder d'un *i* épenthétique qui a donné *è* en roman, et que, sous l'influence du latin, elle s'est maintenue, même dans l'écriture, pour un petit nombre de mots jusqu'à nos jours.

Enfin quand elle se trouve, par la chute de la seconde consonne, rapprochée d'une liquide, il y a, entre elle et la liquide, insertion d'une dentale.

STR. — **Nostre** (*nostro*, Alex. 31 d; mod. *notre*); **vostre** (*vostra*, Alex. 97 b; mod. *votre*); **mostrède** (*mostrata* pour *monstrata*, Rol. 1369; mod. *montrée* avec restitution de *n*); **estreit** (*stricto*, Rol. 2202; mod. *étroit*); **destruite** (*destructa*, Rol. 835; mod. *détruite*); **senèstre** (*sinistro*, Rol. 2830); **costre** (*custor* pour *custos*; de là *cust'r*, Alex. 36 a); **estrait** (*estracti* pour *extracti*, Rol. 356; la lang. mod. a restauré *x* : *extrait*); **estranges** (*estranius* pour *extraneus*, Alex. 122 c; mod. *étrange*); **èstre** (*estra* pour *extra*, en dehors de, malgré, Lég. 11 b); etc.

STL. — *Apostle* (*apostolo, apost'lo*; mod. *apôtre*); *epistle* (*epist'la* ; mod. *épitre*). Ce sont des mots savants, comme le prouve le maintien du *p* médial.

SCR. — **Conoistront** (*cognoscerabunt, cognosç'runt*, Alex. 42 e ; mod. *connaîtront*) ; etc.

STM. — *Tesmoin* (*test'monio* pour *testimonium*).

SPT. — **Hostelér** (*hospitalare, hosp'talare*, Rol. 160 ; cf. mod. *hôtel*) ; etc.

SFM. — **Blasmér** (*blasf'mare* pour *blasfemare*, Rol. 681 ; mod. *blâmer*).

SBR ou *SVR.* — **Cosin** (*consobrino, cosovrino, cos'vrino. cosrino, cosino*, Rol. 173).

On trouve *consinum* au VIIe siècle dans le vocabulaire de Saint-Gall. En somme, c'est *s* qui s'est maintenue ici, *R* s'étant fondu avec elle.

STS. — **Oz** (*hostes, host's*, Rol. 598) ; etc.

SFR. — Mod. *Orfraie* (*ossifraga, osf'raga*, avec changement de *s* en *r* comme dans *varlet* = *vaslet, Marseille* = *Massilia*).

SCL. **Mesléde** (*misculata, misc'lata*, Rol. 540 ; mod. *mêler*) ; de même *masle*, mod. *mâle* (= *masculum, masc'lo*) ; etc.

SPR. — **Vèspres** (*vesperas, vespras*, Rol. 157, 1807) ; *esprit* (*spirito, sprito*) ; etc.

SPC. — **Evèsque** (*epispoco, episp'co* pour *episcopum*, Lég. 8 e ; mod. *évêque*) ; etc.

SVT. — **Costume** (*cosvetumine, cosv'tumine* pour *consuetudine*, Rol. 141 ; mod. *coutume*).

SPD. — *Hisdeux*, mod. *hideux* (*hispidoso, hisp'doso*).

VSD. — *Joesdi*, mod. *jeudi* (*jovisdie, jovs'die*).

2º CE QUE DEVIENT LA SECONDE CONSONNE

1) Lorsque la seconde consonne est une liquide, elle reste à peu près invariablement (cas particulier : rm's).

VRG. — *Forge* (*fabrica, favriga, favr'ga, faurga*).

GRM. — **Lairmes** (*lacrymas, lagr'mas*, Alex. 119 e).

GNT. — **Cointes** (*cognitus, cogn'tus*, Alex. 43 b).

TRN ou *DRN.* — *Marne* (*Matrona, Mad'r'na*).

RMN. — **Tèrmes** (*terminus* (*term'nus*, Rol. 54) ; **tèrme** (*term'no*, Alex. 10 a) ; *germer* (*germinare, germ'nare*) ; etc.

REMARQUE. — C'est une règle à peu près invariable que le maintien des liquides, quelle que soit leur position dans le mot ; nous avons vu cependant qu'à la finale *n*, dans le groupe *rn*, tend à s'affaiblir dans la prononciation et à disparaître. C'est pour la même raison que, dans l'ancienne langue, *m* du groupe *rm* disparaît devant *s* (groupe *RM'S*) : *fers* (= *firmus*, *ferm's*). Cette forme et les formes analogues ne se sont guère maintenues au-delà du xiie siècle, le cas régime *ferme* (= *firmo*), où l'*ę* sert à soutenir le le groupe *rm*, revenant souvent, et entraînant par analogie *fermes* au lieu de *fers*.

2) La seconde consonne est une gutturale. Il faut distinguer deux cas : 1° Si la gutturale est entre deux liquides, elle se maintient le plus souvent sans changement ; 2o Si la gutturale n'est pas entre deux liquides, elle tombe, mais en développant un j qui agit sur la voyelle précédente ; et, lorsque les deux consonnes restantes sont ou deux liquides ou une spirante et une liquide, il y a, par euphonie, intercalation d'une dentale (cas particuliers : scl, rcn, rcr).

1o *La gutturale est entre deux liquides*

LGR. — *Bolgre*, mod. *bougre* (*Bulgaro*, *bulg'ro*) ; **foildres** (*fulguras*, *fulg'ras*, Rol. 1426 ; la langue moderne n'a pas conservé la diphtongue *oi* : *foudre*).

NGL. — **Ungle** (*ungulo*, *ung'lo*, Lois de Guillaume, 13 ; mod. *ongle*) ; **sanglènte** (*sanguilenta*, *sang'lenta*, Rol. 1399 ; mod. *sanglante*); **angle** (*angelo*, *anglo*, Rol. 2260 ; on trouve aussi, dans le Roland, *angele*, 836, où l'*ę*, qui ne compte pas, indique sans doute que la prononciation du *g* est douce ; d'où le moderne *ange* ; de même, dans l'Alexis, *angele*, 18 b).

NCL. — **Oncle** (*àuunculo* pour *avunculo*, Rol. 66) ; *furoncle* (= *furunculo*).

RCL. — *Cercle* (*circulo*, *circ'lo*).

RGN. — *Marge* (*margine*, *marg'ne*).

RCR. — *Chartre* (*carcere*, *carc're*). Le changement tout à fait insolite de *c* en *t* dans *carcere* est dû certainement à la difficulté de la prononciation du *C* entre deux *R*.

2o *La gutturale n'est pas entre deux liquides*

NCT. — **Sainte** (*sancta*, Rol. 3612) ; **jointes** (*junctas*, Rol. 2392) ; *ceint* (*cincto*), *plaint* (*plancto*) ; etc.

NGR. — *Plaindre* (*plangere*, *plang're*) ; *oindre* (*ung're*), *poindre* (*pung're*) ; etc.

Remarque. — Les groupes *scl, rcn, rcr* ne sont pas traités, dans le petit nombre de mots où nous les rencontrons, conformément aux données précédentes.

La gutturale du groupe *scl* disparaît sans laisser de traces et par conséquent sans agir sur la voyelle précédente : **meslède**, mod. *mêlée* (*misculata, misc'lata*, Rol. 450) ; de même *masle* (mod. *mâle = masculo, masc'lo*) ; *mosle*, mod. *mousle, moule* (*musculo, musc'lo*). Il semble qu'ici *sc* soit devenu *cs* par une métathèse fréquente et bien connue (*cresco* devient *crecso*, etc.) ; *cs* aura pu être traité comme *x* qui aboutit souvent, en latin même, à *ss* (*essemplo* pour *exemplo*) ; de là *mislata* et enfin *meslède, mêlée*.

Il est à croire que notre mot actuel *chêne* correspond à *quercino*, qui, par la transformation assez fréquente de *e* entravé atone en *a* devant la liquide *r*, est bientôt devenu *quarcino*, puis *carcino*, *carç'no, caç'no* (*casnus* se trouve dans des textes du ixe siècle). *Caç'no* aurait donné *chaisne* (on trouve aussi *chaigne = cacno*), qui, par l'équivalence de *ai* et de *è*, est, dès le xiiie siècle, *chesne*, mod. *chêne*.

La gutturale est tombée entre deux *r* dans *torquere, torkere, torc're*; d'où le roman *tordre*; et cependant l'insertion d'une dentale suppose primitivement une *s* due à *c* palatal : *torcere, torç're, torsre, torsdre* : **estordrat** (*extorquerabet*, Rol. 593).

3) Quand la seconde consonne est une labiale ou une dentale, il faut distinguer deux cas : 1° si la labiale ou la dentale se trouve entre deux liquides ou entre une spirante et une liquide, elle reste; 2° si elle est suivie d'une explosive, elle s'assimile à celle-ci, puis tombe conformément à la loi qui règle les groupes de deux consonnes (Cas particuliers : ctr, mpn, lbn, sbr).

1° La seconde consonne est une labiale ou une dentale entre deux liquides.

MPR. — **Derompre** (*derumpere, derump're*, Alex. 86 c); **atemprédes** (*adtemp'ratas*, Alex. 119 c).

MPL. — **Essèmple** (*exempla*, Rol. 1016).

RBR. — **Arbre** (*arbore, arb're*, Rol. 3953).

SPR. — **Vèspres** (*vespr'us*, Rol. 157, 1807).

LTR. — **Oltre** (*ultra*, Alex. 103 e); *coltre* (*cultro*, mod. *coutre*).

LTL. — *Voltrer, voutrer*, mod. *vautrer* (*voltulare, volt'lare*).

NTR. — **Contrède** (*contrata*, Alex. 15 e); **vèntre** (*ventre*, Alex. 91 c); etc.

NDR. — **Prèndre** (*prendr'e*, Rol. 135); **vèndre** (*vend're*, Rol. 1590); etc.

RTL. — **Chartre** (*cartula, cart'la*, Alex. 70 c).

XTR ou *STR.* — **Destrièr** (*dexteriaro* ou *desterario, destrario*, Rol. 345).

Remarque. — Dans *peitrine*, mod. *poitrine* (= *pectorina, pectrina*, où la dentale est entre une gutturale et une liquide), on voit la différence de traitement d'un groupe selon qu'il est composé de deux ou trois consonnes; *tr* intervocal, nous l'avons vu, devient *dr* puis *rr* et même *r*; *tr* précédé d'une consonne reste sans changement.

2° Cas particuliers. Il s'agit des groupes *mpn, lbn, sbr*, qui présentent une labiale entre deux liquides.

Le latin *tympanum* avait dû affaiblir irrégulièrement, dans la langue populaire, *p* en *b* avant la chute de *a* (*tympano, timbano, timb'no*), puisqu'il a abouti à *timbre* en français, en espagnol et en portugais. La chose se conçoit d'ailleurs aisément, la labiale étant *p* ou *b* selon que l'on resserre plus ou moins les lèvres.

Dans *galbino, galb'no*, en roman **jalne** (Rol. 1655), mod. *jaune*, le *b* du groupe latin *lb* (*ga-lb-ino*) a dû s'affaiblir irrégulièrement aussi en *v* avant la chute de *i*, pour tomber ensuite dans le groupe *lv'n*; nous verrons en effet que, lorsque la seconde consonne est une continue *f* ou *v*, elle tombe sans laisser de traces.

Enfin, nous savons déjà que, dans *consobrino*, qui a donné **cosin** (Rol. 173), mod. *cousin*, il s'agit en réalité non du groupe *sbr*, mais du groupe *svr* : *cosovrino, cos'vrino, cosrino, cosino*.

3° La seconde consonne est une labiale ou une dentale suivie d'une explosive.

LPS. — **Cols** (*colapos, col'p's* pour *colaphos*, Rol. 451); le Roland présente souvent *colps* avec maintien de la labiale, mais il ne faut voir là qu'un souvenir du latin.

MBJ, MBG. — **Changièr** (*cambjare*), mod. *changer*; — *plongièr* (*plumbicare, plumb'gare*), mod. *plonger*.

MBD. — **Andui** (*ambodui, amb'dui*, Alex. 5 c); **amdui** (Rol. 1381).

MPT. — **Deront** (*derumpit, derump't*, Alex. 78 b).

RBG. — **Bergièr** (*berbecario, berbegario, berb'gario* pour *vervecarium*), mod. *berger*.

SPT. — **Hostelèr** (*hospitalare, hosp'talare*, Rol. 160).

SPC. — **Evèsque** (*epispoco, episp'co* pour *episcopum*, Lég. 8 e).

LDS. — **Chalz** (*calidos, cal'd's,* Rol. 1011); **balz** (germ. *bald* + *s* de flexion, Rol. 96).

NDG. — **Mangièr** (*manducare, mandugare, mand'gare,* Alex. 51 e), mod. *manger*; **vengièr** (*vindicare, vindigare, vind'gare,* Rol. 1149).

NTC. — **Ancessor** (*antecessores, ant'cessores,* Alex. 3 b); *moncèl* (*mont'cello*), mod. *monceau.*

NDT. — **Rènt** (*rendit, rend't,* Rol. 2198), mod. *rend*; **prènt** (*prendit, prend't,* Rol. 343), mod. *prend.*

RTC. — *Escorchièr* (*excorticare, excort'care*), mod. *écorcher.*

RTS. — **Porz** (*portos* pour *portus, port's,* Rol. 583), mod. *ports*; on sait que *ts* aboutit à *z.*

RDT. — **Pèrte** (*perdita, perd'ta,* Alex. 30 c; Rol. 1691).

RDJ. — **Vergièr** (*viridiario, virdjario,* Rol. 11), mod. *verger*; *orge* (*hordea, ordja*).

Remarque. — Devant la nasale *m* ou *n,* la dentale n'est pas protégée comme lorsqu'elle est entre deux liquides pures; nous l'avons vu dans *galbino, tympano* (*galv'no, tymb'no*); il en est de même des groupes *ptm* et *ctm* dans **sèdme** (*septima, sept'ma,* Alex. 116 a); *semaine* (*sept'mana*); *peignièr,* mod. *peigner* (*pectinare, pect'nare*). Ajoutons que le maintien de la labiale ou de la dentale n'a rien que de très naturel entre deux liquides pures, puisque nous voyons une muette pure s'intercaler régulièrement, par raison d'euphonie, entre *l... r, n... r, r... n.*

4) La seconde consonne est une continue (s, j, f, v) *: f et v tombent sans laisser de traces ; j, devenant palatal, développe un j qui agit sur la voyelle précédente; la spirante s se maintient jusqu'au* XIIe *siècle dans la prononciation comme dans l'écriture, et ne disparaît dans l'écriture qu'au* XVIIe *siècle, laissant jusqu'à nos jours des traces assez nombreuses. (Cas particulier : f entre deux liquides ou entre une spirante et une liquide.)*

En somme, il en est des continues comme des explosives : elles tombent même devant une liquide; la spirante *s* seule jouit d'une vitalité toute particulière.

LFG, DFG. — *Jaugièr* (*qualificare?? gal'f'gare*), mod. *jauger*; *nigièr* (*nidificare? nid'f'gare*), mod. *nicher.*

RVS. — **Sèrs** (*servis, serv's,* Alex. 25 c).

RVJ. — **Serjanz** (*servientes, servjentes,* Rol. 3957).

RVT. — **Sèrt** (*servit, serv't*, Rol. 8, 3247).

SFM. — **Blasmèr** (*blasfemare, blasf'mare*, Rol. 681).

SVT. — **Costume** (*consuetudine, cosvetumine, cosv'tumine*, Rol. 141), mod. *coutume*.

BSC. — *Oscur* (*obscuro*), mod. *obscur*.

DJD. — **Aidièr** (*adjutare, adjudare, adj'dare*, Rol. 26), mod. *aider*.

3° CE QUE DEVIENT LA TROISIÈME CONSONNE

1) La troisième consonne est une liquide : elle reste ; mais, lorsque la première consonne est elle-même une liquide identique ou de même ordre, ou bien une spirante, elle se change, par dissimilation, en une liquide identique ou de même ordre ; et, lorsque la seconde consonne disparaît, l'euphonie exige, entre les deux liquides restantes, l... r, n... r ou entre s et r, l'insertion d'une dentale (cas particuliers : rpn, rmn, sbr).

La liquide reste sans changement dans les groupes suivants, qui sont ainsi traités régulièrement, et dont on peut trouver des exemples dans ce qui précède : *ltr, lbn, lgr, mpr, mpl, ngl, ntr, ndr, nsl, ncl, rbr, rcn, rtm, rcl, crm, ctr, ctn, xtr, ptm, trn, str, stm, sfm, sfr, scl, spr, stl, svr.*

Il y a changement, par dissimilation, de la liquide en une liquide de même ordre pour les groupes suivants :

LTL. — *Voltrèr*, plus tard *voutrer*, mod. *vautrer* (*volutulare, vol't'lare*) ; *espèltre*, mod. *épeautre* (*speltula*).

RTL. — **Chartre** (*cartula, cart'la*, Alex. 70 c) ; *martre* (*martula, mart'la*).

RGL. — *Marne* (*margila, marg'la*). Ici l'euphonie n'exige pas l'insertion d'une dentale.

STL. — **Apostle** (*apostolo, apost'lo*), mod. *apôtre*.

3° Deux groupes *NGR, RCR* intercalent une dentale entre les deux liquides après la chute de la gutturale :

plaindre (*plangere, plang're*, Alex. 93 b) ; *chartre* (*carcere, carçre*).

4° Les groupes suivants présentent des cas particuliers :

RPN. — *Charme* (*carpino, carp'no*). La nasale *n* s'est changée en *m*.

MPN ou *MBN*. — *Timbre* (*tympano, timbano, timb'no*). *N* finale s'est, par dissimilation, changée en *r* à cause de la labiale *b*.

RMN. — Nous avons constaté plus d'une fois que *mn* aboutit toujours à *m*; de là **tèrmes** (*terminus. term'nus*, Rol. 54).

SBR. — *R* a fini par tomber après *s* dans **cosin**, mod. *cousin* (*cosovrino, cosvrino, cosrino, cosino*, Rol. 173).

2) La troisième consonne est une gutturale : elle persiste et se conduit comme initiale, c'est-à-dire que la palatale c se maintient avec le son doux (ç doux ou s dure), et que la vélaire c reste sans changement et avec le son dur devant o, u, mais devient ch devant a. G provenant de c médial latin affaibli reste aussi avec le son doux.

NDC. — *Penchièr*, mod. *pencher* (*pendicare, pend'care*), *revanchièr*, mod. *revancher*, d'où *revanche* (*revindicare revind'care*).

NDG. — **Vengièr** (*vindicare, vindigare, vind'gare*, Rol. 1149), mod. *venger*; **mangièr** (*manducare, mandugare, mand'gare*, Alex. 51 e), mod. *manger*.

STC. — *Escorchièr*, mod. *écorcher* (*excorticare, excort'care*).

RDG. — **Targièr** (*tardicare, tardigare, tard'gare*, Rol. 2451).

SPC. — **Evèsque** (*epispoco, episp'co* pour *episcopo*, Lég. 8 e), mod. *évêque*.

NTC. — **Ancessor** (*antecessores, ant'cessores*, Alex. 3 b); etc.

3) La troisième consonne est une dentale[1] : elle reste sans changement.

MPT. — **Contèr** (*computare, comp'tare*, Poème rel. 14).

MBD. — **Andui** (*ambodui, amb'dui*, Alex. 5 c).

NCT. — **Jointes** (*junctas*, 2015).

NDT. — **Prènt** (*prendit, prend't*, Rol. 343).

RVT. — **Sèrt** (*servit, serv't*, Rol. 8, 3247).

Si le *t* médial a eu le temps de s'affaiblir en *d*, c'est *d* qui reste; ainsi dans **aidièz** (*adjutatis, adjudatis, adj'datis, aj'datis*, Alex. 93 b); **saintedèt** (*sanctitate, sanctidate, sanct'date*), mod. *sainteté*; *goourde, gourde* (*cucurbita, cucurbida, gugurb'da*), il s'agit en réalité des groupes *j'd, ctd, rbd* et non des groupes *djt, ctt, rbt*.

4) La troisième consonne est une continue s, (j, f, v) : elle reste invariablement; s se combine avec la dentale qui pré-

---

cède pour former z : *elle se change aussi en* z *après* nn *et* 1
mouillée (anz = annos ; vermeilz = vermiculus, vermiculos).

Dans les groupes où entre *j*, ou bien *j* se consonnifie ou bien il
agit sur la voyelle précédente. Ainsi : **prenjęt** (*prendjat*, Alex.
8 d); **vergièr** (*viridjario, virdjario*, Rol. 11, 103); **serjanz** (*servjentes*, Rol. 3957); *vergoigne, Borgoigne* (*verecundja, Burgundja*).
Il est inutile de donner d'autres exemples.

IV — GROUPES DE PLUS DE TROIS CONSONNES.

Nous avons vu que les règles qui régissent les groupes de trois
consonnes sont, dans leurs traits généraux, conformes à celles que
nous avions déjà constatées pour les groupes de deux consonnes. Il
en est de même pour les groupes de plus de trois consonnes. Outre
qu'ils sont fort rares, ils présentent l'application de principes déjà
connus : *les liquides se maintiennent ; les explosives disparaissent
devant une muette ; les gutturales suivent les lois ordinaires : dans
l'intérieur d'un groupe, se changeant en un* j *qui agit le plus souvent
sur la voyelle précédente, se conduisant comme initiales si elles
terminent le groupe. Les dentales et les continues se maintiennent
lorsqu'elles terminent le groupe.*
MBSDS. — **Ansdous** (*ambosduos, amb'd's*, Rol. 2290). En
réalité, ce sont deux mots qui se sont soudés : *ambos + duos.*
SBTR. — *Prestre* (*presbyter, presb't'r*). La labiale est régulièrement tombée devant la muette *t*, qui s'est maintenue non moins
régulièrement entre *s* et *r*.
RTSD. — *Marsdi* (*martisdie, mart'sdie*), mod. *mardi.*

LIVRE II

DÉCLINAISON

CHAPITRE PREMIER

L'ARTICLE [1]

1) Emploi du démonstratif latin avec le sens affaibli de notre article.

L'article était inconnu au latin, et Quintilien prétend que la langue latine ne souffrait en rien de cette lacune. Il est permis d'en douter. D'ailleurs le latin supplée souvent à l'absence de l'article par le démonstratif *ille,* qu'il n'est pas rare de voir employé avec un sens affaibli, voisin de celui de notre article.

Funerata est pars **illa** *corporis mei Qua quondam Achilles eram* (Pétrone = elle est morte, **la** partie de mon corps par laquelle j'étais autrefois Achille) ;

Illa *seges demum votis respondet avari — Agricolae, bis quae solem, bis frigora sensit* (Virgile = **la** moisson ne répond aux vœux du laboureur,...)

Res geris, magnas **illas** *quidem et utiles* (Cicéron = tu fais des choses, **les** choses grandes et utiles) ;

Illum *praeteritum temnens* (Horace = dédaignant celui qu'il a dépassé ; littéralement, **le** dépassé).

(1) Quoique l'article ne soit, à proprement parler, qu'un adjectif déterminatif, ou, pour être plus précis, qu'un démonstratif, nous suivrons la coutume générale en en faisant une espèce de mot à part. En outre, nous commençons par l'article l'étude des parties du discours, parce que la connaissance en est nécessaire pour l'étude de la déclinaison en général. Enfin nous établirons la distinction entre l'article défini et l'article indéfini, qui, lui aussi, n'est cependant autre chose, au fond, qu'un adjectif indéfini.

Il serait facile de multiplier les exemples; les meilleurs auteurs en sont pleins. Cet affaiblissement du démonstratif *ille* est particulièrement apparent lorsqu'il est employé avec les noms propres. C'est dans ce cas surtout que *ille* sert véritablement, comme notre article, à rappeler que l'être ou l'objet en question est déjà suffisamment connu :

Sic Jupiter **ille** *monebat* (Virgile); *Quid Priamus* **ille**? (Sénèque); *Plinius* **ille**, *quem nosti* (Pline le Jeune : **le** Pline que tu connais); etc.

Il est de plus en plus fréquent pendant les premiers siècles du moyen âge, et, à partir du vɪᵉ siècle, notamment, les exemples en deviennent nombreux dans les Chartes [1].

Le démonstratif *ille* n'est pas le seul pronom qui, dans la langue latine, remplisse la fonction d'article; *ipse, is* pouvaient jouer le même rôle; on en trouve des exemples dans César même; *ipse* est particulièrement fréquent dans la vie de sainte Euphrosyne (ɪxᵉ siècle) : *et dum frequentabat in* **ipso** *monasterio* (I, 1. 1); *divulgatum est autem in omni civitatem laus de* **ipsa** *infantula* (III, 1. 6); *in monasterio* **ipso** *ubi sanctissimus abbas consistebat* (IV, 1. 3); etc.

On en rencontre également beaucoup dans les formules angevines [2], et l'on sait que cet usage a laissé des traces dans le dialecte des Baléares, où l'article est formé de *ipse*.

La conséquence de cette origine de notre article, qui correspond aux démonstratifs latins, c'est que la langue française elle-même, particulièrement aux premiers siècles de son existence, a confondu aussi l'article avec ses propres démonstratifs et réciproquement [3]. La langue moderne a conservé en partie cet usage :

Quand même grandirait l'abjection publique — *A* **ce** *point d'adorer l'exécrable vainqueur* (Victor Hugo); etc.

2) Origine de l'article défini.

Notre article vient de *ille*, qui représentait spécialement en latin la 3ᵉ personne; la 1ʳᵉ et la 2ᵉ pers. sont suffisamment désignées par leur énonciation même pour n'avoir pas besoin de l'article. C'est même parce que notre article, qui rappelle la 3ᵉ personne, n'est pas assez expressif pour représenter la première et la seconde, que, dans ce cas, nous employons volontiers le démonstratif *ce* :

(1) Cf. Raynouard, *Choix*, I, 39; 47-49; — Chevallet, III, p. 92-93.

(2) Cf. P. Meyer, *Textes bas-latins et provençaux.* Paris, Vieweg, p. 12 et ss.

(3) On en verra des exemples à la syntaxe de l'article.

Et **ce** *fer que mon bras ne peut plus soutenir,* — *Je le remets au tien pour venger et punir* (Corneille); etc.

Cependant, à toutes les époques, l'article s'est joint aux trois personnes, même au vocatif : *Passez votre chemin,* **la** *fille* (La Fontaine); etc.

Quoi qu'il en soit, *ille* est le type de notre article. Sa déclinaison, par la disparition du neutre, par la chute de la désinence *m*, et par la réduction des cas à deux et même à un seul pour les féminins en *a*, était devenue, du viie au viiie siècle, par exemple :

Masculin | Cas sujet — **ille** | Fm. sg. | sujet et régime — **illa**
singulier | Cas régime — **illo** | |

Masculin | Cas sujet — **illi** | Fm. pl. | sujet et régime — **illas**
pluriel | Cas régime — **illos** | |

Le démonstratif latin, en affaiblissant son sens étymologique, devient proclitique, de sorte qu'il perd l'accent tonique et n'a plus qu'un accent secondaire. Ainsi *ille pater, illa mater,* au lieu de rester *ílle páter, ílla máter,* en séparant le pronom du substantif, deviennent, comme s'il s'agissait d'un seul mot, *illepáter, illamáter,* avec accent secondaire sur *il* de *ille, illa.* Mais on remarque que, lorsqu'un proclitique a deux syllabes, l'accent secondaire tend à se porter sur la seconde. C'est ainsi que le peuple dit volontiers *s'te femme* pour *cette femme.*

En vertu de cette loi populaire, la première syllabe **il** du démonstratif *ille* est tombée, et sa déclinaison est devenue : **le** (suj. masc. sg.), **lo** (rég. masc. sg.), **li** (sujet masc. plur.), **los** (rég. masc. plur.); **la** (fém. sing. suj. et rég.); **las** (fém. plur. suj. et rég). Cela posé, *le, lo* restent, mais en affaiblissant *e* et *o* en un son qui, nous le savons déjà, sera *ę* muet. On connaît la vitalité particulière de *i* long final dans certains cas; il n'est donc pas étonnant qu'il soit resté dans *li*; l'influence analogique du conjonctf *qui* y aidait d'ailleurs beaucoup; quant à *los, las,* qui, à la fin d'un mot, seraient devenus *lęs* avec *ę* muet, ils ont donné, en qualité de proclitiques, et grâce à l'*s* qui suit, *les,* avec un *e* qui n'a pas la force d'un *e* accentué, mais qui n'est pas muet non plus. Enfin *la* est resté sans changement et n'est pas devenu *lę*, surtout pour éviter la confusion avec *lę* sorti de *lo*.

Le cas sujet et le cas régime du masc. sg., aboutissant tous deux à *lę*, auraient ainsi été confondus ; il fallait éviter cela ; la langue, nous le verrons plus loin, devait en général, tant que durerait la déclinaison, mettre une différence appréciable entre le cas sujet et le cas régime des masculins ; aussi trouve-t-on, dès nos plus

anciens monuments, *li* pour le cas sujet singulier comme au cas
sujet du pluriel. Cet emprunt était sans danger, le cas sujet singulier et le cas sujet pluriel étant très différents dans les substantifs
masculins.

*3) L'article défini simple dans les premiers monuments
de la langue française jusqu'à la fin du* xie *siècle.*

D'après ce que nous avons vu, l'emploi de l'article est certainement antérieur au ixe siècle ; on ne le rencontre cependant pas
dans les Serments, bien qu'il eût pu s'y présenter plusieurs fois :
pro christian poblo et *nostro commun salvamènt* (au xie siècle, par
exemple, on aurait dit : *por le salvemènt* **le** *pueple chrestièn e* **le**
nostre commun) ; *si Lodhuvigs* **sagramènt,** *que son fradre Karlo
jurat, conservat* (= *si Louis tient* **le** *serment...*)

Mais on sait que le scribe a une tendance très marquée à se rapprocher des formes latines ; et, d'autre part, l'article n'avait peut-
être pas encore acquis à cette époque toutes ses prérogatives.

Dans Eulalie, deux passages où l'on aurait attendu l'article ne
l'ont pas : *bel avręt* **corps** (2) ; *chi rex ęręt a cèls dis sovre* **pagièns**
(12) ; mais on doit remarquer que l'ancienne langue, beaucoup plus
libre que la langue moderne, aurait pu supprimer l'article dans ces
deux exemples.

L'emploi de l'article est d'ailleurs fréquent dans le reste de la
cantilène ; on y trouve régulièrement :

Cas suj. masc. sg. — **li** (21). | Cas suj. masc. plur. — **li** (3).
Cas rég. m. sg. — **lo** (14, 15, 24). | Cas rég. masc. plur. — **les** (16).

Fém. sg. — **la** (10, 23, 28).

Fém. plur. — manque.

Le Fragment de Valenciennes ne donne que le cas rég. masc.
sg. **le** (v° 5, 36), le cas suj. plur. masc. **li** (v° 4), et le féminin sg.
la (v° 8, 23).

L'article se rencontre fréquemment dans le Saint-Léger, et le
plus souvent les formes sont régulières. Voici les exceptions : **las**
(26 a) pour *les* devant un nom féminin ; c'est une forme provençale ;
li *pièz* (= *les pièz,* 29 f, cas rég) ; **li** *sos pensaerz* (= *les sons pen-
sers,* 29 f) ; **la** *labia* (= *illa labra* = *les lèvres,* 31 a), autre forme
provençale ; **lo** *quarz* (*cas suj.* = *li quarz,* 38 c) ; **lo** *corps* (= *li cors,*
39 b, 39 f). Dans un texte de l'importance du Saint-Léger, ce petit
nombre d'irrégularités, attribuables au copiste provençal ou au
scribe ignorant, ne comptent pas.

On remarquera que, comme dans Eulalie, l'article masculin, cas régime, est encore **lo**, tandis que le cas régime du pluriel, dans l'immense majorité des cas, est **les**. Il est donc juste d'attribuer au copiste provençal les formes *los* que renferme le Saint-Léger, et de restituer partout, comme l'a fait M. G. Paris, *les*.

Dans l'Alexis, *lo* a disparu ; il est partout remplacé par *le* : l'auteur employait donc *le*, car autrement le scribe aurait conservé au moins quelques traces de **lo**. Les irrégularités que l'on trouve dans le ms L de l'Alexis, et qui sont d'ailleurs en petit nombre, ne portent que sur la confusion de *li* cas suj. masc. sg. avec *lo*, et sur la substitution, très sporadique, de *le* au féminin *la*. Il y a un seul exemple de *les* pour *li* (7 a) ; c'est une erreur.

Quant au Roland, entre des centaines d'exemples réguliers, il présente une fois *lo* ou *lu* pour *le* (v. 2365), et quatre fois *lu* pour le même *le* (112, 281, 142, 3038). Ces rares exceptions ne doivent être considérées que comme des formes graphiques dues au souvenir du latin : *illum* devenu *illo*, *illu*.

En résumé, même avant l'apparition des Serments, l'article était ce qu'il devait être à la fin du xie siècle ; *lo* ne paraît avoir cédé la place à *le* qu'à l'époque de l'Alexis (milieu du xie siècle) ; mais depuis longtemps déjà *los* était devenu *les*.

Remarque. — On a voulu voir un reste du neutre dans l'emploi de *lo*, *le* avec un substantif roman au cas sujet sg. correspondant à un neutre latin : **lo** *corps estera* (Lég. 39 b) ; **lo** *corps stera* (Lég. 39 f.) ; **le** *cors an est an Rome la cité* (Alex. ms L, 109 c) ; *dès or cumencet* **le** *conseil que mal prist* (Rol. ms d'Oxford. 179).

Dans le Saint-Léger et l'Alexis, la substitution de *lo*, *le* à *li* se fait aussi bien avec un substantif masculin qu'avec un neutre ; il n'y a donc aucune conclusion à tirer des exemples qu'on rencontre dans ces deux textes. Pour ce qui est du Roland, *le*, s'il n'est pas une faute, devrait se trouver plus souvent devant un nom neutre dans un poème de 4000 vers. De plus, en traduisant le vers en question par *alors il* (Ganelon) *commence à prendre* **la** *résolution qui tourna mal*, on voit que *le* est véritablement au cas régime, et qu'il est régulier.

En somme, dans l'article, comme dans les substantifs, ainsi que nous le verrons plus loin, il ne reste aucune trace de l'emploi du neutre.

4) Article contracté.

Lorsque, sous l'influence de causes multiples et par l'emploi plus fréquent des prépositions, la déclinaison se trouva réduite à deux cas, le sujet et le régime, il fallut bien admettre des combinaisons de l'article avec les prépositions pour exprimer les diverses formes du régime indirect. Les prépositions qui revenaient le plus souvent étaient *ad* (= *ad*, *ab*, *apud*), *de* et *in*; en roman, *a*, *de*, *en*; d'où, par la combinaison avec *le* : *ale*, *dele*, *enle*; et, avec *les* : *ales*, *deles*, *enles*, formes qui, ayant l'accent sur la préposition, perdent la voyelle finale; de là **al, del, enl; als, dels, enls.**

Les Serments ne connaissent pas plus l'article contracté que l'article simple. Il ne faudrait d'ailleurs tirer aucune conclusion de la rareté de l'article contracté, surtout de celle de *del*, *dels* dans nos plus anciens textes. On sait, en effet, que, jusqu'au xive siècle, le complément du substantif, lorsque c'est un nom de personne, s'exprime volontiers par le cas régime sans l'aide d'une préposition, et, par conséquent, avec l'article simple : *les gens le roi* (= *les gens du roi*).

Eulalie ne présente qu'un exemple où l'emploi de l'article contracté était nécessaire, et cet article est *enl* : *Enz* **enl** *fou la gettèrent* (19).

On trouve dans le Saint-Léger : 1° **al** (3 b), **als** (40 d); 2° **del** (6 a, 40 a), **dels** (2 a, 2 c, 40 b).

Les exemples de toutes les sortes d'article contracté abondent dans l'Alexis :

1° **al** (1 a, 2 a, 21 a, etc.); 2° **als** (1 e). Le ms *L* porte beaucoup plus souvent *as* que *als*; mais les quelques formes *als* qu'il présente, et cette considération que d'autres manuscrits portent parfois *als*, notamment au vers 51 c, qui manque dans *L*, permettent de supposer que *as* est dû au copiste qui écrivait environ cent ans après la composition du poème, et qu'il faut partout restituer *als*; 3° **del** (25 b, 30 a, 40 e, etc.); 4° **dels**. Deux exemples seulement : au vers 4 e, le ms *L* porte **des**, et le ms *A* *dèls*; au vers 36 d, où le pluriel est fourni par le ms *L* seul, on lit encore **des**. Il est probable que, si *dels* subsistait encore, il était déjà fortement ébranlé; *des* allait bientôt l'emporter; 5° **El** (35 b, 36 a, 82 c, 109 d, etc.); 6° **es**; on ne trouve jamais **els**.

Dans la Chanson de Roland, on lit invariablement **as, des, es,** jamais *als*, *dels* et à plus forte raison *enls*. Si l'auteur avait écrit *als*, *dels*, il est à croire qu'il en serait resté quelques traces dans le ms d'Oxford.

En résumé, le singulier *al*, *del*, *el* (*enl* est déjà *el* au xe siècle) reste sans changement jusqu'à la fin du xie siècle; le pluriel *als*, *dels, els* (*enls* n'a pas sans doute beaucoup survécu à sa formation ; l'assimilation l'a rapidement transformé en *els*) se change en *as, des, es* au commencement, ou, pour mieux dire, dans la première moitié de ce même siècle ; ce changement remonte peut-être même plus haut pour *els*.

La vocalisation de *l* devant une consonne transformera plus tard *al, del* en *au, deu* (puis, par contraction, *du*) ; *el*, par le changement de *e* en *o*, que l'on constate dans celui de la diphtongue *ei* en *oi*, par exemple, deviendra *ou*, qui finira par se fondre avec *au*: *Rome entière noyée* **au** *sang de ses enfants* (Corneille = *in illo sanguine*).

Als, devenu *as*, reprendra l'*l* sous forme de *u* et par l'influence de *au*; d'où *aus*, mod. *aux*; mais *des* restera sans modification jusqu'à nos jours. Quant à *es*, il est devenu, après le moyen âge, d'un emploi de plus en plus restreint, et aujourd'hui on ne le rencontre que dans des expressions toutes faites, comme *bachelier ès sciences, maître ès arts*, etc.

5) *Article composé féminin.*

La combinaison des prépositions *a, de, en* avec l'article féminin donnait *a la, de la, en la*; l'*a* final, qui ici s'était maintenu parce qu'il avait l'accent secondaire et que *a* final ne disparaît jamais, se transformant tout au plus en *ę* muet quand il est atone, devait donc persister.

Au pluriel féminin, il allait en être autrement : la confusion qui s'était faite si facilement entre *los* et *las* pour donner *les* devait se retrouver pour *a* + *illas*, *de* + *illas*, *en* + *illas* et donner *a* + *les* = **als, as**; *de* + *les* = **dels, des**; *en* + *les* = **enls, els, es.**

6) *Élision.*

Dans nos anciens textes jusqu'à la fin du xɪe siècle, l'*ę* de **le**, l'*a* de **la** s'élident devant une voyelle ou une *h* muette ; l'*i* de *li* (masc. sg) s'élide ou ne s'élide pas ; mais l'*i* de **li** (masc. plur.) ne s'élide jamais.

7) *L'article indéfini en germe dans la langue latine.*

Certains auteurs latins, surtout de l'époque ancienne, employaient le numéral *unus* avec une valeur plus ou moins pléonastique, dans le sens de notre article indéfini ; dans la langue classique même on trouve, mais en petit nombre, des exemples où *unus* correspond assez bien à l'indéfini français **un** : *tanquam* **unus** *manipularis*

(Cic.); **una** *quaedam de summis virtutibus* (Cic.); **unus** *aliquis* (Cic.); **unus** *quiritum quilibet* (Tite-Live); etc.; mais ce n'est que beaucoup plus tard, dans le bas-latin, que *unus* s'est franchement affaibli au sens de notre indéfini : *cum ad eum* **unus** *cuneus hostium advenaret* (Grég. de Tours); *habet ibi ecclesiam majorem et* **unam** *capellam* (vɪᵉ siècle); *dedit nobis* **unam** *villam* (an 745); *non convenit* **uno** *episcopo dicere* (an 605); *collecti in* **uno** *concilio* (an 859); *se adunarunt ad* **unum** *consilium* (ɪxᵉ siècle); **una** *vice* (*une fois,* commentaire sur Virgile, Revue des Langues romanes, VI, p. 461); etc.

Néanmoins, il y a parfois encore une nuance entre l'emploi de *unus* dans tous ces exemples et le français *un* ; Diez[1] fait observer avec raison que le sens décidément étranger à toute nation pronominale, comme dans la phrase *homo est* **unum** *animal,* où *unum* n'a qu'une valeur pléonastique, ne se trouverait guère représenté dans les anciens diplômes. C'est dire que l'origine de notre article indéfini *un* est certainement postérieure à celle de l'article défini.

8) L'article indéfini dans les premiers monuments de notre langue.

Le sens d'aucune phrase des Serments ne comporte l'emploi de l'article indéfini.

On devait l'attendre dans un seul vers d'Eulalie, et il s'y trouve : *ad* **une** *spéde li rovéręt tolir lo chięf* (22).

Deux exemples probants sont fournis par le Fragment de Val. : **un** *èdre* (vᵒ 11); **un** *verme* (vᵒ 14).

Dès lors *unus* a définitivement conquis droit de cité comme article indéfini; *un* était entré dans l'usage, et on avait pris l'habitude de l'employer là où le latin se contentait du substantif seul. Quant à sa déclinaison, elle est, dès les origines, ce qu'elle sera jusqu'à la fin du xɪɪɪᵉ siècle : suj. masc. sg : **uns** (*unus*); rég. masc. sg : **un** (*uno*); fém. sg. suj et rég. : **une** (*una*).

Dans notre ancienne langue, l'indéfini *un, une* pouvait s'employer au pluriel, en souvenir du latin, qui se servait quelquefois de *unus* au pluriel, quand, malgré ce pluriel, il ne s'agissait que d'une seule chose : **unes** *itèles lètres — ad escrites* (Garnier de Pont-Sainte-Maxence ; lat. *litteras*); etc.

---

(1) Dɪᴇᴢ, *Gram. des lang. rom.,* trad. fr., III, p. 17.

9) Article partitif.

Il résulte d'un emploi spécial de l'article défini. Si l'on veut désigner non pas un tout ni une pluralité d'individus, mais une partie d'une façon indéterminée, sous la dépendance d'un verbe transitif, au lieu de mettre le régime sans article à l'accusatif, comme cela avait lieu dans le latin classique, on se sert de la préposition *de*, que l'on fait suivre du nom accompagné de l'article : *donnez-moi* **du** *pain* ; *il m'a témoigné* **de** *l'amitié*[1].

En latin, *de* s'emploie assez souvent dans le sens du partitif, comme en grec ἀπό et en allemand *von* pour représenter la soustraction d'un tout matériel : *detrahere* **de aliquo** (sous-entendu *aliquid = déprécier qqn*) ; *annulum* **de digito** *detrahere*; *decerpere aliquid* **de gravitate** *orationis*; etc. On trouve, au lieu du génitif partitif ou même possessif (*unus omnium*) qui, il faut bien le dire, est le plus commun, des tournures comme celle-ci : *rabula* **de** *foro* (Cic.) ; *poeta* **de** *populo* (Cic.) ; *unus* **de** *illis* (Cic.) ; *reliqua* **de** *epistola* (Cic.); *pars* **de** *nostris bonis* (Térence) ; etc.

Plus tard, dans les Pères de l'Église, on rencontre fréquemment des expressions correspondant assez exactement à *unus de omnibus, pauci de nostris* : **de saeculo** *homines* ; *et te unam* **de pluribus** ; *nec quisquam* **de civibus** *erat* ; *unus* **de presbyteriis** ; etc. ; puis, avec les verbes, dans Saint Augustin : *sacrificare* **de animalibus**; et enfin, dans le bas-latin : *sum* **de tuis** ; *utrum justi essent qui sacrificarent* **de animalibus** ; *ampullam in qua* **de oleo** *beati Martini continebatur* ; — *non habeas* **de istam** *tristitiam* ; *transmisimus tibi* **de illo pane** ; *det omnibus illis bibere* **de aqua benedicta** ; etc. Ces derniers exemples sont déjà presque du roman ; il n'y manque que l'emploi de l'article, qui ne se fera pas attendre, de sorte que l'on arrivera à dire : *ille donabat mihi de illa aqua benedicta.*

Mais cet usage tout populaire ne triomphera pas sans difficulté. Sous ce rapport, le souvenir du latin est si vivace que, dans les plus anciens monuments de notre langue jusqu'à la fin du xie siècle, on ne trouve aucune trace de l'article partitif : *elle* **colpes** *non avret* (Eul. 20) ; *Por cui sostint* **tèls** *passions* (Lég. 40 f). *N'at plus* **enfant** (Alex. 9 c); **taches** *at* **males** *e* **molt granz felonies** (Rol. 1633) ; etc.

Il n'apparaît guère dans l'écriture avant la seconde moitié du

---

(1) Diez, *Gram. des lang. rom.*, trad. fr., III, p. 39 et ss.

xɪɪ^e siècle : *pristrent de l'éwe* (Rois). Encore l'ancien usage se maintiendra-t-il partiellement jusqu'à la fin du xvɪ^e siècle : *manger pain, boire vin,* etc.

CHAPITRE II

SUBSTANTIF

---

1) Disparition du neutre latin.

La distinction des sexes se retrouvant chez les animaux comme chez l'espèce humaine, la plupart des mâles furent compris dans la même catégorie que l'homme, et les femelles dans celle de la femme. Les choses privées de vie auraient dû, semble-t-il, être toutes rangées dans une classe à part (*neutre*) ; mais les langues s'enrichissent à la longue, influencées diversement par le génie de chaque peuple, par ses mœurs, ses croyances, ses préjugés, sa religion, ses superstitions, et par les idées particulières qu'il se forme sur la nature des choses. De là une grande diversité dans le genre des substantifs, qu'ils désignent des êtres doués de vie ou des choses inanimées. Aussi tel mot, qui est masculin dans une langue, devient féminin ou neutre dans une autre, et réciproquement.

En latin, les trois genres étaient le plus souvent marqués par des désinences différentes : *dominus, domina, dominium* ; mais la désinence *m* étant tombée de très bonne heure dans le latin vulgaire, et le cas le plus fréquemment employé, l'accusatif, celui qui devait, au moyen âge, absorber tous les cas obliques, et, plus tard encore, tous les cas sans distinction, ne se distinguant plus de l'accusatif des noms masculins (*templo* comme *servo*), cette confusion amena, dès la décadence de l'empire, la disparition du neutre. On trouve dans Corrippus *cymbius* pour *cymbium* (= gondole : *cymbius auro*, fin de vers); *dorsus* pour *dorsum* dans Plaute. Dès le ɪɪɪ^e siècle, le grammairien Fortunatus fait cet aveu précieux : *Romani vernacula plurima* et *neutra multa* **masculino genere** *potius enunciant. Cubitus* (pour *cubitum*) était si bien dans les habitudes populaires, que saint Jérôme croit devoir l'employer préférablement à *cubitum* pour être mieux compris du peuple en se conformant à son langage. La loi Salique abonde en mots comme *animalem, ves-*

tigius, membrus, judicius, etc. ; et certains neutres, qui ont plus
particulièrement persisté au pluriel, comme *arma, folia, poma,*
etc., passent au féminin de la première déclinaison. On ne dit plus,
à la troisième déclinaison, *prudentius* (compar. neutre), mais *prudentiore* (= *prudentiorem*) : *prudentiore consilium* [1]. Le neutre
avait vécu, et celui qui devait survivre sporadiquement, c'était
moins le neutre proprement dit, correspondant à quelque chose de
concret, que le neutre logique, celui qui existe dans l'idée.

*2) Variations du genre dans les substantifs au passage
du latin au roman.*

Les incertitudes que nous avons constatées pour le domaine du
neutre dans les langues en général se retrouvent pour le masculin
et le féminin, même lorsqu'il est question d'êtres animés ; aussi,
dans l'application du genre, les langues romanes diffèrent-elles
souvent de la langue mère ; ainsi, pour nous en tenir au français,
nombre de mots qui, à l'origine, étaient masulins, sont devenus
féminins, et vice versa.

Les causes de ces changements, soit dans le passage du latin au
roman, soit même après la formation de notre langue, sont de nature
diverse.

1° En première ligne, il faut placer la *terminaison*. Ainsi les
substantifs de la 2ᵉ et de la 4ᵉ déclinaison latine sont en général
masculins : l'analogie a fait masculins le petit nombre de ceux qui
étaient féminins. Parmi ceux-ci, les plus importants sont les noms
d'arbres.

L'*e* muet final venant très souvent d'*a* latin qui annonce généralement le féminin, un certain nombre de substantifs, originairement masculins et terminés par *e* muet, sont devenus féminins
(*carrosse, automne, affaire,* etc.).

2° Certains changements de genre sont dus à une analyse psycho-
logique : *personne n'est venu* (idée d'homme) ; *gens* ; ou à une
analogie de sens : ainsi *été* (lat. *aestate,* féminin) a passé au masculin parce qu'on le rapprochait des masculins *printemps, hiver.* Les
noms abstraits en *or* sont devenus féminins parce que beaucoup
de noms abstraits tirés de mots latins en *tas-tatis, tus-tutis, ia-iae*
sont féminins.

3° Des changements de genres correspondent à des changements
de sens : *jument,* qui aurait dû être masculin (lat. *jumentum* = *bête*

(1) P. MEYER, *Textes bas-latins* (n° 8, p. 5).

de somme), est devenu féminin comme désignant la femelle du cheval.

4º On peut citer aussi la confusion de *l* et de *la* devant une voyelle ; on disait *l'amor* comme *l'espéde* ; *l'essèmple* comme *l'anme* ; *l'host* comme *l'ire* ; etc. ; et cette confusion dans l'article provoquait la confusion dans les genres.

5º La prétention des savants de ramener, du xive à la fin du xvie siècle, au genre du latin des mots que l'usage populaire avait faits, avec plus ou moins de raison, masculins ou féminins : *délice, orgue, foudre*, etc.

6º Enfin des influences particulières et propres à tel ou tel substantif.

3) Substantifs ayant changé de genre dans le passage du latin au roman et contenus dans les premiers monuments de notre langue jusqu'à la fin du xie *siècle.*

1) — **Adjutorie** (= *adjutoria-ae* pour *adjutorium* ; lisez *adjutoire* : *avrons* **bone adjutorie**, Alex. 101 d).

2) — **Amor** (*amore*, masc.) : *por* **soe amor** (Alex. 34 c) ; *la* **toe amor** (Rol. 3107). Ce mot sera féminin durant tout le moyen âge, et, au xviie siècle, même au singulier, il est souvent féminin.

3) — **Baldor** (formé par analogie avec les mots en *or = ore* latin, et féminin comme eux : **ma baldor** (Rol. 2902 = *joyeuse audace, entrain*).

4) — **Brace** (*brachia-ae* pour *brachium*) : **la brace** (Rol. 1343). On trouve aussi *bras* dans le Roland (masc. = *brachio, bracio*).

5) — **Brunor** (*brun + ore*, par formation analogique) : *devers Espaigne vei venir* **tèl brunor** (Rol. 1021 ; féminin comme les autres mots en *or*).

6) — **Cervèle** (*cerebella-ae* pour *cerebellum*, qui a donné **cervèl**. Les deux sont employés dans le Roland) : **cervèle** (1356) ; **cervèl** (1764).

7) — **Charre** (*carra-ae* pour *carrum*) : *cinquante* **charres** (Rol. 33).

8) — **Clamor** (*clamore*) : **la clamor** (Alex. 4 a).

9) — **Color** (*colore*) : **gente color** (Rol. 3763).

10) — **Dolor** (*dolore*, masc.) : *de* **sa dolor** (Rol. 489).

11) — **Duom** (*domum*, nom féminin de la 4e déclinaison, qui a passé à la 2e presque toujours masculine ; de là *duom* masculin) : *a* **son duom** (Alex. 33 e).

12) — **Edèt** (fémin. *aetate*); il est masculin dans **son edèt** (Rol. 3170).

13) — **Enseigne** (*insignia-ae*, du plur. neutre) : **tante enseigne** (Rol. 1400).

14) — **Essèmple** (*exempla-ae* pour le neutre *exemplum*) : **malvaise essèmple** (Rol. 1016).

15) — **Estèt** (du fémin. *aestate*) : en **estèt** (Rol. 3162) : masc.

16) — **Evesquièt,** mod. *évêché* (*episcato*) est féminin par l'analogie des féminins en *èt* (= lat. *ate*), comme *comté*, etc. : en **s'evesquièt** (Lég. 21 b). Ce mot a été féminin jusqu'au xvie siècle.

17) — **Foildre** (*fulgura-ae* pour le neutre *fulgur*) : *chièdent i* **foildres** (Rol. 1426).

18) — **Fremor** (mot analogique en *or* formé sur *fremere*; fémin. comme les autres mots en *or* : *odirent grant* **fremor** (Rol. 2693).

19) — **Front** (du fémin. *fronte*) : **le front** (Rol. 1217).

20) — **Furor** (du masc. *furore*) a toujours été féminin : *a grant* **furor** (Lég. 33 a).

21) — **Gèste** (*gesta-ae* pour *gestum*), féminin : *co dit* **la gèste** (Rol. 1685).

22) — **Hador** (mot analogique formé sur le thème *had* de *hadir*), fém. comme tous les mots analogues : *en* **hador** (Rol. 3771).

23) — **Honor, onor** (du masc. *honore*) : **d'icèste onor** (Alex. 38 c).

24) — **Host, ost** (*hoste*) devenu féminin sans doute par l'analogie de mots comme *trope* (*troupe*), *eschièle*. C'est par erreur que l'on trouve le masc., dans le ms d'Oxford, aux vers 700, 739, 2110 ; il faut lire **cèle ost,** *en* **cèste ost.**

25) — **Iror** (formation analogique sur le thème *ir* de *ira*) : par **iror** (Rol. 1812).

26) — **Joie** (*gaudia-ae* pour *gaudium*), toujours féminin en français : *grant* **joie** (Rol. 1584).

27) — **Los** (du féminin *laudes*), masc. sg dans **son los** (Rol. 1194).

28) — **Mençonge** (dérivé de *mentir* par le moyen d'un suffixe analogue à celui qu'on trouve dans *culumnia*, v. fr. *chalonge*) : *se* **mençonge** *avez* **dite** (Pélerin. 52) ; le latin *mendacium* était neutre.

29) — **Mèr** (du neutre *mare*) : *a la* **mèr** (Alex. 16 a).

30) — **Merveille** (du neutre *mirabilia* devenu féminin) : *nen est* **merveille** (Rol. 2877).

31) — **Nonain** (*none* + *ane*), féminin par le sens ; idée de femme : Rol 3730.

32) — **Pape** (lat. *pappa*), féminin au moyen âge, grâce à la terminaison : Alex. 75 e ; on trouve aussi le masc., et l'exemple de l'Alexis (*qui de Rome esteit* **pape**) ne prouve pas qu'il soit féminin.

33) — **Pareit** (du masc. *parēte* pour *pariete*), toujours féminin en français : **sa pareit** (Rol. 3644).

34) — **Patèrne** (*paterno*), devenu féminin par l'influence de la terminaison : **veire patèrne** (Rol. 2384).

35) — **Pavor**, mod. *peur*, féminin, du masc. *pavore* : *ot en* **pavor** (Lég. 13 d).

36) **Prèt, prède** (lat. *pratum, prata*). Les deux genres se trouvent dans le Roland : *par* **ces prèz** (2486) ; **la prède** (3873).

37) — **Rumor** (du masc. *rumore*) : *en* **la rumor** (Rol 817).

38) — **Salut** (du féminin *salute*) a encore le genre étymologique : **d'une salud** *novèle* (Poème rel. 92) ; cependant on trouve déjà le masc. dans le Roland : **malvais salut** *li firent* (2710). Ce n'est qu'après le xiiie siècle que le masculin l'emportera définitivement.

39) — **Tèmple** (*tempora*, neutre devenu féminin) : **rote at la tèmple** (Rol. 2102 ; ms : *rut ad le temple* ; c'est une faute ; d'ailleurs **la tèmple**, 1764).

40) — **Tendror** (*tendre* + *ore*) : *grant* **tendror** (Rol. 842) ; toujours féminin.

41) — **Toneidre** (mod. *tonnerre*, neutre *tonitrua* passé au féminin) : *veit* les **toneidres** (Rol. 2533).

42) — **Tormènt, tormèntes** (n. *tormentum*, fém. *tormenta*) ; on ne trouve que le masculin dans le Roland : *molt* **merveillos tormènt** (1422), mais les deux mots sont constamment confondus pour le sens au moyen âge.

43) — **Trèf** (du fém. *trabe*) est devenu masculin grâce, sans doute, à sa terminaison : **un trèf** (Rol. 159).

44) — **Tristor** (*triste* + *or* = masc. *ore*), féminin : *a grant* **tristor** (Alex. 14 e).

45) — **Valor** (du masc. *valore*) : **sa valor** (Rol. 1090).

46) — **Vigor** (du masc. *vigore*) : **vigor** (Rol. 3614) : féminin.

47) — **Ydle, idle** (*idola-ae* pour *idolum*) est fémin.: **totes** ses **idles** (Rol. 2619) ; e **trestotes** les **idles** (Rol. 3664).

4) Des nombres.

En roman, il y a deux nombres, comme en latin. Les mêmes anomalies que nous avons constatées pour les genres se retrouvent pour les nombres. Ainsi, sans nous restreindre aux origines de la langue, nous pouvons dire que beaucoup de substantifs latins, qui étaient exclusivement ou préférablement usités au pluriel, se restreignent aussi généralement à ce nombre : *aquae* = *les eaux* (terme de thérapeutique) ; *bracae* = *les braies* ; *cani* (sous-ent. *capilli*) = v. fr. *les chanes* ; *deliciae* = *délices* ; *obsequiae* = *obsèques* ; *caeli* (terme religieux) = *cieux* ; *nuptiae* = v. fr. *noces* ; *mores* = *mœurs* ; *tenebrae* = *ténèbres* ; etc. Cependant, même en mettant à part les plur. neutres devenus féminins sing., on trouve des substantifs romans employés normalement au singulier, quoique le type latin soit au pluriel ou réciproquement ; et, à mesure que l'on s'éloigne des origines de la langue, ces différences dans l'emploi des nombres s'accentuent : *gelée, glace, verre,* etc. finiront par s'employer au pluriel, quoique les mots latins *gelu, glacies, vitrum,* etc. soient exclusivement du sg. en latin. Le xviie siècle, surtout en poésie, aimera le plur. des substantifs abstraits, et notre siècle renchérira encore sur les précédents par des pluriels qui choquent tout d'abord l'esprit, comme *des vins, des eaux-de-vie, des cuirs, des ameublements,* etc.

5) *Formation du féminin.*

1° La lettre *a* servant très souvent à désigner le féminin en latin, et cet *a* atone devenant *ę* en roman, notre féminin s'est de tout temps formé par l'addition d'*ę* muet : **amie** (*amica*, fémin. de *amicus*, Alex. 33 c) ; **spose** (*sposa*, fémin. de *sponsus*, Alex. 22 c) ; etc.

2° Le suffixe *ĭssa*, roman **èsse**, s'est ajouté de très bonne heure pour former le féminin de substantifs terminés par *ę* muet : *conte,* fémin. *contèsse* ; quatre **contèsses** (Rol. 3729).

6) *Réduction des cas à deux.*

1. — La déclinaison latine s'était effondrée avant la formation de notre langue, mais sans disparaître entièrement ; elle s'était plutôt modifiée, simplifiée ; et, sous sa nouvelle forme, elle devait persister chez nous du ixe au xive siècle inclusivement.

2. — Les langues sont portées comme d'instinct à la simplification. Or, les six cas latins, par l'affaiblissement des syllabes finales, prêtaient à des confusions multiples qui devaient fatalement amener des modifications. L'identité de forme se présentait fréquemment pour le nominatif et l'accusatif, presque toujours pour le nominatif et le vocatif, rarement pour le datif et l'ablatif au singulier, mais toujours au pluriel.

Cette confusion allait s'accroître considérablement sous l'influence des lois phonétiques qui devaient présider à la transformation du latin en roman. Il faut mettre en première ligne la chute de *l'm* de flexion, effectuée, dans le parler populaire, plus de deux cents ans avant notre ère. L'emploi des prépositions, devenu de plus en plus fréquent, aida encore au trouble de la flexion : *de* représenta ou remplaça le génitif; *ad* le datif. « Toutes deux, comme mots auxiliaires, entrèrent en possession de tous les droits de la flexion, en conservant toutefois, à côté de cela, leur ancienne force prépositionnelle. On considéra donc l'essence du génitif comme représentant un rapport d'origine, soit avec une valeur attributive, soit avec toute autre; on disait, en employant des mots latins : *vinum de Francia, tabula de ligno, filius de rege, avidus de argento, recordare de aliquo.* On comprit l'essence du datif comme exprimant la direction vers un objet : *proficisci ad Romam, dare ad aliquem, fidelis ad amicos.* La préposition *ab* aurait été aussi apte à représenter le génitif, mais son analogie avec *ad* la fit rejeter dans ce sens; ses fonctions furent dévolues à *de.* On trouve dans des inscriptions : *de Minucia* (= *Minuciae*), *miles de stipendiis* (= *miles stipendiorum*), *de natione Bessus, de plano, curator de sacra via, oppida de Samnitibus, natus de Tusdro. Hunc ad carnificem,* disait déjà Plaute; Térence écrivait *pauperem ad ditem dari*; et Varron : *quod apparet ad agricolas.* Dans les Chartes postérieures, cet usage gagne de plus en plus de terrain » [1]. *Transmisimus tibi* **de illo pane**; — **de fame** *morimur*, lit-on dans une lettre de Frodebert à Importunus (VIIe siècle) [2].

Si donc nous partons de ce principe que le latin vulgaire, d'où devait sortir notre langue, disait, du VIe au VIIIe siècle, par exemple : *donare uno vestimento uno amico* ou *illi clavi de illa porta,* au lieu du latin classique *vestimentum amico dare* ou *portae clavi,* voyons ce que devenait la déclinaison latine avec ses six cas et trois déclinaisons, la quatrième rentrant dans la deuxième et la cinquième dans la première.

3. — *Première déclinaison latine en a.*

		Singulier		Pluriel	
	nom.—	*illa* **porta**		*illae* **portæ**	
	voc. —	**porta**		**portæ**	
Singulier	gén. —	*de illa* **porta**	Pluriel	*de illas* **portas**	
	dat. —	*ad illa* **porta**		*ad illas* **portas**	
	acc. —	*illa* **porta**		*illas* **portas**	
	abl. —	*de illa* **porta**		*de illas* **portas**	

(1) Diez, *Gram. des lang. rom.,* trad. fr., II, p. 11-12.
(2) P. Meyer, *Textes bas-latins,* p. 8.

De ce tableau il résulte que le sg. est partout terminé par *a*, et que le pluriel, à l'exception du nominatif et du vocatif, est terminé par *as*. On comprend que l'analogie ait facilement fait disparaître la différence du nomin. et du vocatif au pluriel et ait assimilé ces deux cas aux autres ; de là *porta* au singulier, *portas* au pluriel : *un seul cas pour chaque nombre.*

4. — *Une seconde catégorie est représentée par les substantifs dont le type est* dominus.

		Singulier		Pluriel
	nom. —	*ille* **servus**		*illi* **servi**
	voc. —	**serve**		**servi**
Singulier	gén. —	*de illo* **servo**	Pluriel	*de illos* **servos**
	dat. —	*ad illo* **servo**		*ad illos* **servos**
	acc. —	*illo* **servo**		*illos* **servos**
	abl. —	*de illo* **servo**		*de illos* **servos**

Ici l'assimilation de tous les cas à un seul n'est pas aussi facile : les mots de cette déclinaison sont en général des substantifs fréquemment employés, comme désignant des personnes, au nominatif et au vocatif, qui diffèrent, au singulier et au pluriel, des autres cas. Le vocatif, qui ne diffère du nominatif qu'au singulier, n'aura pas de peine à s'assimiler, et il ne restera plus que deux catégories de cas en présence : 1º nomin. et voc. sg., avec *s* de flexion : **servus**; 2º génit., dat., acc., abl. sing. sans *s* de flexion : **servo**; 3º nomin. et voc. pluriel sans *s* : **servi**; 4º gén., dat., acc. et abl. pluriel avec *s* : **servos**.

5. — *Les parisyllabiques de la 3e déclinaison passant à la seconde, il reste les imparisyllabiques de la 3e déclinaison. Prenons pour types* imperator *et* ratio.

	nomin. —	*ille* **imperator,**	*illa* **ratio**
	voc. —	**imperator,**	**ratio**
Singulier	génit. —	*de illo* **imperatore,**	*de illa* **ratione**
	dat. —	*ad illo* **imperatore,**	*ad illa* **ratione**
	acc. —	*illo* **imperatore,**	*illa* **ratione**
	abl. —	*de illo* **imperatore,**	*de illa* **ratione**
	nomin. —	*illi* **imperatores,**	*illae* **rationes**
	voc. —	**imperatores,**	**rationes**
Pluriel	génit. —	*de illos* **imperatores,**	*de illas* **rationes**
	dat. —	*ad illos* **imperatores,**	*ad illas* **rationes**
	acc. —	*illos* **imperatores,**	*illas* **rationes**
	abl. —	*de illos* **imperatores,**	*de illas* **rationes**

Au pluriel, tout est assimilé au cas régime : *es* partout ; mais, au singulier, le nominatif et le vocatif diffèrent des autres cas. Aussi les imparisyllabiques formeront-ils deux catégories : 1º les noms de choses qui ne sont pas d'un emploi très fréquent au nominatif et surtout au vocatif assimileront ces deux cas aux autres, par l'analogie du pluriel ; 2º ceux qui désignent des personnes en dignité (*senior, baro, imperator, antecessor*), des amis, des compagnons (*infans, homo, comes, companio*), des professions (*pastor, abbas, fabulator, judicator, cautor, venator, creator, defendator, parolator, pingitor*) ou des hommes à qui s'appliquent des termes injurieux (*felo, latro, peccator, leccator, traditor, glutto, bibator*), et qui reviennent souvent dans la conversation, soit au nominatif, soit au vocatif singulier, ont naturellement gardé une forme particulière pour ces deux cas ; et l'on voit qu'elle est la même.

Mais, malgré cette exception, il ressort clairement de tout ce qui précède que, dans l'immense majorité des substantifs, la déclinaison se réduisait fatalement à deux cas, le cas sujet et le cas régime ; et que, pour les mots féminins de la première déclinaison, elle se réduisait même à un seul, le cas régime.

7) Le cas régime n'est autre que l'accusatif.

Ce cas régime, quel est-il au juste ? Avant tout, il faut remarquer que le nominatif et l'accusatif, à les considérer au point de vue de leur signification, sont les plus importants de la phrase, le premier, parce que c'est de lui que procède l'action, et c'est pour cela qu'il n'a pas été absorbé par le cas régime ; le second, parce qu'il est le but de cette action.

L'absorption de tous les cas régimes par l'accusatif, nous l'avons vu plus haut, a été singulièrement aidée par la chute de l'*m* de flexion au singulier ; mais ce qui est caractéristique, et prouve clairement que le régime survivant n'est autre que l'accusatif, c'est que l'accusatif est très souvent substitué à tous les autres cas, même au nominatif lorsqu'il s'agit de mots féminins terminés en *a*, et que jamais un cas oblique (gén. dat. abl.), s'il a une forme particulière, ne remplace l'accusatif : *ut **tuam substantiam** post exitum eorum bene disponeretur* (Vie de sainte Euphrosyne, I, l. 6) ; *pro **quid** talem hominem suscepit in monasterium, unde animas scandalizentur* (ibid., XI, l. 5) ; *et exquerebantur domi monasteria, **cavernas*** (ibid. XII, l. 13) ; *cum **annos** tantus compliti fuerint* (Formules Andegav, XXXVIII) ; *hoc est casa cum curte..... **vineas, silvas, pratas, pascuas*** (P. Meyer, textes bas-latins, p. 9, l. 6); *ego in* **turmentas** *fui* (ibid., p. 10, n° 12, l. 3) ; *ut nulla monacha in* **eodem monastirium** (ibid., p. 6, l. 12) ; *ad* **ipso monastirio** (ibid., p. 6, l. 18) ; *proinde cido tibi de* **rem** *paupertatis meae* (ibid., p. 9, n° 10, l. 4); *et si fuerit* **ullum quam tempore** (ibid., l. 18) ; *set* **plenissimam voluntate mea** (ibid., p. 10, n° 11, l. 5) ; *contra* **hanc vinditione** (ibid., p. 10, n° 11, l. 13) ; *de* **integrum statum** (ibid., p. 10, n° 12, l. 5) ; *quidquid ab* **odiernum die** (ibid., p. 10, n° 12, l. 6-7) ; *fuit in* **raciones** *pro argento* (ibid., p. 11, n° 14, l. 7) ; *ad* **vicem sua** (ibid., p. 11, n° 14, l. 15-16) ; **hanc noticia** (ibid., p. 11, n° 14, l. 20) ; etc., etc.

Nous aurons occasion de constater qu'il reste quelques faibles traces du génitif pluriel et du datif singulier, du premier dans les substantifs, du second dans les pronoms ; mais il n'en est pas moins avéré que l'accusatif a, d'une manière générale, absorbé tous les cas régimes.

8) *Transformation et réduction des déclinaisons latines.*

Les trois premières déclinaisons, qui sont de beaucoup les plus importantes, se sont maintenues plus ou moins complètement. La quatrième, grâce à la similitude de terminaison, a passé à la seconde : *et exquerebantur* **domi** (= *domus*), *monasteria, cavernas* (Sainte-Euphr. XII, l. 13) ; et, presque toujours par des raisons d'analogie, beaucoup de féminins de la deuxième et de la quatrième déclinaison ont pris le genre masculin. Quant aux neutres de la deuxième déclinaison, nous savons déjà qu'ils sont devenus des masculins de cette même déclinaison ou qu'ils se sont fondus dans la première, par leur pluriel, considéré comme un féminin singulier en *a*.

Enfin la cinquième déclinaison disparaît, ramenée également à la première. Des mots comme *species, series, materies, rabies,* etc., ont fait place à *specia, seria, materia, rabia,* etc. ; et cela d'autant plus facilement que, pour certains substantifs, la forme en *a* existait déjà dans le latin classique. On trouve *diae, effigiae, faciae, glaciae, inluviae, luxuriae, planitiae, progeniae, rabiae, saniae, scabiae, seriae, speciae* [1], etc., dans des textes ayant une physionomie plus ou moins populaire.

La troisième déclinaison renfermait des masculins, des féminins et des neutres. Nombre de ceux-ci ont passé à la seconde déclinaison avec le genre masculin, comme *cor, altare, flumen, nomen,*

____

(1) Schuchard, *Vokalismus,* 1, p. 251-252.

mel, lac, marmor, sulfur, caput, etc., assimilés à des formes comme *corus, altarus, fluminus, nominus, mellus, laccus, marmorus, sulfurus, capus,* etc. ; d'autres, mais en petit nombre, ont passé, par leur pluriel en *a,* à la première déclinaison, comme *fulgura-ae* pour *fulgur-is* ; d'autres sont restés attachés à la troisième déclinaison avec le genre masculin, comme *corpus, pectus, tempus* ; mais il est à remarquer que, sans doute en souvenir de leur genre primitif, le nominatif est le seul qui ait donné une forme en roman.

Les masculins parisyllabiques de la troisième déclinaison restent masculins, cela va de soi, mais passent à la seconde : **menso decembre** [1]. Ce n'est pas le seul démembrement que doive éprouver cette troisième déclinaison : les féminins, parisyllabiques ou non, formeront une classe à part, comme un appendice de la première déclinaison ; de sorte que la troisième ne comprendra plus guère que les imparisyllabiques masculins désignant des personnes, ceux qui s'appliquent à des choses passant, eux aussi, à la deuxième déclinaison.

Nous verrons d'ailleurs, même pour les trois déclinaisons qui ont subsisté, des substantifs passer d'une déclinaison à une autre : *nubes,* entraîné par le féminin, devient *nubas* ; *formica* est devenu *formicus,* passant de la première à la seconde, ce qui est rare, etc.; et ce travail d'assimilation des déclinaisons entre elles, commencé de très bonne heure dans le latin vulgaire, se poursuivra sans discontinuité jusqu'au jour où le principe de la première déclinaison (pas d's au singulier, *s* au pluriel) l'aura définitivement emporté.

9) La déclinaison dans les plus anciens monuments de notre langue.

1. — *Serments.* — Les exemples qu'on y relève pour le cas sujet se rapportent tous à la 2e déclinaison latine en *us,* et l'on y constate la présence de l's de flexion : **Deus, Ludovicus, Carolus, nullus.** Ils ont conservé entièrement leur physionomie latine.

Pour le cas régime, la 1re déclinaison en *a,* la 2e en *us* et la 3e sont représentées : **aiudha** (*adjuta*), **cadhuna cosa** (*catuna causa*) ; — **Deo** (génitif de *deus*), **amur** (*amore*) ; *christian* **poblo** (*populo* au génitif) ; **salvamènt** (*salvamento*, ablat.) ; **fradre Carlo** (*fratre*

(1) Tardif, *Monum. hist.* — *Carton des rois,* I, année, 558, p. 3, prem. col., l. 6.

Carolo, à l'acc.); *nul* **plait** (*placito,* acc.); **sagramènt** (*sacramento,* acc.); etc. Tout est conforme aux types latins.

Il faut citer deux exemples de cas sujet se rapportant à des noms de personnes de la 3ᵉ déclinaison latine imparisyllabique qui ont donné une forme particulière pour le cas sujet singulier : **om** (*homo*); *meos* **sèndra** (*meus senior*). Ils sont réguliers; l's de flexion fait défaut, comme en latin.

2. — *Eulalie*. — On n'y trouve aucun substantif analogue à *om*, *sendra* des Serments.

Première déclinaison latine en *a*. — Cas régime pluriel : *èlle* **colpes** (*culpas*) *non avrẹt* (20).

Déclinaison masc. en *us* et assimilés romans. — Cas sujet sg. : *chi* **rex** *érẹt* (12) : sous l'*x* latin, on retrouve l's de flexion;

Cas sujet pluriel : *li Deo* **inimi** (*inimici*, 3);

Cas régime singulier : *li* **Deo** *inimi* (*Deo* = *Dei,* 3);

Cas régime pluriel : *les* **mals consellièrs** (*malos consiliarios,* 5); **paramènz** (*paramentos,* 7); *a cèls* **dis** *sovre* **pagièns** (*dies, paganos,* 12); **empedemèntz** (*impedimentos,* 16).

On a longtemps relevé une faute grave contre la déclinaison dans ce texte pourtant si correct : *Volt lo seule lazzièr, si ruovẹt* **Krist** (*sic rogat Christus*, 24); mais, en lisant, avec M. G. Paris[1] : *sic rogat Christum* = *elle demande le Christ, elle veut aller le rejoindre*, on a une construction meilleure, puisque le sujet des deux verbes est le même, et la faute disparaît.

Citons un indéclinable : *bel avrẹt* **corps** (*corpus,* 2).

3. — *Fragment de Valenciennes*. — Ce texte n'offre pas d'éléments nouveaux de discussion ; *en cèle* **duretie** (*duritia*) *et en cèle* **encredulitèt** (*incredulitate,* vᵒ 36); *faites vost* **almosnes** (*eleemosynas,* vᵒ 30) : **niuls** (*neullus,* vᵒ 28) ; **dolor** (*dolore,* acc. vᵒ 16); **chertè** (*caritate,* acc. vᵒ 29). Tout y est régulier d'après les types latins, à l'exception d'un seul exemple : *si vint grancèsmes* **iholt** (*calidus,* vᵒ 15 ; on attendrait *jholz*).

4. — *La Vie de saint Léger*. — Ce texte renferme des erreurs de toute sorte attribuables, en général, à l'ignorance du scribe ; mais, dans l'immense majorité des cas, la déclinaison y est régulièrement observée.

1ᵒ *Première déclinaison* :

Cas suj. sg. — **L'ire** fut *granz* (13 c = *ira*); *tèls* **cose** (*talis causa,* 35 d) ;

____

(1) *Romania*, XV, p. 446.

Cas suj. pl. — **Pasques** *furent en èps cèl di* (14 b = *Paschas* pour *paschae*) ;

Cas rég. pl. — *la jus en* **chartres** *l'ent mena* (30 b = *carceres*).

La force de l'analogie a déjà fait entrer dans la première déclinaison romane (pas d's au sing., s au pluriel) les mots féminins terminés en ę muet, quelle que soit la déclinaison originaire.

2° *Déclinaison des noms provenant de substantifs latins en* **us** *et* **assimilés.** Par **assimilés,** nous entendons les noms masculins de la troisième déclinaison latine, imparisyllabiques ou non, comme **parènt** (*parente*), **sermon** (*sermone*), etc., qui, de très bonne heure, certainement avant le ıxᵉ siècle, ont passé à la seconde déclinaison latine. Pour ceux-ci, comme pour les autres, la règle est la même d'après le type *murs* (= *murus*), *mur* (= *muro*), *mur* (= *muri*), *murs* (= *muros*) : pas d's au rég. sg. et au cas suj. plur ; s au cas suj. sg. et au cas rég. pluriel.

Cas suj. sg. — **Reis Chelperis** (*rèx Chilpericus,* 12 b) ; **li perfides** (*perfidus,* 26 c) ; *ço fut* **loncs dis** (*longus dies,* 39 c) ; *cil* **bièns** *qu'il fist, cil li pesat* (adv. *bene,* devenu subst. masculin, 37 c) ; etc.

Cas rég. sg. — *Hor at perdut* **don Dieu** *parlèr* (*dono, Deo,* 27 e) ; **Didon** (*Didone* = *Didoni,* 4 a) ; etc.

Cas suj. pl. — *Vindrent* **parènt** *et lor* **ami** (*parentes, amici,* 20 c ; ms : *amic*) ; etc.

Cas rég. pl. — *Por cèls* **signes** (*signos* pour *signa,* 35 c) ; *de lor* **pechièz** (*peccatos,* de *peccatus* pour *peccatum,* 38 c) ; **sermons** (*sermones,* 6 e) ; etc.

3° *Déclinaison des imparisyllabiques de la troisième déclinaison désignant des personnes.*

Cas sujet sg. : l's de flexion existe ou manque selon que le substantif latin l'admet ou la rejette : *quant* **infans** *fut* (lisez **ènfes** = *infas* pour *infans,* 3 a); **abbas** *devint* (lisez **abęs** = *abbas,* 5 f); *uns* **fèl** (lat. *felo,* 38 e); *fut buons* **om** (homo, 33 e).

Cas rég. sg. : *com de* **seinor** (*seniore,* 13 c); *a nul* **omme** (*homine,* 13 f). Pas d's, comme en latin.

Cas suj. plur. : *Co controvèrent* **baron** *franc* (*barones,* 9 d); *tuit li* **omne** (*homines,* 36 a).

L'influence analogique de la déclinaison masculine des noms latins en *us* a fait perdre l's de flexion au cas sujet pluriel : *baron* (comme si le type était *baroni*).

Cas rég. plur. : *od dous* **seinors** (*seniores,* 2 b). L's de flexion est régulière.

4º *Déclinaison des noms féminins oxytons, c'est-à-dire des noms qui ne sont pas terminés par ę muet.*

Les deux cas les plus intéressants, le cas sujet sg. et le cas sujet pluriel manquent ; les deux autres sont réguliers et reproduisent exactement la forme latine.

Cas rég. sg. : *en soe* **amor** (*amore*, 1 c). Pas d's.

Cas rég. plur. : *en lor* **honors** (*honores*) avec *s*, comme en latin.

Exceptions : *quandis vesquit cil reis* **Lothièr** (pour *Lothièrs*, 9 a ; c'est évidemment un lapsus) ; *après didrai vos dèls aanz... et Evruins cil deumentiz* (pour *et d'Evruin cèl Dieumentit*, 2 e) ; le scribe n'aura pas compris la phrase ; de là l'erreur. Il en est de même au vers 36 d : *Domine Deus il les lucrat*. *Deus* n'est pas sujet, comme l'a cru le scribe, mais régime indirect ; c'est ce que prouve le vers suivant. Le sens est : *il les gagna pour le seigneur Dieu* ; et il faut restituer : *Dieu*.

L's de flexion attribuée au cas sujet *om* (= *homo*) dans le vers 26 f) : *ne sot nuls* **oms** est en contradiction avec les autres exemples du même genre.

C'est ainsi que l'on peut dire que les fautes contre la déclinaison contenues dans le Saint-Léger sont ou des lapsus calami ou des erreurs dues à l'ignorance du scribe.

5. — *Alexis* (d'après le manuscrit L). — 1º *Première déclinaison féminine* (noms terminés par *a* en latin et assimilés romans) ; sg. : *la* **mèdre** (*matre*, 26 d) ; pl. : **anemes** (*anmes* = *animas*, 121 e ; ms : *ammes*). Pas d'exceptions.

2º *Deuxième déclinaison féminine* (noms féminins oxytons, ou non terminés par ę muet).

Cas sujet sg. : *Quèr* **feit** *i èrt e justise et* **amor** (*fides, amor*, 1 b) ; *ço fut* **citèt** *molt bèle*, 17 a) ; *iluec arrivęt la* **nèf** (*navis*, 40 b) ; *si grant* **dolor** *ui m'est apareüde* (*dolore*, 82 d) ; etc.

Cas rég. sg. : *de grant* **nobilitèt** (*nobilitate*) ; *une* **nèf** (*nave*, 39 a) ; etc.

Cas suj. plur. : *O filz, cui ièręnt mes granz* **ereditèz** (*hereditates*, 81 a).

Cas rég. plur. : *Tantes* **dolors** *at por tei endurèdes, E tantes* **faims**, *e tantes* **seiz** *passèdes* (*dolores, fames, sites*, 80 b-c) ; etc.

Le régime sg. et les deux cas du pluriel sont conformes aux types latins : pas d's au sing., *s* au pluriel. Au cas sujet sg., dans des mots comme *fin, nèf, main*, etc., qui avaient *s* en latin (*finis, navis, manus*, etc.), l's de flexion a disparu par l'influence analogique de mots comme *amor, dolor, onor, moillièr*, etc., qui n'avaient pas d's en latin (*amor, dolor, honor, mulier*, etc.), et aussi par celle de la déclinaison précédente.

Le ms *L* ne contient qu'une exception : *co peiset mei que ma* **fins** *tant demoret* (*finis*, 92 e). La forme latine suffirait seule à expliquer cette dérogation aux lois observées ailleurs ; mais elle est peut-être due aussi à l'habitude du scribe, qui copiait le ms au xii° siècle, à une époque où l's, par une analogie contraire à celle dont nous venons de parler, devait reparaître, non pas seulement dans les mots qui l'avaient en latin, mais dans ceux qui ne l'avaient jamais eue : *dolors, amors*, etc.

3° *Première déclinaison des noms masculins et assimilés*. Elle est très régulière d'après le type connu *murs — mur — mur, murs*. La plupart des exceptions sont formées par le mot **filz**, presque toujours écrit ainsi, même au cas régime (3 e, 6 c, 31 c, etc.), au lieu de *fil*. C'est un trait qui paraît particulier au copiste anglo-normand, car les autres manuscrits ne sont généralement pas d'accord, sur ce point, avec le ms *L*. Il est donc logique de restituer, au cas régime, *fil*, comme l'a fait M. G. Paris.

Les autres exceptions sont des fautes ou d'ignorance : **trestot le pople** *lodet Deu e graciet* (pour **trestoz li pueples...** 108 e ; *trestuz li poples* dans un autre ms) ; *si fist la spose* **danz** *Alexis* (*ainsi fit l'épouse du seigneur Alexis = dam* ; ms *Ho, Pa* : *dan*, 30 b) ; ou d'inattention, comme **pechiét** *le m'at tolut* (pour *pechiéz = peccatus = peccatum*, 22 c). Dans le ms *L* même, les neutres ont passé au masculin.

Quant au vocatif, il est, dans la plupart des cas, assimilé au nominatif (22 d, 67 e, etc.) On trouve quelquefois le cas régime (22 a, 44 a) ; mais le petit nombre de ces derniers exemples et la comparaison des manuscrits autorisent à penser que l'auteur de l'Alexis confondait le nominatif et le vocatif.

4° *Deuxième déclinaison des noms masculins* (paroxytons ou terminés par *e* muet). Le type latin est : suj. sg. : **pater** ; rég. sg. : **patre** ; suj. plur. : **patres** ; rég. plur. : **patres**. C'est une catégorie de substantifs que nous n'avons pas revus depuis les Serments. On aurait dû avoir : **pedre, frédre — pedre, frédre — pedres, frédres — pedres, frédres**, ou, plus clairement : **pas d's au singulier** ; **s au pluriel** ; mais le cas sujet pluriel, sous l'influence analogique de la première déclinaison masculine (*murs, mur, mur, murs*), a perdu l's de flexion, comme si le type latin était devenu *pater — patre*, **patri**, *patres*.

Cas suj. sg. : *Ufemiiens, si out a nom li* **pèdre** (4 a) ; *li bons* **pèdre** *le mist* (7 c) ;

Cas rég. sg. : *Donc en ist fors de la chambre son* **pèdre** (15 d) ;

Cas suj. plur. : *Ensèmble en vont li doi* **pèdre** *parlèr* (9 d) ; *il la reçut come li altre* **frèdre** (24 d).

Le texte ne fournit pas d'exemples du cas rég. pluriel.

On n'est pas étonné de voir sans *s* le cas suj. pluriel, et l'on est tenté de croire que la déclinaison de *pater* et autres noms analogues était devenue, dans le latin vulgaire, *pater — patro* (= *patrum*) — *patri — patres*, quand on voit l'auteur de la Vie de sainte Euphrosyne (ixe siècle) écrire : *in quo loco non pauca pecunia pro victo* **fratrorum** *erogavit* (*pour la nourriture* **des frères**).

L'*s* de flexion au cas suj. sg. dans *ço dist li* **pèdres** (22 a) n'est certainement qu'un lapsus, à moins qu'on n'y voie une tendance à ramener cette déclinaison à la 1re déclinaison masculine, comme cela a eu lieu dès la seconde partie du xiie siècle.

5º *Troisième déclinaison des noms masculins* (noms désignant des personnes et ayant deux formes, la 1re pour le cas sujet sg., la 2e pour les autres cas.)

Cas suj. sg. : *Si fut uns* **sire** (*senior*, 3 c) ; **cons** *fut de Rome* (*comes*, 4 b) ; *riches* **om** *fut* (*homo*, 3 d) ; *sur toz ses pèrs l'amat li* **emperèdre** (*imperator*, 4 c) ; *revint li* **costre** (*custor* pour *custos*, 36 a) ; etc. Absence ou présence de l'*s* de flexion selon le type latin.

Cas rég. sg. : **Enfant** *n'ourent* (*infante*, 5 b). L'absence de l'*s* de flexion est régulière.

Cas suj. plur. : *Nostre* **ancessor** *ourent crestientèt* (*antecessores*, 3 b) ; *doi* **pechedor**... *vochièt* **emperedor** (*peccatores, imperatores*, 73 a-b) ; *somes nos* **jugedor** (*judicatores*, 73 d) ; **seignor** *de Rome* (vocatif, *seniores*, 93 a) ; etc. L'analogie de la première déclinaison masculine (nomin. en *i* : *muri*, rom. *mur*) a fait son œuvre : l'*s* de flexion a disparu, sans doute aussi pour mieux diversifier le cas rég. et le cas sujet.

Cas rég. pl. : *Com fut als* **ancessors** (*antecessores*, 1 a). L'*s* de flexion est régulière.

6º Il faut noter en outre les indéclinables : **tens** (*tempus*, 2 a) ; **espos** (*sposo*, 14 a) ; *ses* **cors** (*corpus*, 20 d) ; *l'*uis (*ostio*, 36 c) ; **païs** (*pagesio*, 37 b) ; **voiz** (*voce*, 59 b) ; **paradis** (*paradiso*, 67 c) ; **vis** (*viso*, 70 b) ; **convèrs** (*converso* = *vie*, 70 d) ; **decès** (*decesso*, 81 e) ; *son* **piz** (*pectus*, 86 b) ; **ues** (*opus*, 101 c) ; **lepros** (*leproso*, 111 a) ; **pais** (*pace*, 125 c).

6. — *Chanson de Roland*. — La déclinaison y est sensiblement la même que dans l'Alexis.

1° *Première déclinaison féminine*. — Elle est très régulière. Le neutre a disparu dans les substantifs; par conséquent, au vers 186, il faut lire : *avec iço plus de cinquante* **charres** (*carras* pour *carra*; et non **carre**).

2° *Déclinaison féminine allongée en* **ain**. *A un mostièr de* **nonains** *est portéde* (3730). *Nonains* est le cas régime pluriel de *none*, qui est le cas sujet sg. Comme on le voit par les exemples postérieurs, la déclinaison de ce mot est :

Cas suj. sg. — **none**	Cas suj. plur. — **nonains**
Cas rég. sg. — **nonain**	Cas rég. plur. — **nonains**

Ce suffixe *ain* correspond probablement au suffixe du latin vulgaire *ane* (*anem*) ajouté aux substantifs féminins en *a* par une sorte d'analogie avec les mots latins en o — *onis* (*latro* — *latrone* — *latrones, latrones*); d'où, en latin vulgaire, *nona, nonane, nonanes, nonanes*.

3° *Deuxième déclinaison des noms féminins*. Le cas sujet sin-gulier, seul vraiment intéressant, puisque, parmi les types latins, les uns ont l's de flexion, tandis que les autres ne l'ont pas, n'a généralement pas l's de flexion, quel que soit le mot latin : *la* **gènt** *de France ièrt blecièd e* (590) ; **pitièt** *l'en prènt* (825) ; *Olivièrs sènt que la* **mort** *molt l'angoissęt* (2010) ; *la meie* **mort** *me rènt si angoissos* (2198); *la soe* **mort** *le vait molt angoissant* (2232) ; *Clère est la* **nuit** (2512) ; *ço'st une* **gènt** (3231) ; *Blanche at la barbe ensemènt come* **flor** 3173) ; etc.

Comme au xii° siècle, par une analogie contraire, l's devait reparaître même dans les mots qui ne l'avaient pas en latin, on ne doit pas être étonné de rencontrer, dans le ms d'Oxford, plusieurs exemples avec cette *s* de flexion : *Ço'st la* **dolors** (*dolor*, 1437) ; *Deus sèt asèz comènt la* **fins** *en ièrt* (*finis*, 3872); etc. Mais ces exceptions ne prévalent pas contre la règle, qui est observée le plus souvent, et une édition critique du Roland doit supprimer partout, au cas suj. sg., l's de flexion.

4° *Première déclinaison des noms masculins*. Elle est, comme dans les textes antérieurs, très régulière. Les exceptions sont four-nies, ainsi que dans le ms L de l'Alexis, presque uniquement par le mot *fil* (*filio*), écrit presque toujours, quel que soit le cas, *filz*. Or on sait que le ms d'Oxford, comme le ms L de l'Alexis, a été écrit, au xii° siècle, en Angleterre.

Les masculins de la troisième déclinaison, autres que ceux qui désignent des personnes, ont passé, nous l'avons déjà dit, à la deuxième déclinaison en *us* ; nous n'avons aucune exception à signaler. On lit, au vers 730 : *D'ènz de la sale uns* **vèltres** *avalat.* Ce mot (lat. *velter*) appartient originairement à la deuxième déclinaison masculine romane dont le type est *pèdre, frèdre* (*pater, frater*) ; mais il a passé à la première déclinaison masculine, comme si le nominatif était *veltrus*.

5° *Allongements en* **on**. Ils sont de même ordre que les allongements en *ain* des substantifs féminins terminés par ę muet ; ils s'ajoutent aux noms propres masculins terminés aussi par ę muet ; le cas sujet seul reste ce qu'il était (première déclinaison des noms masculins), de sorte que le type est : cas suj. sg. : **Charles** (*Carolus*) ; cas rég. : **Charlon** (*Charle* + *on*, comme s'il s'agissait d'un type *Carolone*) : *Mandèz* **Charlon** (28) ; *si vint devant* **Charlon** (218) ; *ço'st l'enseigne* **Charlon** (1234) ; *a* **Marsilion** (309) ; **Naimon** *le duc* (3008) ; *grant duc* **Naimon** *veit nafrèt devant sei* (3452), etc.

6° *Restes du génitif dans la déclinaison romane.* — Le sens et la forme concordent trop exactement pour ne pas rapporter au génitif pluriel de la deuxième ou de la troisième déclinaison quelques mots comme *major, Francor, paienor* que l'on rencontre dans le Roland et qui se conserveront jusqu'au xiiie siècle, laissant même quelques traces dans la langue moderne : *Terre* **Major** *remaindreit en repos* (*terra majorum*, 600) ; *en la gèste* **Francor** (*gesta Francorum*, 1443) ; *qu'asèz i at de la gènt* **paienor** (*gente paganorum* ou mieux *paien* + *orum*, 2427) ; etc.

7° *Deuxième déclinaison masculine.* — Elle est régulière d'après le type connu : *pèdre — pèdre — pèdre — pèdres* : *mes* **padrastre** (suj. sg. 277) ; *cist mièns* **filiastre** (*filiaster*, 743) ; *sire* **padrastre** (vocatif, 753) ; *mes* **padrastre** *est* (1027) ; *Olivièrs* **frèdre** (voc. 1395, 1866) ; *li* **altre** *en vont* (*alteri*, de *alter*, 2472) ; *l'uns port le guant, li* **altre** *le baston* (*alter*, 2687) ; *cist* **nostre** *deu sont* (*nostri*, de *noster*, 2715) ; *damnes Deus* **pèdre** (voc. 2337) ; *icil èrt* **frèdre** (*frater* 1214) ; etc. *Prophète* est un assimilé à cause de l'absence de l's dans *propheta* ; de là : *Dès les apostles ne fut onc tèls* **prophète** (2255).

Nous avons vu *velter*, qui se rapporte à cette déclinaison, donner au cas suj. sg. *veltres*, comme s'il s'agissait du latin *veltrus* ; presque tous les mots que nous venons de citer tendront, en effet, à passer dans la déclinaison en *us*, et c'était chose déjà faite à la fin du xiie siècle ; c'est pourquoi l'on trouve dans le Roland : *Nul*

out Basilies ne sès **frèdres** *Basans*, etc. ; il est évident que l's,
ici et dans les cas analogues, est due au scribe ; il faut donc lire
frèdre.

8° *Troisième déclinaison des noms masculins*, — Type : **ber**
baron, baron, barons.

Contrairement à la règle, le cas sujet a souvent l's de flexion
dans les mots *emperèdre, fèl, Guène* (pour *Guenle, Wenilo*), *bèr,
glot, compain*, surtout dans le premier et le troisième. En ce qui
concerne *Guène*, l's de flexion n'est pas toujours imputable au
scribe, car elle est quelquefois nécessaire à la mesure du vers :
Guènes *i vint, qui la tradison fist* (178) ; etc. Ce mot avait
été sans doute confondu avec les noms masculins de la deuxième
déclinaison romane allongés en *on* au cas régime (*Charles-Charlon*) ; d'où, par analogie, *Guènes, Guènelon* ; et c'est peut-être la
même explication qui convient pour *fels-felon, bèrs-baron, gloz-
gloton*, si toutefois l's de flexion n'est pas due au scribe du XIIe siècle,
époque où l'envahissement de la première déclinaison romane
avec *s* au cas sujet était déjà accentué. Ce qui est certain, c'est
que le latin *glutto* avait été remplacé de bonne heure par *gluttus* ;
de là *gloz*.

Il faut considérer comme altérés par le scribe les vers où le cas
sujet sg. a été remplacé par le cas régime : *Quant ço vos mandet
li reis* **Marsilion** (222) ; *molt bien le disiiez — Que* **Guenelon** *nos
at toz espiiez* (1147) ; *devant le rei la s'estut* **Guenelon** (3762) ; etc.

Le cas rég. sg. et les cas du pluriel sont conformes à ce que
nous savons déjà par l'Alexis, et, par conséquent, réguliers. Le cas
régime sg. n'a pas l's de flexion : *dist èle al* **conte** (635). Il en est de
même du cas suj. plur. : *molt grant mal font e cil duc e cil* **conte**
(*comites*, 378).

Quant au cas rég. plur., il a l's étymologique : *dous de vos*
contes (207) ; etc.

Les exceptions sont très rares et certainement le fait du scribe.

9° *Indéclinables* — *Al* **piz** (48) ; **Franceis** (217 = *Francese* ou
Francicso pour *Francisco*) ; **respons** (*responso*, 420) ; *a ceste* **feiz**
(*vice*, 567) ; **bras, cors,** (*bracio, corpus*, 597) ; **fais** (*facse = fasce*,
977) ; **los** (*laudes*, 1194) ; **tèns** (*tempus*, 1419) ; *l'*enchalz (subst.
verb. de *incalcio*, 2446) ; **ors** (*urso*, 2542) ; etc.

7. — *Poème religieux.* — Dans ce texte, où nombre de mots ont
reçu indûment des lettres parasites, il faut bien s'attendre à quelques
fautes contre la déclinaison. Celles-ci proviennent le plus souvent
de la lettre parasite *t* qui, combinée avec l's de flexion parfois mise

à tort, donne *z* : *Vers lui ne pued tenir nulle* **clartèz** (17, lisez *clartèt*); *toz tèns florist li lenz de ma* **beltèz** (= *beltèt*, 32); *guardent la* **citèz** (= *citèt*, 43); e **plusors altres** (= *plusor altre*, cas suj. 87); *fors al* **soleilz** (= *soleil*, 60); *perdut ad sa* **beltèz** (= *beltèt* 61); *n'avrat* **clartèz** (= *clartèt*, 62); *dans Abraham en fut premièrs* **message**(t) (= *messages*, 67).

8. — *Pèlerinage*. — Ce poème, défiguré par un italien, ne peut être d'aucun secours pour établir les lois de la déclinaison au XIe siècle; elles nous sont d'ailleurs suffisamment connues par l'Alexis et le Roland, d'après lesquels nous allons résumer brièvement l'état de la déclinaison romane durant la seconde moitié du XIe siècle.

10) Conclusion. — La déclinaison dans la seconde moitié du XIe siècle.

1. — *Première déclinaison des noms féminins* : sg. : *la* **colpe**; plur. : *les* **colpes**. Cette déclinaison n'a jamais varié depuis les origines; c'est elle qui doit l'emporter définitivement au XIVe siècle et donner la règle de formation du pluriel de nos substantifs. Elle comprend : 1º des noms féminins provenant de noms féminins latins terminés en *a* : **colpe** (*culpa*), **ire** (*ira*), **Pasque** (*Pascha*), **aneme** (*anima*), **chartre** (*cartula*), **corone** (*corona*), **chièvre** (*capra*), **fèmme** (*femina*), **hore** (*hora*), **joe** (*gabata*), **justise** (*justitia*), **montaigne** (*montanea*), **ombre** (*umbra*), **parole** (*paraula*), **querèle** (*querela*), etc.

2º Des substantifs neutres de la 2e ou même de la 3e déclinaison latine dont le pluriel a été considéré comme un nom féminin : **arme** (*arma*), **corne** (*corna* = *cornua*), **enseigne** (*insignia*), **foildre** (*fulgura*), **essèmple** (*exempla*), **brace** (*brachia*), **charre** (*carra*), **gèste** (*gesta*), **prède** (*prata*); etc,

3º Des substantifs féminins empruntés généralement à la 3e déclinaison latine et terminés par un *e* muet qui sert d'appui à un groupe de deux consonnes : **mèdre** (*matre*), **aronde** (*hirundine*), **chartre** (*carcere*); etc.

4º Des substantifs, verbaux ou autres, qui, se trouvant terminés par *e* muet, ont pris, par analogie, le genre féminin : **guarde** (du v. *guardèr*).

REMARQUE. — Quelques-uns de ces mots, que l'usage fait connaître, et qui désignent des personnes, ajoutent au cas rég. sg. et aux cas du pluriel la terminaison *ain* (= *anem*) : cas suj. sg. : *la* **none**; cas rég. sg. : *la* **nonain**; pluriel (les 2 cas) : *les* **nonains**.

Au moyen âge, cette terminaison s'ajoute volontiers aux noms propres de personnes terminés par *ę* muet : *Berte — Berlain* ; *Evé — Evain* ; *Marie — Mariain* ; *Pinte — Pintain* ; etc.

2. — *Deuxième déclinaison des noms féminins.*

Cas suj. sg. : *la* **lei**, *la* **dolor**.

Cas rég. sg. : *la* **lei**, *la* **dolor**.

Pluriel (un seul cas) : *les* **leis**, *les* **dolors**.

En somme, cette déclinaison ne diffère pas de la première, mais les types latins peuvent avoir l'*s* de flexion au cas suj. singulier, et il est à croire que cette *s* existait primitivement en roman quand elle existait en latin : *la leis, la fins, la morz* ; de très bonne heure, ces substantifs, par l'influence analogique de ceux qui n'avaient pas *s* en latin (*dolor, ratio,* etc.), ont perdu cette *s* ; c'est du moins ce que l'on constate dans l'Alexis et le Roland. Ainsi, *dans la seconde moitié du* xie *siècle, la règle générale, pour tous les noms féminins sans exception, est* : **pas d'S au singulier** ; **S au pluriel**. Dès le xiie siècle, par une influence analogique contraire, le cas sujet sing. aura l'*s* de flexion.

A cette seconde déclinaison féminine se rattachent tous les noms féminins oxytons, c'est-à-dire ceux qui ne sont pas terminés par *ę* muet, quelle que soit leur provenance : **amor** (*amore*), **art** (*arte*), **chertèt** (*caritate,* d'après *chèr = caro*), **dolor** (*dolore*), **encredulitèt** (*incredulitate*), **feit** (*fide*), **fin** (*fine*), **fain** (*fame*), **gènt** (*gente*), **lei** (*lege*), **mercit** (*mercede*), **oraison** (*oratione*), **passion** (*passione*), **raison** (*ratione*) ; etc.

3. — *Première déclinaison des noms masculins.*

Cas suj. sg. : *li* **murs**, *li* **parènz** | Cas suj. pl. : *li* **mur**, *li* **parènt**

Cas rég. sg. : *le* **mur**, *le* **parènt** | Cas rég. pl. : *les* **murs**, *les* **parènz**

Ainsi se déclinent tous les noms masculins ayant *s* au nominatif singulier latin. Cette déclinaison comprend donc :

1° Tous les substantifs masculins tirés de substantifs latins en *us* : **ami** (*amicus*), **aleman** (*alemannus*), **angele** (*angelus*), **arcevèsque** (*archiepiscopus*), **chameil** (*camelus*), **cheval** (*caballus*), **champ** (*campus*), **chemin** (*caminus*), **cèrf** (*cervus*), **mont** (*mundus*), etc.

2° Les substantifs masculins tirés de neutres latins de la deuxième déclinaison : **argènt** (*argentum*), **chièf** (*caput*), **chastèl** (*castellum*), **adremènt** (*atramentum*), **cervèl** (*cerebellum*), **desèrt** (*desertum*), **empire** (*imperium*), **fèr** (*ferrum*), **grain** (*granum*), **mal** (*malum*), **mantèl** (*mantellum*), **vergièr** (*viridiarium*), **vin** (*vinum*), etc.

3° Les noms de la quatrième déclinaison latine restés ou devenus masculins : **arc** (*arcus*), **char** (*carrus*), **fruit** (*fructus*), **pin** (*pinus*), **port** (*portus*), etc.

4º Quelques neutres de la troisième déclinaison latine passés au masculin : **coer** (*corus* pour *cor-cordis*), **animal** (*animal*), **flun** (*flumen*), **mièl** (*mel*), **nom** (*nomen*), **marbre** (*marmor*), etc.

5º Les noms masculins parisyllabiques de la troisième déclinaison latine, les imparisyllabiques de la même déclinaison qui, ne désignant pas des personnes, n'ont donné qu'une forme empruntée au cas régime, et les subst. verbaux masc. : **adop** (subst. verb. de *adober*) **ahan** (?), **arçon** (*arcione*), **aveir** (subst. verbal), **abandon** (*a + bandon*), **boisson** (diminut. de *bois*), **champion** (*campione*), **comant** (subst. verbal de *comander*), **dènt** (*dente*), **guant** (rad. germ.), **front** (*fronte*), **lion** (*leone*), **pont** (*ponte*), **pain** (*pane*), **presènt** (*praesente*), **rei** (*rege*), **sanc** (*sangue*), **tréf** (*trabe*), **val** (*valle*), etc.

6º Un mot de la cinquième déclinaison : **di** (*die*).

Remarques. — 1º L'addition de l'*s* de flexion, dans la deuxième déclinaison des noms féminins et dans la première déclinaison des noms masculins, se fait conformément aux lois de la phonétique générale : *les labiales et les palatales qui terminent le mot tombent devant l'*s *de flexion* : colp, chièf, eschèc, tréf, nèf, etc., deviennent *cols, chiès, eschès, très, nès, etc.; les dentales et quelquefois les nasales se combinent avec cette* s *pour donner* z : *citét, gent, jorn, mort, vertut, nuit, an* deviennent *citéz, gènz, jorz, morz, vertuz, nuiz, anz,* etc.

2º Plusieurs noms propres de la première déclinaison des noms masculins, presque tous d'origine germanique et terminés par *ę* muet, ajoutent au cas régime singulier la terminaison *on* : *Charles—Charlon*; *Miles—Milon*; *Naimes—Naimon*; *Ote— Oton*; etc.

4. — *Deuxième déclinaison des noms masculins.*

Cas suj. sg. : *li* **frèdre**, *li* **vèntre**;

Cas rég. sg. : *le* **frèdre**, *le* **vèntre** ;

Cas suj. plur. : *li* **frèdre**, *li* **vèntre**;

Cas rég. plur. : *les* **frèdres**, *les* **vèntres**.

Cette déclinaison ne diffère de la 1re déclinaison des noms masculins qu'en ce que le cas sujet sing., comme en latin, n'a pas l's de flexion.

Ainsi se déclinent, à l'origine, les noms masculins paroxytons ou terminés par *ę* muet, et n'ayant pas l's de flexion au nominatif latin. Les uns appartiennent à la 2e déclinaison latine, comme **altre** (*alter*), **nostre** (*noster*), **vostre** (*voster*), **fèvre** (*faber*), **gèndre** (*gener*), **maistre** (*magister*), **livre** (*liber*), **arbitre** (*arbiter*), etc.; les autres proviennent de mots de la 3e déclinaison :

arbre (*arbor*), **frédre** (*frater*), **pédre** (*pater*), **padrastre** (*patraster*); ou même de la première : **prophète** (*propheta*), **poète** (*poeta*), **ièdre** (*hedera*), etc.

De bonne heure, la 2ᵉ déclinaison latine en *us* exercera sur la plupart de ces mots son influence analogique, et l'on aura au cas suj. sg. : *maistres, livres, ventres, prophètes*, etc., comme si le nomin. latin était devenu *magistrus, librus, ventrus, prophetus*, etc. Pour plusieurs de ces mots, cette influence s'est exercée avant la fin du xıᵉ siècle.

5. — *Troisième déclinaison des noms masculins.*

Cas suj. sg. : *li* **emperédre**, *li* **cons**, *li* **om**;

Cas rég. sg. : *l'***emperedor**, *le* **conte**, *l'***ome**;

Cas suj. plur. : *li* **emperedor**, *li* **conte**, *li* **ome**;

Cas rég. plur. : *les* **emperedors**, *les* **contes**, *les* **omes.**

A cette déclinaison appartiennent un certain nombre de noms masculins de personnes se rapportant presque tous à la 3ᵉ déclinaison latine imparisyllabique.

1º Les uns ne changent pas de place l'accent tonique, mais diffèrent par le nombre des syllabes qui suivent, selon les cas, la syllabe tonique : *hómo, hóminem, hómines*; — *cómes, cómitem, cómites*; roman : *on — ome — ome — omes*; — *cons — conte — conte — contes.*

2º D'autres, et c'est le plus grand nombre, proviennent de substantifs latins qui, avançant aux autres cas l'accent du nominatif singulier, reproduisent en français cette particularité, en sorte que le sujet sing. et les autres cas sont parfois très différents : **abes, abét, abét, abéz** (*ábbas, abbáte, abbátes*); **bér, baron, baron, barons** (*báro, baróne, barónes*); **ènfes, enfant, enfant, enfanz** (*ínfas, infánte, infántes*); **niès, nevot, nevot, nevoz** (*népos, nepóte, nepótes*); **sire, seignor, seignor, seignors** (*sénior, senióre, senióres*).

De même *ancestre, ancessor, ancessor, ancessors — compaing, compaignon, compaignon, compaignons—emperédre, emperedor, emperedor, emperedors — (gars), garçon, garçon, garçons—gloz, gloton, gloton, glotons—fèl, felon, felon, felons—(jugièdre), jugedor, jugedor, jugedors — (pechièdre), pechedor, pechedor, pechedors—traditre, traditor, traditor, traditors*, etc.

3º Un substantif provenant de la 2ᵉ déclinaison latine : **prèstre** (*présbyter*), **proveire** (*presbytéro*), **proveire** (*presbytéri*), **proveires** (*presbytéros*).

4º Un substantif féminin de la 3ᵉ déclinaison latine, mais qui,

en roman, suit, pour le pluriel, la déclinaison des noms féminins :
soer (*sóror*), **soror** (*soróre*), **sorors** (*soróres*), **sorors** (*soróres*).

REMARQUES.— 1º Ceux de ces substantifs qui ont l's de flexion au
nomin. sg. latin le conservent au cas suj. sg. ; les autres ne l'ont
pas.

2º A cette déclinaison se rapportent aussi plusieurs noms propres
germaniques qui avaient suivi la troisième déclinaison latine, de
sorte que l'on avait primitivement : **Guèn(e)le** (= *Wénilo*), puis
Guènle, Guène ; cas rég. **Guenelon** (= *Wenilóne*) ; **Sanse**
(*Sánso*), cas rég. **Sanson** (= *Samsóne*) ; **Ive** (*Ivo*), cas rég. **Yvon**
(*Ivóne*), etc. Mais cette terminaison *on* étant destinée à se confondre
avec celle qui s'ajoutait déjà aux noms de la deuxième déclinaison ;
il y aura bientôt confusion pour le nominatif des deux déclinaisons ;
et, de même que l'on dit régulièrement **Charles-Charlon**, on aura
de très bonne heure, même avant la fin du xi⁰ siècle : **Guènes-
Guenelon** ; **Sanses — Sanson** ; etc.

3º Le cas sujet et les autres cas du sing. ou du pluriel des mots
latins *civitas*, *potestas* ont donné deux mots différents, **cit** et **c*citét***;
podèste et **podestét**, qui tous deux servent pour tous les cas.

6. — *Indéclinables*. — Ce sont : 1º Ceux dont le thème se ter-
minait par *s* en latin : **nès** (*nasol*), **respons** (*respọnso*), **vis** (*viso*) ;
2º les neutres terminés par *s* en latin et devenus masculins : **cors**
(*corpus*), **piz** (*pectus*), **tèns** (*tempus*) ; etc.

7.— *Vocatif*.— Dans l'immense majorité des cas, il est confondu
avec le cas sujet ; mais, au pluriel de la troisième déclinaison
masculine, il est semblable au cas régime [1].

CHAPITRE III

ADJECTIF

---

1) Formation du féminin.

Tous les adjectifs latins (y compris les participes) se réduisent,
dans la déclinaison vulgaire, à deux classes : 1º ceux dont le féminin est en *a* : *bonus, bona* ; — *durus, dura* ; — *mortus, morta* ; —

---

[1] Cf. *Romanische Studien*, III, p. 493 ; — *Romania*, VIII, p. 300.

vivus, viva ; — *corruptiosus, corruptiosa* ; — *praesentatus, prae-*
sentata ; etc. ; 2° les adjectifs qui ont la même forme pour le
masculin et le féminin : *grandis, talis, mortalis, prudens,* et tous
les participes présents en *ans, antis* devenus adjectifs.

De là, en roman, les catégories suivantes d'adjectifs :

1° *Adjectifs ou participes dérivés d'adjectifs ou de participes
latins en* us, *fémin.* a : *ils forment leur féminin par* ę *muet*
(= a *latin atone*) : **presentéde** (*praesentata,* Eul. 11); **sèche**
(*sicca,* Val. v° 15); **male** (*mala,* Val. v° 28) ; **paréde** (*parata,*
Alex. 29 a) ; etc.

Rappelons qu'on trouve encore *a* latin dans les Serments, dans
les deux premiers vers d'Eulalie, dans le Saint-Léger, où cette
notation est provençale, et quelquefois dans le ms L de l'Alexis,
surtout après un groupe de deux consonnes ; mais qu'en réalité *a*
final est affaibli en ę muet, dans la langue parlée, dès le ixᵉ siècle.

2° *Adjectifs ou participes dérivés d'adjectifs ou de participes
latins de la troisième déclinaison et n'ayant qu'une forme pour le
masculin et le féminin : ils n'ont qu'une forme en roman et
n'ajoutent pas d'*ę : l'ire fut **granz** (*grandis,* Lég. 13 c); *quant céle
ire* **téls** *esdevint* (Lég. 14 a = *talis*); *liverrai lui une* **mortél**
bataille (Rol. 658) ; *donc prist moillièr* **vaillant** *et onoréde* (Alex.
4 d) ; etc.

On pourrait aisément multiplier les exemples : ils concordent
tous d'une manière qui ne laisse aucun doute dans l'esprit.

On trouve cependant le féminin **grande** une fois dans l'Alexis,
où il est assuré par l'assonance : *ne sai vos dire com lor ledice est*
grande (122 e) ; et deux fois dans le Roland : *de son col giètęt ses*
grandes *pèls de martre* (302); *les dis (eschièles) sont* **grandes**,
les cinquante menudes (3656). Les exemples du Roland, n'étant
pas à l'assonance, sont moins concluants, surtout le second, que
celui de l'Alexis ; mais celui-ci rend les autres au moins très
probables. Dès le milieu du xıᵉ siècle, surtout dans la prononciation, il y a eu empiètement de la première série d'adjectifs sur
la seconde ; et cela, par la seule influence de l'analogie. En
effet, si, aux adjectifs qui font régulièrement ę au féminin, on
ajoute tous les participes terminés par *ét* (*amét,* fémin. *améde*), *it,*
is (*partit,* fémin. *partide* ; *pramis,* fémin. *pramise*), *ut* (*venut,* fém.
venude), et tous les adjectifs qui avaient au masculin comme au
féminin un ę destiné à soutenir un groupe (*amable, large, fraile,
sage,* etc.), on voit que le nombre des adjectifs ayant ę muet au
féminin est de beaucoup le plus considérable. D'un autre côté,

dans des adjectifs comme *cort* (*curtus*), *alt* (*altus*), *chalt* (*calidus*), *mort* (*mortus*), etc., l'ę muet du féminin devait paraître au peuple tout aussi bien destiné à soutenir le groupe de consonnes qu'à représenter l'*a* du féminin latin. De là, avec les années, une tendance toute naturelle à en faire autant pour les adjectifs qui, n'ayant pas *a* au féminin latin, avaient cependant, à la rigueur, un groupe à soutenir : *grandis, fortis, dulcis, viridis,* etc. C'est par eux qu'a dû commencer l'addition irrégulière d'un ę au féminin, comme si le nominatif latin était *grandus, fortus, dulcius, vir'dus,* etc. *Dolce* revient très souvent dans le Roland avec l'expression **dolce** *France* (16, etc.) ; *dulcius* avait, en effet, remplacé *dulcis* dans le latin vulgaire ; de même *dolentus* avait été substitué à *dolens* ; aussi lit-on : *de ta* **dolènte** *mèdre* (ms L : *de ta dolenta medra,* Alex. 80 a) ; enfin, au xiᵉ siècle, **comun** avait déjà pour féminin **comune** (= *communa* pour *communis*) : *la bataille est merveillose e* **comune** (Rol. 1320).

Il ne faut pas croire toutefois que le triomphe de la formation du féminin par ę muet soit proche pour tous les adjectifs sans distinction. La résistance sera longue : durant tout le moyen âge, la règle est que les adjectifs qui, en latin, n'ont qu'une forme pour le masculin et le féminin n'ont également qu'une forme en roman ; l'adjectif *grant,* par exemple, que nous venons de voir devenu *grande* au féminin dès le xiᵉ siècle, ne prendra pas l'ę muet dans Joinville même, au seuil du xivᵉ siècle; mais, du xiiᵉ au xivᵉ siècle, les exceptions deviendront de plus en plus fréquentes, jusqu'au moment où la formation du féminin par ę muet sera la règle générale, ne souffrant plus qu'un petit nombre de dérogations, dans des expressions toutes faites, comme *grand'mère, grand'route, lettres royaux,* etc., qui sont encore en usage aujourd'hui.

2) Déclinaison de l'adjectif.

Il y a une distinction fondamentale à faire entre les adjectifs masculins et les adjectifs féminins.

1. — *Adjectifs masculins.* — *Tous les adjectifs masculins, qu'ils soient ou non terminés par* ę *muet, suivent la même déclinaison, la première des noms masculins, dont le type est* **murs— mur—mur—murs.**

Cas suj. sg. — *Ne jo ne* **neüls** (*neullus,* Serm. II); *a czo nos voldręt concreidre li rex* **pagièns** (*paganus,* Eul. 21); **vièlz** *est e* **fraisles** (Alex. 2 d); *li reis est* **fièrs** *e ses corages* **pèsmes** (Rol. 56); etc.

Cas rég. sg. — *Pro* **christian** *poblo et* (*pro*) *nostro* **commun** *salvamènt* (Serm. I); **bèl** *avrẹt corps* (Eul. 11); *vit dèl* **saint** *ome le vis e* **clèr** *e* **bèl** (Alex. 70 b); etc.

Cas suj. pl. — *Si astreiẹnt li Judei* **perdut** (Val. v° 18); *A lui en vindrẹnt e li* **riche** *e li* **povre** (Alex. 61 b); *Charles est fièrs e si home* **vaillant** (Rol. 3515); etc.

Cas rég. pl. — *Elle nont eskoltẹt les* **mals** *consellièrs* (Eul. 5); *mais als plus* **povres** (Alex. 51 e); etc.

Les erreurs sont si rares, et elles dénotent si bien l'inattention ou l'ignorance des copistes, qu'il est inutile de les citer.

Exception. — *Les adjectifs terminés en roman par* ẹ *muet et n'ayant pas d's au nominatif singulier latin, n'en ont pas non plus au cas sujet singulier en roman.* Il s'agit des adjectifs se rapportant à la deuxième déclinaison masculine des substantifs dont le type est *frèdre—frèdre—frèdre—frèdres*. Ainsi **altre** (nomin. lat. *alter*); **nostre** (*noster*); **vostre** (*voster*), etc. : *Charles li reis* **nostre** *emperèdre magnes* (Rol. 1); *l'uns en l'escut e li* **altre** *en l'halbèrc* (Rol. 1383); *li* **nostre** *Deus guarantissẹt Charlon* (Rol. 3277); etc.

Mais, comme cela a lieu pour les substantifs, les adjectifs avec *s* au cas sujet sg. exerceront sur ceux-ci une influence qui grandira rapidement avec les années.

Il faut certainement attribuer au scribe l'*s* de *altre* dans le vers 208 du Roland : *l'uns fut Bazanz e li* **altres** *Basilies*, et restituer *altre* ; mais il n'en est pas moins vrai qu'au xie siècle même cette série d'adjectifs paraît restreinte à *altre, nostre, vostre* et que des adjectifs de même ordre, tels que *destre, tèndre, povre, aspre*, etc., prennent *s* au cas suj. sg., comme si les types étaient *dexterus, tenerus, pauperus, asperus*, etc.

Ainsi, à quelques mots près, tous les adjectifs masculins suivent la déclinaison du substantif masculin *mur*. La chose se conçoit aisément pour les adjectifs qui, en latin, se terminaient en *us* ; quant aux adjectifs ou aux participes se rapportant à la troisième déclinaison latine, ils ne présentaient de difficulté, ou, pour mieux dire, de divergence, qu'au cas sujet pluriel, qui se terminait par *s* : *fortes, grandes, valiantes, currantes*, etc. Comme ils ont perdu cette *s* au plus tard vers le xie siècle, dont les monuments sont les seuls qui nous offrent des exemples concluants, il faut croire qu'ils avaient, comme ce qui s'est passé pour les substantifs, subi l'influence analogique des adjectifs certainement plus nombreux et fréquemment employés, dont le nominatif sg. latin était en *us* (nomin. plur. en *i* : *boni*, etc.) ; de sorte que l'on a eu, au cas sujet plur.

fort, grand, vaillant, corant tout comme si les types latins étaient *forti, grandi, valianti, curranti.*

2. — *Adjectifs féminins paroxytons ou se terminant par ę muet.* Voici la déclinaison vulgaire d'un adjectif latin ayant *a* au féminin :

Cas suj. sg. — *femina* **sapia**. Cas suj. plur. — *feminas* **sapias**.

Cas rég. sg. — *femina* **sapia**. Cas rég. plur. — *feminas* **sapias**.

On voit qu'il y a concordance absolue entre les substantifs et les adjectifs de cette classe ; par conséquent, la règle est, comme pour la première déclinaison féminine des substantifs : pas d's au singulier ; s au pluriel ; et cela, pour tous les adjectifs féminins terminés par ę muet, quelle que soit l'origine de cet ę : *bone, large, dure, molle, remése, jointe, menude,* etc., mais aussi *amable, pauvre, tèndre,* etc. : *o filz, cui ièrent... mes* **larges** *tèrres* (Alex. 81 b) ; *les dis sont* **grandes**, *les cinquante* **menudes** (Rol. 3656) ; etc.

3. — *Adjectifs féminins ne se terminant pas par ę muet.*

Types latins : Cas suj. sg. — **talis**. Cas suj. plur. — **tales**.

Cas rég. sg. — **tale**. Cas rég. plur. — **tales**.

D'après cela, le roman devait être :

Cas suj. sg. — **tèls, mortèls, granz**. Cas suj. plur. **tèls, mortèls, granz**.

Cas rég. sg. — **tèl, mortèl, grant**. Cas rég. plur. — **tèls, mortèls, granz**.

A l'exception du cas sujet singulier, c'est ainsi que se présente la déclinaison de l'adjectif féminin oxyton dans le Saint-Léger, l'Alexis et le Roland, les seuls textes qui présentent des exemples de cette catégorie. Le cas suj. singulier, dans l'Alexis et le Roland, a perdu, grâce à l'analogie des féminins terminés par ę muet, aussi nombreux que fréquemment employés, l's de flexion ; *si* **grant** *dolor oi m'est* **apareüde** (Alex. 82 e) ; **grant** *fut la noise* (le ms L porte **grant** *fut li dols,* leçon évidemment fautive ; deux autres mss ont : *grant fut la noise,* Alex. 85 b) ; *si* **grant** *ledice nos est apareüde* (Alex. 107 c) ; **grant** *est la prèsse* (Alex. 115 c) ; *cèste* **grant** *guèrre ne deit montèr a plus* (Rol. 242) ; *el cors vos est entrède* **mortèl** *rage* (747) ; *bataille avrèz, unches mais* **tèl** *ne fut* (Rol. 1044) ; **grant** *est la plaigne* (Rol. 3305) ; *Preciose* (nom de l'épée de Baliguant) *est* **vaillant** (Rol. 3471) ; *la bataille est mervellose e* **pesant** (Rol. 3381) ; etc.

Le Saint-Léger seul a maintenu l's de flexion : *l'ire fut* **granz** (13 c) ; *quant cèle ire* **tèls** *esdevint* (14 a) ; *por cui* **tèls** *cose vint de cièl* (35 d) ; de même, 34 e-f, **granz** avec clarté pour sujet.

Faut-il croire qu'au xᵉ siècle, l'*s* fût maintenue au cas suj. sg. comme dans les types latins ? C'est peu probable ; l'influence analogique qui a fait tomber cette *s*, comme on le voit dans l'Alexis et le Roland, doit remonter aux origines de la langue, ainsi qu'il en est pour les substantifs de la deuxième déclinaison féminine. En outre, le provençal ayant de beaucoup précédé le français dans l'addition de l'*s* au thème de ces substantifs féminins, il a dû en être de même pour les adjectifs, et il est à présumer que l'*s* de flexion des féminins oxytons doit être attribuée au scribe provençal du Saint-Léger.

Au reste il se passera, pour ces adjectifs féminins, ce qui s'est passé pour les substantifs : au xɪɪᵉ siècle, ils reprendront l'*s* de flexion au cas suj. singulier ; c'est pour cela que l'on trouve parfois, dans les textes du xɪᵉ siècle, copiés au xɪɪᵉ, *granz, forz, gentilz*, etc., au cas suj. fémin. singulier : **granz** *est la noise* (Rol. 1005 ; lisez *grant*) ; **forz** *est nostre bataille* (Rol. 1713 ; lisez *fort*) ; **gentilz** *pucèle* (voc. Poème rel. 7 ; lisez *gentil*) ; etc. Ces exceptions sont en petit nombre.

Les autres cas sont complètement réguliers, de sorte que l'on peut formuler ainsi la règle des adjectifs féminins non terminés par *ę* muet (xɪᵉ siècle) :

Singulier (*cas suj. ou rég.*) : **grant, mortèl, fort, gentil, vaillant** (pas d'*s*) ;

Pluriel (*cas suj. ou rég.*) : **granz, mortèls, forz, gentilz, vaillanz** (*s*).

Et, comme il en est de même des adj. féminins terminés par *ę* muet, nous dirons : *tous les adjectifs féminins restent sans* s *au singulier ; ils prennent* s *au pluriel*.

4. — *Traces du neutre*. — Le trait le plus remarquable de la déclinaison de l'adjectif est la conservation du neutre, mais seulement dans un emploi particulier, quand l'adjectif ou le participe fait fonction d'attribut et non de prédicat ou épithète, et qu'il se rapporte à un sujet impersonnel, exprimé ou non exprimé, comme *ço, il*. Le neutre se distingue du masculin en ce qu'au cas sujet il n'a pas l'*s* de flexion : *com il l'odit fut lui* **amèt** (*cela lui fut agréable = fuit illui amatum*, Lég. 7 f) ; *quant li jorz passęt et il fut* **anoitièt** (Alex. 11 a) ; *ne puet mudèr ne seit* **aparissant** (Alex. 55 e) ; *sonęnt mil graisle por ce que plus* **bèl** *seit* (Rol. 1004) ; *ne placęt Deu... Que ço seit* **dit** *de nul home vivant* (Rol. 1074) ; etc.

5. — *Indéclinables*. — Sont indéclinables au **masculin** les

adjectifs dont le thème se termine par *s* : **coroços** (*corruptioso*, Lég. 32 c); **remés** (*remaso* pour *remansum*, Alex. 13 a); **lepros, langoros** (*leproso, languoroso,* Alex. 111 a, c); **corteis** (*cortese* pour *cōrtensem,* Rol. 576); etc.

. 6. — *Vocatif.* — Le vocatif de l'adjectif, comme celui du substantif, est le plus souvent conforme au nominatif; cependant, dans les textes écrits par des anglo-normands, les fautes fourmillent; il semble que parfois le vocatif y reçoive ou y perde indistinctement l'*s* de flexion. Cela est dû à l'ignorance des scribes.

CHAPITRE IV

GRADATION : COMPARATIF ET SUPERLATIF

---

1. — Les langues romanes ont, en principe, renoncé au comparatif et au superlatif synthétiques, et l'ont remplacé par le procédé connu de la périphrase, employé aussi en latin lorsque le radical du positif se terminait par deux voyelles. L'expression du comparatif par *magis* s'est conservée en espagnol, en portugais, en daco-roman ; les autres peuples romans ont pris le synonyme *plus,* que l'on rencontre chez Plaute (*plus lubens, Aul.*) et quelques autres écrivains latins, et qui était sans doute fréquent dans la langue populaire.

Pour le superlatif, c'est également la périphrase qui a été admise ; mais *maxime, plurimum* et les autres adverbes que le latin employait en ce cas ont été laissés de côté, et l'on a attribué au comparatif, en le faisant précéder de l'article défini, la signification du superlatif.

Afin de faire mieux comprendre comment il a pu en être ainsi, mettons en regard les quatre phrases suivantes, plus ou moins conformes au parler populaire du vi^e ou du viie siècle :

1º *Meus caballus est* **grandior** *quam ille voster* (ou *de illo vostro*);

2º *Meus caballus est* **plus bellus** *quam ille voster* (ou *de illo vostro*);

3º *Meus caballus est* **ille grandior**;

4º *Meus caballus est* **ille plus bellus.**

Après les comparatifs **grandior, plus bellus** des deux premières phrases, on attend quelque chose, l'énonciation de l'objet auquel est comparé *meus caballus*; dans les deux autres, au contraire, l'emploi de *ille*, qui est notre article, détermine suffisamment le mot *caballus*, fait de lui une classe à part, l'élevant ainsi au suprême degré. C'est pourquoi il n'est pas absolument besoin d'ajouter à notre superlatif (*comparatif + article*) un second terme de comparaison qui soit le complément du premier. Si on le fait, c'est plutôt pour restreindre le sens de la comparaison que pour l'étendre. Du latin *Gallorum omnium fortissimi sunt Belgae*, le latin vulgaire fait *Illi Belgae sunt illi plus fortes de totos illos Gallos*. Enlevez *de totos illos Gallos*, le sens du superlatif est plus étendu, et c'est l'article qui donne l'idée de la qualité portée au plus haut degré. Voilà une nouvelle propriété de l'article que notre langue devait mettre en relief. Au surplus, le latin classique n'avait aucun moyen synthétique d'exprimer le comparatif ou le superlatif d'infériorité, tandis que l'emploi de l'article devant *minus* allait, par un nouvel exemple d'analogie, servir à représenter le dernier. Ainsi, même système dans la formation du comparatif et du superlatif de supériorité ou d'infériorité, ce qui était une simplification par rapport au latin classique.

Cependant la force de l'habitude est telle que le comparatif et le superlatif synthétiques ne disparurent pas entièrement de la langue. Aujourd'hui même il en reste quelques épaves.

2. — *Comparatif synthétique.* — **Bellezour** (*bellatiore*, Eul. 2); **mèlz** (*melius*, Eul. 16); **mièldre** (*melior*, Alex. 4 e); **mièlz** (*melius*, Alex. 4 e); **meillors** (*meliores*, Alex. 23 a); **mièlz** (*melius*, Rol. 539); **meillors** (*meliores*, Rol. 1857); **graignor** (*grandiore*, Rol. 977); **halçor** (*altiore*, Rol. 1017); etc.

Plusieurs comparatifs sont devenus des substantifs où le souvenir du comparatif est déjà entièrement effacé : **sendra** (*senior*, Serm. II); **seinor** (*seniore*, Lég. 13 c); *de son* **seignor** *celeste* (Alex. 12 b.); *il fut lor* **sire** (*senior*, Alex. 25 d); *terre* **major** (*majorum*, Rol. 952); etc.

3. — *Comparatif analytique.* — *Magis* n'a pas complètement disparu, mais il ne sert plus à former le comparatif, et le sens étymologique est à peine sensible dans quelques rares exemples : *ja n'en podrat* **mais** *Dieu loder* (Lég. 27 c); *n'a* **mais** *fille ne fil* (Alex. 93 c); etc.

Plus a pris la place de *magis* devant les verbes, les adjectifs et les adverbes : **plus** *aimet Deu que trestot son lignage* (Alex. 50 c);

nen est dreiz que **plus** *vivet* (Rol. 497); **plus** *tost i vint qui* **plus**
tost i pout corre (Alex. 103 b); *si en avrez, ço cuit, de* **plus** *gentilz*
(Rol. 150); *jo ai tèl gènt,* **plus** *bèle ne vedrèz* (Rol. 564); etc.

Devant un verbe, comme devant les adjectifs ou les adverbes,
lorsqu'il est combiné avec la négation, le mot *plus* a lui-même
perdu sa signification de comparatif : *n'at* **plus** *enfant* (Alex. 9 c).

4. — *Superlatif synthétique.* — Les exemples en sont presque
aussi rares que ceux du comparatif synthétique, et c'est toujours
le sens de ce que l'on est convenu d'appeler le *superlatif absolu*;
encore est-il bon d'ajouter que le sens du superlatif a généralement
disparu : **grancèsmes** (= *grandesmes*? Val., vº 15); **pèsmes**
(*pessimus*, Alex. 96 c, Rol. 256); **pèsme** (*pessimo*, Rol. 813, 2122);
altisme (*altissimo*, mot savant, Rol. 2708); **saintisme** (*sanctissimus*, mot savant, Rol. 2344); etc. Le sens du superlatif s'est si
bien effacé dans *pèsme*, qu'il se fait volontiers précéder de *si* (= *sic*,
Alex. 96 e).

L'analyse s'est introduite sous plusieurs formes pour rendre
l'idée du superlatif absolu : **mult** (*multo*, Val., vº 20); **molt**
(*multo*, Lég. 35 f); **très bien** (Alex. 110 b); **très** (Alex. 124 d);
molt par (Rol. 142); **tant par** (Rol. 306); *a* **bien** *petit* (Rol.
326); **sor** *toz les altres est Charles angoissos* (Rol. 823); etc.

5. — *Superlatif analytique et relatif.* — **Li pluisor** (Alex. 117
d); *de* **ses meillors** (Rol. 344); **des mièlz** *e* **des pejors** (Rol.
1822); **ses meillors** *homes* (Rol. 502); **as meillors** *porz de
Sizre* (Rol. 583); **le graignor** (Rol. 2564); *en* **la menor** (Rol.
3219); **la plus** *durable glorie* (Alex. 124 d); **dèl plus** *fin or
d'Arabe* (Rol. 652); etc.

On voit que le possessif, comme aujourd'hui, peut remplacer
l'article, pour exprimer le superlatif.

L'ancienne langue étant très libre dans l'emploi de l'article, il
arrive que l'article est supprimé sans que le sens du superlatif
s'efface : *par cèle lei que vos tenèz* **plus** *salve* (Rol. 649); on
pourrait d'ailleurs admettre ici le sens du comparatif.

6. — *Déclinaison des comparatifs et des superlatifs synthétiques.* — Les superlatifs synthétiques sont de véritables adjectifs
qui se déclinent comme les adjectifs :

Masculin **pèsme** : suj. sg. : **pèsmes** ; rég. sg. : **pèsme** ; suj.
plur. : **pèsme** ; rég. plur. : **pèsmes**.

Féminin **pèsme** : singulier, suj. ou rég. : **pèsme** ; pluriel, suj.
ou rég. : **pèsmes**.

Quant aux comparatifs synthétiques, ils se déclinent non moins régulièrement, au masculin, comme les noms masculins de la troisième déclinaison romane :

Cas suj. sg. : **mièldre, graindre** ; cas suj. plur. : **meillor, graignor.**

Cas rég. sg. : **meillor, graignor** ; cas rég. plur. : **meillors, graignors.**

Le féminin suit naturellement la règle des adjectifs féminins (pas d's au sing., s au pluriel : **graindre — graignors**).

CHAPITRE V

NOMS DE NOMBRES

1. — *Nombres cardinaux.* — De **un** à **seize,** ils dérivent, comme dans la langue moderne, des noms latins.

Un (*uno*) se décline comme un adjectif.

Doi (cas sujet), **dous** (cas régime), correspondent à *dui* (pour *duo*, par l'influence analogique des noms latins en *us*, plur. nomin. *i*), *dŭos* (*ŭ* bref latin représenté par *o*, avec le maintien de *o*, (*u*) atone, plus *s* de flexion) : *ensèmble en vont li* **doi** *pédre* (Alex. 9 d) ; *lor* **douz** *enfanz vuelęnt faire asemblèr* (Alex. 9 e).

Le féminin (un seul cas) *dŭas* a dû donner **does** (plus tard **deues,** et, par réduction, **deus,** mod. **deux**) ; d'ailleurs, les noms de nombre n'admettant généralement pas la distinction des genres, c'est le masculin **dous** (**deus** dès le xive siècle ; mod. **deux**) qui a représenté le plus souvent les deux genres : *A vostre fèmme enveierai* **dous** *nosches* (*dŭas nŭscas,* Rol. 637).

Dans le sens de *tous les deux ensemble,* on trouve fréquemment **ambe** (*ambo*), **ambes** (*ambos* ou *ambas*), **ambedoi** (*ambo + dŭi*), **ambesdous** (*ambos* ou *ambas.+ dŭos* ou *dŭas*) ; **andoi** (*ambodŭi, amb'dŭi, amdoi, andoi*) ; **ansdous** (*ambos + dŭos, dŭas = amb's, am's, ans + dous*) : *ço confortęnt ad* **ambes dous**) Lég. 20 e ; ms : *duos*) ; *Deu en apèlęnt* **andoi** *parfitemènt* (Alex. 5 c) ; *ad* **ambes** *mains* (Alex. 78 a) ; **ambes** *ses mains en levat contre mont* (Rol. 419) ; *ourent* **andoi** *merveillos vasselage* (Rol. 1094 ; ms : **ambedui** *ont*) ; *brochęnt* **andoi** *ad ait* (Rol. 1381) ; *ja avèz vos* **ansdous** *les bras sanglènz* (Rol 1711 ; ms : **ambsdous**) ;

ambesdous *les mains jointes* (Rol. 2015); *contre le cièl* **ambesdous**
ses mains joint (Rol. 2240; ms : **amsdous** *ses mains ad juinz*); etc.

On voit que les dernières étapes du composé *ambo + dui* sont
andoi (cas sujet), **andous** (cas régime).

Trei, treis. *Tres* latin a dû donner *trei*, avec suppression de l'*s*
par l'influence analogique de la première déclinaison masculine,
comme *tales* avait donné *tèl*, mais les exemples manquent.

Le cas régime et le féminin (cas unique) *tres* ont donné *treis*
(mod. : *trois*) : **treis** *feiz* (Alex. 59 b) ; *en* **treis** (Rol. 995) ; etc.

A partir de *trei, treis*, on trouve, dans nos plus anciens textes :
quatre (*quattuor*, Alex. 56 a) ; **cinc** (*cinque* pour *quinque*, Rol.
516) ; **sèt** (*septem*, Rol. 2) ; **dis** (*decem*, Rol. 41) ; **doze** (*dodecim*
pour *duodecim*, Rol. 262) ; **quinze** (*quindecim*, Rol. 109).

Au delà de *seize*, et jusqu'à **vint**, la langue abandonne les
formes synthétiques, et compte, suivant un usage déjà introduit
en latin : **dis e sèt** (Alex. 33 a); *dis e uit*, etc.

Vint (*viginti*) est indéclinable. Les Celtes paraissent avoir
préféré *vint* comme nombre fondamental du système de numération ;
aussi trouve-t-on souvent, au moyen âge : III *vint* ou IIIXX,
IIIIXX, VIXX, VIIXX, etc.

Après *vint*, on rencontre dans les textes que nous étudions :
trènte (*triginta, triinta, trinta*, Alex. 56 a); **quadrante** (*quadraginta*, Rol. 3936) ; **cinquante** (*quinquaginta*, Rol. 33) ; **seisante**
(*sexaginta*, Rol. 1689) ; **uitante** (*octoginta*, Pèlerin. 96).

Cènt (*centum*), nombre isolé ou non multiplié par un autre, est
indéclinable : **cènt** *anz* (Rol. 664) ; multiplié par un nombre, il se
décline comme un adjectif : cas suj. masc. — **cènt** (*centi*) ; cas
rég. masc. — **cènz** : *vos li dorrèz sèt* **cènz** *chameils* (Rol. 129) ;
cas suj. et rég. féminin — **cènz**, comme le rég. masculin : *mièlz
en valt l'ors que ne font cinc* **cènz** *livres* (Rol. 516; ms : *cent* ;
c'est une erreur).

La règle qui prévaudra, c'est que *cent* suivi d'un autre nombre,
est indéclinable ; mais il n'en est pas ainsi au xie siècle : *quatre*
cènz *milie chevalièrs puis aveir* (Rol. 565).

Mil (*mille*), **milie** (*millia*). — **Mil**, nombre isolé, est indéclinable, et il paraît avoir pu rester tel même lorsqu'il était multiplié
par un autre nombre ; *cent* **mil** *lairmes* (Alex. 119 e) ; mais plus
généralement, lorsqu'il est multiplié par un nombre, il devient
milie (prononcez *milie* avec *l* mouillée = *millia* (Rol. 715,
1919, etc.

2. — *Nombres ordinaux.* — **Primes** (*primas*, déjà devenu

adverbe, Lég. 2 a, Rol. 2845) ; **premièr** (*primario*, Rol. 1211) ; **premerain** (*premier* + suff. *ain*, Rol. 122) ; **altre**, (*altero, au sens de second*, Rol. 3240) ; *li* **quarz** (*quartus*, Lég. 38 e) ; *la* **quarte** (*quarta*, Rol. 3036) ; *li* **quinz** (*quintus*, Rol. 1687) ; *la* **quinte** (*quinta*, Rol. 3045) ; *la* **siste** (*sexta*, Rol. 3052) ; *la* **sèdme** (*septima*, Rol. 3061) ; *l'* **oidme** (*octima*, Rol. 3068) ; *la* **noefme** (*novima*, Rol. 3076) ; *la* **disme** (*decima*, Rol. 3084) ; *la* **trezime** (*tredecima*, Pélerin 47).

CHAPITRE VI

PRONOMS ET ADJECTIFS-PRONOMS

I. — PRONOMS PERSONNELS

En ce qui concerne les pronoms en général, la flexion ne s'est pas perdue tout entière dans la forme de l'accusatif : le génitif et le datif, qui reviennent souvent dans la conversation, se sont maintenus dans certains cas.

Parmi les pronoms personnels, les groupes *mecum, tecum, secum, nobiscum, vobiscum* ont passé en italien, en portugais et en espagnol, mais non dans les autres idiomes ; *sui* a disparu, et a été remplacé par *ille*.

Un trait grammatical inconnu à la langue mère et qu'il faut mentionner, c'est l'emploi, au sens de l'accusatif, du datif et quelquefois du nominatif, d'une forme accentuée et d'une forme atone, plus distinctes entre elles par la constitution du mot que par le sens ou leur emploi respectif.

Enfin les pronoms, lorsqu'ils s'appuient sur le mot précédent ou suivant, peuvent se dépouiller de leur syllabe initiale ou finale.

1) Pronom personnel de la première personne.

Déclinaison latine (langue vulgaire).

Singulier
- sujet — **ego**
- rég. dir. — **me**
- rég. indir. avec prép. — **de me, ad me**, etc.
- rég. indir. sans prép. — **mihi**

Pluriel
{ sujet   — **nos**
rég. dir.   — **nos**
rég. indir. avec prép.   — **de nos, ad nos,** etc.
rég. indir. sans prép.   — **nobis**

1º **Ego** accentué (*ĕgo*) devient *eo, é,* rom. **ie** (= *iè*); inaccentué, il donne successivement *eo, io,* **jo** (plus tard *ję*).

2º **Mē** atone aboutit à **mę**; accentué, à **mei** (*moi* dès le XIIe siècle).

3º Le datif accentué **mĭhī** devait donner **mi** (*ĭ* = *ei*; *ei* + *i* long posttonique = *i* roman). Cette forme a existé, et l'on trouve, aujourd'hui encore, dans certains patois de la Champagne, notamment, *min*, qui n'est que la forme nasalisée de *mi*. Mais, dans la langue commune, *mi* a été laissé de côté, parce que le datif est généralement exprimé par une préposition suivie de *mē*. C'est donc *mē* qui a supplanté *mihi*.

4º **Nos** ne paraît avoir persisté que sous la forme atone (**nos**, plus tard **nous**). La raison en est que ce mot est toujours ou presque toujours enclitique ou proclitique. Même au sens emphatique, *nous* est une forme assez pleine pour qu'il soit inutile de recourir à la forme accentuée, qui aurait été *nos*, plus tard *neus*.

5º **Nōbis** devient successivement *novis, nov's, nos*. On voit qu'il se réduit très régulièrement à *nos*; il s'est donc fondu avec lui.

2) *Pronom personnel de la seconde personne.*

Singulier
{ sujet   — **tu**
rég. dir.   — **te**
rég. indir. avec prép.   — **de te, ad te,** etc.
rég. indir. sans prép.   — **tibi**

Pluriel
{ sujet   — **vos**
rég. dir.   — **vos**
rég. indir. avec prép.   — **de vos, ad vos,** etc.
rég. indir. sans prép.   — **vobis**

1º **Tū** a donné **tu** (forme accentuée) et **tę** (forme atone), dont on ne trouve pas de traces dans la langue écrite, mais qui existe encore dans les patois.

2º **Tē** aboutit régulièrement à **tei** (plus tard *toi*, forme accentuée) et à **tę** (forme atone).

3º Ce que nous avons dit de *mihi* s'applique à **tĭbi** : il a donc abouti à **ti**, dont les patois ont conservé le souvenir; mais, dans la langue commune, il a été remplacé par *tę*.

4° Le pluriel **vos, vobis** suit le même traitement que *nos, nobis*, et donne **vos** (*vous*).

3) Pronom personnel de la troisième personne.

Masculin Singulier	sujet.	— **ïlle**
	rég. dir.	— **ïllo** (= *illum*)
	rég. indir. avec prép.	— **de ïllo, ad illo**, etc.
	rég. indir. sans prép.	— **ïllī, ïlluī**, (= *illoei*)
Féminin Singulier	sujet.	— **ïlla**
	rég. dir.	— **ïlla** (= *illam*)
	rég. indir. avec prép.	— **de ïlla, ad ïlla**, etc.
	rég. indir. sans prép.	— **ïlli, ïllei** (= *illaeei*)
Masculin Pluriel	sujet.	— **ïllī**
	rég. dir.	— **ïllos**
	rég. ind. avec prép.	— **de ïllos, ad ïllos**, etc.
	rég. ind. sans prép. (gén.)	— **ïllŏrum**
Féminin Pluriel	sujet.	— **ïllas**
	rég. dir.	— **ïllas**
	rég. ind. avec prép.	— **de ïllas, ad ïllas**, etc.
	rég. ind. sans prép. (gén.)	— **ïllorum** pour *illarum*

1° Remarquons d'abord que, contrairement à ce qui s'est passé pour *ïlle* s'affaiblissant au sens de notre article, c'est ici sur la première syllabe du démonstratif latin que se porte l'attention ; c'est donc *ïl* qui subsistera, la seconde syllabe suivant le sort des syllabes atones finales. Cependant, dans le datif *illui, illi, illei*, dans l'accus. *illo, illa, illos, illas*, et dans le génitif *illorum*, qui ont été maintenus précisément à cause de leur emploi fréquent, c'est la partie du mot qui représente spécialement le datif (*li, lui, lei*), l'accusatif (*lo, la, los, las*) ou le génitif (*lorum*) qu'on avait en vue, et c'est naturellement cette partie seule qui restera.

2° **Ille** devait donner *èl*, et il est probable qu'à l'origine cette forme a eu cours, car on la trouve dans Eulalie : *èl li enortęt, dont lei nonque chièlt* (13) ; mais cette forme avait l'inconvénient de se confondre facilement, du moins pour la prononciation, avec d'autres : *èl* (= *alo* pour *aliud, alud*) ; *èle* (= *illa*) ; *èls* (= *illos*) ; aussi, de très bonne heure, *ille* a-t-il été remplacé, comme cela avait eu lieu déjà pour l'article, par le pluriel masculin *ïllī*, où l'*ï* bref a donné *i* en roman grâce à l'influence de l'*ï* long posttonique, et surtout à l'analogie de *qui* ; d'où *il* au masc. sing. et pluriel.

3º **Illo, illos, illas,** réduits comme nous l'avons vu plus haut, à *lo, los, las,* donnent, ainsi que pour l'article, **lo,** puis **le** ; **les.**

4º **Lui, lei, li,** abréviations de *illui, illei, illi,* et fortement accentués sur cette syllabe unique, restent sous la même forme ; roman **lui, lei, li.**

5º **Lōrum** (pour *illorum*) est traité régulièrement, et *ō* long y aboutit à *o* (*eu* au xivᵉ siècle) ; de là **lor** (plus tard *leur*).

6º **Illos** devient sans conteste **èls** ; et le suj. sing. ainsi que le plur. féminin *illa, illas,* formes accentuées sur la première syllabe, contrairement à ce qui avait lieu pour *illa, illas* régime, où la seconde syllabe représentait spécialement ce cas, donnent **èle** (**elle**), **èles** (**elles**).

Après ces observations théoriques, nous allons donner un certain nombre d'exemples de pronoms personnels empruntés à nos plus anciens textes.

4) *Pronom personnel de la première personne.*

1º Cas suj. singulier. — Forme atone : **eo, jo.** Dans les Serments, il apparaît sous ces deux formes : *si salvarai* **eo** *cist meon fradre Karlo* (I) ; *si* **jo** *returnar non l'int pois* (II) ; *ne* **jo** *ne neüls, cui* **eo** *returnar int pois...* (II).

Tous les autres textes présentent **jo** ; à la fin du xiᵉ siècle, l'*o* de *jo* n'a pas encore été remplacé par *e* muet (*je, ge*).

2º Rég. sing. direct ou indirect. — Forme atone : **me.** *Quant Deus savir et podir* **me** *dunat* (Serm. I) ; *En un monstièr* **me** *laisse entrèr* (Lég. 16 e) ; *il* **me** *prendront par pri* (*prière*) *o par podèste* (Alex. 41 d) ; etc.

Forme accentuée ou emphatique : **mei.** Pour le régime indirect, les Serments ont **mi** : *in o quid il* **mi** *altresi fazęt* (Serm. I) ; mais il serait excessif de conclure de là qu'à l'origine le datif est représenté par *mi* (= *mĭhī*), car on sait que, dans le vocalisme des Serments, *ē* long latin donne *i.* Partout ailleurs on trouve **mei** : *Quièr* **mei,** *bèls frèdre* (Alex. 57 a) ; *ço peisęt* **mei** *que ma fin tant demoręt* (Alex. 92 e) ; *s'ot* **mei** *te vuels tenir* (Alex. 31 a) ; *sed* **a mei** *sole vels une feiz parlasses* (Alex. 91 c) ; *par* **mei** *li mandęt* (Rol. 461) ; *encontre* **mei** *fait asèz a preisièr* (Rol. 1516) ; etc.

3º Cas suj. pluriel. — Forme atone (la seule existante) : **nos** — *Que* **nos** *chantoms* (Lég. 1 f) ; etc.

4º Cas régime direct ou indirect au pluriel. — Forme atone (la seule existante) : **nos** — *Et a lui* **nos** *laist venir* (Eul. 28 ; en réalité, ici *nos* est le sujet de la proposition infinitive *nos venir* qui, elle, est le régime direct de *laist*) ; *quéls pechièz* **nos** *encombrẹt* (Rol. 15) ; *icèste chose* **nos** *doüsses noncièr* (Alex. 64 c) ; *qued avuissẹt de* **nos** *Christus mercit* (Eul. 27) ; etc.

5) Pronom personnel de la seconde personne.

1º Cas sujet sing. (une seule forme) : **tu. Tu** *douls mult* (Val., vº 20) ; etc.

2º Cas régime direct ou indir. sing. — Forme atone : **te** — *Mar* **te** *portai* (Alex. 88 b) ; *tot* **te** *donraí* (Alex. 45 d) ; *jo t'en dorrai molt esforcièt eschange* (Rol. 3714) ; etc.

Remarque. — Les atones *me, te* ne sont jamais employés après une préposition.

Forme accentuée : **tei** — *Qui* **tei** *at mort, France dolce at honide* (Rol. 2935) ; *se* **tei** *plaist* (Rol. 3108) ; *ci devant* **tei** *estont doi pechedor* (Alex. 73 a). Sans préposition, et dans le sens du régime direct ou indirect, la forme emphatique est moins fréquente pour la seconde que pour la première personne, ce qui se comprend sans peine.

Pour le pronom de la seconde comme pour celui de la première personne, c'est la forme accentuée qui revient après les prépositions, qui sont des proclitiques ; aussi faut-il considérer comme altérés par le scribe les vers suivants et les analogues : *por* **te,** *qui semprem vols aveir* (= *por* **tei,** Lég. 16 d) ; *jo atendeie de* **te** *bones novèles* (= *de* **tei,** Alex. 96 d), etc.

Au contraire, on trouve *tei* pour *te,* mais par une faute que la mesure du vers rend évidente, dans *ainz que* **tei** *vedisse, en fui molt desidrose* (Alex. 92 a, pour *ainz* **quet** (= *que te) vedisse).*

Cas sujet et rég. dir. ou indirect au pluriel (forme unique) : **Vos.** — *Mais en avant* **vos** *ço odreiz* (Lég. 19 e) ; **vos** *li dorrèz* (Rol. 30) ; *plus* **vos** *amai* (Alex. 117 c) ; *primes dirai* **vos** *dèls honors* (Lég. 2 a) ; *ènz en vos bains que Deus par* **vos** *i fist* (Rol. 154) ; etc.

6) Pronom personnel de la troisième personne.

1º Cas sujet masc. sing. — A l'origine, **èl** (= *ille*) : **èl** *li enortẹt dont lei nonque chièlt* (Eul. 13) ; de très bonne heure aussi, et sans doute concurremment avec *èl,* la forme analogique **il** (la 3e personne ne paraît pas avoir donné de forme atone, parce qu'elle est déjà vague par elle-même et a besoin d'avoir un terme précis). Les Serments ont **il** : *in o quid* **il** *mi altresi fazẹt* (*I*) ; et partout ailleurs on trouve aussi *il.* Quelques exemples de *èl* quẹ présente le Saint-Léger (5 e, 7 d, 37 c) doivent être attribués au scribe provençal.

Quant au neutre *illud*, qui aurait dû aboutir également à **èl**, il est à croire qu'il a suivi la même voie que *ille*, se confondant, comme lui, avec le pluriel *illi*, qui a donné *il*; du moins ne trouve-t-on pas *el* neutre; l'ancienne langue, se conformant à l'usage latin, n'emploie que rarement le sujet neutre : *quant li jorz passęt et* **il** *fut anoitièt* (Alex. 11 a); **il** *est jugièt que nos les ocirons* (Rol. 884); **il** *est escrit en la gèste Francor* (Rol. 1443); **il** *n'en i ai chevalièr ne baron* (Rol. 2418); etc.

2° Cas régime masc. sing. — Forme atone : **lo, le.** Le premier est le plus ancien; il est habituel dans le Fragment de Valenciennes et dans le Saint-Léger; mais il est remplacé par **le** au xıe siècle dans le Saint-Alexis et dans le Roland : *Conduire* **lo** *posciomes* (Val, v° 33); *al rei* **lo** *duistręnt si parènt* (Lég. 3 b); *que tost* **le** *volebat... delir* (Val, v° 23); *il* **le** *celat* (Lég. 13 e); *pechièz* **le** *m'at tolut* (Alex. 22 c); *mar* **le** *demanderèz* (Rol. 3558); etc.

3° Cas régime indirect : **li** masculin et féminin. — *In nulla aiudha contra Lodhuwig nun* **li** *iv èr* (Serm. II); *èl* **li** *enortęt dont lei nonque chièlt* (Eul. 13); *amis* **li** *fust* (Lég. 19 d); *donc* **li** *achatęt filie* (Alex. 8 e); *vos* **li** *avèz toz ses chastèls toluz* (Rol. 236); etc.

4° Cas régime direct et indirect : **lui.** *Li* ne s'emploie pas avec une préposition; ce n'est cependant pas une forme atone; mais **lui** (= *illui* = *illoei*) est plus fortement accentué, et, quoique répondant à un datif exclusivement, sert à la fois pour le régime direct et pour le régime indirect.

Lui, régime direct : *quatre hommes i tramist armèz — Qui* **lui** *alassęnt decollèr* (Lég. 38 f); *qui* **lui** *a grant tormènt ocist* (Lég. 2 f); *lai s'aproismat qui* **lui** *ferit* (Lég. 39 d); **lui** *e altrui travaillęnt e confondęnt* (Rol. 279); *mais* **lui** *medisme ne volt mètre en oblit* (Rol. 2382); etc.

Lui, régime indirect avec préposition : *Et a* **lui** *nos laist venir* (Eul. 28); *a* **lui** *ralat* (Lég. 15 f); *molt longemènt ai ot* **lui** *conversèt* (Alex. 69 a); *devant* **lui** (Rol. 4); *por* **lui** (Rol. 842); etc.

Lui, régime indirect sans préposition : **lui***l comandat cil reis Lodièrs* (*le lui recommanda,* Lég. 4 b); **lui** *la consènt* (Alex. 75 e); etc.

5° Cas sujet féminin sing. — Forme accentuée : **èle** (ou *elle*). **Elle** *nont eskoltęt les mals consellièrs* (Eul. 5); *dame, dist* **èle**

(Alex. 30 c); etc. On ne le trouve qu'au cas sujet, et il en sera ainsi jusqu'au xiiie siècle.

6° Régime direct fémin. sing. — Forme atone : **la.** *Voldręnt* **la** *veintre li Deo inimi* (Eul. 3); etc.

7° Régime direct ou indir. avec ou sans prép. fémin. sing. — Forme accentuée : **lei.** *Li*, avons-nous dit, sert pour les deux genres; mais au féminin on emploie aussi *lei*, correspondant à *lui* : *èl li enortęt dont* **lei** *nonque chièlt* (rég. indir., Eul. 13); **lei** *ad laisièt, quar n'èrt de bèl servise* (rég. direct, Poème rel. 53).

8° Cas sujet masc. pluriel. — Forme accentuée : **il.** — **Il** *se éręnt convèrs* (Val, v° 25); **il** *lo prèsdręnt tuit* (Lég. 11 a); **il** *le receivęnt* (Alex. 113 e); etc.

9° Régime direct masculin pluriel. — Forme atone : **les.** — On trouve encore **los** dans le Saint-Léger (28 e, 38 e), qui d'ailleurs présente aussi **les** (35 e). Il est très probable que la graphie *los* est due au scribe provençal; on rencontre même, au vers 36 c, **lis,** qui est certainement une faute pour *les*. On ne trouve ni *los* ni *les* dans les Serments, Eulalie et le Fragm. de Valenciennes; tous les autres textes portent *les*.

10° Cas régime direct ou indirect masc. pluriel. — Forme accentuée : **èls.** — *Por* **èls** *esbaneiièr* (Rol. 111); *co peisęt* **èls** (Alex. 116 e). C'est surtout après une préposition que s'emploie **èls** : *que super* **èls** *metreięt* (Val, v° 2); *icil respondęnt que neüls d'***èls** *nel sèt* (Alex. 65 e); *ja devèrs* **èls** *n'ièrt bataille guerpide* (Rol. 3071).

11° Régime indirect pluriel masc. et fémin. — **Lor.** C'est la forme accentuée du régime indirect au pluriel. Il sert pour les deux genres : *e lor peccatum* **lor** *dimisit* (Val, v° 4); *si* **lor** *dist* (Lég. 35 b); *ço* **lor** *est vis* (Alex. 108 d); *peisęt* **lor** *ènt formènt* (Alex. 5 b); *un fil* **lor** *donęt* (Alex. 6 c); etc. On sait qu'il est encore employé comme pronom possessif; c'est le même mot avec une fonction différente; néanmoins, dans tous les cas, il est toujours pronom.

12° *Féminin pluriel — sujet* : **èles** (*elles*). Il est très rare dans nos anciens textes, grâce. à l'habitude de ne pas exprimer le sujet comme il en est presque toujours en latin; aussi peut-on considérer comme altéré le vers 639 du Roland : **èles** *valęnt mièlz que toz l'aveirs de Rome*, même avec la correction bien invraisemblable qui rétablit la mesure du vers : *el's valęnt mièlz...* Il est préférable de lire, avec M. Clédat, *e valęnt mièlz*.

13° Régime direct pluriel féminin. — *Forme atone* : **les** — *mais or* **les** (*les novèles*) *vei si dures e si pèsmes* (Alex. 96 c); *il* **les** *at prises* (*les nosches*, Rol. 641); etc.

II. — PRONOM RÉFLÉCHI

Comme le latin, le roman n'a de pronom réfléchi que pour la troisième personne. Les quatre cas que présentait le latin (*sui, sibi, se, se*) se réduisaient, d'après la déclinaison vulgaire (**de se** = *sui* ; **ad se** = *sibi* ; **se** ; **de se** = *se*) au cas régime direct sē, qui, comme mē et tē, donne **se**, forme atone, et **sei** (plus tard *soi*), forme emphatique.

1° **Se** atone : *por o nos coist* (*non se coxit*, Eul. 20) ; *a czo nos voldręt concreidre li reis pagièns* (*non se voluerat*, Eul. 21) ; *et sis penteięnt de cel mèl* (*sic se paenitebant*, Val. v° 25) ; *il* **se** *fut morz* (Lég. 9 c) ; **se** *colchęt* (Rol. 12) ; etc.

2° **Sei** *forme accentuée.* — Le Saint-Léger présente deux exemples de *se* pour *sei* (5 d, 28 b) ; ce sont des fautes, car *se* est précédé, dans les deux cas, d'une préposition. *Cèl suen serjant at a* **sei** *apelèt* (Alex. 56 e) ; *n'i at celui n'i plort e* **sei** *demènt* (Rol. 1836) ; *a* **sei** *apęlęt* (Rol. 3280) ; etc. **Sei**, régime direct, est rare, parce que, dans ce cas, il précède ordinairement le verbe et qu'alors on préfère la forme atone, à moins qu'on ne veuille insister tout particulièrement sur le pronom.

Dès la plus haute antiquité, le latin vulgaire, et, par suite, le roman emploient le pronom personnel de la troisième personne au lieu de *sui, sibi, se* = *se, sei*, lors même qu'il se rapporte au sujet de la proposition principale, contrairement à ce qui a lieu en latin classique : *supplicans ut oraret pro* **illo** (pour *pro se*, vie de sainte Euphros., III, 1. 3). Aujourd'hui nous disons : **il** *lui avait demandé de* **le** *secourir* (latin sē, *il* et *le* représentant la même personne) ; le roman va plus loin encore : dans ce dernier cas, il peut, concurremment avec le réfléchi, employer le pronom personnel : *sor palies blans sièdęnt cil chevalièr, As tables joęnt por* **èls** *esbaneiièr* (Rol. 113). De tels exemples sont rares au pluriel ; le pronom personnel est plus fréquent au singulier : *Olivièrs sènt qu'il est a mort nafrèz. De* **lui** *vengièr jamais ne li ièrt sèz* (Rol. 1966) ; *Environ* **lui** *at plus de vint milie homes* (Rol. 13) ; etc.

III. — PRONOMS ADVERBIAUX

Dans la phrase suivante : *transmisimus tibi de illo pane : probato si* **inde** *potis manducare* (P. Meyer, textes bas-latins, n° 9, p. 8), *inde* a conservé une grande partie de son sens adverbial, et cependant, représentant *pane*, il est déjà un peu pronom. De même, lorsque Térence écrit : **ibi** *sum* (*je suis présent à ce que tu me dis, j'y suis*), *ibi* est quelque chose de plus qu'un adverbe.

C'est de ces tendances que sont sortis nos pronoms adverbiaux **en, i** (mod. *y*).

Le premier se présente sous la forme **int** dans les Serments : *si jo returnar non l'*int *pois* (II) ; mais il est déjà **ènt** dans Eulalie, *èlle* **nont** (*no* + *ent*) *eskoltęt les mals consellièrs* (5) ; *èlle* **ènt** *adunęt lo suon elemènt* (15).

On trouve concurremment *ent* et *en* dans le Saint-Léger, mais cette dernière forme doit être attribuée au scribe, car la chute du *d* s'est effectuée plus tôt en provençal qu'en français ; et, malgré la force de l'habitude, le copiste a maintenu deux exemples avec le *t* étymologique (*inde, int, ent*, le *d* final se relevant régulièrement en *t*). L'Alexis et le Roland présentent invariablement *en*.

Dès le xie siècle, *en* a conquis presque tous les sens qu'il a dans la langue moderne.

1º *Adverbe avec le sens étymologique. — En France ad ais s'*en (de cette terre) *deit bièn repaidrièr* (Rol. 3165) ;

2º *Adverbe et pronom au sens de* **de là, de lui, d'elle** s'appliquant à un être animé : *li sans* **en** *ist toz clèrs* (Rol. 3165) ;

3º Pronom au sens de **avec cela** : *bièn* **en** *podrat loër ses soldedièrs* (Rol. 34) ;

4º *Pronom au sens de* **par suite de cela** : sin *ai oüt e peines et ahans* (= *si* + *en*, Rol. 864) ;

5º *Pronom remplaçant un substantif* : *tièn Halteclére, senglènz* **en** *est l'acièrs* (Rol. 1507).

Dans nos anciens textes, *i* ne se présente guère qu'avec le sens étymologique de *ici, là* : Serm. (H), Alex. (102 e), Rol. (980), etc. Parfois on sent percer le pronom : *il se fut morz, dans* **i** *fut granz* (*à cela*, Lég. 9 c).

IV. — ÉLISION, APHÉRÈSE, CONTRACTION DES PRONOMS PERSONNELS

L'élision s'opère dans les conditions ordinaires : *pechièz le* **m'**at *tolut* (Alex. 22 c) ; *ço* **m'**est vis (Alex. 69 c) ; *ma grant onor* **t'**aveie retenude (Alex. 82 b) ; *asèz* **l'**avèz odit (Lég. 40 a) ; *dans Alexis* **l'**esposat belemènt (*la pulcèle*, Alex. 10 c) ; etc.; mais l'ancienne langue a, de plus, la faculté d'élider l'*ę* final des pronoms, même devant un mot commençant par une consonne, et le pronom, ainsi réduit à une consonne, peut s'agréger au monosyllabe qui précède (plus rarement à un dissyllabe), pronom ou adverbe (*si* = *sic*, *ne* = *non*, etc.), pour former en quelque sorte un mot nouveau : *nem* = *neme*, *sil* = *sile*. Enfin les pronoms qui commencent par *ę* muet peuvent perdre cette voyelle et se joindre, ainsi mutilés, au mot (ordinairement monosyllabe) qui précède : *sin* = *si en* ; etc. De là les composés suivants, dont on retrouve quelques-uns aujourd'hui même dans la conversation familière.

1º Composés de **jo**. — *Quant* **jot** *vi nèt* (*jo* + *te*, Alex. 92 c) ; *se* **jos** *en creit* (*jo* + *es* = *els*, Alex. 41 e) ; *se* **jol** *pèrt* (*jo* + *le*, Rol. 840) ;

2º Composés de **me**. — *Ja tote gènt* **nem** *soüssęnt tornèr* (*ne* + *me*, Alex. 98 c) ; **mel** *coviènt a sofrir* (*me* + *le*, Rol. 456) ; *orendreit* **lem** *dirèz* (*le* + *me*, Pèlerin. 41) ; **sim** *pais por soe amor* (*si* + *me*, Alex. 44 e) ; *por* **queim** *fuis* (*quei* + *me*, Alexis 91 c) ;

3º Composés de **tu**. — **Túm** *laissas* (*tu* + *me*, Alex. 94 e) ; *que* **tum** *reconfortasses* (*tu* + *me*, Alex. 78 e) ;

4º Composés de **te**. — **Sit** *guarderai* (*si* + *te*, Alex. 31 b) ; **net** *coneümes n'encor* **net** *conoissons* (*ne* + *te*, Alex. 72 e) ; *por* **queit** *portat ta mèdre* (*quei* + *te*, Alex. 27 a) ; **jat** *portai en mon vèntre* (*ja* + *te*, Alex. 91 c) ; *ainz* **quet** *vedisse* (*que* + *te*, Alex. 92 a ; le ms L porte : *ainz* **que tei** *vedisse*, faute évidente).

5º Composés de **le**. — *Chi* **sil** *fęęnt* (qui le font ainsi, *si* + *le*, Val., vº 27) ; **sil** *recomandat* (*si* + *le*, Lég. 33 b) ; **nel** *fist por lui* (*ne* + *le*, Lég. 18 e) ; *a* **seil** *mandat et ço li dist* (*sei* + *le*, Lég. 8 a) ; *od un magistre* **semprel** *mist* (*sempre* + *le*), Lég. 4 d) ; **penrel** *rovat* (*penre* = *prendre* + *le*, Lég. 25 e) ; *Guènes out non* **cuil** *comandat* (*cui* + *le*, Lég. 30 a) ; etc.

6º Composés de **se**. — *Por o* **nos** *coist* (*no* + *se*, Eul. 20) ; *por* **os** *furęt morte* (*o* = *hoc* + *se*, Eul. 18) ; *e* **sis** *penteięt* (*si* + *se*), Val., vº 25) ; *et sanz Ledgièrs* **nes** *sot mesfait* (*ne* + *se*, Lég. 15 e) ; *n'i at eschipre* **quis** *claimt* (*qui* + *se*, Rol. 1522).

7º Composés de **èls**. — L'*e* tombe par aphérèse ; *l* tombe également dans le nouveau composé devant *s* ; de sorte qu'il ne reste que *s* : *ned il* **nes** *en apèlęt* (*ne* + *els*, Alex. 53 e ; il faut prononcer *nès* et non *nęs* avec *e* muet) ; **sis** *guiderat Geboïns e Lorenz* (*si* + *els*, Rol. 3022) ; *qui* **ques** *rapèlt* (*qui* + *els* : quel que soit celui qui les rappelle, Rol. 1912) ; etc.

8º Composés divers par l'aphérèse de **e** dans **en**. — *Elle* **nont**

eskoltẹt (*no* + *ent*, Eul. 5) ; *nul nen i at* **quin** *algẹt malendos* (*qui*
+ *en*, Alex. 111 d) ; **sin** *dimes* (*si* + *en*, Alex. 125 e) ; *se* **luin**
remaint (*lui* + *en*, s'il lui en reste, Alex. 20 e) ; etc.

V. — ADJECTIFS OU PRONOMS DÉMONSTRATIFS

Des quatre pronoms démonstratifs latins *is, ille, iste, hic,* le
premier a disparu, sans doute comme trop court, et les autres n'ont
été conservés qu'avec le renforcement *ecce,* fréquent d'ailleurs dans
le parler populaire des Latins : *habeo* **eccillam** *meam clientam,
meretricem adolescentulam* (Plaute, Miles gloriosus, acte III,
scène I, v. 194); *tigillum* **eccillud** *mihi unum arescit* (ibid. Rudens,
acte II, scène VII, v. 18); **Eccillum** *video* (Mercator, acte II, scène III,
v. 98); *certe* **eccistam** *video* (Curculio, acte V, scène I, v. 17).

1) Le pronom latin **hic, hæc, hoc.**

Cependant *hic* a donné dans l'ancienne langue un seul dérivé
sans l'aide de *ecce,* c'est **o** (= *hoc*), forme atone dont la correspondante accentuée est *uec* dans le composé **poruec** (= *por* + *hoc*) :
in **o** *quid mi altresi fazẹt* (Serm. I); *por* **o** *fut presentẹde* (Eul. 11);
por **os** (= *o se*) *furẹt morte* (Eul. 18); **poruec** *en est ui cèst jorn
onorẹz* (Alex. 109 b).

Il n'est pas étonnant que *hic, haec, hoc* n'ait donné que peu de
chose en roman, car il tendait déjà à disparaître du latin vulgaire;
ou du moins *iste,* rare dans le latin classique, était devenu très
fréquent dans les chartes, se renforçant même de *hic* : *et* **hæc** *cessio*
ista (P. Meyer, textes bas-latins, no 10, p. 9, l. 20); *qui contra*
hanc *cessione* **ista** (ibid., no 10, p. 9, l. 18); *qui contra* **hanc** *epistola* **ista** (ibid., no 16, l. 10); etc.

Le composé *eccehoc* a donné **czo** (Eul. 21); **ço** (Val. vo 3, 4, 12;
Alex. 108 d; etc.), jamais *ce* dans nos plus anciens textes; et **iço**
(Alex. 106; Rol. 186; etc.).

Le Saint-Léger porte toujours, pour ce mot, la graphie **cio,** où
l'*i* n'a que la valeur d'une cédille (5 d, etc.).

L'*o* de *ço* n'est jamais élidé dans le Saint-Léger, et il en est de
même dans la Passion, ce qui prouve qu'il se prononçait assez
fortement. Dans l'Alexis, il n'y a qu'une construction où *ço* soit,
en apparence, sujet à l'élision [1], c'est lorsqu'il précède le mot *est* :
respont l'imagene : **co est** *cil qui très l'ui sièt* (Alex, 36 c); **co est**

____

(1) G. Paris, *A lexis,* p. 33-34.

sa mercit (Alex. 73 c); **co est** *grant merveille* (ibid. 88 e); **co est** *ses mestièrs* (ibid. 73 b); etc.

Comme devant tout autre mot que *est* il ne s'élide pas (*sainte escriture*, **ço ert** *ses conseillièrs*, 52 c), il faut admettre que, dans l'expression *ço est*, l'aphérèse porte sur l'*e* de *est* et non sur l'*o* de *ço*. Par conséquent, il faut lire partout **co'st** et non *c'est*. Dans le Roland, la situation n'est plus la même; plusieurs exemples montrent que l'*o* de *ço* peut s'élider devant un mot commençant par une voyelle : *ço dist Rollanz :* **ço ièrt** (lisez **ç'ièrt**) *Guènes mes padrastre* (277); etc.

On pourrait donc, dans certains cas, admettre *c'est* au lieu de *ço'st* ; mais il faut remarquer que, le plus souvent, l'*o* de *ço* ne s'élide pas : *dient paiièn : de* **ço** *avons asséz* (77), etc. Si donc la transformation de *ço* en *ce* semble avoir fait un pas dans l'intervalle de l'Alexis à la Chanson de Roland, elle n'est pas encore définitive, et l'on doit lire, dans l'un comme dans l'autre texte : **ço'st.**

2) *Dérivés de* **iste** *(composés).*

Voici quelle en était la déclinaison dans le latin vulgaire :

Masc. sg.	Sujet — **ecciste** Rég. direct — **eccisto** Rég. indir. — **eccistui** (= *eccistoei*)	Masc. plur.	suj. — **eccisti** rég. — **eccistos**	

Féminin sg. { suj. et rég. dir. — **eccista** / rég. indir. — **eccistei** (= *eccistaeei*)

Pluriel féminin. — Cas unique. — **eccistas.**

Les formes romanes correspondantes à celles du latin vulgaire devaient être :

Masculin singulier	sujet	— **icèst, cèst**
	rég. dir.	— **icèst, cèst**
	rég. ind.	— **icestui, cestui**
Masculin pluriel	sujet	— **icist, cist**
	rég.	— **icèz, cèz, cès.**
Féminin singulier	suj. et rég. dir.	— **icèste, cèste**
	rég. indir.	— **icestei cestei**

Fémin. plur. — Cas unique. — **icèstes, cèstes**

Toutes ces formes sont doubles, commençant par *i*, ou sans *i* ; on comprend que l'*i* soit tombé ; le sens, en effet, se porte ici non sur la première partie du mot *ec*, mais sur la seconde syllabe *cest*.

Comme **icèst, cèst**, tiré de *ecciste* se serait confondu avec le cas régime masc. sg. **icèst, cèst** (= *eccisto*), le sujet masc. sg. a, par une analogie que nous avons déjà constatée pour l'article *li* et pour le pronom personnel *il,* subi l'influence du cas suj. masc. plur, d'où **icist, cist** dès les origines de notre langue.

Le fémin. plur. **icèstes, cèstes** a subi aussi de bonne heure l'influence du masc. plur. régime **icèz, cèz,** parce que, dans les pronoms, la distinction n'a pas toujours lieu entre le masculin et le féminin.

1º Cas suj. masc. sg. : **icist, cist**. — **Cist** *apostolies deit les anemes baillir* (Alex. 74 a) ; *Diẹnt Franceis :* **icist** *reis est vassals* (Rol. 3343) ; etc. Le nombre des exemples est restreint, et jamais on ne trouve *icèst cèst,* qui correspondraient exactement à *èl* (= *ille*) d'Eulalie. *Cist, icist,* dans ce cas, sont donc très anciens.

2º Cas rég. masc. sg. : **icèst, cèst**. — *Facièst* **cèst** *terriculum* (Val, vº 28); **cèst** *homne, cèl, molt aimet Dieus* (Lég. 35 c; ms : *ciest*); *en* **icèst** *siècle* (Alex. 125 c); etc. Les Serments portent deux fois **cist** au lieu de *cèst* : **cist** *meon fradre* (II); mais on connaît la tendance du scribe à se rapprocher du latin.

3º Cas rég. indir. masc. sg. : **icestui, cestui**. — *Quèr par* **cestui** *avrons bone adjutorie* (Alex. 101 d). Les exemples de **icestui** font défaut.

4º Cas suj. masc. plur. : **icist, cist**. — **Icist** *feront nos Franceis grant iror* (Rol. 1023); **cist** *sont bon à confondre* (Rol. 1499).

5º Cas rég. masc. plur. : **icèz, cèz**. — **D'icèz** *suens sèrs* (Alex. 25 c); *a* **icèz** *moz* (Rol. 990); *tranchẹnt* **cèz** *poinz,* **cèz** *costéz...* **cèz** *vestemènz* (Rol. 1612-1613). **Ces** est postérieur au xiº siècle. Le Roland porte, il est vrai, au vers 2116 : *de* **ces** *de France odons sonèr les graisles;* mais c'est une faute pour *cèls.*

6º Cas suj. et rég. fémin. sg. : **icèste, cèste**. — **Icèste** *chose nos doüsses noncièr* (Alex. 64 c); *en* **cèste** *tèrre* (Rol. 35).

7º Rég. indir. fémin. sg. : **icestui, cestui, icestei, cestei**. Ces formes existaient certainement dès les origines, mais les exemples font défaut.

8º Fémin. plur., cas unique : **icèstes, cèstes, cèz**. — *De* **cèz** *paroles que vos avèz ci dit* (Rol. 145). Nous n'avons pas rencontré d'exemples de *icèstes, cèstes,* que l'analogie du masc. **cèz** a dû faire disparaître d'assez bonne heure.

3) Dérivés du simple iste.

Il est tout naturel de penser que *iste,* comme son composé *ecciste,* avait donné primitivement des dérivés : **ist** (pour *est*), cas suj. masc. sg.; **èst**, cas rég. masc. sg.; **ist**, cas suj. masc. plur.; **èste**, suj. et rég. fémin. sg.; etc. Combien de temps ces formes ont-elles existé concurremment avec celles qui sont issues du composé, c'est ce qu'il est difficile de dire. En tout cas, dans nos anciens monuments jusqu'à la fin du xıe siècle, on n'en trouve que deux exemples : *d'*ist *di en avant* (Serm.; *ist* est pour *est*); *s'or me conoissent mi parent d'*èste *tèrre* (Alex. 41 c).

4) Dérivé de ipse.

Ipse a laissé un dérivé **èps,** qui se joint au pronom démonstratif, comme en latin, et que l'on rencontre deux fois dans le Saint-Léger : *cil* **èps** *nom avret Evruin* (10 b); *en* **èps** *cèl di* (14 b). Comme ce mot ne se trouve nulle part ailleurs, dans un texte de la langue d'oïl, il est permis de le considérer comme provençal, le Saint-Léger ayant été composé dans un dialecte oriental qui n'est pas éloigné du domaine provençal.

5) Dérivés de ille.

Tous sont tirés du composé *eccille,* qui se déclinait ainsi dans la langue vulgaire.

Masc. sg.	cas suj. sg. —	**eccille**
	rég. dir. —	**eccillo**
	rég. indir. —	**eccillui** (= *eccilloei*)
Masc. plur.	cas suj. —	**eccilli**
	cas rég. dir. —	**eccillos**

Fémin. sg. — **eccilla.** — Fémin. plur. — **eccillas.** — Neutre sg. — **eccillo** (= *eccillud*).

Les dérivés romans sont :

Masc. sg.	cas suj.	— **icèl, cèl**
	rég. dir.	— **icèl, cèl**
	rég. indir.	— **icelui, celui**
Masc. plur.	cas suj.	— **icil, cil**
	rég. dir.	— **icèls, cèls**

Fémin. sg. — **icèle, cèle.** — Fémin. plur. — **icèles, cèles.** — Neutre sg. — **icèl. cèl.**

Comme on l'a vu pour les dérivés de *iste,* le cas suj. sg. masc. **icèl, cèl,** pour ne pas se confondre avec le cas rég. direct masc. sg., a pris la forme du cas suj. masc. plur. *icil, cil.*

Le cas rég. indir. fémin. sg. *eccillei* (= *eccillaeei*), de forme analogue à *eccistei*, aurait donné **icelei, celei**, mais ces mots ne paraissent pas avoir existé.

1° Cas suj. masc. sg. : **icil, cil**. — **Icil** *levat le rei Marsilion* (Rol. 618); **cil** *list la chartre* (Alex. 76 b).

2° Cas rég. dir. masc. sg. : **icèl, cèl**. — *Puis* **icèl** *tèns* (Alex. 3 a); *et de* **cèl** *peril* (Val, v° 1). Le Saint-Léger porte ordinairement **ciel** (4 b, 9 a, etc.), où l'*i* sert à donner au *c* le son palatal et spirant.

3° Cas rég. indir. masc. sg. : **icelui, celui**. — **Icelui** *tièn ad espos* (Alex. 14 a). Les exemples de *icelui* font défaut, mais il était également très usité; *icelui* et *celui* servent tous deux pour le rég. direct aussi bien que pour le rég. indirect.

4° Cas suj. masc. plur. : **icil, cil**. — **Icil** *respondent* (Alex. 65 e); **cil** *homines de cèle civitate* (Val, v° 22).

5° Cas rég. dir. et indir. : **icèls, cèls**. — *Si out d'*icèls *qui les chiès ont perdut* (Rol. 2094); *chi rex èret a* **cèls** *dis sovre pagièns* (Eul. 12).

6° Cas suj. et reg. fémin. sg. : **icèle, cèle**. — *D'*icèle *chose* (Alex. 61 c); *en* **cèle** *duretie e en* **cèle** *encredulitèt* (Val, v° 36).

7° Cas suj. et rég. fémin. plur. : **icèles, cèles**. — **Cèles** *mèt jus* (Rol. 3941).

8° Rég. fémin. sg., forme emphatique : **icelui, celui, icelei, celei**. Les exemples font défaut.

9° Neutre sg. : **icèl, cèl**. Les exemples postérieurs au xi° siècle prouvent que, tout en se confondant, pour la forme, avec le rég. masc. sing., le neutre **icèl, cèl** a cependant une existence à part, au sens de *cela*.

10° **Celor** paraît correspondre à *eccillorum*. Il ne se trouve qu'une fois dans le Fragm. de Val. (v° 4).

VI. — ADJECTIFS OU PRONOMS POSSESSIFS

1. — *Déclinaison du possessif latin.*

Cas suj. masc. sg. — *meus, tuus, suus;*

Cas rég. masc. sg. — *meum, tuum, suum;*

Cas unique, féminin sg. — *mea, tua, sua;*

Cas suj. masc. plur. — *mei, tui, sui;*

Cas rég. masc. plur. — *meos, tuos, suos;*

Cas unique, féminin plur. — *meas, tuas, suas.*

Pour que la différence fût mieux marquée entre le cas suj. masc. sing. et le cas régime, la désinence *m* du cas régime, contrairement à ce qui s'est passé pour les substantifs et les adjectifs en général, n'est pas tombée; d'ailleurs, *meum, tuum, suum* inaccentués s'étant réduits à *mum, tum, sum*, le maintien de l'*m* était nécessaire pour donner au mot plus de corps [1].

Dans les possessifs, le travail d'analogie s'est opéré avec une intensité particulière.

Ils sont tantôt accentués, tantôt atones. Examinons d'abord le second cas.

2. — *Le possessif atone.* — *Meus, tuus, suus*, sous l'influence analogique de *mē, tē, sē*, où la voyelle est uniformément *ē* long, deviennent *meus, *teus, *seus*, puis, par la chute de la seconde atone *u*, généralement instable : *mes, tes, ses*, se formant ainsi d'après le pronom de la première personne *meus*.

Pour le cas régime masc. sing., au contraire, et afin de mieux diversifier les cas, l'analogie s'opère au profit de la deuxième et de la troisième personne ; de là non pas *meum, teum, seum*, mais **moom, toom, soom*, et, par réduction, **mom, *tom, *som*, et enfin, par le changement régulier de *m* finale en *n* : *mon, ton, son*.

Le cas sujet pluriel masculin, par des transformations analogues, devient *mei, *tei, *sei*, et bientôt, par la disparition de *ĕ* bref devant *ī* long, qui a l'accent secondaire, le seul que possèdent les atones : *mi, ti, si*.

L'*a* étant, comme *ī* long, une voyelle particulièrement stable, *mea, tua, sua* aboutissent facilement à **ma, ta, sa** ; et *meas, tuas, suas* à **mas, tas, sas** ; puis, dès le ixe siècle, à **mes, tes, ses**, comme *las* (= *illas*) à **les**, et aussi par l'analogie du masculin *mes, tes, ses*.

Enfin, l'adjectif *mes, tes, ses*, par l'analogie de l'article *li* (= *illi*), du conjonctif *qui* et du pluriel *mi, ti, si*, devient, en gardant l'*s* de flexion, **mis, tis, sis** ; mais il est, comme on le voit, postérieur à *mes, tes, ses*.

Ces formes subsisteront durant tout le moyen âge. Au xive siècle, la déclinaison se déforme ; les deux cas finissent, après une longue hésitation, par se réduire à un seul, le cas régime ; et même, au xve siècle, par un barbarisme étrange, on cesse de dire *m'* pour *ma* devant un nom féminin commençant par une voyelle ou une *h* muette pour y substituer le masculin **mon** (*mon ame* au lieu de *mame = m'ame*).

3. — *Le possessif accentué.* — Le cas sujet masc. sing. ou plu-

____

(1) On trouve dans Plaute, sam pour *suam* et dans Ennius sam, sos, sis pour *suam, suos, suis*.

riel des trois personnes n'a pas donné, dès l'origine, de possessifs accentués. La raison en est que, précédant ou suivant ordinairement leur substantif, ces formes, proclitiques ou enclitiques, pouvaient aisément se passer d'accent ; c'était donc, dans ce cas, la forme atone qui était employée.

Le cas régime sing. masc. *méum* aboutit régulièrement à **mièon** (*ĕ* bref donne *iè* — encore **meon** dans les Serments, parce que ce texte ne diphtongue pas les voyelles simples) ; mais le besoin de supprimer cette sorte d'hiatus intérieur devait rapidement contracter **mièon** en **mièn**, qui, avec l's de flexion, servira pour le cas sujet même avant la fin du xie siècle : **mièns**.

Tŭum (*ŭ* et *ō* latins = *ó* fermé du latin vulgaire) donne **toon, tuon** qui, sous l'influence analogique de *mièn*, aboutit d'abord à **toen, tuen**, et plus tard, après le xiie siècle, à **tièn**.

Dans le Roland déjà, **toen, tuen** s'emploie au cas sujet avec l's de flexion : **toens, suens.**

De même *sŭum* (avec *ŭ* accentué) donne **soen, suen**, puis, au cas sujet, **soens, suens** ; et, plus tard, **sièns** (sujet), **sièn** (régime).

Le féminin *mĕa* (*ĕ* bref accentué libre) aurait dû aboutir à *mièe* ; mais par l'analogie des pronoms personnels romans *mei, tei, sei* correspondant régulièrement au latin *mē, tē, sē*, il a donné **meie**, comme si l'*a* de *mĕa* s'était allongé (*mēa*). Au xive siècle, il sera remplacé par **miène** (mod. *mienne*) que l'analogie tirera du masculin *mien.*

Tout d'abord *tŭa, sŭa* donnent régulièrement **toe** (tue), **soe** (sue) ; mais, après le xie siècle, l'analogie de **meie** amènera **teie, seie** ; et, plus tard encore, ces nouvelles formes feront place à **tiène** (*tienne*), **siène** (*sienne*) correspondant au masculin *tien, sien.*

4. — *Le possessif de la pluralité.* — Le latin vulgaire employait *voster* au lieu de *vester*, par l'analogie de *nos, vos, noster.*

Or voici quelle était, dans la langue populaire, la déclinaison de *nŏster, vŏster.*

Cas suj. masc. sing. : *nŏster, vŏster.*

Cas rég. masc. sing. : *nŏstro, vŏstro.*

Cas unique fém. sg. : *nŏstra, vŏstra.*

Cas suj. masc. plur. : *nŏstri, vŏstri.*

Cas rég. masc. plur. : *nŏstros, vŏstros.*

Cas unique fém. pl. : *nŏstras, vŏstras.*

Noster, voster, comme *nostro, vostro*, aboutissent régulièrement à **nostre, vostre** pour les deux cas ; le pluriel *nostri, vostri* — *nostros, vostros*, à **nostre, vostre** (cas sujet), **nostres, vostres** (cas régime). Il y a partout *e* muet, parce qu'à toutes les formes le groupe *str* avait besoin d'être soutenu. Il ne devait donc pas y avoir, sous ce rapport, de différence entre les formes masculines et les formes féminines, où *a* final atone aboutissait aussi à *e* muet.

5. — Mais là ne devait pas s'arrêter la formation du possessif au pluriel. Les formes dont nous venons de parler sont des formes pleines, fortement accentuées, et destinées, par l'analogie des autres possessifs, à être le plus souvent accompagnées d'un article ou d'un démonstratif. La même analogie et celle de l'abréviation de *icèstes, cèstes* (*eccistas*) en *icèz, cèz*, plus tard *ces*, portaient tout naturellement à la formation de possessifs nouveaux correspondant aux premiers, à des formes faibles en regard des formes fortes, comme *mes, tes, ses*, par exemple, répondent aux formes fortes, accentuées ou emphatiques *mièns, toens, soens*. C'est au thème *nost, vost* qu'elles seront empruntées ; et, de même qu'à *icèz, icèstes, cèstes* correspond le cas sujet masculin *icist, cist*, au cas régime **noz, voz**, tiré de *nostos, vostos*, a dû correspondre originairement le cas sujet pluriel **nost, vost** qui répond au type *nosti, vosti*.

Nost, vost, au cas suj. pluriel masculin, ne sont guère que des formes théoriques, car elles ne se rencontrent que très rarement[1] ; quant à **noz, voz**, ils représentent régulièrement le cas régime masc. pluriel, jamais le cas sujet dans nos plus anciens textes.

Le féminin ne faisant pas la différence entre le cas sujet et le cas régime, il en résulte que la seule forme féminine est **noz, voz**.

Plus tard, mais longtemps après le XIe siècle, l'analogie continuera son œuvre, et l'on verra *no, vo* même au singulier ; puis enfin, quand les formes accentuées et les formes atones s'emploieront indifféremment aux deux cas, que ceux-ci se seront réduits à un seul, le départ se fera d'une autre manière : les formes accentuées, accompagnées de l'article, seront des pronoms ; les formes atones *nostre, nos, vostre, vos* seront des adjectifs.

6. — *Pronom possessif de la première personne.*

		Atone	Accentué
Masc. sing.	cas sujet —	**mes**, (*mis*) —	**mièns**
	cas rég. —	**mon**	— **mièn**
Fémin. sing. —		**ma**	— **meie**
Masc. plur.	cas sujet —	**mi**	— **mièn**
	cas rég. —	**mes**	— **mièns**
Fémin. plur. —		**mes**	— **meies**

(1) Voy. plus loin, p. 241, 3°.

1° Cas suj. masc. sing. atone : **mes** (**mis**). Encore **meos** dans les Serments (II) ; et il faut aller jusqu'aux textes du xɪᵉ siècle pour trouver d'autres exemples : *ne puis tant faire que* **mes** *cors s'en sazit* (Alex. 93 d). Le Roland emploie presque indifféremment **mes** et **mis**, mais cette dernière forme, nous l'avons vu, est analogique et postérieure à **mes** ; on peut croire qu'elle n'est guère connue au xɪᵉ siècle, et que, dans le ms d'Oxford, elle a été introduite par le scribe qui copiait le poème vers la fin du xɪɪᵉ siècle.

Le Poème religieux porte **mi** au lieu de *mis* (v. 35, 89).

2° Cas suj. masc. sg. accentué : **mièns**. Nous ne pouvons juger, même approximativement, de la date d'apparition de cette forme analogique, car on ne la rencontre pas avant l'Alexis et le Roland : *co'st grant merveille qui li* **mièns** *cuers tant duręt* (Alex. 89 e ; ms L : *mens*, avec *e* non diphtongué selon l'habitude des Anglo-Normands) ; *li* **mièns** *amis, il est de têl parage* (Poème rel. 13) ; etc.

3° Cas rég. masc. sg. atone : **mon** (textes anglo-normands : **mun**). — *Le duel de* **mon** *ami* (Alex. 93 b) ; *a* **mon** *estage* (Rol. 188) ; etc.

4° Cas rég. masc. sg., forme accentuée : **mièn**. — **Meon** *fradre* (Serm. I) ; *e par cèst* **mièn** *gernon* (Rol. 249) ; etc.

5° Cas suj. masc. plur., forme atone : **mi**. — *S'or me conoissęnt* **mi** *parènt d'èste tèrre* (Alex. 41 c) ; *conseillièz mei, come* **mi** *saive home* (Rol. 20). Il n'y a pas d'exemples antérieurs à l'Alexis, et on lit partout *mi* ; mais, comme on trouve parfois *tui, sui* au lieu de *ti, si* que l'on attendrait, peut-être est-on en droit d'admettre que *mei, tui, sui* avaient encore cours au xɪᵉ siècle.

6° Cas sujet masc. pluriel, forme accentuée : **mièn**. — Pas d'exemples.

7° Cas rég. masc. plur., forme atone : **mes**. — *A si grant tort m'ociz* **mes** *compaignons* (Rol. 1899) ; etc.

8° Cas rég. masc. plur., forme accentuée : **mièns**. — Pas d'exemples.

9° Féminin sing., forme atone : **ma**. — *Si fait* **ma** *mèdre* (Alex. 42 b) ; *avec* **ma** *spose* (Alex. 42 c) ; etc.

10° Féminin sing., forme accentuée : **meie** — *La* **meie** *mort me rènt si angoissos* (Rol. 2198) ; *par cèste* **meie** *dèstre* (Rol. 47) ; etc. *Meie* s'emploie quelquefois sans article ou démonstratif : **meie** *colpe* (sorte d'exclamation, Rol. 2369) ; *de* **meie** *part ma moillièr saludèz* (Rol. 361). L'ę s'élide devant une voyelle : *por* **mei'** *amor* (Poème relig. 36, 50).

11° Féminin plur., forme atone : **mes** — *O filz, cui ièrẹnt mes granz ereditẹ̈z* (Alex. 81 a); *e si tendrat* **mes** *marches* (Rol. 3716); etc.

12° Féminin plur., forme accentuée : **meies**. Pas d'exemples.

7. — *Pronom possessif de la seconde personne.*

		Atone	Accentué
Masc. sing.	Cas suj. —	**tes**, (*tis*) —	**toens** (*tuens*);
	Cas rég. —	**ton** (*tun*) —	**toen** (*tuen*);
	Fémin. sg. —	**ta**	— **toe** (*tue*);
Masc. plur.	Cas suj. —	**tui, ti**	— **toen** (*tuen*);
	Cas rég. —	**tes**	— **toens** (*tuens*);
	Fémin. plur. —	**tes**	— **toes** (*tues*).

1° Cas suj. masc. sing., forme atone : **tes**, (*tis*) — *Morz est* **tes** *provendièrs* (Alex. 68 d). A part un exemple douteux du ms L de l'Alexis (83 d), **tis** pour *tes* ne se trouve que dans le Roland; *tis* comme *mis* est donc très probablement dû au scribe du ms d'Oxford; ou du moins il est à croire que, à l'époque de la composition du Roland, *mes, tes* étaient les formes les plus ordinaires. *Tos* pour *tes*, dans le Saint-Léger, est une forme provençale.

2° Cas suj. masc. sing., forme accentuée : **toens** (*tuens*) — *Com fist tes pèdre e li* **toenz** *parentẹ̈z* (Alex. 83 e; ms L : *tons*, faute évidente, puisque le possessif est accompagné de l'article) : *e d'icèl bièn qui toz doüst* **toens** *èstre* (Alex. 84 c; ms L : *toen*); etc.

3° Cas rég. masc. sing., forme atone : **ton** (*tun*) — *Par* **ton** *comandemènt* (Alex. 5 d); *a* **ton** *talènt* (Alex. 5 e); etc.

4° Cas rég. masc. sing., forme accentuée : **toen** (*tuen*) — *Dèl* **toen** *conseil somes tot besoignos* (Alex. 73 e; ms L : *del* **tons**); *por le* **toen** *cors* (Alex. 95 b); etc.

5° Cas rég. masc. plur., forme atone : **toi, tui, ti** — *Come* **toi** *altre pèr* (Alex. 83 b; ms L : *tui*). On voit que *toi, tui* est encore en usage au milieu du xi° siècle; il doit en être de même à la fin du même siècle, quoique le Roland présente constamment *ti* (3901, etc.).

6° Cas rég. masc. plur., forme accentuée : **toen** (*tuen*). Pas d'exemples.

7° Cas rég. masc. plur., forme atone : **tes**. Pas d'exemples.

8° Cas rég. masc. plur., forme accentuée : **toens** (*tuens*). Pas d'exemples.

9° Cas suj. et rég. fémin. sing., forme atone : **ta** — *Por queit portat* **ta** *mèdre* (Alex. 27 a); *de* **ta** *jovènte bèle* (Alex. 96 a); etc.

10° Cas suj. et rég. fémin. sing., forme accentuée : **toe** (*tue*) —

Por **toe** *amor* (Alex. 46 b); *de la* **toe** *charn tèndre* (Alex. 91 a);
sur tote gènt est la **toe** *hardide* (Rol. 1617); etc.

11° Cas suj. et rég. fémin. plur., forme atone : **tes**. Pas
d'exemples.

12° Cas suj. et rég. fémin. plur., forme accentuée : **toes** (*tues*) —
Vèrs les **toes** *vertuz* (Rol. 2369).

8. — *Pronom possessif de la troisième personne.*

		Atone	Accentué
Masc. sing.	Cas sujet —	**ses** (*sis*)	— **soens** (*suens*);
	Cas rég. —	**son** (*sun*)	— **soen** (*suen*);
Fémin. sg., cas unique —		**sa**	— **soe** (*sue*);
Masc. plur.	Cas sujet —	**soi, sui, si**	— **soen** (*suen*);
	Cas rég. —	**ses**	— **soens** (*suens*);
Fémin. plur., cas unique —		**ses**	— **soes** (*sues*).

1° Cas suj. masc. sing., forme atone : **ses** (*sis*), — *Co èrt* **ses**
conseillièrs (Alex. 52 c). L'Alexis a partout *ses*; quant au scribe
du ms d'Oxford, il emploie indifféremment **ses**, **sis**, mais avec
une légère tendance à préférer **sis**. Il faut croire que, *sis* étant très
répandu au xiie siècle, surtout en Angleterre, le scribe aura de
temps en temps substitué *sis* à *ses* dans un texte qui portait *ses*.
Ses est donc la forme habituelle au xie siècle. Plus tard même,
ses sera tout particulièrement francien; le picard affectera *sis*.

2° Cas suj. masc. sing., forme accentuée : **Soens** (*suens*) —
Nel reconut nuls **soens** *apartenanz* (Alex. 55 b; ms L : **sons**);
li **soens** *òrgoelz le devreit bièn confondre* (Rol. 389); etc.

3° Cas rég. masc. sing., forme atone — **Son** (*sun*) — *Si cum
om per dreit* **son** *fradra salvar dift* (Serm. I). Les textes anglo-
normands portent constamment *sun*. Signalons **sen** (Val, v° 11, et
ms L de l'Alex. 86 c); **sem** (Val, v° 28).

4° Cas rég. masc. sing., forme accentuée : **Soen** (*suen*). Eulalie
a encore **suon** : *lo* **suon** *elemènt* (15). Il est probable qu'il faut lire
aussi **suon** aux vers 6 a, 12 c du Saint-Léger (ms : *del* **son** *jovent*;
— *al* **suo** *conseil*). *Soen, suen* sont fréquents dans l'Alexis et dans
le Roland.

5° Cas sujet masc. plur., forme atone : **Soi, sui, si** — *Al rei lo
duistrènt* **soi** *parènt* (Lég. 3 b). L'Alexis et le Roland ont toujours
si; néanmoins l'analogie de *toi, tui* doit faire admettre, au xie siècle,
soi, sui concurremment avec *si*, qui sans doute commençait à
l'emporter.

6° Cas suj. masc. pluriel, forme accentuée : **Soen** (*suen*). Pas
d'exemples.

7º Cas rég. masc. plur., forme atone : **Ses** — *Trait* **ses** *cha-vèls* (Alex. 87 a). **Sos** est la forme du pronom dans le Saint-Léger.

8º Cas rég. masc. pluriel, forme accentuée : **soens** (*suens*)— *Que l'emperédre nisun des* **soens** *n'i pèrdęt* (Rol. 806) ; etc.

9º Féminin sing., cas unique, forme atone : **sa** — *Quęd èlle per-dèsse* **sa** *virginitét* (Eul. 17) ; **sa** *fin aproismęt* (Alex. 58 c) ; etc.

10º Féminin sing., cas unique, forme accentuée : **soe** (*sue*) — *Et karlus meos sendra de* **sua** *part* (Serm. II ; ms : **suo**) ; *por* **soe** *amor parlèr* (Alex. 34 c ; ms L : *sue*) ; *la* **soe** *feit plevit* (Rol. 403) ; etc. Eulalie présente **souve** : par **souve** *clementia* (29), où ŭ bref libre (o fermé) accentué est rendu par *ou*, comme dans *belle-zour* (*bellatiōre*, 2).

11º Fémin. pluriel, cas unique, forme atone : **ses** — *Et od* **ses** *crois fors s'ènt eissit* (Lég. 25 b) ; *batant* **ses** *palmes* (Alex. 85 d) ; etc.

12º Fémin. plur., cas unique, forme accentuée : **soes** (*sues*). Pas d'exemples.

9. — *Possessif de la pluralité.*

		Forme emphatique	Forme atone
Masc. sing.	Cas suj. —	**nostre, vostre** ;	
	Cas rég. —	**nostre, vostre** ;	
Masc. plur.	Cas suj. —	**nostre, vostre**	— **nost, vost** ;
	Cas rég. —	**nostres, vostres**	— **noz, voz.**

Troisième pers. du sing. et du plur., cas unique pour tous les genres : **lor.**

1º Cas suj. masc. sg. : **nostre, vostre** — *Li* **nostre** *Deus guarantissęt Charlon* (Rol. 3277) ; *e Canabeus* **vostre** *frèdre est ocis* (Rol. 3499) ; etc.

2º Cas rég. masc. sg. : **nostre, vostre.** Encore **nostro** dans les Serments (I) ; partout ailleurs, **nostre, vostre** : *le duel de* **nostre** *ami* (Alex. 31 d) ; **nostre** *parènt devons èstre a socors* (Roland 2562) ; etc.

3º Cas suj. masc. plur. : **nostre, vostre** — **nost, vost** — **Nostre** *Franceis i descendront a pièt* (Rol. 1746) ; *molt dechièdęt li* **nostre** (Rol. 1585) ; *li* **nostre** *Deu* (vocatif), *vengièz nos de Char-lon* (Rol. 1017).

On trouve **noz** (pour **nost**) aux vers 2178, 2712 du Roland : **noz** *compaignon, que oümes tant chièrs, or sont il mort* ; — *E Ter-vagan, et Apolins* **noz** *sire Salvęnt le rei.* Il est possible qu'à la fin du xi⁰ siècle l'analogie du cas régime plur. eût déjà transformé *nost, vost* en *noz, voz*.

4⁰ Cas rég. masc. plur. : **nostres, vostres — noz, voz —** Dans nos anciens textes, **nostres, vostres** sont très rares ; on ne trouve plus que **noz, voz** : *de* **noz** *aveirs* (Alex. 105 c) ; *od* **voz** *chadables* (Rol. 237) ; etc.

5⁰ Fémin. sing., cas unique : **nostre, vostre** — *De* **nostre** *amor* (Poème rel. 64); *en* **nostre** *tèrre* (ibid. 37) ; *l'onor dèl champ est* **nostre** (Rol. 922) ; *com vei mudède* **vostre** *bèle figure!* (Alex. 87 b) ; etc.

6⁰ Fémin. plur., cas unique : **nostres, vostres — noz, voz.** Comme pour le cas rég. masc. plur., c'est **noz, voz** qui sont pour ainsi dire uniquement usités : *faites* **vost** *almosnes* (Val. v⁰ 30; vost,* où *st = z* est conforme à la graphie de ce texte); *car* **noz** *espèdes sont bones e tranchanz* (Rol. 949); *en* **voz** *mains* (Rol. 72) ; etc.

7⁰ Cas unique pour tous les genres, les nombres et les cas de la troisième personne : **lor** : *e* **lor** *peccatum lor dimisit* (Val. v⁰ 4) ; *vindrent parènt e* **lor** *ami* (Lég. 20 c); *il fut* **lor** *sire, or est* **lor** *almosnièrs* (Alex. 25 d); *sont* **lor** *anemes salvèdes* (Alex. 106 e); etc.

Lor n'est originairement qu'un pronom; mais comme, dans un grand nombre de cas, il représente un possessif (*mètent* **lor** *cors =* *mittunt* **illorum** *corpus* = lat. class. **suum** *corpus*), il est arrivé que, l'analogie aidant, il s'est employé comme les autres possessifs romans, et s'est fait accompagner de l'article ou d'un démonstratif; de là, par exemple : *Franc s'en iront en France* **la lor** *tèrre* (Rol. 50); *vint milie Frans ont en la* **lor** *compaignie* (Rol. 827); **cèz lor** *espèdes totes nudes i mostrent* (Rol. 3581); *mort le trestornent entre sèt cènz* **des lor** (Rol. 1357); *si requièrent* **les lor** (Rol. 1445); *ja le* **lor** *voil de lui ne desevrassent* (Alex. 117 e); etc.

VII. — PRONOMS CONJONCTIFS OU RELATIFS

Dans le passage du latin au roman, on renonça d'autant plus facilement à toute distinction de genre qu'elle était déjà donnée par l'antécédent. Le masculin a réagi sur le féminin, et le neutre a été emprunté, pour le singulier, au pronom interrogatif *quid,* plus expressif que *quod.*

Pour la même raison, la distinction des nombres s'est effacée. De là la déclinaison suivante en latin vulgaire :

		Masc. et fém.	Neutre
Singulier	Nominatif	— *qui*	— *quid*
	Accus.	— *quem*	— *quid*
	Datif	— *cui* (*quo* + *ei*) —	

		Masc. et fém.	Neutre
Pluriel	Nominatif	— *qui*	—
	Acc.	— *quem*	— *quid*
	Dat.	— *cui*	—

L'*i* de **quī**, **cuī** est long ; d'ailleurs ces formes ont l'accent ; elles ont donc donné **qui, cui** ; **quem** était volontiers proclitique ; il est devenu **que** avec ę muet. Quant à **quid**, s'il a l'accent, il donne **queit, quei** ; s'il est atone ou proclitique, il aboutit à **qued, que**, avec ę muet.

Les Serments présentent un exemple de *quid* employé comme conjonctif : *in o* **quid** *il mi altresi fazęt* (I) ; en voici un autre qui est caractéristique : *et quia conjunxerunt mihi culpas et meas magnas negligencias pro furta* **quid** *feci* (P. Meyer, textes bas-latins, n° 12, p. 10, l. 2).

L'exemple suivant prouve que **quem** servait à la fois pour le cas rég. du sing. et du pluriel : *Magna mirabilia sunt Dei* **quem** *hodie vidi* (Sainte-Euphros., XV, l. 9).

Le datif **cui** ou même le nomin. **qui**, assez souvent confondus dans la graphie romane (*post hos* (*annos*) *recipiatur in patriam* **cui** *commisit*, P. Meyer, textes bas-latins, n° 18, p. 13), servent à remplir les fonctions des divers régimes, soit seuls, soit à l'aide des prépositions ; cependant ils ne suffisaient pas à tous les besoins et, de même que, pour les pronoms personnels, on avait eu recours aux adverbes *inde, ibi* pour marquer de nouveaux rapports pronominaux qui n'étaient pas représentés par les autres pronoms, de même, pour marquer, parmi les conjonctifs, les rapports de possession, d'origine, de cause, de lieu, on se servit des adverbes *unde, ubi*, correspondant exactement à *inde, ibi* ; seulement *unde* s'est renforcé de la préposition *de*, d'où **deunde, dunde**, roman **dont**.

La langue latine offre de nombreux exemples de *unde* employé avec la valeur d'un véritable pronom : *E praedonibus*, **unde** *emerat* (Térence = *d'après les pirates*, **à qui** *il avait acheté l'enfant*) ; *hereditas*, **unde** *ne nummum quidem attigisset* (Cic = *héritage* **dont** *il n'aurait même pas touché un sou*) ; *ille* **unde** *petitur* (Cic =

celui **par qui** *il est attaqué*) ; etc., etc. Il n'est donc pas étonnant que la langue vulgaire ait fini par en faire un pronom.

1º Cas suj. sing. pour les deux genres : **qui** (*ki, chi, cui*). — **Qui** (Serm. I, Lég. 3 c, 27 d ; Alex. 21 b, 36 c, 41 a, étc). **Chi** se rencontre dans Eulalie (6, 12), dans le Fragm. de Val. (vº 27, 31) ; et parfois dans le ms L de l'Alexis (86 a, 101 c, 109 e) ; le Poème religieux a deux fois **chi** (29, 92).

Chi peut être considéré comme une notation dialectale.

La forme de beaucoup la plus répandue dans le ms L de l'Alexis et dans le ms d'Oxford est **ki**, que paraissent affectionner, aux xiiᵉ et xiiiᵉ siècles, les dialectes occidentaux (Normandie, Picardie, Angleterre) ; le dialecte francien préfère, au contraire, **qui** ; et c'est pour cela qu'une édition critique de l'Alexis et du Roland doit substituer *qui* à *ki*, si l'on considère ces deux textes comme franciens.

2º Cas régime direct pour les deux genres : **Que (qued, quet)**. **Que**, et, devant une voyelle, **qu'** (Serm. II ; Lég. 21 e, Alex. 67 d, 118 b ; Rol. 767 ; etc.). Pour éviter l'hiatus devant un mot commençant par une voyelle, **que**, quelle que soit son origine (*quem, quam, quod* ou *quid*), s'écrit **qued, quet** (Val. vº 1 ; Alex. 18 c, 48 b, 59 a, 59 e, 94 b, etc.). Sous ce rapport, le Roland exprime un état de la langue évidemment postérieur, car nulle part on ne trouve *qued* ou *quet*.

Nous avons déjà dit que les Serments ont *quid*.

3º Cas rég. dir. et indir. sing. pour les deux genres : **cui**. *Ne jo ne neüls* **cui** *eo returnar int pois* (rég. dir., Serm. II) ; *et al (temps) David,* **cui** *Deus par amat tant* (Alex. 2 b) ; *por* **cui** *sostint tèls passions* (Lég. 40 f) ; etc.

On trouve assez souvent, surtout dans le Roland, **qui** pour **cui** : *que mort l'abat,* **qui** *qu'en peist (pèse)* o **qui** *non* (1279) ; etc. Il faut restituer *cui*.

Cui sert, d'une manière générale, à représenter le cas régime, qu'il soit direct ou indirect ; c'est la forme accentuée dont **que** est la forme atone ; néanmoins, il sert surtout pour le datif : *nen out od sei* **cui** *en chalsist* (il n'eut avec lui personne à qui cela fût à souci, Lég. 28 b) ; *Guènes out non* **cuil** (= *cui le*) *comandat* (Lég. 30 a); *O filz, cui ièrent mes granz ereditèz* (Alex. 81 a) ; *li chancelièrs* **cui** *li mestièrs en erẹt* (Alex. 76 a) ; etc.

Par suite de cette faculté de représenter le cas régime, il a pu aussi représenter le génitif même, formant ainsi une des tournures les plus originales de notre ancienne langue : *home qui plaide en curt, a* **qui** *curt que ço seit* (Lois de Guillaume, XXVIII); *è dist al rei : sals seiièz de Mahom — E d'Apolin,* **cui** *saintes leis tenons* (**dont** *nous tenons les saintes lois,* Rol. 417).

4º Cas sujet plur. : **Qui** (Rol. 3872, 3882, etc.).

5º Cas rég. dir. plur. : **Que** (Lég. 2 d, 35 e, 40 b ; etc.).

6º Cas rég. dir. et indir. plur. : **Cui** — *D'icèz suens sèrs* **cui** *il est almosnièrs* (Alex. 25 c) ; *li doze pèr,* **cui** *Charles amat tant* (Rol. 3187) ; etc.

7º Cas suj. et rég. neutre sg., forme atone : **que,** *quet, qued.* Il est évident que ce pronom correspond à *quod,* mais le type latin, comme le prouvent le *quid* des Serments et la locution *por quei,* est *quid : E desimes tèl chose* **que** *èstre ne deveit* (Pélerin. 666).

8º Cas rég. neutre sg., forme accentuée : **quei.** Il ne s'emploie que dans la locution **por quei** (*por quid,* Rol. 3759).

9º Pronom adverbial pour les deux genres et les deux nombres : **dont.** L'idée d'origine est encore très nette dans cet exemple : *èl règne* **dont** *tu fus* (Rol. 1961) ; il en sera longtemps encore ainsi, car au xvɪᵉ siècle même on dit : **dont** *viens-tu ?* (= *d'où viens-tu ?*) ; mais, dans nos plus anciens textes, **dont** est déjà employé comme pronom : *èl li enortęt,* **dont** *lei nonque chièlt* (Eul. 13); *postea per cèl èdre* **dunt** *cil tèl dolor aveięt* (Val., vᵒ 16); *empor ton fil* **dont** *tu as tèl dolor* (Alex. 44 d) ; etc.

10º *Pronom adverbial* **ou** (= *ubi*). A l'époque qui nous occupe, le sens est surtout celui de l'adverbe de lieu latin *ubi : la pristręnt tèrre* **ou** *Deus lor volst donèr* (Alex. 16 e); **ou** *qued il seit, de Deu servir ne cessęt* (Alex. 17 e); *la* **ou** *cist furęnt, des altres i out bièn* (Rol 108) ; etc. Dans le vers 16 c de l'Alexis, on sent néanmoins percer le pronom sous l'adverbe : *la nèf est prèste* **ou** *il deveit entrèr.*

11º *Autres pronoms conjonctifs :* **Quèl** — **Quèl** *horel vit* (= en laquelle heure il le vit, quand il le vit, Lég. 25 e). L'addition de l'article ne se fera pas attendre longtemps ; de là **lequel** ; mais ce conjonctif ne commencera à se répandre sérieusement qu'à partir du xɪvᵉ siècle.

Qui que (= quel que soit celui qui) : *Ambor ocit,* **qui quel** (= que + le) *blasmt ne quil* (= qui le) *lot* (Rol. 1546); **qui ques** (que + els) *rapèlt, ja n'en retorneront* (Rol. 1912); etc.

Le neutre de **qui que** est **que que** (*quid quid*) : **que que** *Rollanz Guenelon forsfesist* (Rol. 3827).

Le régime indirect est **cui que** : **cui que** *seit duels* (Alex. 101 c).

Quant que (*quantum quod* ou *quant + que*) : *vait le ferir li*

cuens **quant que** *il pout* (Rol. 1198); **quant qu'***il poet s'esvertudęt*
(Rol. 2298); etc.

Quèl que. Ce sont encore deux mots distincts : **Quèl** *part* **que**
alge (Poème rel. 80).

VIII. — PRONOMS OU ADJECTIFS INTERROGATIFS

Ce sont les pronoms conjonctifs qui servent d'interrogatifs.

1º **Qui, que, quei, cui.** Cas sujet : **qui.** — *Et* **chi** [1] *est illi* ?
(Poème rel. 9).

Cas rég. sg. neutre, forme atone : **que** *(quid).* — *Seignor,* **que**
faites vos ? (Alex. 101 a); **que** *fereięnt il èl* ? (Rol. 1185). Au sens
du même mot latin *quid,* **que** représente aussi le nominatif attribut : *lasse,* **qu'***est devenuz* ? (Alex. 22 b); *ne sot nuls huom*
qu'*est devenuz* ? (Lég. 26 f).

Cas rég. sg. neutre, forme accentuée : **Quei** *(quid).* — *Por*
queim fuis ? (*quei* + *me,* Alex. 91 c); *de* **quei** *avèz pesance* ? (Rol.
832). Il s'emploie surtout après une préposition.

Cas rég. dir. ou indir. sg., masc. ou fémin., forme accentuée :
Cui. — *Ne sai* **cui** *entercièr* (Alex. 36 b); *o filz,* **cui** *ièręnt mes*
granz ereditèz (Alex. 81 a); *de ço* **cui** *chalt* (Rol. 1405); etc.

2º **Quèl** *(quale).* — *A* **quèl** *dolor deduit as ta jovènte* ? (Alex.
91 b); *n'il ne lor dist, ned il ne demandèrent* **Quèls** *om esteit ne*
de **quèl** *tèrre il éręt* (Alex. 48 e); *ne li chalt, sire, de* **quèl** *mort*
morions (Rol. 227).

Qualis, dans la langue populaire, avait remplacé *quis, quisnam*
devant un substantif : **qualis** *lupus meam agnam devoravit* ?
(Sainte-Euphros. XII, 1. 27).

3º **Liquèls, lequèl,** etc. C'est le précédent avec l'article. —
Asèz odrèz **la** **quèl** *irat desore* (Rol. 927); *mais ço ne sèt* **li**
quèls *veint ne* **quèls** *non* (Rol. 2567).

4º **Dont.** — *Sire,* **dont** *estes nèz* ? (Pèlerin. 148).

5º **Ou.** — **Ou** *èstes vos, bèls niès* ? (Rol. 2402). **Dont** et **ou** sont
encore des adverbes ; le premier cessera, après le XVIᵉ siècle, de
s'employer comme interrogatif ; le second sera toujours un
adverbe.

(1) On sait que la notation *chi* pour *qui* parait être dialectale.

IX. — PRONOMS ET ADJECTIFS INDÉFINIS

1º **Alques** (*alque = aliquid + s* adverbiale et analogique) est devenu un véritable adverbe ; le sens pronominal est toutefois encore perceptible : *jo vos ai fait* **alques** *de legerie* (Rol. 513).

2º **Alquant** (*aliquanti*) se décline très régulièrement comme l'adj. *bon* : cas sujet masc. plur., **alquant** ; cas rég. masc. plur., **alquanz** ; fémin. plur., cas unique, **alquantes. Alquant** *i chantent* (Alex. 117 d) ; *prènt i chastèls et* **alquantes** *citèz* (Rol. 2611).

3º **Alcun** (*alque + un*). Pas d'exemples.

4º **Altre — li uns, li altre. — Altrui.** *Tornat s'as* **altrès**, *si lor dist* (Lég. 35 b) ; *il la reçut come li* **altre** *frèdre* (Alex. 24 d).

Li uns s'oppose souvent à **li altre** : **li uns** *Arcadie,* **li altre** *Onorie out nom* (Alex. 62 b) ; *fièrent* **li un, li altre** *se defèndent* (Rol. 1398).

Li altre s'oppose même à **cil, cist** : **cil** *list la chartre,* **li altre** *l'escoltèrent* (Alex. 76 f).

Altrui (*altero + ei*) n'est employé qu'au cas rég. dir. ou indir.; c'est la forme emphatique de *altre* ; il n'est pas suivi d'un substantif : *qui tradist home, sei ocit et* **altrui** (Rol. 3959) ; *lui et* **altrui** *travaillent e confondent* (Rol. 380).

5º **Altretèl** (*altre + tèl*) : *jamais n'ièrt anz* **altretèl** *ne vos face* (la même chose, Rol. 653).

6º **Altretant** (*altre + tant,* tout autant). C'est un composé passé à l'état de simple ; par conséquent, *altre* reste invariable, et *tant* se décline comme *alquant*. Cas suj. masc. plur.: **altretant** ; cas rég. masc. plur.: **altretanz.** — *Après icèls en i at* **altretanz** (Rol. 3198) ; fémin. plur., cas unique : **altretantes.**

7º **Chascun.** On lit dans les Serments : *in* **cadhuna** *cosa* (I), où *cadhuna* n'est autre chose que **catuna** (composé de la préposition grecque χατά passée en latin, comme le prouvent les exemples recueillis par M. P. Meyer [1], et de *unus*).

Catunus devient **caduns, chaduns** qui persiste ainsi jusqu'à la fin du xiᵉ siècle, pour devenir *cheün, chaün* au xiiᵉ ; mais, de très bonne heure, le latin *quisqueunus* réagit, et c'est le souvenir de cette expression qui a transformé **chadun** en **chascun** : **chascune** *fèste se fait acomungièr* (Alex. 52 b) ; **chascuns** *portout une branche d'olive* (Rol. 203) ; etc.

---

(1) *Romania,* II, p. 80-85.

Plus tard, *quisqueunus* réagira même sur *chascun* sans le faire disparaître ; d'où **chescun** ; et, plus tard encore, on dira **chèsque** d'après *chescun* et **chasque** d'après *chascun*, correspondant, pour le sens, au latin *quisque*.

Chadun et **chascun** sont les seules formes existantes au xie siècle ; ils sont ou ne sont pas suivis d'un substantif.

8° **El** (*alo* pour *alud = aliud*. L'ancien latin avait *alis, alid* ; le roman n'a retenu que le thème *al*) : *tot par enveie et non por* **èl** (autre chose, Lég. 17 f) ; *que fereient il* **èl**? (Rol. 1185) ; etc.

9° **Medisme, medèsme, meèsme.** — Grâce à l'analogie des nombreux adjectifs en *us*, **ipse** était devenu **ipsus** ; d'où, par une nouvelle analogie très naturelle, le superlatif **ipsissimus** (Plaute) ; enfin, avec l'enclitique **met,** que le latin classique mettait après le pronom, et que le latin vulgaire mit devant, *ipsissimus* devint **metipsissimus,** qui, pour conserver l'accent sur la partie principale du mot, sur le thème *ips*, se resserre en *metĭpsimus* ; de là *medĭsmus* et le roman **medèsme (meèsme** après le xie siècle ; formes dialectales : *medisme, meisme*) : **medisme** (Alex. 24 c, 87 b, 108 d ; Rol. 204, 1036, etc.).

La forme vraiment francienne est, au xie siècle, *medèsme*, qui a abouti à *meesme, mesme*, puis à *même* ; mais l'Alexis et le Roland portent uniquement **medisme.**

10° **Nesun, nisun** (*neipseunum*). La même différence de traitement de l'ĭ bref de *ĭpse* se retrouve dans *nĭpsūno* : franc. **nesun,** forme dialectale **nisun** (Rol. 807).

11° **Neül, nul, nului** (*neullo, nullo, nullui = nullo + ei*). A l'origine, **neül** (ou **niul**) paraît aussi fréquemment employé que **nul** : **neüls** (*necullus*, Serm., Alex. 65 e, 111 e) ; **niule** (*nec + ulla*, Eul. 9) ; **niuls** (*nec + ullus*. Val. v° 28). *Niul* paraît être oriental. **Nul** (*nullo*, Serm. I) ; **nuls** (*nullus*, Lég. 6 a). **Nul** a triomphé dès le xiie siècle. Les exemples de **nului** font défaut.

12° **Molt** (anglo-norm. : *mult = multum*) est à la fois adverbe et adjectif, comme en latin ; adj., il se décline comme *alquant* : cas suj. masc. plur., **molt** ; cas rég. masc. plur., **molz** ; fémin. plur., cas unique, **moltes** — *Escus ont gènz de* **moltes** *conoissances* (Rol. 3090).

13° **Neiènt, niènt** (*necente, ni + ent*). *Nient* se trouve un peu partout, mais la forme francienne paraît être **neiènt** (*nullement, aucunement*, Alex. 28 b, 33 a, etc.).

14° **On, om** (*homo*) : **om** (Serm. I, Rol. 2127) ; **on** (Rol. 3323). On trouve d'ailleurs aussi très souvent *hom*, et, dans nos anciens textes, ce mot a généralement le sens du substantif ; les pronoms indéfinis ne sont, en somme, guère autre chose que des substantifs indéterminés.

15º **Pluisor** (*plusiores* pour *pluriores*, compar. populaire du comparatif *plures*, qui avait perdu son sens étymologique). *Plusiores* donne régulièrement **pluisor** (Alex. 107 d), qui sous l'influence analogique de *plus*, devient **plusor** dès le xiᵉ siècle même (Rol. 1434, 2377, etc.).

Par le souvenir de l'*i* de *plusiores*, **plusor** donnera plus tard *plusieurs*.

16º **Quant** (*quantum*), à la fois adverbe et adjectif comme *molt* : *contes e dus i at bièn ne sai* **quanz** (combien, en quel nombre, Rol. 2650).

17º **Tèl, itèl** (*tale*; *itèl* est composé de **tèl** et de **i**, qui est sans doute dû à l'analogie de *i* dans *icist, icil*, etc. = *eccisti, eccilli*). **Tèl** (Lég. 24 f, Alex. 28 d) ; **itèls** (Rol. 375), etc.

18º **Tot** (anglo-norm. *tut* = *tōtto* pour *tōttum*). La déclinaison de cet adjectif est :

Cas suj. masc. sing. : **toz** (*tottus*). Pas d'exemples.

Cas rég. masc. sing. : **tot** (*totto*) : *bel reis qui* **tot** *govèrnes* (Alex. 41 a).

Cas suj. masc. plur. : **toit, tuit** (*tōttī*, avec diphtongue *oi, ui*, grâce à l'*i* posttonique long) : **trestoit** *l'onorẹnt* (Alex. 37 d) ; **toit** *le priẹnt* (Alex. 37 e); *e* **tuit** *si home* (Rol 636).

Cas rég. masc. plur. : **toz** (*tōttos*). Pas d'exemples.

Cas unique, féminin sg. : **tote** (*tōtta*) : **tote** *en soi esguaréde* (Alex. 27 d).

Cas unique, fémin. plur. : **totes** (*tōttas*). Pas d'exemples.

REMARQUE. — **Rièn** (*rĕm*, où l'*m* de flexion s'est maintenue parce que le mot était monosyllabique, comme dans le possessif) n'est encore, au xiᵉ siècle, qu'un substantif féminin : *nule* **rièn** *qu'il demandẹnt ne lor atargẹt mie* (Pèlerin. 703).

LIVRE III

CONJUGAISON

Observations générales. — L'analogie, nous ne saurions trop
le redire, a été l'un des facteurs les plus considérables dans la
formation et dans le développement de la langue française; mais
elle s'est exercée avec une intensité particulière dans la conjugaison.

Cette action de l'analogie, nous la retrouverons dans le latin de
la décadence, dans le travail même de déformation que subit la
conjugaison latine avant d'être devenue une conjugaison presque
nouvelle dans une nouvelle langue.

Partant de la conjugaison classique, nous assisterons à sa
transformation lente, mais progressive chez le peuple des cam-
pagnes, qui formait l'immense majorité de la population de la
Gaule, et qui avait gardé les traditions de la langue populaire des
Romains; nous étudierons les vicissitudes éprouvées, du ve au
ixe siècle, par la conjugaison latine, en ce qui concerne les temps,
les modes, la répartition des conjugaisons, les transformations des
désinences ou terminaisons personnelles; avec ces données, nous
aurons une sorte de restitution de la conjugaison du latin vulgaire
au viiie siècle, par exemple, à la veille de l'éclosion d'une langue
nouvelle. Alors seulement nous nous occuperons de la conjugaison
romane dans les textes que nous possédons jusqu'à la fin
du xie siècle.

Outre que les langues parlées sont soumises à des transformations incessantes, il faut avouer que la conjugaison classique
était d'un mécanisme compliqué qui appelait des modifications.
De plus, l'assourdissement de la syllabe finale engendrait des
confusions regrettables entre la voix passive et la voix active. La
voix déponente est d'un caractère si mal défini que, dans la
langue classique même, les déponents sont très souvent employés
à la voix active. A l'actif, presque toutes les formes sont synthé-

tiques; il n'en est pas de même au passif; et cette particularité du passif, qui diminue, par l'analyse, le nombre des formes spéciales à retenir, sera appliquée à la voix active.

Mais où le peuple devait surtout se perdre, c'est dans la variété infinie des radicaux formant le domaine de la troisième conjugaison latine. Comment pouvait-il se plier à toutes ces finesses? De bonne heure donc, et après de longues années de confusion, de chaos, la conjugaison latine, perdant une partie de sa physionomie, deviendra de plus en plus analytique; des temps nouveaux, voire même des modes, seront créés; d'autres disparaîtront ou seront transformés. C'est cette série de déformations, de transformations et de créations que nous allons étudier.

CHAPITRE PREMIER

VICISSITUDES ÉPROUVÉES PAR LA CONJUGAISON LATINE DU Vᵉ AU IXᵉ SIÈCLE

I. — LES VOIX

Anciennement, les déponents du latin classique avaient la forme active, qu'ils ont en quelque sorte déposée ; de là leur nom. Avant de dire *imitor*, par exemple, on a dit *imito*; voilà pourquoi l'on trouve assez souvent, chez les comiques, des verbes à la forme active, que l'on ne connaît guère que sous la forme déponente dans la langue littéraire : *fabulare, jocare, potire, morire, dignare, mentire, partire*, etc., sont des formes courantes dans la langue archaïque.

Dans le latin classique même, un certain nombre de verbes déponents peuvent être employés aussi à la forme active, celle-ci étant, il est vrai, le plus généralement archaïque ou poétique. Ainsi l'on trouve *altercor* et *alterco*; *auguror* et *auguro*; *comitor* et *comito*; *conflictor* et *conflicto*; *fabricor* et *fabrico*; *feneror* et *fenero*; *luctor* et *lucto*; *mereor* et *mereo*; *populor* et *populo*; *remuneror* et *remunero*; *stabulor* et *stabulo*; etc. Quelquefois le déponent est rare, tandis que le même verbe, à la voix active, est

usuel : *bello, communico, fluctuo, velifico, punio*, etc., à côté de
bellor, communicor, fluctuor, velificor, punior ou *poenior*, etc.,
beaucoup moins employés. Ajoutons que les déponents classiques
ont toujours conservé deux formes actives, le participe présent
(*imitans, pollicens*, etc.) et le participe futur en *rus* (*imitaturus,
polliciturus*, etc.), et que quelques-uns ont gardé des formes
actives isolées : *revertor*; parf. *reverti* (*reversus sum* est rare);
de même *assensi* (de *assentior*), plus usité que *assensus sum*;
et, si l'on compulse le *Formenlehre der lateinischen Sprache* de
Neue, par exemple, on emporte la conviction que la plupart des
déponents latins étaient en même temps usités à la voix active.

Cette tendance ne pouvait que s'accentuer à mesure que le latin
classique perdait du terrain; aussi les Inscriptions, Formules ou
autres Monuments qui présentent des formes populaires sont-ils
remplis d'exemples de verbes actifs remplaçant des déponents :
morare, mentire, miserere, fiere, largire, prosevere (= *prosequi*),
deprecare, etc. [1] ; *commorassent, laimentabant, lagmentare,
mirarit, miraret, obliviscas, osculavit, morare, dignes, digna,
commorare*[2]; *causare, causant, conversare, converset, osculaverit,
sequere, consequat*[3]; etc.

Le déponent avait donc vécu.

Nous verrons plus loin comment la voix passive a disparu également sous l'influence des formes analytiques employées par le
latin même. Ainsi, des trois voix latines, une seule, la voix active,
devait persister.

II. — LES TEMPS

Quels étaient ceux qui devaient presque forcément rester ? Lesquels étaient appelés à disparaître ? Nous allons en juger.

1o *Le présent de l'indicatif et du subjonctif, l'impératif présent
et l'infinitif*, qui reviennent, souvent dans la conversation, et qui
d'ailleurs ont des formes nettement distinctes dans la langue latine,
passent dans l'idiome nouveau avec des transformations plus ou
moins profondes.

2o Parmi les temps du passé, *l'imparfait* exprime ordinairement
un rapport de simultanéité avec un autre temps passé : *quas*

(1) SCHUCHARDT, *Vokalismus des Vulgar Lateins*, II, p. 486.
(2) Vie de sainte Euphros. *Revue des langues romanes*, II, p. 26-40.
(3) Flexion der Verba in der Lex romana Utinensis (*Zeitschrift für
romanische Philologie*, V, p. 49-50).

(falces) cum destinaverant, **reducebant** *(quand ils avaient accroché les faux, ils les* **ramenaient**, César). Il marque aussi une action non encore terminée au moment où l'on parle, que l'on rappelle : *nihil* **habebam** *quod* **scriberem**, *neque enim novi quidquam audieram, et ad tuas omnes epistolas rescripseram (je n'ai rien à vous écrire, car je n'ai rien appris de nouveau, et j'ai répondu hier à toutes vos lettres,* Cic.*)*; *sicut* **eram, fugio** *sine vestibus (je* **fuis** *sans vêtement, dans l'état où j'***étais**, Ovide).

Aussi l'imparfait est-il de toutes les formes personnelles du verbe celle qui, si aucun accessoire ne l'accompagne, laisse la notion du temps dans la plus grande indétermination. C'est ce qui explique son usage si fréquent au début des langues; c'est ce qui explique aussi pourquoi *l'imparfait de l'indicatif* est passé, avec toutes ses prérogatives, dans les langues romanes.

Mais il n'en pouvait être de même de *l'imparfait du subjonctif*, quoiqu'il servît non seulement pour exprimer la simultanéité de deux faits : *adeo fracti animi* **erant**, *ut omnibus superstitionibus obnoxius* **degeret** (Tite-Live), mais encore à représenter un fait postérieur au premier, une conséquence : *Atticus ita* **vixit**, *ut Atheniensibus merito* **esset** *carissimus* (Corn. Nep.); *Epaminondas* **fuit** *disertus, ut nemo ei par* **esset** *eloquentia* (Corn. Nep.); *tot hospites* **venerunt**, *ut lectuli* **deficerent** ; *tantum* **erat** *amatus ut funus multitudo ingens* **sequeretur**.

Ainsi la première pers. sing. de ce temps *cantarem, legerem caperem, audirem*, par la chute de la désinence *m*, qui eut lieu de très bonne heure chez le peuple, se confondait facilement avec l'infinitif *cantare, legere, capere, audire* ; et même, par l'assourdissement des finales, avec le parfait du subjonctif, au moins pour certaines conjugaisons : *cantarim, cantarem ; legerim, legerem*.

A la troisième personne sg., le *t* tombe souvent, non seulement, il est vrai, à l'imparfait du subjonctif, mais à tous les temps, ce qui produit de nouvelles confusions. On trouve, dans la Lex romana Utinensis : *dicere* (= *diceret*); *circumcidere* (= *circumcideret*), *sidere* (= *sideret*), *recipere* (= *reciperet*), *reddere* (= *redderet* [1] ; et ces altérations, qui se produisaient aux personnes les plus fréquemment employées, devaient amener la disparition du temps tout entier.

L'imparfait de l'indicatif éprouvait aussi certaines altérations assez graves : *ē* qui précède *bam, bas, bat*, etc., par exemple, se change souvent en *i*; mais ceci pouvait tout au plus produire une

____

(1) *Zeitschrift für romanische Philologie*, V, p. 46.

confusion dans les conjugaisons ; la caractéristique du temps *bam, bas, bat*, etc., restait à peu près intacte, et c'est là le point important. L'imparfait du subjonctif, au contraire, qui ne diffère de l'infinitif que par la désinence, était condamné à tomber avec cette désinence.

Or, même dans la latinité classique, il existe une certaine corrélation entre le plus-que-parfait et l'imparfait du subjonctif, celui-ci s'employant, dans un certain nombre de cas, soit dans des propositions interrogatives indépendantes, soit dans des propositions subordonnées conditionnelles ou dans les propositions principales qui accompagnent celle-ci, pour exprimer une action passée : *quid* **facerem** ? (= *quid* **fecissem** ?) ; *quod certe non* **fecisset** *si suum numerum* (*nautarum*) **haberet** (= *habuisset*, Cic.) ; *Cur Camillus* **doleret**, *si haec eventura* **putaret** (= *doluisset, putavisset*, Cic.) ; etc.

Sans doute, pour des lettrés, la différence est considérable entre *timebam ne eum* **occideret** et *timebam ne eum* **occidisset** ; mais, entre *occiderem* et *occidissem*, il n'y a, en somme, qu'une différence de temps plus ou moins considérable et qui peut se réduire à fort peu de chose, à quelques minutes ; et l'on comprend que le peuple, qui se perdait dans l'imparfait, ait employé de préférence le plus-que-parfait, qui rendait à peu près la même idée et qui avait l'immense avantage d'être une forme plus pleine, mieux accentuée. Ainsi : *duxit duos serpentes ut eam* **occisissent** (= *occiderent*, Commentaire sur Virgile, VI, p. 418 [1]) ; *cooperiebat de se coculla ut nullum signum pater suos videre* **potuisset** *in eam* (Euphros. XIV, l. 11-12) ; *sic est cor meum declinatum in amore suo, ut,* **fuisset** *mea filia, non amplius potebam diligere eam* (ibid, XV, l. 12), etc.

3° *Parfait*. — Fortement accentué dans un grand nombre de cas ($\bar{a}vi, \bar{e}vi, \bar{\imath}vi$), ce temps devait rester, et il est resté, du moins à l'indicatif ; mais il s'est souvent transformé ; ainsi les parfaits en *ui* se sont perdus en partie dans les langues romanes ; et nous avons vu [2] que $\breve{u}$ tombe en général devant $\breve{e}$ bref dans la langue vulgaire : *poterit* (= *potuerit*), *tenerit* (= *tenuerit*), etc. Cependant, de *poterit, tenerit, volerit,* il ne faudrait pas forcément conclure un parfait *poti, voli, teni,* pour *potui, volui, tenui*. La question est compliquée.

---

(1) Texte publié par A. BOUCHERIE. *Revue des langues romanes,* VI ; l'écriture du manuscrit date du xe siècle.

(2) Phonétique, Hiatus, p. 68.

Quelques parfaits en *ui* se sont maintenus grâce à leur emploi fréquent : *jacui, nocui, debui*, etc.; certains verbes ont même, par analogie, admis ce parfait, qu'ils n'avaient pas primitivement : *bibui, credui, legui*, etc., comme on peut en juger par les formes romanes *bui, credui, crui, lui*, etc.

Mais, le plus souvent, *ui* a passé à *ēvi, īvi*, d'où *ii*, et, par réduction *i* : **posit** (= *posiit, posivit*); **poserunt** (= *posierunt, posiverunt*); **silevit** (= *siluit*); **desit** (= *desiit, desivit*); **paenetivit** (*paenituit*), etc. [1].

Un certain nombre de verbes ayant le parfait en *i* l'ont allongé en *ivi* pour donner l'accent à cet *i* (*intendivi, perdivi, mordivi*), passant ainsi de la deuxième et de la troisième conjugaison à la quatrième, comme le prouvent *respondire, gaudire, lugire, tenire, delire, fugire, tradire, subscribire*, etc. [1]; mais, par la syncope du *v, ivi*, là aussi, se réduit à *i* accentué.

La classe qui modifie la voyelle radicale a été réduite à un petit nombre de cas : *feci, veni, vidi*.

Quant à l'emploi du parfait en *si*, il a été presque partout continué et a même supplanté les autres moyens de flexion dans beaucoup de verbes.

Déjà, chez les Romains, *s* avait fait de notables progrès. *Emo* fait *emi*, par exemple; mais, dans les composés *dēmo, prōmo, sūmo*, l'allongement de la voyelle au présent avait rendu impossible la formation d'un parfait par apophonie; on obtint alors ce temps au moyen de l's : *dempsi, promsi, sumsi*.

Pour *praemordisset*, Plaute emploie, *praemorsisset*; *pangere* fait *pegi* et *panxi*; *vellere, velli* et *vulsi*; Velius Longus constate que *sorpsi* (pour *sorbui*) appartenait à la langue populaire ; Flavius Caper avertit de ne pas dire *absconsi* pour *abscondi*, etc., etc. [2].

Enfin la forme réduplicative a disparu, mais pour s'appliquer abusivement, d'après l'analogie de *dare*, à des verbes qui n'avaient avec *dare* qu'un rapport plus ou moins éloigné ; de là des parfaits en *dĕdi, tidi, tedi, teti* : *ascendiderat, ostendiderunt, prendiderunt, expopondedit, battederit, battiderit, abbatiderit, incendiderit, pendiderit*, etc. [3].

Ces parfaits, qui appartiennent sans contredit à la basse latinité, remontent cependant très haut. La preuve en est donnée par Aulu-

<hr>

(1) Cf. Schuchardt, *Vokalismus*, I, p. 265-274, 276-277, 428-432; III, p. 270, 428-432; — *Formenlehre*, de Neue, II, p. 486, 488, 491, 520, 523, etc.
(2) Voyez Diez, *Gr. des langues romanes*, trad. franç., II, p. 125-127.
(3) Schuchardt, *Vokalismus*, I, p. 35 ; III, p. 10

Gelle (VIII, 9) dans le passage suivant : *Valerius Antias, in libro historiarum septuagesimo quinto verba haec scripsit : Deinde, funere locato, ad forum* **descendedit**. *Laberius quoque in Cartulario ita scripsit : Ego mirabor quomodo mammae mihi* **descendiderant**. Or Valerius Antias paraît avoir vécu au temps de Sylla, et Laberius était contemporain de César et de Cicéron[1].

4º Les temps du passé n'étaient pas richement représentés en latin comparativement au grec ; il avait fallu distinguer, par exemple, pour la même forme, le parfait ordinaire et le parfait historique ; mais le peuple n'entrait guère dans ces subtilités ; de là la nécessité de formations nouvelles de temps correspondant à une division plus complète de la durée du passé ; de là aussi le maintien du plus-que-parfait, qui finira cependant par suivre le mode de formation adopté pour les temps analogues.

En ce qui concerne ces formations de temps, on a étendu, généralisé la tournure avec *habere* et le participe passé, qui existait déjà en latin, mais où le verbe *habere* et le participe avaient le plus souvent conservé chacun leur valeur propre : **inclusum** *in curia senatum* **habuerunt** (*Ils* **tinrent** *le sénat* **enfermé** *dans la curie*, Cic., Att. 6, 2, 8) ; (Romulus) **habuit** *plebem in clientelas principum* **descriptas** (*il* **plaça** *le peuple par catégories sous le patronage des grands*, Cic. Rép. 2, 9) ; *Satis mihi videbar* **habere cognitum** *Scaevolam ex iis rebus* (*je croyais par tout cela* **connaître** *assez bien Scévola*, Cic. Brut. 40, 148) ; *me* **segregatum habuisse**, *uxorem ut duxit, a me Pamphilum* (**j'ai tenu** *Pamphile éloigné de moi depuis son mariage* (Tér., Hec, 5, I, 125) ; *venenum, quod multo ante* **præparatum** *ad tales casus* **habebat** (*il demanda le poison qu'il* **tenait préparé** *en vue de tels évènements*, Tite-Live, XXXIX, 51) ; etc.

Dans ces exemples, il est incontestable que *habere* conserve la plus grande partie de son sens originaire (*avoir, posséder*) et qu'il n'a pas passé à l'état d'auxiliaire. Néanmoins, pour nous en tenir au dernier exemple, il est permis de dire que, si Annibal *tenait* préparé le poison, c'est en vertu d'un acte antérieur ; il *l'avait préparé*, ce poison, pour l'avoir ainsi à sa disposition. De là à donner à *habere* le sens de notre auxiliaire actuel, il n'y a qu'un pas : *istaec illum perdidit assentatio. Namque absque te esset, ego illum* **haberem rectum** *ad ingenium bonum* (*sans toi, je le* **maintiendrais** *dans de bons sentiments ; je le maintiendrais, parce que je* **l'aurais dirigé**, *je* **l'eusse dirigé**, Plaute, Bacc. 3, 3. 8) ;

____

[1] Note de M. d'ARBOIS DE JUBAINVILLE, *Romania*, II, p. 477.

ut ante calendas sextiles omnes decumas ad aquam **deportatas haberent** (*afin* **d'avoir apporté**, *avant les calendes d'août, toutes les dîmes au détroit de Sicile*, Cic, Verr. 2, 13, 14, 36) ; *de Cesare satis* **dictum habebo** (*J'en* **aurai** *assez* **dit** *sur César*, Cic, Phil 5, 19, 52) ; **habeo pactam** *sororem meam filio* (**j'ai fiancé** *ma sœur au fils*, Plaute) ; etc.

Dans les exemples que nous avons cités, le participe passé indique le plus souvent, outre l'idée même du verbe, comme le radical dans les temps simples, que l'action a eu lieu dans le passé ; pour former un temps nouveau avec ce participe, il suffit que le verbe employé dont ce participe est le régime (*habere* ou tout autre verbe ; l'espagnol emploie *tenere* dans le même sens) perde sa signification particulière pour ne plus déterminer que le moment précis où a lieu l'action exprimée par le participe ; il suffit, en un mot, que ce second verbe passe à l'état d'auxiliaire, qu'il ne garde plus que la valeur d'un affixe dont le rôle se restreint à désigner le mode, la personne et le nombre. Nous venons de voir que, dans certains cas, même chez les auteurs classiques, mais particulièrement chez Plaute, qui se rapproche davantage du parler populaire, il est bien près d'en arriver là. Dans le latin de la décadence, dans les Inscriptions, dans les Diplômes, dans la Loi Salique, notamment, la transformation est entièrement accomplie ; du Cange (article *habeo*) donne plusieurs exemples très caractéristiques : *quoniam aliqua sunt monasteria, in quibus jam pauci sunt monachi, qui praedicti patres regulam suis Abbatibus* **habeant promissam** (= *promiserint*) ; *Cum autem orationem* **habuerint factam**, *pueri incipiant* (= *fecerint*) ; *sed tamen ante* **habeant** *ipsi omnia sua facinora* **patefacta** ; *Et nulli extra parvulos et infirmos, licet missam* **auditam habeant** ; **Auditum habemus** *qualiter* ; **habere donatum, factum.**

On lit dans le Fragment de Valenciennes (commencement du xe siècle ou peut-être fin du ixe) : *Jonas profeta* **habebat** *mult* **laboret** *e mult* **penet** (v° 10).

La tournure *mensam habeo praeparatam* indique, comme le parfait grec, une action passée dont l'effet subsiste dans le moment actuel ; pour exprimer une action passée ayant précédé immédiatement une autre action également passée, on employa *habui*, et l'on eut un temps nouveau, que le latin ne rendait pas sans obscurité par le parfait ; de là, par exemple : **quando mensam* **habui praeparatam**, **partivi*; et la combinaison du même participe passé avec l'imparfait *habebam* remplaça, mais avec le même sens, le plus-que-parfait synthétique du latin.

Au subjonctif, le plus-que-parfait, nous l'avons vu, avait remplacé l'imparfait. Le parfait devait disparaître pour des raisons analogues à celles que nous avons données pour l'imparfait; d'ailleurs, l'analogie des temps de l'indicatif poussait à la formation de temps composés avec *habere* et le participe passé; c'est ce qui aura lieu et pour le parfait et pour le plus-que-parfait du subjonctif.

5° *Futur*. — A la première et à la deuxième conjugaison latines, le futur avait une forme caractéristique *ābo, ēbo*, qui prêtait peu à la confusion avec d'autres temps; mais il n'en était pas de même des verbes de la troisième conjugaison, si nombreux et si souvent employés, ni de ceux de la quatrième : grâce à la facilité avec laquelle s'altèrent les syllabes finales et non accentuées, la terminaison *am, es, et, emus, etis, ent* du futur de ces verbes se confondait aisément, dans la bouche du peuple, avec celles du présent de l'indicatif ou du subjonctif. On trouve souvent des futurs actifs en *is, it, imus, itis*, des futurs passifs en *itur, imur, imini* : *diligis, occidis, dicis, descendis, claudis, cernis, cogis, exigis, dividis, dicis,* pour *diliges, occides,* etc.; — *resurgit, diligit,* etc., pour *resurget, diliget,* etc.; — *vivimus, spernimus, adtendimus, describimus* pour *vivemus,* etc.; — *dicitis, cognoscitis, queritis, petitis* pour *dicetis,* etc. [1].

Mais alors il pouvait parfaitement se faire que l'analogie des verbes qui ont le futur en **bo** entraînât les autres, ce qui aurait pu maintenir le futur synthétique. On en a des exemples : **diligebit, metuebitis,** etc. [2]; le passage d'un certain nombre de verbes de la quatrième conjugaison à la deuxième n'est pas un fait rare : *audere, resilere, severe, stabilere, demeteri, impederi, inservemus,* etc. [3]; enfin l'on constate qu'un très grand nombre de verbes de la quatrième conjugaison ont le futur en **ibo** : *amicibor, audibo, audibis, aperibo, nutribo, convenibo, dormibo, esuribo, expedibo, experibere, feribo, oboedibo, opperibor, opperibere, perpolibo, scibo, servibo,* etc. [4].

Et cependant l'unification ne s'est pas faite complètement, et les futurs synthétiques en *bo*, avec caractéristique spéciale pour chaque

(1) Schuchardt, *Vokalismus*, I, p. 277-283.
(2)   Id.,   *Id.*   I, p. 36.
(3)   Id.,   *Id.*   II, p. 69-70.
(4) Neue, *Formenlehre der lateinischen sprachen.* Berlin, 1877, II, p. 448.

conjugaison, ont été emportés comme les futurs en *am*. Pourquoi cela ?

Ici encore, l'analogie a eu raison d'un temps synthétique et fortement accentué : de même que le participe passé était devenu apte, avec l'aide de *habere*, à former des temps composés exprimant les diverses nuances du passé, de même l'infinitif, avec *habere*, pouvait et devait fournir l'idée du futur.

L'infinitif est un mode qui donne du temps une idée vague ; c'est pour cela qu'on l'emploie souvent, aujourd'hui même, dans le sens d'un impératif futur ou même d'un futur ; cet usage est habituel dans la langue administrative ou militaire : **exécuter** *une sortie telle jour* (= *exécutez* ou *on exécutera*) ; **envoyer** *cette circulaire à tous les chefs de service,* etc.

Commun en grec et dans l'ancienne langue française, cet emploi de l'infinitif n'était pas inconnu en latin, surtout dans la langue populaire, comme on peut en juger par les comiques : *praesagibat mi animus frustra me* **ire** (= *que je* **ferais** *une course inutile,* Plaute) ; *juratu'st* **dare** *mihi talentum* (Plaute) ; etc.

La syntaxe latine elle-même offre plus d'un exemple de l'infinitif uni à *habere* : *haec* **habui dicere** (= *quae dicerem,* Cic.); **habere** *aliquid* **curare** (Varron) ; et, si nous arrivons à l'époque de décadence, les exemples sont significatifs : *filius Dei* **mori habuit** (*eut à mourir, dut mourir,* Tertullien) ; *si inimicos jubemur diligere, quem* **habemus odisse** ? (*qui avons-nous à haïr, qui* **haïrons**-*nous* ? Tertul.).

La formule **habeo audire** revient exactement à *habeo audiendum* ou *habeo quod audiam* (*j'ai à entendre, je dois entendre*) mais on sent combien *avoir à entendre* est près de *vouloir entendre* et de *devoir entendre.* On arrivera rapidement à ce dernier sens *qui in sanctis* **habet jurare**, *hoc jejunus faciat ; — veni et occide dominum tuum ; et ego tibi* **facere habeo** *bonitatem quam volueris ; — feri eum adhuc, nam si non feriveris, ego te* **ferire habeo**[1] *; — ego quid tibi* **habeo dicere** *super hoc quod praecepit dominus* (Euphros. VIII, 1. 9) ; *certe* **habeo** *cum suo adjutorio* **salvare** *animam meam* (ibid., VIII, 1. 10-11) ; *non sis tristis domini pater, quia Deus* **satisfacere** *tibi* **habet** *qui devenit filia tua* (ibid. XVI, 1. 14) ; *non sis disperatus, fili, age domino gratias quia quando jusserit Dominus, sic* **cognuscere habis** *qui devini filia tua* (ibid. XIII, 1. 16-17).

_____
(1) Du CANGE, article *habeo.*

Au point de vue de la forme, le nouveau futur n'est que le renouvellement d'un procédé que l'on remarque souvent dans l'histoire des langues : le verbe auxiliaire, après être devenu un simple mot *formel*, s'est peu à peu agglutiné comme un suffixe avec l'infinitif, et a fini par faire corps avec lui.

Ainsi les temps passés et le futur, quoique formés d'après une conception analogue, diffèrent essentiellement, les premiers ayant conservé la forme analytique, le futur étant devenu et resté synthétique.

Quant au futur antérieur synthétique des latins, il était devenu rapidement caduc pour les mêmes raisons que l'imparfait et le parfait du subjonctif, avec lesquels il se confondait trop facilement ; d'ailleurs il ne pouvait qu'être emporté dans le remaniement des temps du passé. Il a donc pris la forme analytique, se composant du participe passé et du futur de *habere*.

III. — LES MODES

Le nombre des modes latins ne pouvait guère être réduit ; la langue des Romains n'avait, sous ce rapport, que le nécessaire. On voit donc persister l'Indicatif, l'Impératif, le Subjonctif, l'Infinitif, le Participe Présent et le Participe Passé.

Pour ce qui est du *Participe Présent*, l'analogie de la première conjugaison a substitué **antem, ante** à **entem, ente** des trois autres conjugaisons. Cette modification, dont on ne trouve guère de preuves directes dans les Chartes ou Inscriptions, n'a pas dû se faire avant la fin du viiiᵉ siècle au plus tôt, mais elle était opérée au xᵉ siècle, car l'orthographe nouvelle est constamment appliquée dans le Saint-Léger. *N* de *ante* et de *ente* étant sonore, il suffit que la bouche s'ouvre plus ou moins pour que la confusion se fasse ; elle a vraisemblablement commencé, comme pour *ent, ant* romans, par les syllabes atones ; Schuchardt en donne beaucoup d'exemples [1] ; mais on en trouve aussi pour *ant, ent* accentués : *kalandae* (= *calendae*), *ostendandum* (= *ostendendum*), *triantes*, *talantum*, *Tarantum*, etc. [2].

D'un autre côté, le gérondif en *do*, au lieu de suivre les autres gérondifs, qui se sont fondus avec l'infinitif, devait disparaître dans le participe présent. Le peuple, s'inquiétant peu des subtilités

<hr>

(1) Schuchardt, *Vokalismus*, I, p. 206 et ss.
(2)   Id.,   *Id.*,   I, p. 211-212.

de la syntaxe classique, disait fort bien, quoique le gérondif soit un ablatif : **ambulando** *legit* au lieu de **ambulans** *legit*; d'ailleurs, par la réduction de tous les cas au cas régime dans les participes, il disait *ambulantem legit*; et, par la chute de la voyelle finale, *ambulante* et *ambulando* aboutissent au même mot *amb'lant*. Enfin, comme les gérondifs et les participes présents de toutes les conjugaisons se sont modelés sur ceux de la première, on a eu uniformément, au sens du gérondif et du participe : **amblant** (*ambulante* et *ambulando*), **devant** (*debente* et *debendo*), **rompant** (*rumpente* et *rumpendo*), **metant** (*mittente* et *mittendo*).

Quant au supin, qui originairement paraît n'être qu'un accusatif auquel l'infinitif correspondait comme datif, il n'est pas étonnant qu'il ait été remplacé par l'infinitif. On en trouve des exemples chez les meilleurs poètes : *non nos aut ferro Libycos* **populare** *penates Venimus* (Virg.); *Proteus pecus egit altos* **visere** *montes* (Horace). Sans doute ce sont des licences poétiques, mais la langue vulgaire devait faire un usage fréquent de l'infinitif dans ce cas; en tout cas, il devint habituel avec les années : **ivit** *ad unum fontem* **bibere** (Comm. sur Virgile, Ecloga IV, l. 23-24); *ille autem dixit non posse eam accipere, nisi prius* **iret disponere** *domum suam* (ibid., Ecloga V, l. 3-4); etc.

Le participe futur a disparu également, remplacé par une périphrase analytique conforme aux tendances de la nouvelle langue.

Conditionnel. — L'analogie a créé un mode nouveau [1] pour répondre à l'optatif grec accompagné de ἄν, sens que la langue latine rendait péniblement et non sans obscurité par le subjonctif, lorsqu'il s'agit *d'une action ou d'un état qui ne se trouvent acccomplis qu'après la réalisation d'une condition* : *Dies* **deficiat**, *si* **velim** *numerare* (Cic.) ; *si Roscius has inimicitias cavere* **potuisset**, **viveret** (Cic.); etc. Le latin emploie aussi, dans ce cas, l'imparfait, le parfait et le plus-que-parfait de l'indicatif : *nunc tempus* **erat** (Horace); **perierat** *alter filius, si carnifici conviva non placuisset* (Sénèque); etc.; et l'on sait que cet emploi de l'imparfait de l'indicatif, au sens de notre conditionnel, est devenu plus fréquent à partir de la fin du siècle d'Auguste, d'abord chez les poètes, puis chez les prosateurs; mais, malgré tout, ce n'était

---

(1) Nous disons MODE NOUVEAU pour nous conformer à l'usage; mais en réalité, le conditionnel est un temps et non un mode, comme on va le voir; c'est, à proprement parler, l'imparfait du futur.

qu'un expédient précaire pour rendre une série d'idées très fréquentes dans la conversation; il fallait autre chose.

Or, l'emploi de l'infinitif avec *habere* pour exprimer le futur, gagnant chaque jour du terrain chez le peuple, devait presque forcément susciter une tournure analogue pour remédier à l'insuffisance du latin après les propositions conditionnelles.

Partant de cette phrase latine plus ou moins populaire : *ego* **punire habeo** *illo infante, si trabaclat mollimente*, il est facile de substituer l'imparfait au présent pour avoir un temps nouveau correspondant au futur *punire habeo* : *ego* **punire habebam** *illo infante, si trabaclabat mollimente.*

Les premiers exemples fréquents de cette composition de l'infinitif avec *habebam*, comme avec *habeo*, se trouvent dès le IIIe siècle dans le latin ecclésiastique. Tout d'abord *habere* ne s'emploie qu'avec l'infinitif d'un verbe passif ou intransitif : *nam quia... Christus... introducturus erat in terram vitae aeternae possessionem...idque...* **provenire habebat...** *per Jesum, ideo is vir...* (Tertull. adv. Marc. III, 16); *quod enim in nomine et spiritu ipsius hodie* **fieri habebat**, *merito a se futurum praedicabat* (ibid. III, 22); *Nazareus* **vocari habebat** *secundum prophetiam Christus creatoris* (ibid. IV, 8); *sufficit eum qui* **nasci habebat** *ex virgine ab ipso annuntiari angelo filium Dei determinatum* (ibid., adv. Praxeam XXVI)); *aut, nisi ille venisset post quem* **habebant expungi** *quae nuntiabantur* (ibid., XI); *quod sciret homines non solum aqua verum etiam sanguine suo proprio* **baptizari habere** (Cyprian. I, p. 86); mais, dès le VIIe siècle, on rencontre cette tournure avec des infinitifs de verbes transitifs.

Or, de même que *cantare habeo* avait primitivement le sens de *j'ai à chanter, je dois chanter, j'ai l'intention de chanter*, de même *cantare habebam* a signifié *j'avais à chanter, je devais chanter, j'avais l'intention de chanter* avant d'arriver au sens de notre expression *je chanterais*.

Ainsi le temps nouveau est, en quelque sorte, *l'imparfait du futur*.

Et ce nouveau temps, le *conditionnel*, aura un passé analytique formé de la même manière que les autres passés, avec le conditionnel présent de *habere* suivi du participe passé.

Toutefois l'ancien usage, celui du plus-que-parfait du subjonctif dans le sens du conditionnel passé, n'a jamais disparu; c'est pour cela qu'aujourd'hui encore nous disons également bien : *il aurait tout perdu s'il avait été moins prudent* et *il eût tout perdu s'il eût été moins prudent*. Nous avons deux temps pour rendre l'idée du conditionnel passé.

REMARQUE. — *Disparition du* v *et même de la syllabe* av *de* habeo, habebam *dans la formation du futur et du conditionnel*.

Nous supposons acquis un fait dont il sera question plus tard : la substitution de **omus** et de **atis** à toutes les autres formes pour la première et la deuxième personne du pluriel.

Le *b* médial s'affaiblissant d'abord en *v*, le présent et l'imparfait de l'indicatif de *habere* deviennent *aveo* (*avio*), *avis*, *avit*, *avomus*, *avatis*, *avunt* (par l'analogie de *legunt*, *audiunt*, etc.) ; — *aveva*, *avevas*, *avevat*, *avevomus*, *avevatis*, *avevant*.

Or, après la tonique, *v* tombe facilement ou se relève en *f* devant une consonne[1] pour disparaître plus tard suivant la loi concernant les groupes de consonnes : *aio*, *av's*, *av't*, *avomus*, *avatis*, *aunt*, puis *aio*, *af's*, *af't*, *avomus*, *avatis*, *aunt*.

Av persiste encore à la première et à la deuxième personne du pluriel ; mais *habeo* ayant perdu sa signification particulière de possession représentée par *av* (=*hab*) pour devenir un simple auxiliaire, *av* n'a que peu d'importance dans la composition nouvelle *portaravomus*, *portaravatis* ; en outre, *v* tombant déjà dans quatre personnes sur six, l'analogie le fera aussi tomber à ces deux personnes ; de là *aomus*, puis **omus** ; *aatis*, puis **atis**.

De là, le nouveau présent de l'indicatif du verbe *habere* qui s'agglutinera à l'infinitif : *aio* (*ai*), *af's* (*as*) *af't* (*at*), *omus*, *atis*, *aunt* (*ont*) ; de là enfin le futur de *portare*, par exemple : *portaraio*, *portaraf's*, *portaraf't*, *portaromus*, *portaratis*, *portaront*.

Quant à l'imparfait *habebam*, qui entrait dans la composition du conditionnel, il devait, par la même raison que le présent, perdre facilement la syllabe *av*, puisqu'il passait à l'état d'auxiliaire ; il le devait aussi par l'analogie de ce qui avait eu lieu pour ce même présent dans une combinaison du même genre, la terminaison *ebam*, *ebas*, *ebat*, *ebamus*, *ebatis*, *ebant* suffisant pour donner l'idée d'imparfait qui fait le fond du conditionnel. Cet imparfait, par l'affaiblissement de *b* en *v*, et par la chute de la désinence *m* à la première personne, aboutissait donc à *eva*, *evas*, *evat*, *evomus*, *evatis*, *evant* ; et le conditionnel à *portaréva*, *portarévas*, *portarévat*, *portarevómus*, *portarevátis*, *portarévant*.

Ici, dans quatre personnes (1e, 2e, 3e du sing. et 3e du plur.), le *v*, étant après la tonique, tombe, d'où : *portaréa*, *portaréas*, *portaréat*, **portarevomus, portarevatis**, *portaréant*.

―――――

[1] Cf. DIFT dans les Serments (= *devit*, *divit*, *dift*).

L'analogie fera le reste pour la 1e et la 2e pers. du pluriel ; d'où *portareŏmus, portareătis* ; puis, par le changement bien connu de **e atone** en *i* (dans *portarēa, ē* est accentué) devant *o, a* : **portariomus, portariatis.**

IV. — LA RÉPARTITION DES CONJUGAISONS

1° On sait que, dans la langue vulgaire, *ē* et *ĭ* avaient, de très bonne heure, une tendance à se confondre ; que *ŭ* et *ō* aboutissaient également à un seul son, *ó* fermé ; que *ū*, dans notre pays, s'amincissait peu à peu jusqu'à devenir *ü*. Toutes ces raisons, jointes à cette considération que la troisième conjugaison latine en *ĕre* non accentué pouvait, en allongeant *e*, qui alors prenait l'accent, passer à la deuxième et même à la quatrième conjugaison, font que les conjugaisons latines n'ont pas entièrement maintenu leurs positions respectives.

2° La première conjugaison, par son infinitif caractéristique en *are*, par son participe en *atum, ato*, etc., prêtait moins que toute autre à la confusion. Par analogie avec *domitum, crepitum, sonitum, cubitum*, etc., on trouve cependant *rogitus, vocitus, probitus*[1] ; *dolitus* (de *dolare*[2]) ; *dimicui* à côté de *dimicavi*[3] ; *spectit* (=spectat), *ajutit* (= *adjutat*), *ambolit* (*ambulat*), *dit* (*dat*), *reputit* (*reputat*), *reconparit* (*recumparat*[4]) ; le commentaire sur Virgile donne *parui* pour *paravi*[5], et du Cange cite *paret* employé pour *parat*, etc. ; malgré tout, ce ne sont que des confusions de détail qui ne pouvaient entamer sérieusement le domaine de la première conjugaison.

3° L'une des confusions les plus fréquentes, c'est le passage d'un grand nombre de verbes de la deuxième conjugaison à la quatrième par le changement de *ē* en *i* : *gaudite, miscite, habiri, possedire, habire, tenire, lugire, pertenire, permanire, recensire, adimplire, indulgire*[6], etc. ; d'où *exercit* (= *exercet*) ; *miscite* (= *miscete*) ; *delio* (= *deleo*) ; etc. ; d'où aussi la conjugaison vulgaire du verbe *delire* (*delere*) : *delio, delis, delit, delimus, delitis, deliunt ; delibam ; deliam, delias ; delirem ; delivi*, etc. Et l'on sait qu'un assez

(1) SCHUCHARDT, *Vokalismus*, I, p. 36.
(2) NEUE, *Formenlehre, der latein. Sprachen*, II, p. 432.
(3) ID.,   *Id.*,   II, p. 478.
(4) SCHUCHARDT, *Vokalismus*, III, p. 119.
(5) *Revue des Langues romanes*, VI, p. 427.
(6) SCHUCHARDT, *Vokalismus*, I, p. 265-268.

grand nombre de verbes latins en *ēre* ont passé à la deuxième conjugaison de notre langue après avoir changé *ē* long en *i* : *abolire* (*abolēre*), *florire* (*florēre*), *grandire* (*grandēre*), *licire* (*licēre*), *implire* (*implēre*), *nocire* (*nocēre*), *paenitire* (*paenitēre*), *putrire* (*putrēre*), *resplendire* (*resplendēre*), etc.

4° Le passage de la troisième conjugaison à la seconde est un fait très fréquent, et dont il reste des traces assez nombreuses dans notre langue ; le Vokalismus de Schuchardt en donne beaucoup d'exemples [1] ; et, aujourd'hui, nous avons en français : **recevoir** (= *recipēre* pour *recipĕre*), **concevoir** (= *concipēre* pour *concipĕre*), **apercevoir** (*appercipēre*), **choir** (*cadēre* pour *cadĕre*), **savoir** (*sapēre* pour *sapĕre*) ; etc.

5° Le passage de la troisième conjugaison latine à la deuxième a souvent pour conséquence le passage de la troisième à la quatrième : *moriris, moriri, paribit* [2], *currire, suscepire, effugire, tradire, reddire* [3], etc. D'ailleurs des infinitifs appartenant à la fois à la troisième et à la quatrième conjugaison se rencontrent dans la langue classique : *fodere* et *fodire* ; *linere* et *linire* ; on trouve même *ebullire* et *ebullare* [4]. Il n'est donc pas étonnant qu'il y ait eu incertitude et confusion dans la langue vulgaire : *pan* **fugiit** *de loco suo* (Comm. sur Virg., *Revue des Langues romanes*, VI, p. 433) ; le verbe **entelgir** (Val. v° 26) suppose *intelligire* pour *intelligĕre*.

6° Le passage de la 3e conjugaison à la première se constate par l'existence d'un certain nombre de verbes français comme *arguer, affliger, céder, consumer*, etc. ; cependant, quoiqu'on trouve en latin plusieurs verbes appartenant à la fois à la 3e et à la 4e conjug. ; à la 2e et à la 4e (*desinĕre* et *desinare*; *densēre* et *densare*), cette formation de verbes français en *er* est relativement récente, et la plupart de ceux qu'elle a donnés sont semi-savants, semi-populaires.

7° Enfin, si la 2e conjugaison peut passer à la 4e, la réciproque est vraie ; de là *obui* (= *obii*), *obuit* (= *obiit*) [5] ; par cela même que *debeo* devient *debio*, on voit *audio* se confondre avec *audeo* ; on trouve *resilere* (= *resilire*), *servere* (= *servire*) [6], etc.

En résumé, le domaine de chaque conjugaison a éprouvé des

(1) Schuchart, *Vokalismus*, II, p. 37-38, 40, 45.
(2) Neue, *Formenlehre, der latein. sprachen* II, p. 415,
(3) Schuchardt, *Vokalismus*, I, p. 407-408.
(4) Neue, *Formenlehre der latein. sprachen*, II, p, 432.
(5) Schuchardt, *Vokalismus*, III, p. 242.
(6)　　Id.,　　　　　Id.　　II, p. 69.

variations parfois assez considérables ; néanmoins aucun n'a été atteint dans ses grandes lignes ; la division, en général, reste la même.

1. — La première conjugaison comprend : 1º des verbes existant déjà en latin, comme *amare, aestimare, donare, cavare, clamare, collocare, creare, cogitare, dubitare, errare, sperare,* etc., ou formés sur des mots de la langue latine (substantifs, supins, adverbes, etc.) comme *accognitare (cognitum), accordare (corcordis), addensare (densum), adjutare (adjutum), explicitare (explicitum), dolosare (dolosum), directiare (directum), impejorare (pejus), iterare (iter), contrariare (contrarius), parabolare (parabola), pretiare (pretium), vocitare (vocitus),* etc. ;

2º Un certain nombre de verbes en *are* dérivés d'un thème germanique : *brisiare (briszen), addubare (dubban), exwarare (waran), naffrare (nafer), exmagare (magan), wardare (wardan), heribergare,* etc. ;

3º A l'imitation des verbes latins en *icare* avec *ī* long (*amīcare, formīcare, mendīcare, nutrīcare, radīcare, spīcare*) ou avec *ĭ* bref (*fabrĭcare, impedĭcare, medĭcare, publĭcare, varĭcare, vellĭcare — auspĭcare, exaudĭcare, formĭcare, indĭcare, judĭcare, conspĭcare, vindĭcare,* etc.), se sont formés beaucoup de verbes en *icare,* à l'aide du suffixe *ĭcāre* ou simplement de *cāre,* ou peut-être au moyen de quelques adjectifs en *ĭcus* qui ne sont pas tous restés dans la langue latine. Parmi ces dérivés en *icare,* les uns, comme *communicare, excommunicare, exclaricare, impedicare, fabricare, judicare, viridicare, tardicare, vindicare,* etc., perdent l'*ĭ* bref protonique à l'infinitif après l'affaiblissement régulier du *c* médial en *g* ; de là *commun'gare, excommun'gare, exclar'gare, imped'gare, faur'gare, jud'gare, virid'gare, tard'gare, vind'gare,* etc. ; quelques-uns, en plus petit nombre, perdent également l'*i*, mais n'affaiblissent pas le *c* en *g*, comme *caballicare, caval'care* ; dans d'autres, le suffixe *icare* a reçu, aux personnes fortes, l'accent sur l'*ĭ* bref, peut-être par l'analogie des verbes en *īcare*, dont le présent est *īco, īcas, īcat, īcant.* L'accentuation de l'*ĭ* bref aux personnes fortes a eu pour résultat le maintien de cet *i* dans toute la conjugaison. Parmi les verbes de cette catégorie, citons : *castĭcare, festĭcare, tornĭcare, multiplĭcare, exbannĭcare, umilĭcare, reflambĭcare, accostĭcare, carrĭcare, palmĭcare, summĭcare, hostĭcare,* etc.

Ajoutons qu'il y avait en latin des verbes en *īgare (castīgare)* et en *ĭgare (lĭgare* et ses composés, où *ĭgare* n'est pas un suffixe, mais finira par être considéré comme tel); enfin citons quelques verbes en *iare*, comme *contrariare, forisviare, indeviare* qui se rapprochent des verbes en *icare*, exposés à perdre la gutturale médiale, et avec lesquels il devait y avoir plus tard une certaine confusion.

2. — La deuxième conjugaison latine (infinitif en *ēre*) comprend :

1° Des verbes d'origine latine en *ēre* : *ardēre, calēre, debēre, dolēre, habēre, manēre, movēre, remanēre, sedēre, parēre, solēre, vidēre*, etc.;

2° Un petit nombre de verbes de la troisième conjugaison latine qui ont allongé *ĕre* en *ēre*; ainsi les verbes en *cipēre* (pour *cipĕre*); *cadēre, sapēre*, etc. Le présent de l'indicatif de ces verbes étant en *eo* à la première personne, puis *io*, on a, par exemple, dans la conjugaison vulgaire : *debio*, et, par suite, *debis, debit, debimus*, etc., au lieu de *debeo, debes, debet, debemus*, etc.; mais *cado* restera intact, et, par l'analogie des présents en *o* simple, on dira aussi *debo, ardo* au lieu de *debeo ardeo* — *debio, ardio*. Toutefois il n'y aura pas, sous ce rapport, de loi absolue : l'usage fera la règle ; c'est ainsi que *habeo* se maintiendra parce qu'il était très fréquemment employé, et deviendra *habio*.

Le participe passé de ces verbes est généralement en *uto*.

3. — La troisième conjugaison latine (infinitif en *ĕre*) comprend :

1° Un grand nombre de verbes latins de cette même conjugaison : *cingĕre, absolvĕre, recipĕre, concipĕre, claudĕre, crescĕre, cognoscĕre, currĕre, fundĕre, credĕre, dicĕre, ducĕre, tendĕre, vendĕre*, etc.;

2° Un petit nombre de verbes de la deuxième conjugaison qui ont affaibli l'*ē* long de l'infinitif, et qui ont, en même temps, pour la plupart, gardé un pied dans la deuxième : *torquĕre* et ses composés ; *submonĕre* ; *nocĕre* à côté de *nocēre, nocire* ; *placĕre* à côté de *placēre, placire* ; *manĕre* à côté de *manēre* ; etc.

Cette troisième conjugaison, qui contient cependant encore un grand nombre de verbes, a été fort maltraitée; de plus, beaucoup des verbes qui la composaient ont perdu au parfait et au participe passé leur physionomie de verbes forts, recevant soit *ŭi*, soit *ĭci* au parfait, *ūto, ĭto* au participe passé. C'est ainsi que des verbes qui, comme *placere, tacere*, avaient le parfait en *ŭi*, ont allongé *ŭi* en *ūi*, lequel est devenu une sorte de suffixe qui s'ajoute à des verbes ayant en latin un tout autre parfait, et auquel correspond le participe en *ūto* :

Bibui, bibusti — *bibuto* ; *battui, battusti* — *battuto* ; *currui, currusti* — *curruto* ; *credui, credusti* — *creduto.*

De même pour *ivi, ito* ; quelques verbes ont même le parfait en *ivi* et le supin en *uto* : *intendivi, intendisti* — *intenduto* ; *vendivi, vendisti* — *venduto,* etc.

Nous savons déjà que d'autres verbes de cette conjugaison ont adopté le parfait en *si,* et que quelques-uns ont même plusieurs formes : *tolsi* et *tollivi,* etc.

4. — La 4ᵉ conjugaison latine (infin. en *īre*) comprend :

1º Des verbes latins en *īre : advenire, consentire, convenire, cooperire, departire, discooperire, deservire, exire, ferire, finire, mentire, nutrire, obedire, partire, venire,* etc.

2º Des verbes de la seconde conjugaison latine dont l'*ē* long de l'infinitif s'était changé en *ī : jacire, licire, nocire, placire, putire, rubire, implire,* etc.

3º Des verbes de la troisième conjugaison latine qui avaient préalablement allongé l'*ĕ* pour le changer ensuite en *ī : colligire* (de *colligĕre*), *carpire* (de *carpĕre*), *currire* (de *currĕre*), *cupire* (de *cupĕre*), *invadire* (de *invadĕre*), *fallire* (de *fallĕre*) ; etc.

4º Des verbes dérivés d'un thème germanique auquel s'est ajouté le suffixe *īre : bajulire, kausjire, warire, hatire,* etc.

Conjugaison inchoative. — Parmi les inchoatifs latins, un certain nombre avaient déjà perdu leur sens particulier dans la langue mère (*compescere, crescere, quiescere, suescere,* etc.) ; les autres le perdent de plus en plus à mesure que l'on s'éloigne de l'antiquité classique ; en outre, la forme inchoative elle-même, accentuant en cela l'usage latin qui confondait le parfait et ses dérivés avec les mêmes temps du simple, ne sera usitée qu'à certains temps (présent et imparfait de l'indicatif ; impératif ; présent du subjonctif, participe présent, qui tous, comme on le verra plus loin, procèdent d'un même radical).

V. — ASSOURDISSEMENT ET CHUTE DES FLEXIONS
OU DÉSINENCES PERSONNELLES
TERMINAISONS NOUVELLES PLUS ACCENTUÉES
OU PLUS UNIFORMES

1. — *Première personne du singulier.* — Partout la première personne du singulier est inaccentuée ; *prés. indic.* **o** ; *prés. du subj.* **em** *ou* **am** ; *imparf. du subj. et de l'indic.* **em, am** ; *futur*

o, am; etc.; elle importe donc peu dans la conjugaison; aussi subsiste-t-elle sans autres changements que ceux que nous connaissons déjà par la phonétique : *chute de* **m** *finale*; *chute de la dernière voyelle ou son affaiblissement en* **e** *muet*. On a donc, pour les quatre conjugaisons :

1° **Portare** : Prés. indic. *porto*, imparf. indic. *portava*, parfait *portavi*, futur *portaraio*, conditionnel *portareva*, prés. subj. *porte*, imparf. subj. *portasse;*

2° **Recivere** : Prés. indic. *recivo*, imparf. indic. *reciveva*, parfait *recivui*, futur *recivraio*, conditionnel *recivreva*, prés. subj. *reciva*, imparf. subj. *recivusse;*

3° **Vendere** : Prés. indic. *vendo*, imparf. indic. *vendeva*, parfait *vendivi*, futur *vendraio*, conditionnel *vendreva*, prés. subj. *venda*, imparf. subj. *vendisse;*

4° **Finire** (*inchoat.*) : Prés. indic. *finicso*, imparf. indic. *finicseva*, parfait *finivi*, futur *finiraio*, conditionnel *finireva*, prés. subj. *finicsa*, imparf. subj. *finisse;*

4° (bis) **Partire** (*non inchoatif*) : Prés. indic. *parto*, imparf. indic. *parteva*, parfait *partivi*, futur *partiraio*, conditionnel *partireva*, prés. subj. *parta*, imparf. subj. *partisse.*

2. — *Deuxième et troisième personne du singulier*. — Elles donnent lieu aux mêmes observations que la première. On a donc, pour les mêmes verbes :

1° Prés. indic. *portas, portat*, imparf. indic. *portavas, portavat*, parfait *portasti, portav't* (*portaf't*), futur *portarav's* (*portaraf's*), *portarav't* (*portaraf't*), conditionnel *portarevas, portarevat*, prés. subj. *portes, portet*, imparf. subj. *portasses, portasset;*

2° Prés. indic. *reciv's* (*recif's*), *reciv't* (*recif't*), imparf. indic. *recivevas, recivevat*, parfait *recivusti, recivuit*, futur *recivr'av's* (*recivraf's*), *reciv'rav't* (*recivraf't*), conditionnel *recivrevas, recivrevat*, prés. subj. *recivas, recivat*, imparf. subj. *recivusses, recivusset;*

3° Prés. indic. *vendis, vendit*, imparf. indic. *vendevas, vendevat*, parfait *vendisti, vendivit*, futur *vendrav's* (*vendraf's*), *vendrav't* (*vendraf't*), conditionnel *vendrevas, vendrevat*, prés. subj. *vendas, vendat*, imparf. subj. *vendisses, vendisset;*

4° Prés. indic. *finicsis, finicsit*, imparf. indic. *finicsevas, finicsevat*, parfait *finisti, finivit*, futur *finirav's* (*finiraf's*), *finirav't* (*finiraf't*), conditionnel *finirevas, finirevat*, prés. subj. *finicsas, finicsat*, imparf. subj. *finisses, finisset;*

4° (bis) Prés. indic. *partis, partit*, imparf. indic. *partevas, partevat*, parfait *partisti, partivit*, futur *partirav's* (*partiraf's*), *partirav't* (*partiraf't*), conditionnel *partirevas, partirevat*, prés. subj. *partas, partat*, imparf. subj. *partisses, partisset.*

3.— *Première personne du pluriel*. — Pour se rendre compte de la diversité des formes et, par suite, de la complication de cette personne, faisons-en le tableau pour les cinq verbes cités plus haut :

1° Prés. indic. *portamus,* imparf. indic. *portevamus,* parfait *porta-vimus,* futur *portaremus,* conditionnel *portarevamus,* prés. subj. *porte-mus,* imparf. subj. *portassemus ;*

2° Prés. indic. *recivimus,* imparf. indic. *recivevamus,* parfait *reci-vuimus,* futur *recivremus,* conditionnel *recivrevamus,* prés. subj. *reci-vamus,* imparf. subj. *recivussemus ;*

3° Prés. indic. *vendimus,* imparf. indic. *vendevamus,* parfait *vendi-vimus,* futur *vendremus,* conditionnel *vendrevamus,* prés. subj. *venda-mus,* imparf. subj. *vendissemus ;*

4° Prés. indic. *finicsimus,* imparf. indic. *finicsevamus,* parfait *fini-vimus,* futur *finiremus,* conditionnel *finirevamus,* prés. subj. *finicsamus,* imparf. subj. *finissemus ;*

5° Prés. indic. *partimus,* imparf. indic. *partevamus,* parfait *partivi-mus,* futur *partiremus,* conditionnel *partirevamus,* prés. subj. *partamus,* imparf. subj. *partissemus.*

En .présence de cette multiplicité de formes si diverses, l'on comprend qu'une simplification était nécessaire ; mais aucune des terminaisons existantes et accentuées *āmus, ēmus, īmus* ne prédo-minait assez pour être choisie comme type commun.

Dans cette situation, on eut recours au verbe *sum,* dont la pre-mière personne pluriel, au présent de l'indicatif, **sŭmus,** revient si fréquemment dans la conversation ; or *s* appartient au radical *es* du verbe ; et, de même que, dans la formation du futur et du condi-tionnel avec le présent de l'indicatif ou l'imparfait de *habere,* la syllabe *av,* qui indique l'idée particulière du verbe, disparaît pour ne laisser place qu'à ce qui indique le temps et la personne, de même ici l'*s* du thème devait tomber dans *sumus,* ne laissant que *ŭmus,* c'est-à-dire la partie qui désigne le première personne du pluriel. **Umus** ou, pour mieux dire, *ŏmus* du latin vulgaire est donc devenu le type général de la première personne du pluriel, à tous les temps, excepté au parfait de l'indicatif de toutes les conju-gaisons, qui avait une physionomie particulière et prêtant peu à la confusion. C'est ainsi que l'on a eu :

1° Prés. ind. *portŏmus,* imparf. ind. *portavŏmus,* futur *portarŏmus,* conditionnel *portarevŏmus,* prés. subj. *portomus,* imparf. subj. *portas-somus,* impératif *portomus.*

2° Prés. ind. *recivomus,* imparf. ind. *recivevomus,* futur *recivromus,* conditionnel *recivrevomus*, prés. subj. *recivomus*, imparf. subj. *recivussomus*, impératif *recivomus*.

3° Prés. ind. *vendomus*, imparf. ind. *vendevomus*, futur *vendromus*, conditionnel *vendrevomus*, prés. subj. *vendomus*, imparf. subj. *vendissomus*, impératif *vendomus*.

4° Prés. ind. *finicsomus*, imparf. ind. *finicscvomus*, futur *finiromus*, conditionnel *finirevomus*, prés. subj. *finicsomus*, impàrf. subj. *finissomus*, impératif *finicsomus*.

5° Prés. ind. *partomus*, imparf. ind. *partevomus*, futur *partiromus*, conditionnel *partirevomus*, prés. subj. *partomus*, imparf. subj. *partissomus*, impératif *partomus*.

Cette transformation est indubitable, mais on n'en trouve aucune mention ni dans les Chartes ni dans les Inscriptions, ce qui prouve qu'elle ne s'est guère opérée avant le ixe siècle[1] ; mais elle a dû commencer d'assez bonne heure, car elle changeait tellement les habitudes du latin qu'elle a mis de longues années à s'imposer et que les anciennes formes ont subsisté longtemps après le ixe siècle même, donnant, surtout *āmus* et *ēmus*, des formes particulières dont quelques-unes vivent encore dans certains patois et ont laissé au moyen âge des traces nombreuses.

C'est d'ailleurs à la Gaule que s'est bornée cette substitution de *omus* à tous les autres types.

4. — Deuxième personne du pluriel. — Elle donnait lieu à des observations du même genre que la première :

1° Prés. ind. *portatis*, imparf. ind. *portavatis*, parfait *portastis*, futur *portaretis*, condition. *portarevatis*, prés. subj. *portetis*, imparf. subj. *portassetis*, impératif *portetis*.

2° Prés. ind. *recivitis*, imparf. ind. *recivcvatis*, parfait *recivustis*, futur *recivretis*, condition. *recivrevatis*, prés. subj. *recivatis*, imparf. subj. *recivussetis*, impératif *recivatis*.

3° Prés. ind. *vendatis*, imparf. ind. *vendevatis*, parfait *vendistis*, futur *vendretis*, condition. *vendrevatis*, prés. subj. *vendatis*, imparf. subj. *vendissetis*, imparf. *vendatis*.

4° Prés. ind. *finicsitis*, imparf. ind. *finiscsevatis*, parfait *finistis*, futur *finiretis*, condit. *finirevatis*, prés. subj. *finicsatis*, imparf. subj. *finissetis*, impératif *finicsatis*.

5° Prés. ind. *partitis*, imparf. ind. *partevatis*, parfait *partistis*, futur *partiretis*, condit. *partirevatis*, prés. subj. *partatis*, imparf. subj. *partissetis*, impératif *partatis*.

(1) Au ixe siècle, on prononçait non plus *omus*, mais quelque chose comme *om's*, avec *m* fortement sonore. Les formes que nous avons données sont donc surtout théoriques.

On remarque néanmoins que la terminaison *atis* est dominante :
sur quarante formes que nous venons d'inscrire, elle revient, en
effet, dix-huit fois ; c'est ce qui fait qu'elle a été substituée à toutes
les autres terminaisons, excepté encore au parfait, qui, grâce à sa
forte accentuation (*portăstis, recivūstis, finīstis, vendīstis, partīstis*)
restera intact ; de là :

1° Prés. ind. *portatis*, imp. ind. *portavatis*, futur *portaratis*, condit.
portarevatis, prés. subj. *portatis*, imparf. subj. *portassatis*, impératif
portatis.

2° Prés. ind. *recivatis*, imparf. ind. *recivevatis*, futur *recivratis*,
condit. *recivrevatis*, prés. subj. *recivatis*, imparf. subj. *recivussatis*,
impératif *recivatis*.

3° Prés. ind. *vendatis*, imp. ind. *vendevatis*, futur *vendratis*, condit.
vendrevatis, prés. subj. *vendatis*, imparf. subj. *vendissatis*, impératif
vendatis.

4° Prés. ind. *finicsatis*, imp. ind. *finicsevatis*, futur *finiratis*, condit.
finirevatis, prés. subj. *finicsatis*, imparf. subj. *finissatis*, impératif
finicsatis.

5° Prés. ind. *partatis*, imp. ind. *partevatis*, futur *partiratis*, condit.
partirevatis, prés. subj. *partatis*, imparf. subj. *partissatis*, impératif
partatis.

Comme pour *omus*, il est juste de penser que la substitution de
atis à toutes les autres terminaisons de la deuxième personne du
pluriel ne s'est opérée que peu de temps avant le ıxᵉ siècle, c'est-
à-dire avant le moment où la nouvelle langue cesse d'être latine
pour devenir romane ; peut-être même pourrait-on douter que des
formes comme *portarevomus, vendevomus, vendissatis, portassatis*,
etc. aient jamais existé. Il est à croire que le roman *ons* (= *omus*),
ez (= *atis*) a peu à peu supplanté les formes correspondantes du
latin, qui d'ailleurs avaient, elles aussi, donné des formes romanes.

Celles que nous avons citées doivent donc être considérées surtout
comme théoriques.

5. — *Troisième personne du pluriel.* — On voit facilement, en
mettant les mêmes verbes à la troisième personne du pluriel, que
la forme *ant* revient fréquemment ; c'est *ant* qui sera adopté,
excepté au futur, dérivé, nous le savons déjà, de *habent*, qui était
devenu successivement *habunt* (par l'analogie des verbes de la
troisième et de la quatrième conjugaison latine), *avunt, auunt,
aunt* ; d'où en roman *ont*, qui existait sous cette forme avant le
ıxᵉ siècle. On a donc eu :

1° Prés. ind. *portant*, imp. ind. *portavant*, parfait *portarant*, futur *portaront*, condit. *portarevant*, prés. subj. *portant*, imparf. subj. *portassant*.

2° Prés. ind. *recivant*, imparf. ind. *recivevant*, parfait *recivurant*, futur *recivront*, condit. *recivrevant*, prés. subj. *recivant*, imparf. subj. *recivussant*.

3° Prés. ind. *vendant*, imp. ind. *vendevant*, parfait *vendirant*, futur *vendront*, condit. *vendrevant*, prés. subj. *vendant*, imparf. subj. *vendissant*.

4° Prés. ind. *finicsant*, imp. ind. *finicsevant*, parfait *finirant*, futur *finiront*, condit. *finirevant*, prés. subj. *finicsant*, imp. subj. *finissant*.

5° Prés. ind. *partant*, imp. ind. *partevant*, parfait *partirant*, futur *partiront*, condit. *partirevant*, prés. subj. *partant*, imparf. subj. *partissant*.

Ces formes, comme les précédentes, sont surtout théoriques : c'est le roman *ent* (= *ant*) qui, en réalité, a remplacé progressivement le latin *ent*, *ant* ou *unt*.

VI. — RÉDUCTION, DANS UN GRAND NOMBRE DE CAS, DE **eo**, **io** A *O* A LA PREMIÈRE PERSONNE DU SINGULIER. — CONSÉQUENCES.

Si l'on compare des formes romanes comme *deif, deie, part, parte* aux types latins qui les ont produites, on voit qu'elles correspondent à *debo, deba, parto, parta*, et non à *debio* (= *debeo*), *debiam, partio, partiam*. L'*i* semi-consonne avait donc disparu dans certains cas ; et cela, non seulement en Gaule, mais dans les autres parties du domaine roman, probablement sous l'influence analogique des verbes en *o* simple, comme *lego, vendo*, etc. Dans quelle mesure cela s'est-il produit, et quels sont les verbes qui ont admis cette transformation, c'est une question aussi intéressante que compliquée.

On trouve **ai** (= *aio* pour *habeo, habio, avio*) ; **chaillet** (= *caliat* = *caleat*) ; **doil** (= *doleo, dolio*) ; **doille** (= *doliam* = *doleam*) ; **maigne** (= *maniam* = *maneam*) ; **soil** (= *solio* = *soleo*) ; **sai** (= *sapio*) ; **sache** (= *sapiam*) ; **viènge** ou **viègne** (= *veniam*) ; **faz** (= *facio*) ; et cependant **font** ne peut correspondre qu'à *facunt* et non à *faciunt* ; *taceo, placeo*, devenus *tacio, placio*, se conduisent comme *facio* ; **voil** et **voille** viennent de *volio, voliam* pour *voleo, voleam*, d'après l'infinitif *volēre* ; **fierge** se rattache à *feriam* ; et cependant *jo* **fier** suppose un type latin *fero* et non *ferio* ; etc., etc.

D'un autre côté, *jo* **art** vient de *ardo* et non de *ardeo* ; de même

deif, dei (= *debo* pour *debeo*); *jo* **chièt** (= *cado* et non *cadeo*, malgré *cadēre*); de plus, les verbes *consentio, sentio, partio, mentio,* etc. de la 4ᵉ conjugaison, dans lesquels le thème se termine par deux consonnes, ont certainement perdu l'*i*, comme le prouvent les formes romanes *jo consènt, jo sènt, jo part, jo mènt* (et le subj. *jo consènte, jo sènte, jo parte, jo mènte*). Quelle conclusion pouvons-nous tirer de ces exemples, dont le nombre pourrait être aisément augmenté ?

Après les voyelles **a, o,** *l'*i *semi-consonne s'est généralement maintenu, agissant sur elles et servant le plus souvent à les diphtonguer. Après* **i** *et surtout après* **e,** *l'*i *semi-consonne disparaît d'ordinaire, et il tombe toujours après* **e** *suivi d'un groupe de deux consonnes.*

Cette chute de l'*i* semi-consonne à la première personne du singulier, et quelquefois à la 3ᵉ pers. du pluriel, est due à l'analogie des autres personnes.

Une remarque importante à faire, c'est que l'analogie a agi aussi très fortement sur l'imparfait de l'indicatif des verbes qui avaient cet *i* semi-consonne dont nous venons de parler. C'est surtout lorsqu'il suit la tonique que l'*i* semi-consonne agit ; aussi, sous l'influence des autres conjugaisons qui ne l'avaient pas, et dont l'imparfait était, par conséquent, en *ēbam*, a-t-il disparu à l'imparfait de l'indicatif des verbes de la quatrième conjugaison ; de là *venebam, (veneva), morebant (morevant), audebas (audevas), partebam (parteva), mentebat (mentevat),* etc., au lieu de *veniebam, moriebant, audiebas, partiebam, mentiebat,* etc., comme le prouvent les formes romanes *veneie, moreient, odeies, parteie, menteiet,* etc.

Dans les verbes qui présentent le groupe *ci* (ou *ti*) suivi d'une voyelle et non précédé d'une autre consonne, la réduction de *ie* en *e* se fait également : nous savons, en effet, que le groupe *ci* suivi d'une voyelle devient l'équivalent de *c* palatal simple ; de sorte que *faciebam*, par exemple, aboutit en réalité, au même résultat que *facebam, faceva*.

La réduction de l'imparfait *iebam* à *ebam, eva* est donc générale.

VII. — TRANSFORMATION DE **abam** DE LA PREMIÈRE CONJUGAISON EN *ēbam, ēva*

D'après ce qui vient d'être dit, l'imparfait des 2ᵉ, 3ᵉ, 4ᵉ conjugaisons était universellement en *ēbam, ēva,* tandis que celui de la première conjugaison était en *ābam, āva*.

On comprend que l'analogie, exerçant son œuvre jusqu'au bout, ait fini par substituer *ēva* à *āva* ; c'est ce qui a eu lieu, mais après une longue résistance qui, pour certains verbes et pour certaines personnes, s'est prolongée jusqu'au XIIIe siècle dans la langue commune.

La substitution a dû commencer par la 1re et la 2e pers. du pluriel : *ēvōmus, ēvātis* (pour *āvōmus, āvātis*), d'où en roman *i-ons, i-iez*, formes très anciennes, qui existent seules dans les plus anciens monuments de notre langue, tandis que *oue, oues, out, ouent* correspondant à *ava avas, avat, avant* subsistent seuls ou concurremment avec *eie, eies, eit, eient* longtemps après.

Ici encore, nous devons considérer comme théorique la substitution de *eva* à *ava* : pour être exact, il faudrait dire que le roman *eie, eies*, etc., a peu à peu supplanté *oue, oues*, etc. provenant directement de *ava, avas*.

VIII. — FORMATION DES TEMPS

Il est maintenant facile de voir dans quels rapports sont les uns avec les autres les temps de la nouvelle conjugaison.

1° Nous avons vu tous les temps qu'aujourd'hui nous appelons *passés* se former du participe passé et d'un temps du verbe *avere* (*habere*).

2° L'infinitif est un véritable temps primitif par rapport au *futur* et au *conditionnel*; mais il est le seul dans ce cas; et l'on peut remarquer que l'*a* protonique de la 1re conjugaison *amaraio* est destiné à rester sous forme d'*e*, tandis que *e, i* des autres conjugaisons tomberont : *reciveraio, veniraio, venderaio*, à moins que, dans certains cas, l'analogie ne conserve *i* : *partiraio, mentiraio*.

3° Il existe une similitude de radical frappante au participe présent: **port**ante, **dev**ante, **rend**ante, **finics**ante; au pluriel du présent de l'indicatif : **port**omus, **dev**atis, **rend**ant, **finics**omus; à l'imparfait de l'indicatif : **port**ava, **dev**evas, **rend**evomus, **finics**evatis; et au présent du subjonctif : **port**e, **dev**as, **rend**omus, **finics**ant.

4° On sait déjà qu'il existe une certaine relation entre l'impératif d'un côté, le présent de l'indicatif ou du subjonctif de l'autre.

5° Enfin comme, en latin, le plus-que-parfait du subjonctif correspondait exactement au parfait de l'indicatif, il y a, dans la nouvelle langue, le même rapport entre le parfait de l'indicatif et

l'imparfait du subjonctif : *portavi, portasti — portasse, portasses ;
rendivi (rendi), rendisti — rendisse, rendisses ; recivui, recivusti
— recivusse, recivusses,* etc.

IX. — CONJUGAISON DU VERBE **avere** (HABERE)
ET DES VERBES ANOMAUX

La conjugaison du verbe *avere* montrera ce que pouvait être la
conjugaison vulgaire immédiatement avant la constitution de
notre langue ; ou, pour mieux dire, donnera une idée des formes
réelles ou simplement théoriques auxquelles correspond la conjugaison romane.

Pour ce qui est des verbes anomaux, il s'agit de *esse, posse,
velle, ferre, fieri, ire ;* mais *ferre* et *fieri* n'ont rien donné dans
notre pays.

1° *Avēre* (= *habēre*).

Prés. indic. : *aio, avis (av's, af's), avit (av't, af't), *avomus, *avatis,
avunt (aunt, ont).*

Imparf. indic. : *aveva, avevas, avevat, *avevomus, avevatis, avevant.*

Parf. indic. : *avui (auui, aui), avusti, avuit (auuit), avumus, avustis,
avuerant (auuerant).

Parf. indéf. : *aio avuto (auüto), af's avuto, af't avuto, *avomus
avuto, *avatis avuto, ont avuto.*

Parf. antér. : *aui avuto, avusti avuto, auuit avuto, avumus avuto,
avustis avuto, *auuerant avuto.*

Plus-que-parf. : *aveva avuto, avevas avuto, avevat avuto, *avevomus
avuto, avevatis avuto, avevant avuto.*

Futur : *avraio, avraf's, avraf't, *avromus, *avratis, avront.*

Futur antér. : *avraio avuto, avraf's avuto, avraf't avuto, *avromus
avuto, *avratis avuto, avront avuto.*

Conditionnel : *avreva, avrevas, avrevat, *avrevomus, avrevatis,
avrevant.*

Conditionnel antér. : *avreva avuto, avrevas avuto, avrevat avuto,
avrevomus avuto, avrevatis avuto, avrevant avuto.

Impératif : *aias, *aiomus, aiatis.*

Subj. prés. : *aia, aias, aiat, *aiomus, aiatis, aiant.*

Subj. imparf. : *avusse (auüsse), avusses (auüsses), avusset (auüsset),
*avussomus (*auüssomus`, *avussatis (auüssatis), *avussant (auüssant).*

Subj. parf. : *aia avuto, aias avuto, aiat avuto, *aiomus avuto, aiatis
avuto, aiant avuto.*

Subj. plus-que-parf. : *avusse avuto (ou auüsse auüto), avusses avuto,
avusset avuto, *avussomus avuto, *avussatis avuto, *avussant avuto.*

Infinit. parf. : *avusse avuto* (ou *auüsse auüto*).
Partic. prés. : **avante*.
Partic. pas. : *avuto* (*auüto*).

2° *Esse*. — Infinitif analogique : *éssĕre*.

Prés. indic. : *sui* (d'abord *suo* par l'analogie des verbes en *o*, au lieu de *sum*; puis *sui* par l'analogie de *fui*), *es*, *est*, *sŭmus*, *estis*, *sunt*; au lieu de *sumus*, on employait aussi *esmus* (= *esumus*).

Imparf. indic. : *ĕra*, *ĕras*, *ĕrat*, *ĕr'mus* (= *eramus*), *ĕr'tis* (= *eratis*, mais rare), *ĕrant*; ou bien, d'après Stare : *istava* (**isteva*), *istavas* (**istevas*), *istavat* (**istevat*), **istevomus*, **istevatis*, *istavant* (**istevant*).

Parf. indic. : *fŭi*, *fŭsti*, *fŭit*, *fŭimus*, *fŭstis*, **fŭerant*.

Futur : *ĕro*, *ĕris*, *ĕrit*, *ĕrmus*, *ĕrtis*, **ĕrant*; ou *seraio*, *seraf's*, *seraf't*, **seromus*, **seratis*, *seront*.

Conditionnel : *sereva*, *serevas*, *serevat*, **serevomus*, *serevatis*, *serevant*.

Prés. subj. : *sĭa*, *sĭas*, *sĭat*, **sĭomus*, *sĭatis*, *sĭant*.

Imparf. subj. : *fŭsse*, *fŭsses*, *fŭsset*, **fussomus*, **fussatis*, **fussant*.

3° *Posse*. — Infinitif analogique : *podĕre*; part. présent : **podante*; part. passé : *poduto*.

Prés. indic. : *pŏcso*, *pŏtis*, *pŏtit*, **potomus*, **potatis*, **potant*.

Imparf. indic. : *podeva*, *podevas*, *podevat*, **podevomus*, *podevatis*, *podevant*.

Parf. indic. : *podui*, *podŭsti*, *poduit*, *podŭimus*, *podŭstis*, **poduerant*.

Futur : *podraio*, *podraf's*, *podraf't*, **podromus*, **podratis*, *podront*.

Conditionnel : *podreva*, *podrevas*, *podrevat*, etc.

Subj. prés. : *pŏcsa*, *pŏcsas*, *pŏcsat*, **pocsomus*, *pocsatis*, *pocsant*.

Imparf. subj. : *podusse*, *podusses*, *podusset*, **podussomus*, **podussatis*, **podussant*.

4° *Velle*. — Infinitif analogique : *volĕre*; part. prés. : **volante*; part. passé : *volūto*.

Prés. indic. : *volio*, *volis*, *volit*, **volomus*, **volatis*, **volant*.

Imparf. indic. : *voleva*, *volevas*, *volevat*, **volevomus*, *volevatis*, *volevant*.

Parf. indic. : *volsi*, *volsisti*, *volsit*, *volsĭmus*, *volsistis*, **vólsĕrant*.

Futur : *volraio*, *volrafs*, *volraft*, **volromus*, **volratis*, *volront*.

Conditionnel : *volreva*, *volrevas*, *volrevat*, *volrevomus*, *volrevatis*, *volrevant*.

Prés. subj. : *volia*, *volias*, *voliat*, **voliomus*, *voliatis*, *voliant*.

Imparf. subj. : *volsisse*, *volsisses*, *volsisset*, **volsissomus*, **volsissatis*, **volsissant*.

5ͦ *Ire, vadere, allare* (thème inconnu). Infinitif : *allare* ; part. prés. *allante* ; part. passé : *allato*.

Prés. indic.: *vao* (d'où une forme analogique comme *vaucso*, type du roman *vois*), *vadis, vadit, *allomus, *allatis, vaunt* (= *vadunt*).

Imparf. indic.: *allava* ou **alleva, allavas* ou **allevas, allavat* ou **allevat, *allevomus, *allevatis, allavant* ou **allevant*.

Parf. indic.: *allavi, allasti, allaf·t, allafmus, allastis, *allavant*.

Futur: *iraio*, etc.

Conditionnel: *ireva*, etc.

Prés. subj.: *allia* ou forme analog. d'après le prés. indic. **vaucsa ; allias* ou **vaucsas, alliat* ou **vaucsat, *alliomus, *alliatis, *alliant* ou **vaucsant*.

Imparf. subj.: *allasse, allasses, allasset, *allassomus, *allassatis, *allassant*.

Impératif : *vade, *allomus, allatis*.

CHAPITRE II

LA CONJUGAISON ROMANE

I. — RÉPARTITION DES CONJUGAISONS

Elle est conforme à la répartition des conjugaisons dans le latin vulgaire.

La première conjugaison (infi. *ér* = *are*), comprend : 1ͦ Des verbes correspondant à des verbes latins en *are*, de formation ancienne ou récente, de radicaux latins ou germaniques, simples ou composés, populaires ou savants : *acusér, amér, apelér, apuiiér, aportér, apruismiér arivér, asmér* (*aestimare*), *asemblér, avoglér, blasmér, blastengiér, chasteiiér, chargiér, charreiiér, considrér, contér, danér, deigniér, donér, dolosér, enchalciér, enflamér, estér, escoltér, espaventér, getér, germér, governér, habitér, jugiér, jurér, laborér, luitiér, mendeiiér, mollér* (*modulare*), *maiselér, marchiér, neiiér, nafrér, oblidér, oser, osteiiér, parlér, portér, palmeiiér, preiiér, pensér, repaidriér, rovér, saziér, seignièr, saludèr, tornèr, trovèr, targièr, vedèr (vetare), vengièr,* etc.

2° Des dérivés d'origine romane, formés sur des mots romans et à l'imitation d'autres verbes : *abandonèr (bandon), acheminèr (chemin), acolèr (col), agenoillièr (genoil), ajustèr (juste) apareillièr (pareil), atalentèr (talent), avalèr, devalèr (val), blancheiièr (blanc), contraleiièr (contrario), desmaillièr (maille), enbracièr (brace), encontrèr (contre), finèr (fin), esvertudèr (vertut), mercidèr (mercit), merveillièr (merveille), novelèr (novèle), nombrèr (nombre),* etc.

La seconde conjugaison (infi. *ir* = lat. *īre*), comprend :

1° Des verbes simples ou composés qui originairement avaient, dans la langue latine, l'infinitif soit en *ire*, soit en *ēre*, soit même en *ĕre* : *asalir, acoillir, avenir, coillir, corir, comburir, condormir, consentir, croissir, covrir, costedir, covenir, devenir, delir, departir, deservir, desmentir, destolir, dormir, esodir, eissir, endormir, s'enfuïr, entelgir, escondir, esdevenir, esmerir, ferir, fuïr, gesir, matir, mentir, morir, odir, ovrir, partir, pentir, retenir, revenir, revestir, servir, sostenir, taisir, venir, vestir,* etc.

2° Des verbes inchoatifs, de formation latine ou romane, tirés de thèmes latins ou germaniques : *ademplir, baillir, choisir, conjodir, convertir, defenir, enhardir, esbaldir, forbir, escharnir, establir, enfodir, fenir, florir, honir, glatir, guarir, guarantir, guarnir, guerpir, hadir, nodrir, podrir, replenir, tradir, saisir*; — *brandir, (brant), cherir, (chièr)*; etc.

La troisième conjugaison (infin. en *eir* = lat. *ēre*) ne comprend qu'un petit nombre de verbes latins en *ēre*, auxquels se sont ajoutés quelques verbes en *ĕre* qui ont allongé l'*ĕ* bref : *ardeir, asedeir, aveir, chadeir, contrevaleir, chaleir, deveir, doceir, estoveir, faleir, maneir,* verbes en *ceveir, podeir, saveir, sedeir, soleir, valeir, vedeir, voleir,* etc.

La quatrième conjugaison ne comprend que des verbes latins en *ĕre*, auxquels s'ajoutent quelques verbes en *ēre* qui ont abrégé *ē* long. Souvent ces derniers appartiennent à la fois à la troisième et à la quatrième conjugaison, quelquefois aussi à la seconde : *asoldre, apareistre, atraire, braire, aprèndre, atèndre, batre, beivre, ceindre, combatre, concludre, concreidre, confondre, conduire, conquèrre (à côté de conquerir), consivre, contredire, cognoistre, creidre, creistre, crièndre (crièmbre), corre (à côté de corir), debatre, deduire, defèndre, desfaire, depèrdre, derompre, descèndre, desconfire, destruire, detraire, detordre, dire, duire, empeindre, encreistre, emprèndre, enquèrre (enquerir), entèndre, èstre, escrivre, esdemètre, eslire, estordre, feindre, faire, fèndre, fraindre, joindre, lire, luire, maldire, malduire, malmètre, mesfaire, mètre, mordre, naistre, nuire, ocidre, paistre, pareistre, pèndre, percodre (percutère), pèrdre, pramètre, plaire (plaisir), poindre, pondre, prèndre, quèrre (querir), receivre (et tous les verbes en ceivre concurremment avec les formes en ceveir), recognoistre, remaindre (remaneir), rompre, respondre, resordre (resurgere), rèndre, sivre, survivre, semondre, taire (taisir), teindre, tèndre, tordre, traire, veintre, vivre, vèndre* ; etc.

Les verbes en *ér* et les inchoatifs en *ir* se conjuguent aisément, on le verra plus loin, sur un modèle donné, restriction faite pour les transformations de la voyelle caractéristique du thème.

Les verbes en *ir* non inchoatifs et les verbes en *eir, re* ne le peuvent guère et se classent d'après leur parfait défini, qui peut être fort ou faible, un même verbe pouvant d'ailleurs avoir plusieurs parfaits et plusieurs participes passés.

Les parfaits de la troisième conjugaison, qui affectent tous la forme faible (non accentuée sur le thème ; accent sur la terminaison), sont très dissemblables.

La troisième et la quatrième conjugaison sont des conjugaisons mortes : bornées dès l'origine au fonds latin, elles n'ont pas accrû leur domaine. Il en est de même de la partie non inchoative de la deuxième conjugaison (en *ir*). La première conjugaison et les inchoatifs de la seconde, au contraire, n'ont cessé, depuis la constitution de la langue, de donner des dérivés nouveaux : ce sont des conjugaisons très vivantes.

II. — VARIATIONS DE LA VOYELLE CARACTÉRISTIQUE DANS LE RADICAL DES VERBES [1].

Rappelons d'abord que les *formes fortes* sont celles qui ont l'accent sur le thème (présent indicatif et subjonctif à toutes les personnes, excepté la 1re et la 2e du pluriel ; 2e pers. sg. de l'impératif ; et, dans certains verbes, 1re pers. sg., 3e pers. sg. et pluriel du parfait : *ámo, ámas, ámat, ámant — ámem, ámes, ámet, áment — áma — vólsi, vólsit, vólserunt*).

(1) Ces questions ont été étudiées en détail et chacune en son temps dans la phonétique, mais la conjugaison est si complexe qu'il ne sera pas inutile de les reprendre ici avec ensemble.

Les formes faibles sont celles qui ont l'accent sur la terminaison : *am ómus, am átis, am áva, am ávant, am ásti,* etc.

1º Le radical est en **a libre**. Accentué, **a** devient **ė**; atone et initial, il reste **a**; atone et non initial, il s'affaiblit généralement en **ę** : **apėrt** (*apparet*, Rol. 737); **saveit** (*sapebat*, Val., vº 4); **achevėde** (*accapata*, Rol. 3577); etc.

On connaît l'influence préservatrice des liquides, de *l* en particulier; de là **valęnt** (= *valent*, Rol. 639).

D'après cela, on conjugue ainsi le présent de l'indicatif de *comperėr* (= *comparare*); *jo compėr, tu compéres, il compėręt, nos compėrons, vos comperėz, ils compėrent.*

2º Le radical est en **a** libre devant une nasale. Accentué, **a** devient **ai**; atone, il reste **a** : *aimęt* (*amat*, Lég. 35 c); **clamėr** (*clamare*, Rol. 350), etc.

Par conséquent on dira : *jo claim, tu claimes, il claimęt, nos clamons, vos clamèz, ils claimęnt.*

3º Le radical latin est en **a** entravé : bref ou long, accentué ou atone, il reste **a**; de là, par exemple (v. *vantėr* = *vanitare, van'tare*) : *jo vant, tu vantes, il vantęt, nos vantons, vos vantėz, ils vantęnt.*

4º Le radical latin est en **a** libre ou entravé devant une gutturale ou un *i* palatal : que la voyelle soit accentuée ou atone, elle devient invariablement **ai** : **fa***i***t** (*fac't* = *facit*, Val., recto 11); **detr***ai***re** (*detragere*, Alex. 86 d); **ai***ons* (*aviomus* = *habeamus*, Alex. 125 a); **afa***i***tat** (*affactavit*); etc.

Verbe *laissièr* (= *laxare*). Prés. indic. : *jo lais, tu laisses, il laissęt, nos laissons, vos laissièz, il laissęnt.*

5º Le radical latin est en **a** entravé devant une nasale suivie d'une gutturale : accentué ou atone **a** devient *ai*; et on sait que la gutturale développe un *yod* qui mouille la nasale : **pla***i***ndre** (*plangere*, Alex. 93 b); **pla***i***gnons** (*plangomus* = *plangimus*, Alex. 31 d); etc.

Jo plainc, tu plains, il plaint, nos plaignons, vos plaigniėz, il plaignęnt.

6º Le radical de l'infinitif est en *a* libre infecté d'*i*. Accentué, cet *a* devient *iè*; atone, il reste sous forme d'*ę* muet. C'est pour cela que le verbe *aidièr*, par exemple (= *adjutare, aj'tare*), fait au présent de l'indicatif **aidièz** : (= *aj'tātis*), mais au futur **aiderai** (= *aj'taraio*).

7º Le radical latin est en *ĕ* bref libre : *ĕ* atone reste et s'affaiblit

en ę ; accentué, il se diphtongue en **iè** : **aviènt** (*advĕnit*, Val.,
vº 27) ; **crevèr** (*crĕpāre*, Lég. 26 d), etc.

*Jo crièf, tu crièves, il crièvęt, nos crevons, vos crevèz, ils
crièvęnt.*

8º Le radical latin est en ĕ bref entravé : ĕ reste avec le son
ouvert, qu'il soit accentué ou atone : **sèrvęt** (*sĕrvat* pour *serviat*,
Rol. 3272) ; **sèrvèz** (*sĕrvatis* pour *servitis*, Rol. 922).

Verbe *sèrvir*. Prés. indic. : *Jo sèrf, tu sèrs, il sèrt, nos sèrvons,
vos sèrvèz, ils sèrvęnt.*

9º Le radical latin est en ĕ bref libre ou entravé devant une gutturale ou un *i* palatal.

Accentué, ĕ devient *i* : **pri** (*prĕco*, Alex. 57 b) ; **prięnt** (*prĕcant*, Alex. 37 e).

Atone, il devrait rester ę muet ; mais, sous l'influence du *j* développé par la gutturale, il devient **ei** (*e + j*), : **preièr** pour **preiièr**
(= *precāre*, Eul. 26).

Verbes **preiièr** et **neiièr**. Indic. prés : *jo pri, jo ni* ; — *tu pries,
tu nies* ; — *il prięt, il nięt* ; — *nos preions, nos neions* ; — *vos
preiièz, vos neiièz* ; — *il prięnt, il nięnt.*

10º Le radical latin est en ē long, ĭ bref libres : ē et ĭ accentués
deviennent *ei* ; **deseivręt** (*desēparat*. Alex. 67 b); **creidęnt** (*crēdant*
pour *credunt*, Alex. 65 b); **seięnt** (*sĭant*, subj. du v. *èstre*, Rol. 811);
etc.

E long et ĭ inaccentués ne se diphtonguent jamais et aboutissent
à ę muet : **vedons** (*vĭdomus*, Alex. 24 b).

Verbe *creidre*. Prés. indic. : *jo creit, tu creiz, il creit, nos
credons, vos credèz, il creidęnt.*

11º Le radical latin est en ē, ĭ entravés. Accentués ou atones,
ē, ĭ entravés donnent è ouvert : **mètre** (*mĭttere*, Alex. 116 d) ;
mètreięt (*mĭtterēvat*, Val. vº 2) ; etc.

Jo mèt, tu mèz, il mèt, nos mètons, vos mètèz, il mètęnt.

12º Le radical latin est en ē, ĭ libres devant ou après une gutturale ou un *i* palatal. Accentués, ē, ĭ aboutissent à *i* (ē, ĭ donnent
ei, qui, sous l'influence du *j* développé par la gutturale, aboutit à
i : *ei + j = i*); inaccentués, ils donnent *ei* (ē, ĭ atones = *e*, qui,
avec le *j* développé par la gutturale, aboutit à *ei*).

D'après cela, les verbes *plĭcare*, *auctrĭcare* (= *auctoricare*), rom.
pleiièr, *otreiièr*, doivent donner, au présent de l'indicatif, par
exemple : *jo pli, jo otri* ; — *tu plies, tu otries* ; — *il plięt, il otrięt* ;
— *nos pleions, nos otreions* ; — *vos pleiièz, vos otreiièz* ; — *il plięnt,
il otrięnt*. Mais, de bonne heure, il y a action analogique soit des

formes faibles sur les fortes, soit des verbes en *iare*, où l'*ĭ* bref accentué, n'étant pas suivi d'une gutturale, donne simplement *ei*; de sorte que l'on trouve, au xı[e] siècle : **otrei** (*auctrĭco*, Rol. 3760); **empleit** (= *implĭc't*, *implĭcet*, subj. de *implĭcare*, Rol 1013 [1]); etc.

Devant la liquide *l*, *ĭ* bref, malgré la présence d'un *j*, ne devient pas *i*; il reste *ei*; de là par exemple, pour le verbe *conseillièr* (= *consĭliare*), prés. indic. : *jo conseil, tu conseilles, il conseillęt, nos conseillons, vos conseilliès, il conseillęnt.*

13° Le radical latin est en *ĕ*, *ĭ* entravés devant deux consonnes dont la première est une gutturale, ou dont la première est une nasale et la seconde une gutturale. Accentués ou atones, *ē*, *ĭ* donnent *ei* (*e*, *i* entravés aboutissent à *e*, qui, sous l'influence du *j* développé par la gutturale, devient *ei*).

De plus, le *j* sert à mouiller la nasale devant une voyelle : **creistre** (= *crēcsere* pour *crēscere*, Rol. 980); **ceindre** (*cĭngere*, *cijn're*, Alex, 83 b); **feindre** (*fĭngere*, Rol. 1792); **feinst** (*fĭncsit* = *finxit*, Rol. 2275); **empeinst** (*impĭnxit*, Rol. 1296); **espleitièr** (*explĭc'tare* = *explicitare*, Rol. 395); **apareillièz** (*apparĭc'latus*, Rol. 643); etc.

On conjuguera donc le prés. de l'indic. des verbes *creistre* et *ceindre* (= *crēcsere*, *cĭngere*) : *jo creis, jo ceing*; — *tu creis, tu ceins*; — *il creist, il ceint*; — *nos creissons, nos ceignons*; — *vos cressièz, vos ceignièz*; — *il creissęnt, il ceignęnt.*

14° Le radical est en *ī* long, libre ou entravé. Accentué ou atone, *i* reste; de là, pour le verbe **oblider** (= *oblītare*), par exemple, le prés. de l'indic. : *jo oblit, tu oblides, il oblidęt, nos oblidons, vos oblidèz, il oblidęnt.*

15° Le radical est en *ŏ* bref libre. Accentué, *ŏ* bref devient **uo** (xe siècle), **ue** ou **oe** (xı[e] siècle), **eu** (xıv[e] siècle et plus tard). Atone, il prend un son sourd marqué par **o** jusqu'à la fin du xıı[e] siècle (plus tard *ou*) : **puot** (*pŏtit* = *potest*, Lég. 7 d.); **puet** (*pŏtit*, Alex. 20 d, 39 d, 45 b, etc.); **joęnt** (*jŏcant*, Rol. 111; *joęnt* est ici pour *joeęnt*); **moerc** (*mŏrio*, Rol. 1122); **moerge** (*morja* = *moriam*, Rol. 359);, **rovèręt** (*rovaverat* = *rogaverat*, Eul. 22); **morir** (*morire*, Rol. 536); **movrai** (*mŏveraio*, Rol. 291); etc.

On conjuguera donc ainsi le prés. de l'indic. des verbes *moveir* et *morir* (*mŏvēre*, *mŏrīre*) : *jo muef, jo moerc*; — *tu mues, tu*

____

(1) Ces deux formes sont à l'assonance et par conséquent incontestables. Cette question sera reprise plus loin en détail. Voy. Conjug. Présent indicatif, première conjugaison.

moers; — *il muet*; *il moert*; — *nos movons, nos morons*; — *vos movèz, vos morèz*; — *il muevent, il moerent*.

16° *Le radical est en ŏ bref libre devant* l *ou* n. Les liquides *l* et *n* ayant généralement pour effet de maintenir intacte la voyelle qui précède, on trouve souvent l'*o* sans changement dans les manuscrits. Ainsi les verbes *sonér* (*sŏnare*), *volér* (*vŏlare*) ne diphtonguent jamais l'*o*, même aux formes fortes. Pour *voleir* (*vŏlēre*), *soleir* (*sŏlēre*), *doleir* (*dŏlēre*), les notations sont diverses, tantôt avec *oe* tantôt avec *o* (ou *ue*), simple aux formes fortes; il est à croire toutefois que la diphtongaison est la règle dans le dialecte francien : *je voeil, tu voels, il voelt, nos volons, vos volèz, il voelent*; etc.

17° *Le radical est en ŏ bref entravé.* Accentué ou atone, il reste avec le son d'*o* ouvert : **portęt** (*pŏrtat*, Rol. 977); **portèz** (*pŏrtātis*, Rol. 1722); etc. De là : *jo port, tu portes, il portęt, nos portons, vos portèz, il portent. — Jo dorm, tu dors, il dort, nos dormons, vos dormèz, il dormęnt.*

18° *Le radical est en ŏ bref libre ou entravé sous l'iufluence d'une gutturale ou d'un* i *palatal.* Accentué ou atone, *ŏ*, dans ces conditions, devient *ui*, quelquefois noté *oi* dans les anciens monuments, et devant aboutir invariablement à *ui* dans la langue moderne : **pois** (mod. *puis* = *pŏcso*, Serm.); **coist** (*cŏxit*, Eul. 20); **poissons** (mod. *puissions* = *pocsōmus* pour *pocsamus*, Alex. 74 e); **apruismęt** (*apprŏximat*, Alex. 58 d); **aproismièz** (*apprŏximatus, apprŏcs'matus*, Rol. 468); etc.

On conjuguera donc : prés ind. de *apruismièr* : *jo apruisme, tu apruismes, il apruismęt, nos apruismons, vos apruismièz, il apruismént*; et le prés du subj. du verbe *podeir* : *jo puisse, tu puisses, il puissęt, nos puissons, vos puissièz, il puissęnt*.

Dans le verbe *voleir* et autres de même sorte, l'*i* palatal mouille l'*l* et n'empêche pas la diphtongaison de la voyelle en *oe* aux formes fortes; ainsi, subj. pr. : *jo voeille, tu voeilles, il voeillęt, nos voillons, vos voillièz, il voeillęnt* (ou *jo vueille*, etc.).

Devant *r* dans *morir*, la diphtongaison de *ŏ* en *oe* a lieu si l'*i* palatal se consonnifie; s'il ne se consonnifie pas, il agit sur la tonique *ŏ* et la change en *ui*; de là le prés. du subj. : *jo moerge, tu moerges, il moergęt, il moergęnt*; ou bien *jo muire, tu muires, il muiręt, il muiręnt*.

19° *Le radical est en* au *libre.* — On sait que *au*, dans ce cas, aboutit de très bonne heure à *o* et qu'il est resté *o* quand il est accentué : **lodęt** (*laudat*, Rol. 226); **lot** (*laudet*, Rol. 1950).

Inaccentué, il donne un son sourd qui, dans nos anciens textes, est représenté par *o*, et qui, plus tard, aboutit à *ou* : **lodér** (*laudare*, mod. *louer*, Lég. 1 a).

Jo lot, tu lodes, il lodęt, nos lodons, vos lodęz, il lodęnt.

20° Le radical est en *au* entravé. — Accentué ou non, il reste *o* ; de là, par exemple, le prés. de l'indic. du verbe *forgièr* (*fabricare, favrigare, faurgare*) : *jo forge, tu forges, il forgęt, nos forjons, vos forgięz, il forgęnt.*

21° Le radical est en *au* devant une gutturale ou un *i* palatal. — Accentué ou atone, *au* devient *oi* : **oi** (*audio, audjo*, Rol. 313) ; **oiièz** (*audiatis, audjatis*, Rol. 2657) ; etc. ; de là le prés. du subj. du verbe *odir* (*audire*) : *jo oie* (*audia*), *tu oies* (*audias*), *il oięt, nos oions, vos oiièz, il oięnt.*

Le *d* médial est tombé de très bonne heure sous l'influence du *j*.

22° Le radical est en *ō* long, *ŭ* bref libres. — Accentués, *ō*, *ŭ* donnent *o*, plus tard *eu* ; atones, ils aboutissent aussi à *o*, mais cet *o* deviendra plus tard *ou* : ** ploręt** (*plōrat*, Alex. 118 d) ; **plorédes** (*plōratas*, Alex. 80 d) ; etc.

Ainsi verbe *plorer* (= *plōrare*), ind. prés : *jo plor, tu plores, il ploręt, nos plorons, vos ploręz, il ploręnt* ; plus tard : *je pleur, tu pleures, il pleure, nous* **plourons**, *vous* **plourez**, *il pleurent* ; et plus tard encore, par le triomphe définitif des formes fortes : *je pleure, tu pleures, il pleure, nous* **pleurons**, *vous* **pleurez**, *ils pleurent.*

Par contre, le verbe *cover* (mod. *couver* = *cŭbare*) fait : *jo cof, tu coves, il covęt, nos covons, vos covęz, il covęnt* ; plus tard : *jo cuef* (pour *ceuf*), *tu cueves, il cuevęt, nous couvons, vous couvęz, il cuevént* ; et enfin, par le triomphe des formes faibles : *je couve, tu couves, il couve, nous couvons, vous couvez, ils couvent.*

23° Le radical est en *ō*, *ŭ* entravés. — Dans les deux cas, atone ou accentuée, la voyelle aboutit à un son sourd marqué par *o* dans les anciens textes, par *ou* dans la langue moderne ; de là le prés. indic. du verbe *corir* (*cŭrrire*, mod. *courir*) : *jo cor, tu cors, il cort, nos corons, vos coręz, il coręnt* ; mod. *je cours, tu cours..... nous courons*, etc.

Le verbe latin *sŭfferre* était sans doute devenu, dans la langue vulgaire, *sŏferire*, car la voyelle est traitée comme *ŏ* bref libre : *jo suefre, tu suefres, il suefręt, nos sofrons, vos sofręz, il suefręnt.*

24° Le radical est en *ō*, *ŭ* libres ou entravés devant la liquide *l* ou la nasale *n*. — *L* et *n* tendent à préserver, selon la règle, la voyelle qui les précède ; de là, par exemple : (*rompre* = *rŭmpere*) :

jo romp, tu rons, il ront, nos rompons, vos rompèz, il rompęnt ;
donèr (= *dōnare*) : *jo* **don**[1], *tu dones, il donęt, nos donons, vos
donęz, il donęnt* ; etc.

25° Le radical est en *ō* long, *ŭ* bref libres ou entravés devant
une gutturale ou un *i* palatal. — Il en résulte *oi* dans tous les cas
(*ui* dans les textes anglo-normands). Ex. : **reconoissęt** (*recognōcsat*, Rol. 261) ; **conoistront** (*cognocseront* = *cognoscerabent*,
Alex. 42 c). On sait que cette diphtongue aboutira à *oi* dans la
langüe moderne, à l'exception de quelques mots, qui, comme *con-
naitre*, changeront *oi* en *ai*.

Verbe *poindre* (= *pŭngere*). Prés. ind. : *jo poing, tu poins, il
point, nos poignons, vos poignièz, il poignęnt.*

Nous avons déjà dit que le groupe *ci* fait souvent entrave et
équivaut alors à une consonne ordinaire (*s* dure) devant une
voyelle ; dans ce cas, la voyelle qui précède n'en ressent pas l'effet
et ne se diphtongue pas ; de là, par exemple : *nonciêr* (= *nuntiare,
nŭnciare*), et le prés. de l'indic. : *jo nonz, tu nonces, il noncęt, nos
nonçons, vos noncièz, il noncęnt.*

26° Le radical est en *ū* long, libre ou entravé. — Il reste *ü*, qu'il
soit accentué ou atone. Ainsi le verbe *jurer* (*jūrare*) fait au prés.
de l'ind. : *jo jur, tu jures, il juręt, nos jurons, vos jurèz, il juręnt.*

27° Le radical est en *ū* long, libre ou entravé, devant ou après
une gutturale ou un *i* palatal. — Accentué ou atone, il devient *ui*,
et n'a pas varié jusqu'à nos jours.

Verbe *duire* (= *dūcere*). Prés. indic. : *jo dui, tu duis, il duit,
nos duisons, vos duisièz, il duięnt* (*duisęnt*).

Remarque. — Dans quelques verbes, aux formes faibles, la
voyelle caractéristique du radical devient protonique et tombe ; de
là, par exemple : *jo parol* (*paraulo*), à côté de *parler* (*paraulāre*) ;
tu aïudes (*ajūtas*) à côté de *aidièr* (*ajūtāre*) ; *il manduęt* (*mandū-
cat*) à côté de *mangièr* (*mandūcāre, mandūgare, mand'gare*).

III. — Action de la palatale *j* sur la dernière
consonne du radical

1° Le radical est terminé par la liquide *l* : l'*i* palatal mouille
cette liquide, qu'il provienne d'un *i* palatal latin ou du yod développé par une gutturale : **voeil** (*volio*, Rol. 492) ; **voeillęt** (*voliat*,
Rol. 1244) ; **saillęnt** (*saliant*, Rol. 2469) ; etc.

---

(1) En réalité : *jo doins*, dont il sera question plus loin.

Verbe *voleir*; subj. présent : *jo voeille* (*volia*), *tu voeilles* (*volias*), *il voeillęt* (*voliat*), *nos voillons* (*voliomus*), *vos voillièz* (*voliatis*), *il voeillęnt* (*voliant*).

2° Le radical est terminé par la liquide vibrante *r* : *r* ne pouvant se mouiller, *j* se consonnifie ou diphtongue la voyelle caractéristique du radical, du moins aux formes fortes; de là le prés. du subj. du v. *morir* : *jo moerge* ou *jo muire* (*moria*), *tu moerges* ou *tu muires* (*morias*), *il moergęt* ou *il muiręt* (*moriat*), *nos morions* (*nos morjons*), *vos moriièz* (*vos morgiez*), *il moergęnt* ou *il muiręnt* (*moriant*).

3° Le radical est terminé par la nasale *n*. L'*i* palatal ou bien mouille la nasale ou se consonnifie; et, dans les deux cas, la voyelle se diphtongüe aux formes fortes; de là le prés. du subj. des verbes *tenir, venir* : *jo tiènge, tu tiènges, il tièngęt, il tièngęnt* ou *jo tiègne, tu tiègnes, il tiègnęt, il tiègnęnt*; — *jo viènge, tu viènges, il vièngęt, il vièngęnt,* ou *jo viègne, tu viègnes, il viègnęt, il viègnęnt*.

4° Le radical est terminé par un *d*. On sait que la dentale médiale se maintient au xie siècle : *vedeit* (= *videbat*, Rol. 2558). Après la tonique, la dentale est moins stable, mais se maintient aussi, et se relève même en la forte *t* lorsqu'elle devient finale; de là *creit* (*credo*, Rol. 575); mais, devant un *j*, elle a disparu dès les origines, sans doute parce qu'elle formait avec *j* un groupe *dj*, qui, selon la règle, assimile *d* à *j* et le fait tomber. C'est pour cela que l'on trouve toujours *oi* pour *audio*, et que le prés. du subj. de ce verbe *odir* est, avec la chute du *d* médial : *jo oie* (*audja*), *tu oies* (*audjas*), *il oięt* (*audjat*), *nos oions* (*audjomus*), *vos oiièz* (*audjatis*), *il oięnt* (*audjant*).

5° Le radical est terminé par une labiale. On sait déjà avec quelle facilité tombe la labiale après la tonique; à plus forte raison en est-il de même quand elle est suivie d'un *j*, avec lequel elle s'assimile pour disparaître ensuite. C'est pour cela que *habeo, abio, avio* se réduit à *aio*, d'où le roman *jo ai*; et que le subj. *abiam, abias, abiat*, etc., devenu *avia, avias, aviat*, etc., donne *jo aie, tu aies, il aięt* (*ait*), etc.

Toutefois le groupe *pj* subit un traitement particulier : ou bien il suit la loi commune; de là *sapio, savio, saio* et, en roman, *jo sai*; ou bien il aboutit à *ch*; de là *jo sache* (*sapja*), *tu saches* (*sapjas*), *il sachęt* (*sapjat*), *nos sachons* (*sapjomus*), *vos sachièz* (*sapjatis*), *il sachęnt* (*sapjant*).

Quant à *debere* et aux verbes en *cipere*, nous avons vu qu'ils avaient perdu l'*i* palatal en latin vulgaire : *debo, debam, recipo, recipam* et non *debio, debiam, recipio, recipiam.*

6° Le radical est terminé par la gutturale palatale *c*. — Il s'agit, en réalité, du groupe *ci* + une voyelle : *i* ne se consonnifie jamais et fait corps avec la gutturale, de sorte que *ci* équivaut à *c* palatal simple. Par conséquent, devant la tonique, *ci* aboutit à *s* douce et diphtongue la voyelle *a* qui précède ; après la tonique, il forme entrave, et ainsi la voyelle précédente ne se diphtongue pas ; enfin il donne *ç* doux devant *a* ; *z* devant *o*. On a par suite : *jo faz* (*facio*), *jo taz* (*tacio*), *jo plaz* (*placio*), *jo face* (*facia*), *tu taces* (*tacias*), *il placet* (*placiat*), *nos faisons* (*faciomus*), *nos taisons* (*taciomus*), *vos faisièz* (*faciatis*), *vos taisièz* (*taciatis*), *vos plaisièz* (*placiatis*).

IV. — DES CONSONNES EUPHONIQUES INTRODUITES
DANS LA CONJUGAISON

Lorsque, dans le passage d'un mot latin au roman, une *l*, une *n* ou une *s* s'est trouvée rapprochée d'un *r*, il s'est introduit, pour faciliter la prononciation, un *d* dans les deux premiers cas, un *t* dans le troisième.

1° *L + r = ldr* : **asoldrai** (*asoleraio, asol'raio*, Rol. 1133) ; **voldrat** (*volerabet, vol'raft*, Rol. 155).

2° *N + r = ndr* : **vendrat** (*venirabet, ven'raft*, Rol. 54) ; **tendrons** (*tenerabomus, ten'romus*, Rol. 299).

La langue ancienne disait donc régulièrement : *vindrent* (*venerunt, ven'runt*) ; *tindrent* (*tenerunt, ten'runt*), réduits à *vinrent, tinrent* dans la langue moderne.

3° *S + r = str* : **conoistre** (*cognoscere, cognocs're*, Rol. 530); **èstre** (*essere, es're*, Rol. 61) ; **pristrent** (*preserunt, pres'runt*, Rol. 2706 ; mod. *prirent*) ; etc.

Remarque. — *Tremere*, devenu *cremere, crem're*, a donné primitivement **crièmbre**, avec insertion d'un *b* entre *m* et *r*, parce que *m* est une labiale ; de même *gemere* devait aboutir et a abouti à **gièmbre** ; mais ces deux verbes ont, de très bonne heure, subi l'influence analogique des verbes en **eindre** (*ingere*) ; de là **crièndre, gièndre**, puis, par le changement de *iè* en *ei* par suite de la difficulté de la prononciation de *iè* devant *n* et surtout par l'analogie des formes faibles comme *geignons, geignièz* : *creindre* (mod. *craindre*), *geindre*.

V. — ACTION DE LA FLEXION SUR LA DERNIÈRE CONSONNE DU RADICAL

1° Lorsque le radical se termine par une muette (dentale ou labiale) ou par *m*, cette consonne tombe devant *s* ou *t* : **dors** (*dormis, dorm's*); **dort** (*dormit, dorm't,* Rol. 718); **port** (*portet, port't,* Rol. 2687) ; etc.

La langue moderne a restitué *d* devant *t* en faisant tomber celui-ci : *il vend* (= *vendit,* anciennement *vent*).

2° La mouillaison de *l* et de *n* se perd devant *t* de flexion. Ainsi, tandis que le v. *desmaillièr* (dérivé de *maille*) fait à la première et à la deuxième pers. sg. du prés. du subj. : *jo desmail, tu desmailz,* il a pour troisième personne sg. : *il desmalt* ; de même *enseignièr* fait au même temps *il enseint* sans mouillaison.

3° Une dentale suivie de *s* aboutit généralement à *z* ou à *s* (parfois à *s* lorsque la dentale est *d*; presque invariablement à *z* lorsque la dentale est *t*) : **avèz** (*habetis, avātis, avāt's,* Rol. 2002); etc.

4° Au présent du subjonctif des verbes de la première conjugaison, *c* palatal latin donne *z* devant le *t* de flexion : **chevalzt** (*caballicet, caval'cet,* Rot. 2109) ; etc.

VI. — TEMPS SIMPLES — FORMES IMPERSONNELLES

1. — *Infinitif.*

La première conjugaison a l'infinitif en *èr* ou en *ièr*.

Ont l'infinitif en *èr* simple les verbes dont le thème, en latin, se terminait par une consonne et n'était pas précédé d'une gutturale ou d'un *i* palatal : **acusèr** (*accus-are*); **amèr** (*am-are*), **clamèr** (*clam-are*), **contèr** (*comput-are*), **lodèr** (*laud-are*), etc.

Ont l'infinitif en **ièr** : 1° les verbes dont l'infinitif latin se termine en *iare* : **angoissièr** (*angustiare, angucsiare*), **drecièr** (*drectiare*), **preisièr** (*pretiare*), etc. ; 2° les verbes dont l'infinitif latin est terminé en *care, gare* non appuyés, c'est-à-dire non précédés d'une ou de plusieurs consonnes : **flambeiièr** (*flambi-care*), **otreiièr** (*auctori-care*), **palmeiièr** (*palmi-care*); etc. ; 3° Les verbes dont l'infinitif latin est en *care, gare* appuyés, c'est-à-dire précédés d'une ou de plusieurs consonnes : **cerchièr** (*cir-care*), **chevalchièr** (*caval'-care*), **colchièr** (*col'-care*), **jugièr** (*judicare, judigare, jud-gare*), **gièrtar** (*tardicare, tardigare, tard-gare*) ;

4° les verbes dont le radical latin se termine par un *t* qui est sous l'influence d'une gutturale ou d'un *j* : **aidièr** (*aj'tare = adjutare*) ; **cuidièr** (*cugitare, cug'tare*); **espleitièr** (*explicitare, explic'tare*); etc. ; 5° les verbes dont le radical latin se termine par une *s* précédée d'une gutturale : **laissièr** (*laxare, lacs-are*) ; etc. ; 6° les verbes dont le thème, en latin, se termine par *n* précédée d'une gutturale : **deignièr** (*dĭgn-are*), **seignièr** (*sĭgn-are*), **saignièr** (*sanguinare, sang'nare*) ; etc. ; 7° certains verbes dont le thème, en latin, se termine par *l* ou *r* précédés d'une gutturale ou d'un *j* : **empeirièr** (*impejor-are impej'r-are*) ; etc.

La seconde conjugaison a l'infinitif en *ir* ; celui de la 3e est en *eir*, et celui de la 4e en *re*.

2. — *Gérondif et Participe présent*

Les deux formes se confondent et sont en **ant** pour toutes les conjugaisons ; mais l'une est invariable, comme on le verra ailleurs [1], tandis que l'autre est sujette à l'accord.

3. — *Participe passé*

Il est en **ét, ièt** pour les verbes de la 1re conjugaison.

En ce qui concerne les verbes de la seconde conjugaison (inf. en *ir*), il faut faire une distinction entre les inchoatifs et les non-inchoatifs. Les premiers ont toujours le participe faible en **it** (féminin **ide**) : **fenide** (de *fenir*, Rol. 193) ; **nodrit** (de *nodrir*, Rol. 3774) ; **florit** (de *florir*, Rol. 117) ; etc.

Parmi les verbes non-inchoatifs, les uns ont le participe faible en **it** : **acoillit** (de *acoillir*) ; *avéz* **baillit** (Rol. 3497) ; **benedit** (*benedir*) ; **coillit** (*coillir*) ; **consentit** (*consentir*) ; *seit* **departide** (*departit*, de *departir*, Rol. 2941) ; *at* **deservit** (de *deservir*, Rol. 3740) ; **desmentit** (*desmentir*) ; **dormit** (*dormir*) ; *avéz* **odit** (*odir*, Rol. 321) ; **resortide** (*resortir*, Rol. 2341) ; **vertit** (*vertir*) ; *ad* **servit** (*servir*, Alex. 35 b) ; etc.

D'autres ont un participe faible également, mais en **ut** : *est* **avenut** (*avenir*, Rol. 1686) ; *est* **coruz** (*corir*, Rol. 2086) ; *qu'est* **devenuz** (*devenir*, Alex. 22 b) ; *se sont* **eissut** (*eissir*, Rol. 1810) ; **esdevenut** (*esdevenir*) ; **retenuz** (*retenir*, Rol. 3948) ; **revenuz** (*revenir*, Rol. 2036) ; **feruz** (*ferir*, Rol. 2052) ; *ont* **tenut** (*tenir*, Rol. 2321) ; etc.

(1) Voyez Syntaxe : participe présent et gérondif.

D'autres enfin ont un parfait fort : **covèrt** (*covrir*, Rol. 1084) ;
sofèrt (*sofrir*) ; **ovèrte** (*ovèrt*, de *ovrir*, Rol. 2258) ; etc.. Ceux-ci
sont en plus petit nombre que les autres.

La plupart des verbes en **eir** ont le participe faible en **ut** : **oüt**
(de *aveir*, Alex. 22 d) ; *est* **chaduz** (de *chadeir*, Rol. 3608) ; mais
concurremment, du moins, dans le Roland, **chadeit**, qui correspond à *cadĭtus* accentué sur l'*ĭ* bref (Rol. 2269) ; **chalut** (*chaleir*) ;
deüt (*deveir*), **aperceüt** (de *aperceveir* : **aperceüz**, Rol. 2035) ;
de même tous les participes passés des verbes en *ceveir* (ou *ceivre*
=lat. *cipere*) : **receüt, conceüt**, etc. ; **soüt** (de *saveir*) ; **valut** (de
valeir) ; **vedut** (de *vedeir*) ; etc.

Quelques-uns, mais en très petit nombre, ont un participe fort :
ars (de *ardeir* ; on le trouve jusque chez Voltaire) ; **sis, assis**
(encore usités aujourd'hui, de *sedeir, asedeir*) ; **mès, remés**
(féminin *mèse, remèse*, de *maneir, remaneir* ou *maindre, remaindre* : *nen at* **remés** *paiièn*, Rol. 101 ; *dolènte en sui* **remèse**,
Alex. 21 b).

La plupart des verbes de la quatrième conjugaison en *re* ont le
participe passé faible en **ut** : **asolut** (de *asoldre* ; **asolude**, Alex.
82 e ; mais on trouve aussi fréquemment le part. fort **asols**, Rol.
1140, 2957, etc) ; **apareüz** (de *apareistre*, Rol. 2037) ; **atenduz**
(*atèndre*, Alex. 94 d) ; **batude** (*batut*, de *batre*, Rol. 1331) ; **beüt**
(de *beivre*) ; **conbatut** (de *conbatre*) ; **confonduz** (de *confondre*,
Rol. 3955) ; **confondude** (Rol. 1986) ; **coneüt** (*conoistre*) ; **creüt**
(*creistre*) ; **defendude** (de *defèndre*, Rol. 2749); **deperdut** (*depèrdre*) ; **deromput** (*derompre*) ; *est* **descenduz** (*descèndre*, Rol.
2819) ; **detordut** (*detordre*) ; *avèz* **entendut** (*entèndre*, Rol. 232) ;
espandut (*espandre*, Rol. 3928) ; **esleüt** (*eslire*) ; **estordut**
(*estordre*) ; **estendut** (*estèndre*) ; **fendut** (*fèndre*, Rol. 3604) ;
mordut (*mordre*) ; **pareüt** (*pareistre*) ; *sont* **pendut** (*pèndre*,
Rol. 3958) ; *ait* **perdut** (*pèrdre*, Rol. 1959) ; **pleüt** (*plaire*) ;
recreduz (*recreidre*, Rol. 2088) ; **reconeüt** (*reconoistre*) ; **rom-
pude** (*rompre*, Rol. 1786) ; **respondut** (*respondre*) ; **rendut**
(*rèndre*, Rol. 2849) ; **rendudes** (Rol. 3655) ; **segut, seüt** (*sivre*) ;
teüt (*taire*) ; **toluz** (*toldre*, Rol. 236) ; on trouve aussi **toleit**, de
tollĭto, accentué sur *ĭ* bref, forme analogue à *chadeit* dont il a été
question plus haut : (*a lor chevals ont* **toleites** *les sèles*, Rol. 2490);
tendut (*tèndre*, Rol. 2373); **tordut** (*tordre* ; on trouve aussi le
participe fort **tors**, tiré de *torso* ; *tordut* est analogique, d'après le
radical *tord* de *tordre*) ; **vencudes** (*veintre*, Rol. 2306) ; **vencut**
(Rol. 2042) ; **vescut** (*vivre*) ; **venduz** (*vèndre*, Rol. 2053) ; etc.

Un certain nombre aussi ont un participe fort : **apris** (*aprèn-
dre*) ; **brait** (*braire*) ; **ceint** (*ceindre*) ; **conclus** (*concludre*) ; **conduit** (*conduire*, Rol. 3689) ; *avèz* **conquis** (*conquèrre*, Rol. 1859) ;
deduit (*deduire*) ; **duit** (*duire*) ; **desfait** (*desfaire*) ; *at* **desconfite**
(*desconfire*, Rol. 3362) ; **destruit** (*destruire*) ; **detrait** (*detraire*) ;
dit (*dire*, Rol. 143) ; **empeint** (*empeindre*) ; **enquis** (*enquèrre*,
Rol. 126) ; **empris** (*emprèndre*) ; **escrit** (*escrivre*, Rol. 1443) ;
esdemis (*esdemètre*) ; **estrait** (*estraire*, Rol. 356) ; **feint** (*feindre*) ; **forsfait** (*forsfaire*) ; **fait** (*faire*, Rol. 876) ; **frait** (*fraindre*,
Rol. 3604) ; **jointes** (*joindre*, Rol. 2015) ; **mis** (*mètre*, Rol. 1828 ;
mise, Rol. 3363) ; **nèz** (*naistre*, Rol. 2371) ; **ocis** (*ocidre*, Rol.
404) ; **plaint** (*plaindre*) ; **point** (*poindre*) ; **pramis** (*pramètre*,
Rol. 1476) ; **somons** (*somondre*) ; **teint** (*teindre*, Rol. 1978) ; **tra-
mis** (*tramètre*, Rol. 181) ; **traites** (*traire*, Rol. 811) ; **trespris**
(*tresprèndre*), etc.

On a vu, par les exemples cités ci-dessus, que quelques verbes
en petit nombre ont deux participes faibles ou un participe faible
et un participe fort ; ajoutons à ceux de cette dernière catégorie :
sentit et **sentut** (*sentir*) ; **sofrit** et **sofèrt** (*sofrir*) ; etc.

VII. — TEMPS SIMPLES — FORMES PERSONNELLES

1. — *Présent de l'Indicatif*

Première Conjugaison

1ʳᵉ Pers. du singulier. — *Jo* **aport** (*apporto*, Rol. 677) ; **assail**
(*assalio*, Rol. 987) ; *jo ne vos* **aim** (*amo*, Rol. 327) ; **ceil** (*celo*,
Rol. 3757) ; **comant** (*commando*, Rol. 273) ; **desfit** (*disfido*, Rol,
287) ; *jo* **doins** (*v. donèr*, Rol. 622, 914) ; **demant** (*demando*,
Rol. 3200) ; **envei** (*invio*, Rol. 493) ; *jo* **esclair** (*exclario*, Rol.
322) ; (*jo*) **juz** (*judico*, Rol. 3831) ; *a lui* **lais** *jo* (*laxo*, Rol, 297) ;
molt me **merveil** (*mirabilio*, Rol. 3179) ; (*jo*) **otrei** (*autorico*, à
l'assonance, Rol. 3760) ; *jo vos* **otrei** (ms : **otri** = *auctorico*,
Rol. 3202) ; *jo* **presènt** (*praesento*, Rol. 388) ; *jo* **pris** (*pretio*,
Rol. 3189) ; *jo* **pri** (*prèco*, Rol. 1177, 1473) ; (*jo*) **targe** (*tardico*,
tard'go, Rol. 659) ; *jo* **vois** (*v. alèr*, Pèlerin. 153) ; etc.

2ᵉ Pers. du singulier. — **Comènces** (*cuminitias*, Rol. 3600) ;
demandes (*demandas*, Rol. 3713 ; **govèrnes** (*gubernas*, Alex.
41 a) ; etc.

3ᵉ Pers. du singulier. — **Aimęt** (*amat*, Lég. 35 c ; ms : **aime**) ;
il **aiudęt** (*ajutat*, Rol. 3657) ; **conservat** (pour *conservęt* = *con-*

servat, Serm. II) ; **s'aseüręt** (*assecurat*, Rol. 1321) ; il **araisonęt** (*adrationat*, Rol. 3536) ; **drècęt** (*directiat*, Rol. 195) ; **enortęt** (*inhortat*, Eul. 13) ; **despèręt** (*disparat*, Alex. 28 b) ; **enveięt** (*invĭat*, Rol. 2727) ; **eskoltęt** (*auscultat*, Eul. 5) ; **encombręt** (*incumulat*, Rol. 15) ; **escridęt** (*exquiritat*, Rol. 1964) ; **giètęt** (*jactat*, Alex. 88 a) ; **lodęt** (*laudat*, Alex. 25 b, Rol. 226) ; **mandęt** (*mandat*, Rol. 2623) ; il **parolęt** (*paraulat*, Rol. 141) ; **nomęt** (*nominat*, Alex, 43 e) ; **prięt** (*prĕcat*, Rol. 2016) ; **prisęt** (*prĕtiat*, Rol. 239) ; **portęt** (*portat*, Rol. 977) ; **ruovęt** (*rŏgat*, Eul. 24) ; **recomandęt** (*recommandat*, Lég. 33 b) ; il **vait** (*v. alĕr*, Lég. 3 a, 24 b, 40 d ; ms : **vai.**; Alex. 2 e, 7 e, 35 d, 43 b, 67 c) ; etc.

1re Pers. du pluriel. — **Chantons** (*cantomus*, Lég. 1 c ; ms : *cantomps*) ; **dejetons** (*dejactomus*, Rol. 226) ; **preions** (*precomus*, Rol. 3808) ; etc.

2e Pers. du pluriel. — **Lodėz** (*laudatis*, Rol. 3948); **portėz** (*portatis*, Rol. 1722) ; etc.

3e Pers. du pluriel. — **Aimęnt** (*amant*, Rol. 397) ; **aproismęnt** (*apprŏximant*, Rol. 2692) ; **s'alięnt** (Rol. 1641, à l'assonance) ; **s'aleięnt** (*se alligant*, à l'assonance, Rol. 990) ; **s'asèmblęnt** (*se assimulant*, Rol. 2120) ; **baleięnt** (bal + ĭcant, Rol. 976, à l'assonance) ; **drècęnt** (*drectiant*, Rol. 2884) ; **engignęnt** (*ingĕniant*, Rol. 95) ; **giètęnt** (*jactant*, Alex. 53 d, 54 b, 72 b, 117 b, Rol. 1809, 3530, etc.) ; **hasteięnt** (*hastĭcant*, Rol. 992, à l'assonance) ; **flambięnt** (*flambĭcant* pour *flammĭcant*, Rol. 3659, à l'assonance) ; **nombręnt** (*numerant*, Rol 3262) ; **noncęnt** (*nuntiant*, Rol., 2977) ; **prięnt** (*prĕcant*, Rol. 1837) ; il **porparolęnt** (*proparaulant*, Rol. 511) ; **presèntęnt** (*praesentant*, Rol. 2768) ; **someięnt** (*summĭcant*, Rol. 978, à l'assonance) ; **ralięnt** (*realligant*, Rol. 3525, à l'assonance) ; etc.

REMARQUES. — 1 — On sait déjà que les douces, devenant finales, se relèvent en la forte correspondante : *d* en *t, v* en *f*, etc. C'est ainsi que les verbes *adobėr, aidièr, argudėr, conservėr, cridèr, cuidièr, gabėr, lavėr, levėr, lodėr,* etc., font, à la première personne du singulier : *jo adop* (*addubo*), *jo aiüt* (*ajuto*), *jo argut* (*arguto*), *jo consèrf* (*conservo*), *jo crit* (*quirito*), *jo cuit* (*cugito*), *jo gap, jo lĕf* (*lavo*), *jo lièf* (*levo*), *jo lot* (*laudo*).

2 — Conformément à l'étymologie et aux lois phonétiques, la première personne du singulier, terminée en latin par *o*, n'a pas d'ę muet, cette voyelle finale tombant purement et simplement : *jo port* (*porto*), *jo comant* (*commando*), *jo lais* (*laxo*), *jo pri* (*prĕco*), *jo presènt* (*praesento*), etc. ; et, dans ce cas, lorsque le thème se

termine par deux consonnes, comme dans *mand-èr, présent-èr*, la
seconde, primitivement prononcée assez fortement, s'affaiblit graduellement avec les années.

Mais il est des cas où la prononciation des deux consonnes finales
du thème est absolument impossible sans l'addition d'un *e* muet
représentant la voyelle finale tombée, notamment lorsqu'il s'agit
des groupes *tr, bl , bl* appuyés sur une consonne ou suivis d'un *j*.
Ces verbes ont reçu, à la première personne, l'e muet dès l'origine,
et l'on écrit, longtemps avant le xie siècle : *jo torble (turb'l-o), jo
remèmbre (remem'r-o, remembr-o), jo èntre (intr-o), jo change
(cambj-o), jo livre (liv'ro), jo sèmble (sim'lo, simbl-o)*; etc.

C'est l'euphonie seule, c'est-à-dire la prononciation, qui décide
l'absence ou l'addition de l'*e* muet; et la constatation de ce fait
grammatical est très importante pour l'histoire de notre conjugaison :
c'est, en effet, le commencement d'une transformation importante
dans la 1re pers. du singulier des verbes de la 1re conjugaison; dès
le xiiie siècle, tous admettront, par analogie, cet *e* muet.

3. — Plusieurs verbes, dont le thème roman se termine par *ç,
ch* appuyés, c'est-à-dire précédés d'une consonne au moins, paraissent n'avoir admis l'*ę* muet final que postérieurement au
Roland. Ainsi les verbes *cerchièr, chevalchièr, colchièr, enchalcièr, entercièr, detrenchièr, alaschièr, esforcièr, jonchièr*, etc.,
devaient donner encore, au xie siècle : *jo cèrc, jo chevalc, jo colc,
jo enchalz* (ci final aboutissant à *z*, comme *ti*; cf. *jo faz = facio*,
etc.), *jo entèrz, jo detrènc, jo alasc, jo esforz, jo jonc*, etc. Les
exemples font défaut, mais, certains substantifs verbaux, évidemment tirés de la première personne du sing., fournissent de précieux renseignements : *tiènęnt l'***enchalz** (Rol. 2446); *li* **enchalz**
duręt d'ici qu'en Sarragoce (Rol. 3635); *n'asemblereit jamais si
granz* **esforz** (Rol. 599); *son cheval brochęt, laissęt corre ad*
esforz (Rol. 1197). Les trois derniers exemples ne sont pas très
concluants, puisque le subst. est au pluriel, mais le premier est
une preuve suffisante et irréfutable.

4. — Les verbes en *icare, igare* présentent une particularité
digne d'un examen sérieux : par suite de la facilité avec laquelle
la gutturale tombe devant *o* sans laisser de traces, ces verbes
avaient une tendance à se confondre avec les verbes en *iare*, où
l'*ĭ* bref, au prés. de l'indicatif, donnait régulièrement *ei* : *jo* **envei**
(*invĭo*, Rol. 493); de là aussi *jo* **otrei** (*auctrĭo* pour *auctorĭco, auctrĭco*, Rol. 3760, à l'assonance), au lieu de *jo otri* qui correspondait exactement à *autrĭco*. A la seconde et à la troisième pers. du

singulier, ainsi qu'à la troisième pers. du pluriel, le *c* médial se trouve dans la même situation : s'il tombe sans laisser de traces, c'est un verbe en *iare*, où *ĭ* aboutit régulièrement à *ei* ; si, avant de tomber, il développe un *j* qui agit sur la voyelle précédente, on a une forme en *i* ; de là, d'un côté : **s'aleient** (*se allĭgant, allĭiant*, Rol. 990, à l'assonance) ; **baleient** (Rol. 976, à l'assonance) ; **hasteient** (Rol. 992, à l'assonance) ; **someient** (Rol. 972, à l'assonance) ; et, d'un autre : **s'alient** (Rol. 1641, à l'assonance) ; **flambient** (Rol. 3659, à l'assonance) ; **ralient** (Rol. 3525, à l'assonance).

Il y a incertitude, on le voit : au xie siècle, l'analogie des verbes en *iare* semble prédominer et substituer *ei* à *i* ; mais, jusqu'au xive siècle au moins, la question restera en quelque sorte indécise. Dans la langue moderne, les verbes *otreiier* et *leiièr*, pour ne prendre que ces deux exemples, feront l'assimilation, le premier, des formes fortes aux formes faibles (*j'octroie, tu octroies*) ; le second, des formes faibles aux formes fortes (*je lie, tu lies, il lie, nous lions, vous liez, ils lient.*

5. — C'est sans doute en vertu de cette confusion de *icare* et de *iare* que le verbe *judicare* (*judigare, jud'gare*, roman *jugièr*) donne au prés. de l'indic. : *jo* **juz** (= *judio, judjo* ; *dj* = *z*, Rol. 2831) ; à moins qu'on n'y voie l'influence analogique du prés. du subj. *juz* (= *judicem, jud'ce*). En tous cas, *jugièr* est en retard sur *targièr*, qui aurait pu donner aussi, sous les mêmes influences analogiques, *jo tarz*, et qui est déjà, dans le Roland, *jo targe : mei est vis que trop* **targe** (Rol. 659).

Sous ce rapport, comme sous tant d'autres, notre langue, dans le dernier tiers du xie siècle, est dans un état de transition très caractéristique.

6. — La 2e personne du singulier se termine régulièrement et sans exception par *es*.

7. — La 3e personne du singulier se termine par *ęt*. Le *t* se faisait-il encore sentir dans la prononciation au xie siècle ?

Remarquons d'abord que *ęt*, comme aussi *ęnt*, est ce qu'on appelle muet, avec cette restriction que l'*ę* a le même son qu'aujourd'hui dans les monosyllabes *le, que, de*, etc. Il serait donc plus exact de dire qu'il est *semi-muet* : *ome* : **redotęt** : **reconoissent** : **encombręnt** (Alex. Str. 40, assonance en O).

Il en est de même dans le corps du vers, lorsque *ęt* est suivi d'une consonne : *co* **senefięt** *pais et umilitét* (Rol. 73) ; *tot dreit à Rome les* **portęt** *li orèz* (Alex. 39 e).

Le *t* ne se fait pas sentir davantage à l'hémistiche, même lorsqu'il est suivi d'un mot commençant par une voyelle : *iluec* **convèrset** *ensi dis e sèt anz* (Alex. 55 a) ; *Charles* **chevalchęt** *e les vals e les monz* (Rol. 3695) ; etc.

Néanmoins, on trouve, dans l'Alexis et le Roland, des vers où le *t* doit se faire sentir, légèrement sans doute, comme un *d*, par exemple, ainsi que le veut la mesure du vers : *dreit a Tarson* **espeiręt** *arrivér* (Alex. 39 c) ; *mais als plus povres le* **donęt** *a mangièr* (Alex. 51 e) ; *en la grant prèsse* **comèncęt** *a ferir* (Rol. 2057) ; *tendror en out,* **comèncęt** *a plorér* (Rol. 2217) ; **guardęt** *aval e si* **guardęt** *amont* (Rol. 2239) ; **guardęt** *al briéf, vit la raison escritę* (Rol. 487) ; *Puis est montęz,* **èntręt** *en son veiage* (Rol. 660) ; etc.

Cependant le Roland est, sous ce rapport, en avance sur l'Alexis, car il y a des vers où *ęt* s'élide comme *ę* muet simple : *ses meillors homes* **enmeinęt** *ensemble od sei* (Rol. 502) ; **montęt** *el palais, est venuz en la sale* (Rol. 3707) ; *li emperédre* **chevalchęt** *irièdemènt* (Rol. 1834).

Ainsi le *t* pouvait déjà tomber au XIe siècle. Il est tombé entièrement dans la prononciation et dans l'écriture au moyen âge. Aussi a-t-on eu tort d'en voir le souvenir dans les formes interrogatives *aime-t-il, donne-t-on.* Au moyen âge et jusqu'au XVIe siècle, on lit *aime il, donne on* (= *aim'il, donn'on*) ; mais, d'assez bonne heure aussi, on a mis, entre le verbe et le pronom, une lettre euphonique devant *on* (donne *l'on*) ; et enfin, devant *on* et *il*, la lettre *t*, souvenir du *t* dans les autres conjugaisons : *finit-il* (=*fini-t-il*), *reçoit-on* (= *reçoi-t-on*) ; d'où, par analogie : *donne-t-il, donne-t-on.*

8. — 1re personne du pluriel. — On trouve sans exception *ons* (= *ōmus* provenant de *sŭmus*). La forme latine *āmus* devant donner en roman *ains*, on se demande si *ains* a existé dans notre langue. Eulalie (v. 26) a *oram*, impératif, qui équivaut, sans aucun doute, à *oramus*. Doit-on lire *orain* ? Quoi qu'il en soit, des formes comme *colchons* (*colcomus* pour *collocamus, colcamus*), *manjons* (*mandjomus* pour *manducamus, mandugamus, mand'gamus*) prouvent que *c* et *g* devant *a* s'étaient respectivement transformés en *ch, j* avant la substitution de *omus* à *amus*, sans quoi *colcomus* et *mandgomus* n'auraient pu donner que *colcons, mangons*. On objectera que *colchons, manjons*, avec *ch* et *j*, peuvent être des formes analogiques inspirées par les personnes qui, comme *tu colches, il colchęt, vos colchièz — tu manges, il mangęt, vos*

mangièz, ont naturellement et régulièrement, devant *a*, transformé *c* et *g* durs en *ch* et *g* doux ; mais comme *colcamus, mandgamus* ont donné des formes directes *colchains, manjains* qui sont restées dans plusieurs patois, on doit conclure que le *c* et le *g* durs étaient ébranlés et devenus au moins *Kj* et *j* lorsque *omus* a commencé à remplacer *amus*, c'est-à-dire vers le vıııᵉ siècle.

Mais pourquoi *sŭmus* a-t-il donné *somes, sommes*, tandis que *ōmus* (avec o fermé = ō, ŭ latins), qui en est tiré, aboutit à *ons*? *Estis* produit régulièrement *èstes*, dont l'analogie a enfanté *èsmes* (= *esumus, esmus*, Alex. 124 a) ; de plus, *ĕramus, ĕrimus* ont donné *ièrmes, èrmes* ; de même *facimus, fac'mus* donne *fàimes*. C'est par analogie que *sumus* qui avait déjà donné *sons*, aboutit aussi à *somes*. Mais *sons* est très régulier, et certains dialectes l'ont conservé jusqu'aujourd'hui ; c'est *sons* qui a servi de type pour la 1ʳᵉ personne du pluriel ; de là *ons*. Toutefois il n'est pas rare de trouver au moyen âge, comme on doit s'y attendre, *omes* : *nos chantomes*, etc.

Quant à *uns, um*, ce sont des variantes propres au dialecte anglo-normand.

9. — Deuxième personne du pluriel. — Elle est très régulièrement en *èz* (= *atis*), *ièz* pour les verbes dont l'infinitif est en *ièr*.

10. — Troisième personne du pluriel. — Elle est non moins régulièrement en *ęnt* (= *ant*). Elle est semi-muette, comme *ęt* (= *at*), mais ne s'élide jamais, et il en est encore ainsi aujourd'hui.

11. — Conjugaison du présent de l'indicatif d'un certain nombre de verbes (xıᵉ siècle, types principaux).

Amèr. — Jo aim, tu aimes, il aimęt, nos amons, vos amèz, il aimęnt.

Apelèr. — Jo apèl, tu apèles, il apèlęt, nos apèlons, vos apèléz, il apèlęnt.

Cęrchièr. — Jo cèrc, tu cèrches, il cèrchęt, nos cerchons, vos cerchièz, il cèrchęnt.

Chantèr. — Jo chant, tu chantes, il chantęt, nos chantons, vos chantéz, il chantęnt.

Chargièr. — Jo charge, tu charges, il chargęt, nos charjons, vos chargièz, il chargęnt.

Chevalchièr. — Jo chevalc, tu chevalches, il chevalchęt, nos chevalchons, vos chevalchièz, il chevalchęnt.

Colchièr. — Jo colc, tu colches, il colchęt, nos colchons, vos colchièz, il colchęnt.

Comencièr. — Jo comènz, tu comènces, il comèncęt, nos començons, vos comencièz, il comèncęnt.

Comperèr. — Jo compèr, tu compéres, il compéręt, nos comparons (comperons), vos comparèz (comperèz), il compèrent.

Cridèr. — Jo crit, tu crides, il cridęt, nos cridons, vos cridèz, il cridęnt.

Cuidièr.— Jo cuit, tu cuides, il cuidęt, nos cuidons, vos cuidièz, il cuidęnt.

Deignièr. — Jo deing, tu deignes, il deignęt, nos deignons, vos deignièz, il deignęnt.

Desperèr. — Jo despèr, tu despéres, il despéręt, nos desperons, vos desperèz, il despèrent.

Drecièr. — Jo drèz, tu drèces, il drècęt, nos drèçons, vos drècièz, il drècęnt.

Enchalcièr. — Jo enchalz, tu enchalces, il enchalcęt, nos enchalçons, vos enchalcièz, il enchalcęnt.

Enseignièr, — Jo enseing, tu enseignes, il enseignęt, nos enseignons, vos enseignièz, il enseignęnt.

Entrèr. — Jo entre, tu entres, il entręt, nos entrons, vos entrèz, il entręnt.

Enveiièr. — Jo envei, tu enveies, il enveięt, nos enveions, vos enveiièz, il enveięnt.

Jetèr. — Jo gièt, tu giètes, il giètęt, nos getons, vos getèz, il giètęnt.

Joèr. — Jo joe, tu joes, il joeęt, nos joons, vos joéz, il joeęnt.

Jugièr. — Jo juz (jo juge), tu juges, il jugęt, nos jujons, vos jugièz, il jugęnt.

Leiièr. — Jo lei, tu leies (lies), il leięt (lięt), nos leions, vos leiièz, il leięnt (lięnt).

Levèr. — Jo lièf, tu lièves, il lièvęt, nos levons; vos levèz, il lièvęnt.

Livrèr. — Jo livre, tu livres, il livręt, nos livrons, vos livrèz, il livręnt.

Lodèr. — Je lot, tu lodes, il lodęt, nos lodons, vos lodèz, il lodęnt.

Nagièr. — Jo nage, tu nages, il nagęt, nos najons, vos nagièz, il nagęnt.

Neiièr. — Jo ni, tu nies, il nięt, nos neions, vos neiièz, il nięnt.

Otreiièr. — Jo otrei, tu otreies (otries), il otreięt (otrięt), nos otreions, vos otreiièz, il otreięnt (otrięnt).

Preiier. — Jo pri, tu pries, il priẹt, nos preions, vos preiièz, il priẹnt.

Preisièr. — Jo pris, tu prises, il prisẹt, nos preisons, vos preisièz, il prisẹnt.

Torblèr. — Jo torble, tu torbles, il torblẹt, nos torblons, vos torblèz, il torblẹnt.

Vengièr. — Jo venge, tu venges, il vengẹt, nos venjons, vos vengièz, il vengẹnt.

12. — Verbes à radical variable, ou irréguliers. — Nous disons **irréguliers** pour nous conformer à l'usage, mais le terme est impropre, puisque les formes dont nous allons parler correspondent exactement à des formes latines soit classiques soit populaires, ou sont le produit de l'analogie :

Alèr. — Jo vois, tu vàs, il vait, nos alons, vos alèz, il vont.

Donèr. — Jo doins, tu dones, il donẹt, nos donons, vos donèz, il donẹnt.

Trovèr. — Jo truis, tu troeves, il troevẹt, nos trovons, vos trovèz, il troevẹnt.

Dans ces trois verbes, la première personne du singulier s'écarte considérablement des autres : il est très probable qu'elle est due à l'analogie du verbe *podeir* (= *potēre*), dont le présent de l'indicatif est *jo puis* (= *pocso* pour *possum*); sous l'influence de cette terminaison *cso*, la voyelle du radical s'est diphtonguée en *oi* dans les verbes *alèr*, *donèr*, (ŏ fermé + *j* provenant du *c* = *oi*), et en *ui* dans le verbe *trovèr* (ŏ bref ou fermé + *j* = *ui*).

Les verbes suivants perdent, aux formes faibles, la voyelle caractéristique du radical, parce qu'elle passe à l'état d'atone, de protonique :

Aidièr. — Jo aiüt, tu aiüdes, il aiüdẹt, nos aidons, vos aidièz, il aiüdẹnt.

Araisnièr. — Jo araison, tu araisones, il araisonẹt, nos araisnons, vos araisnièz, il araisonẹnt.

Parlèr. — Jo parol, tu paroles, il parolẹt, nos parlons, vos parlèz, il parolẹnt.

Mangièr. — Jo mandu, tu mandues, il manduẹt, nos manjons, vos mangièz, il manduẹnt.

Les verbes *aidièr* et *parlèr* assimileront plus tard les formes fortes aux formes faibles, et l'on dira *je parle*, comme *nous parlons*; c'est le contraire qui aura lieu pour (a) *raisonner* : *nous raisonnons*, comme *je raisonne*. Quant à *mangièr* (*manger*), il subira successivement deux sortes d'analogie : 1º sous l'influence des formes faibles, le *j* (ou *g*) se substituera au *d* des formes fortes : *jo manju, tu manjuës, il manjuęt, nos manjons, vos mangièz, il manjuęnt* ; 2º sous l'influence des mêmes formes faibles, il perdra entièrement l'*u* aux formes fortes ; de là le moderne *je mange, tu manges, il mange, nous mangeons, vous mangez, ils mangent.*

Présent de l'indicatif (suite). — *Seconde conjugaison.*

Verbes non inchoatifs.

1re pers. sing. : *jo* **asail** (*assalio,* Rol. 987); **oi** (*audio,* Rol. 1768); *jo* **vienc** (*venio,* Pèlerin. 308; ms : *venc*); etc.

2e pers. sing. : Pas d'exemples.

3e pers. sing. : **Consènt** (*consentit,* Alex. 75 c); **desmènt** (*dismentit,* Rol. 788); **destolt** (*distollit,* Rol. 3235); *se* **dort** (*dormit,* Rol. 718); *s'*enfuit (*infugit,* Rol. 2043); **gist** (*jacet,* Alex. 50 a, Rol. 1624); **fièrt** (*ferit,* Rol. 1261); **ist** (*ĕxit,* Alex. 43 a; ms : *eist*; Rol. 1220); **ot** (*audit,* Alex. 45 a); **sèrt** (*servit,* Alex. 32 d); **tiènt** (*tĕnit = tĕnet,* Alex. 71 e); **tolt** (*tollit,* Rol. 2284); **viènt** (*venit,* Rol. 793); etc.

1re pers. plur. : **Odons** (*audomus = audimus,* Rol. 2150); **tenons** (*tenomus = tenemus,* Rol. 225; ms : **tenum**); etc.

2e pers. plur. : **Odéz** (*aud + atis = auditis,* Rol. 1795); **morèz** (Rol. 1134); **servèz** (Rol. 922); **tenèz** (Rol. 649); etc.

3e pers. plur. : **Benedięnt** (*benedicunt,* Rol. 3667); **acoręnt** (*accurrunt,* Alex. 102 c); **acoeillęnt** (*accolligunt, acol'gant,* Rol. 3967); **conquièręnt** (*conquaerunt,* Rol. 3032); *se* **dormęnt** (*dormant* pour *dormiunt,* Rol. 2521); **fuięnt** (*fugiunt,* Rol. 2162); **fièręnt** (*fĕrant* pour *feriunt,* Rol. 1347, 1611); **gisęnt** (*jacent,* Rol. 3693); **moeręnt** (*moriunt,* Rol. 1348, 3477); **saillęnt** (*saliunt,* Rol. 2469); **tolęnt** (*tollunt,* Rol. 2469); **viènęnt** (*veniunt,* Alex. 72 b; Rol. 2636); etc.

Verbes inchoatifs.

1re et 2e pers. sing. : Pas d'exemples.

3e pers. sing. : **Bondist** (Rol. 3119); **brandist** (Rol. 1509); **establist** (Rol. 3036); **tradist** (Rol. 3959, 3964); etc.

1re pers. plur. : Pas d'exemples.

2e pers. plur. : **Honisseiz** (v. *honir,* Pèlerin. 721; le ms porte **huniset**, mais l'assonance est en *eiz*).

3e pers. plur. : **Baillissęnt** (Alex. 105 a); **establissęnt** (Rol. 3027, 3217); **guerpissęnt** (Rol. 1626); *s'*esbaldissęnt (Rol. 1481); **henissęnt, glatissęnt, partissęnt** (Rol. 3526, 3527, 3529); etc.

Remarques. — 1. — Le présent de l'indicatif des verbes non inchoatifs repose entièrement sur la loi de balancement, selon que la voyelle caractéristique est ou n'est pas accentuée. C'est parmi ces verbes que l'on a voulu voir des verbes irréguliers. Ils ne le sont pas, et l'étaient encore moins autrefois, mais ils ne se conjuguent pas uniformément. Les uns comme *benedir, corir, dormir, consentir, departir, deservir, desmentir, endormir, s'enfuïr, fuïr, mentir, partir, servir, sortir, vestir,* conservent, à peu d'exceptions près, le même radical aux formes fortes et aux formes faibles; d'autres ont un radical pour les formes fortes, un autre pour les formes faibles : *asalir (asail* et *asal), ferir (fier* et *fer), tenir (tien* et *ten), venir (vien* et *ven),* etc.

2. —Trois verbes non inchoatifs, et dont le thème se termine par les groupes *fr, vr,* qui ne peuvent se prononcer sans une voyelle d'appui, admettent l'ẹ final dès les origines : jo **uevre** (*ovrir*), jo **uefre** (*ofrir*), jo **suefre** (*sofrir*); de même, à la 2e et à la 3e pers. du singulier : *tu uevres, il suefrẹt,* etc.

3. — Les verbes inchoatifs se conjuguent régulièrement et uniformément d'après un modèle donné, parce que le thème est toujours en dehors de l'accent : *isco, icso* = **is**; *iscis, icsis* = **is** ; *iscit, icsit* = **ist**; *iscimus, icsomus* = **issons**; *iscitis, icsitis, icsatis, issatis* = **issẹz**; *iscunt, icsunt, icsant* = **issẹnt**; de là : jo **tradis,** tu **tradis,** il **tradist,** nos **tradissons,** vos **tradissẹz,** il **tradissẹnt** ; — jo **fenis,** tu **fenis,** il **fenist,** nos **fenissons,** vos **fenissẹz,** il **fenissẹnt.**

4. — Conjugaison des principaux types de la 2e conjugaison non inchoative.

Asalir. — Jo asail, tu asals, il asalt, nos asalons, vos asalẹz, il asaillẹnt.

Ce verbe assimilera bientôt les formes qui n'ont pas *l* mouillée à celles qui l'ont, de sorte que l'on dira (peut-être même le disait-on déjà au xie siècle) : nous asaillons, vos asaillièz, etc.

Acoillir. — Jo acoeil, tu acoeils, il acoeilt, nos acoillons, vos acoillièz, il acoeillẹnt.

Dormir. — Jo dorm, tu dors, il dort, nos dormons, vos dorméz, il dormẹnt.

Defalir. — Jo defail, tu defals, il defalt, nos defalons, vos defalẹz, ils defaillẹnt.

Ce verbe soulève les mêmes observations que *asalir.*

Eissir. — Jo is, tu is, il ist, nos eissons, vos eissiez (eisséz), il issẹnt.

Ce verbe subit de bonne heure l'influence tantôt des formes fortes, tantôt des formes faibles, de sorte que, dès le XIIe siècle, l'on conjugue : Jo is, tu is, il ist, nos issons, vos isséz, il issent, ou bien : Jo eis, tu eis, il eist, nos eissons, vos eisséz, il eissent.

Ferir. — Jo fièr, tu fièrs, il fièrt, nos ferons, vos feréz, il fièrent.

Fuïr. — Jo fui, tu fuis, il fugit, nos fuions, vos fuiièz, il fuient.

Gesir. — Jo gis, tu gis, il gist, nos geisons, vos geisièz, il gisent ; et bientôt, par l'influence des formes fortes sur les formes faibles : nos gisons, vos gisèz.

Morir. — Jo moerc, tu moers, il moert, nos morons, vos moréz, il moerent.

Partir. — Jo part, tu parz, il part, nos partons, vos partéz, il partent.

Servir. — Jo sèrf, tu sèrs, il sèrt, nos servons, vos servéz, il sèrvent.

Tenir. — Jo tiènc, tu tièns, il tiènt, nos tenons, vos tenéz, il tiènent.

Venir. — Jo viènc, tu vièns, il viènt, nos venons, vos venéz, il viènent

Vestir. — Jo vèst, tu vèz, il vèst, nos vestons, vos vestéz, il vèstent.

Présent de l'indicatif (suite). — Troisième conjugaison

1re pers. sing. : **Ai** (*habeo, habio, aïo*, Alex. 62 a, d, 35 e, 38 b, etc.) ; **dei** (*debeo*, Rol. 338) ; **receif** (*recipo* pour *recipio*, Rol. 1376) ; **vei** (*video*, Alex. 89 b) ; **vueil** (*volio*. Lég. 16 e ; ms : **voil**, Alex. 3 c) ; **voeil** (*volio*, Rol. 309, 522, 651) ; **sai** (*sapio*, Rol. 191, 310).

2e pers. sing. : **Veiz** (*vĭdes*, Rol. 2979) ; **douls** (*dŏles, dŏlis*, Val. v° 20).

3e pers. sing. : **S'assièt** (*adsĕdet*, Rol. 2654) ; **at** (*habet*, Alex. 10 d, 122 d, etc.) ; **chièt** (*cadit*, Rol. 981, 1509) ; **dift** (*debet, devit, divit, div't, dif't*, Serm. I) ; **deit** (*debet*, Alex. 56 d, 74 a) ; **estoet** (de *estoveir*, Rol. 1257) ; **chalt** (*calet*, Rol. 227) ; **sèt** (*sapit*, Rol. 427) ; **soelt** (*solet*, Rol. 2452) ; **valt** (*valet*, Rol. 516, 911) ; **veit** (*videt*, Alex. 123 e) ; **voelt** (*volit*, Rol. 127, 147, 167, etc.) ; etc.

1re pers. du pluriel : **Avons** (*habemus*, Alex. 107 b, d) ; **devems** (= *debemus*, Lég. 1 a) ; **devons** (*debemus, devomus*, Rol. 429, 1009, 3359 ; ms : *devum*) ; **savons** (Rol. 2503) ; **vedons** (Alex. 124 b) ; etc.

2ᵉ pers. pluriel. — **Aveist** *odit* (*habetis*, Val., vᵒ 27) ; **avèz** (Lég. 40 a) ; **devèz** (Rol, 135) ; **podèz** (v. *podeir*, Rol. 1175) ; **vedèz** (Rol. 1131) ; **volèz** (v. *voleir*, Rol. 433) ; etc.

3ᵉ pers. pluriel. — **Ardẹnt** (*ardent*, Rol. 1662) ; **chièdẹnt** (*cadunt*, Rol. 1426, 1981) ; **deẹnt** (*debent*, Val.. vᵒ 27) ; **deivẹnt** (*debent*, Alex. 118 b) ; **dechièdẹnt** (*decadunt*, Rol. 1585) ; **deivẹnt** (Rol. 1346, 1718) ; **receivẹnt** (*recipunt* pour *recipiunt*, Alex. 123 c) ; **sièdẹnt** (*sedent*, Alex. 66 b, Rol. 110) ; **valẹnt** (*valent*, Rol. 639) ; **sèvent** (*sapunt* pour *sapiunt*, Rol. 716) ; **veidẹnt** (*vident*, Alex. 123 b ; Rol. 1467, 3687) ; **vuelẹnt** (*volunt*, Alex. 38 a) ; etc.

Remarques. — 1. — La première personne du singulier relève, selon la règle, l'explosive douce en la forte correspondante ; de là *jo receif* (= *recipo*, *recivo*, *receif*) ; mais nous savons déjà que, si la consonne médiale, labiale ou dentale se trouve primitỉvement en contact avec un *i* palatal, elle tombe ; c'est pour cela que l'on trouve partout *dei*, *vei* et non *deif*, *veit* (= *debeo*, *video*) ; et cependant ce *j* de *debio*, *vidio* n'a pas agi, sans quoi l'on aurait eu *di*, *vi*. C'est sans doute l'analogie de la deuxième et de la troisième personne du singulier qui a donné *dei*, *vei* à la première.

2. — La chute de l'atone posttonique a eu lieu à peu près à l'époque de l'ébranlement de la voyelle latine, de sorte que celle-ci, selon les cas, s'est transformée régulièrement comme voyelle libre : **chièz, chièt** (*cădis*, *cădit*), ou est restée sans changement comme entravée : **as** (*habes*, *abis*, *avis*, *av's*, *af's*) ; **at** (*habet*, *abit*, *avit*, *av't af't*) ; etc.

3. — A la troisième pers. du singulier, les explosives tombent régulièrement devant le *t* : **chièt** (*cadit*), **asièt** (*assĕdit*), etc.

4. — La première pers. du pluriel est en **ons** ; mais le *devems* (= *debēmus*) du Saint-Léger, s'il n'est pas un simple lapsus calami, semble indiquer que, concurremment avec *ons*, il a existé, surtout dans l'Est, une forme *ems* (*eins* au xiᵉ et même déjà au xᵉ siècle) correspondant directement à *ēmus*. Cette opinion est corroborée par deux exemples en *em* que l'on trouve dans un texte un peu postérieur au xiᵉ siècle, le Sponsus ou l'Époux, mystère en latin mêlé, comme le Fragment de Valenciennes, de quelques mots français, et où l'on lit : *avem* (= *habemus*, v. 35) ; *poem* (= *potemus*, v. 72).

5. — La deuxième personne du pluriel est en **èz** (= *ātis*) ; mais *ētis* ayant donné **eiz**, on peut se demander jusqu'à quelle époque

eiz [1] a existé, même à l'état sporadique (au présent de l'indicatif et aussi au futur, formé de *habetis, ētis*). On trouve dans le Saint-Léger **avreiz** : *feit* (= *fĭde*, 9 e-f), où *avreiz* (= *averētis*) assone clairement en *ei*; et, dans la Chanson de Roland, on rencontre un assez grand nombre de laisses où le futur, mais le futur seulement, assone avec *ei* : **ireiz** : **portereiz** : *rei* : *mei* : *meis* : *fedeilz*... (79-89); de même 563 et ss; 2747-2752; 3283 et ss; 3458-3462; 3544-3559; 3752-3755; 3801-3804; mais il y a aussi un nombre de laisses beaucoup plus grand où ce même futur, ainsi que la deuxième pers. pluriel du présent de l'indicatif, assone en *é* (= *a* latin libre); et il en est de même pour le Saint-Léger même, où le futur assone toujours en *é*, à l'exception de l'exemple cité.

La conclusion forcée, c'est que presque universellement le futur a été formé de l'infinitif latin auquel s'est ajouté *atis*, et que l'ancien futur (infinitif + *etis*) a vécu quelque temps et sporadiquement à côté du nouveau. Quant à la seconde pers. pluriel des verbes de la deuxième, de la troisième et de la quatrième conjugaison, elle est, dès la plus haute antiquité, en *éz*, presque jamais en *eiz*.

6. — La 3e pers. du plur. est en **ent** (= *ant* pour *ent*), excepté dans **ont** (= *habent*, devenu *habunt* par analogie; d'où *avunt, aunt, ont*).

7. — Dans les formes *recĭpant, dēvant* pour *recipiunt, debent*, la labiale, suivant l'accent, devrait tomber, et il est certain qu'elle était tombée primitivement : *receient, deient* (cf. le *deent* du Fragm. de Valenciennes); mais l'analogie de la 1re et de la 2e pers. pluriel *recevons, devons — recevéz, devéz* l'a rétablie dès le xie siècle au plus tard.

8. — La liquide *l*, dont on connait l'influence préservatrice, maintient assez souvent sans changement la voyelle libre qui précède; cependant *ŏ* se diphtongue le plus souvent en *oe* et *a* en *ai* en se combinant avec le *j* provenant de l'*i* palatal : *voeil* (= *volio*), *voelt* (= *volit*), *voelent* (= *volunt*); *vail* (*valio*); *doeil* (*dolio*), *soeil* (*solio*), etc. Sous ce rapport, les manuscrits diffèrent souvent entre eux; les Anglo-Normands, notamment, suppriment volontiers la diphtongaison; mais elle est généralement respectée dans le dialecte francien. *Valeir* et *chaleir* conservent l'*a*.

9. — Conjugaison des principaux types de verbes en *eir*.

Apareir. — Jo apèr, tu apèrs, il apèrt, nos apárons, vos aparéz, il apèrent.

____

(1) Cf. Phonétique, A latin accentué, p. 13-15.

Aperceveir. — Jo aperceif, tu aperceis, il aperceit, nos apercevons, vos apercevèz, il aperceivent.

Ardeir. — Jo art, tu arz, il art, nos ardons, vos ardéz, il ardent.

Asedeir. — Jo asièt, tu asièz, il asièt, nos asedons, vos asedéz, il asièdent.

Aveir. — Jo ai, tu as, il at, nos avons, vos avèz, il ont.

Chadeir. — Jo chièt, tu chièz, il chièt, nos chedons, vos chedéz, il chièdent.

Deveir. — Jo dei, tu deis, il deit, nos devons, vos devèz, il deivent.

Doleir. — Jo doeil, tu doels, il doelt, nos dolons, vos doléz, il doelent.

Moveir. — Jo moef, tu moes, il moet, nos movons, vos movèz, il moevent.

Podeir. — Jo puis, tu poes, il poet, nos podons, vos podéz, il poedent.

Saveir. — Jo sai, tu sès, il sèt, nos savons, vos savèz, il sèvent.

Soleir. — Jo soeil, tu soels, il soelt, nos solons, vos soléz, il soelent.

Valeir. — Jo vail, tu vals, il valt, nos valons, vos valéz, il valent.

Vedeir. — Jo vei, tu veiz, il veit, nos vedons, vos vedéz, il veident.

Voleir. — Jo voeil, tu voels, il voelt, nos volons, vos voléz, il voelent.

Présent de l'indicatif (suite).— *Quatrième conjugaison*

1re pers. sing. — **Crièm** (*crĕmo*, Alex. 12 d); **creit** (*crēdo*, Rol. 575); **di** (*dico*, Alex. 3 e; Rol. 591); **faz** (*facio*, Rol. 678); **defènt** (*defendo*, Rol. 2438); **pèrt** (*perdo*, Rol. 840); **sui** (*sui*, anal. de *fui*, pour *sum*, Alex. 22 e); etc.

2e pers. sing. — **Fais** (*facis*, Rol. 2582); **iès** (*ĕs*, Alex. 27 b, 84 b; Rol. 297, 648, etc.); **remains** (de *remaindre*, le même que *remaneir*, Rol. 2928); etc.

3e pers. sing. — **dit** (*dicit*, *dic't*, Rol. 136); **escondit** (composé de *dire*, Alex. 65 a); **èst** (*est*, Lég. 1 e; Alex. 1 d; etc.); **fait** (*facit*, *fac't*, Lég. 7 b, 23 c, 26 d, 27 a, etc.); **mèt** (*mittit*, Alex. 49 d, 87 b); **list** (*lĕgit*, avec *s* analogique à l'imitation du germ. *lesen*, Alex. 7 c, d; 76 b); **prènt** (*prendit*, Alex. 23 a); **quièrt** (*quaerit*; inf. *quèrre* et *querir*, Alex. 35 d); **abat** (*abbattuit*, Rol 2339); **atènt** (*attendit*, Rol. 665) ; **conduit** (*conducit*, *conduc't*, Rol. 3370) ; **crient** (*crĕmit* pour *trĕmit*, Rol. 549) ; **creit** (*credit*, Rol. 577) ; **cort** (*currit*, inf. *corre* ou *corir*, Rol. 890) ; **deront** (*derumpit*, Rol. 1227) ; **empeint** (*impingit*, Rol. 1754) ; **ocit** (*occidit*, Rol. 1542) ; **vit** (*vivit*, Lég. 33 d ; ms : *viu*) ; etc.

1ʳᵉ pers. plur. — **Conoissons** (*cognoscimus*, *cognocsomus*, Alex. 72 e) ; **èsmes** (*esumus*, *esmus*, Alex. 124 a) ; **somes** (*sŭmus*, Alex. 73 d) ; etc.

2ᵉ pers. plur. — **Atendéz** (Alex. 110 d ; ms L : **atendeiz**) ; **dites** (*dicitis*, *dic'tis*, Rol. 2487) ; **faites** (*facitis*, *fac'tis*, Alex. 101 a ; Rol. 1360) ; **queréz** (Alex. 63 b ; ms L : **quereiz**) ; etc.

3ᵉ pers. plur. — **Atèndẹnt** (*attendunt*, Rol. 715) ; **batẹnt** (Rol. 1158) ; **ceignẹnt** (*cingunt*, Rol. 3866) ; **fèẹnt** (*facant* pour *facŭnt* = *faciunt*, Val. vᵒ 27) ; **font** (*facunt*, *faunt*, Alex. 10 b) ; **conoissẹnt** (*cognoscunt*, *cognocsant*, Alex. 41 c) ; **plaignẹnt** (*plangunt*, Rol. 1397) ; **poignẹnt** (*pŭngunt*, Rol. 3547) ; **lisẹnt** (*lĕgunt* avec *s* sous l'influence du germ. *lesẹn*, Alex. appendix, l. 3) ; **prènẹnt** (Rol. 2552, Alex. 106 a) ; **sont** (*sunt*, Alex. 121 e) ; **taisẹnt** (*tacent*, Rol. 217) ; etc.

Remarques. — 1. — La première personne du sing. est régulièrement formée d'après les lois générales de la phonétique. Les explosives douces se relèvent en la forte correspondante, comme d'habitude ; de là *jo pèrt* (*pèrdre*), *jo vif* (*vivo*), *jo beif* (*bibo*), *jo clot* (*claudo*), etc. Dans le latin *pŭngo* et autres formes analogues, la gutturale est tombée, mais l'*n*, qui est mouillée, est représentée par *gn* ou *ng*.

2. — La deuxième et la troisième pers. du sing. ne présentent rien d'anormal ; il est juste cependant de faire observer que des formes comme *dit*, *duit*, *fait* correspondent non à *dicit*, *ducit*, *facit*, mais réellement à *dic't*, *duc't*, *fac't*, l'*ĭ* posttonique étant tombé avant la transformation de la gutturale en spirante, sans quoi l'on aurait *dist*, *duist*, *faist*, formes qui ont sans doute existé à l'origine concurremment avec les autres, et dont on retrouve des traces à toutes les époques du moyen âge.

3. — La première et la deuxième personne du pluriel sont, l'une en *ons*, l'autre en *éz*, excepté pour les verbes *èstre*, *dire*, *faire*, qui ont conservé la forme forte : *somes* (rarement *èsmes*), *èstes* — *dimes*, *dites* — *faimes*, *faites*. *Dimes* et *faimes* seront rapidement remplacés par les formes analogiques et faibles *disons*, *faisons* ; mais, aujourd'hui encore, on conjugue *vous dites*, *vous faites*. Le pluriel du verbe *prèndre* a subi l'analogie de **venir**, **tenir** ou des formes

qui ont perdu le *d* par suite de sa combinaison avec *j*, comme au subjonctif, *jo prènje* (*prendjam* pour *prendam* ; cf. : *Borgoigne* = *Burgundja*) ; de là *nos prenons, vos prenèz*, etc.

4. — La troisième pers. du pluriel est en **ent**, excepté pour le verbe *faire* : *font*. **Féent** du Fragm. de Valenciennes est régulier, mais ce n'est qu'une forme dialectale qui ne paraît pas avoir vécu longtemps.

5. — Conjugaison des types principaux de la quatrième conjugaison.

Batre. — Jo bat, tu baz, il bat, nos batons, vos batèz, il batent.

Beivre. — Jo beif, tu beis, il beit, nos bevons, vos bevèz, il beivent.

Clodre. — Jo clot, tu cloz, il clot, nos clodons, vos clodèz, il clodent.

Creidre. — Jo creit, tu creiz, il creit, nos credons, vos credèz, il creident.

Creistre. — Jo creis, tu creis, il creist, nos creissons, vos creissièz, il creissent.

Dire. — Jo di, tu dis, il dit, nos dimes (disons), vos dites, il dient (disent).

Duire. — Jo dui, tu duis, il duit, nos duisons, vos duisièz, il duisent.

Faire. — Jo faz, tu fais, il fait, nos faimes (faisons), vos faites, il font.

Feindre. — Jo feing, tu feins, il feint, nos feignons, vos feignièz, il feignent.

Lire. — Jo li, tu lis, il list, nos leisons, vos leisèz, il lisent.

Naistre. — Jo nais, tu nais, il naist, nos naissons, vos naissièz (naissèz), il naissent.

Nuire. — Jo nuiz, tu nuis, il nuit, nos nuisons, vos nuisièz (nuisèz), il nuisent.

Pèrdre. — Jo pèrt, tu pèrz, il pèrt, nos perdons, vos perdèz, il pèrdent.

Plaindre. — Jo plaing, tu plains, il plaint, nos plaignons, vos plaignièz (plaignèz), il plaignent.

Poindre. — Jo poing, tu poins, il point, nos poignons, vos poignièz (poignèz), il poignent.

Prèndre. — Jo prènt, tu prènt, il prènt, nos prenons, vos prenèz, il prènent.

Ridre. — Jo rit, tu riz, il rit, nos ridons, vos ridèz, il rident.

Taire. — Jo taz, tu tais, il tait, nos taisons, vos taisièz, il taisent.

Vivre. — Jo vif, tu vis, il vit, nos vivons, vos vivèz, il vivent.

2. — *Présent du subjonctif*

Première conjugaison

1re per. sing. — **Alge** (*alér*, Alex. 27 e); **esclair** (*exclariem*, Rol. 322); **envei** (*inviem*, Rol. 493); **guart** (v. *guardér*, Alex. 46 d); **plor** (*plorem*, Rol. 2915); **remèmbre** (*rememorem*, Rol. 489); **repaidre** (*repatriem*, Rol. 310); **mat** (v. *matér*, Rol. 893); etc.

2e pers. sing. — *Que t'en* **alges** (v. *alér*, Rol. 2978); **sons** (*sŏnes*, Rol. 1027); etc.

3e pers. sing. — **aiüt** (*aiutet*, Lég. 40 e; ms : *aiud*); **achat** (*accaptet*, Alex. 125 c; ms L : *acat*); **adort** (*adoret*, Rol. 854); **adeist** (*addēset* pour *addenset*, de *addensare* = toucher, Rol. 2436); **algęt** (v. *alér*, Alex. 111 d); **alt** (v. *alér*, Rol. 2034, 2617, 3340); **blast** (v. *blasmér*, Rol. 1546; ms : *blasme*); **doinst** (v. *donér*, Alex. 62 d, 66 d, 74 d; ms L : *duins*); **chapleit** (*capulicet*, *caplĭc't* ou mieux *capulĭet*, Rol. 3462, à l'assonance); **chevalzt** (*caballicet*, *cavalcet*, Rol. 2109); **claimt** (*clamet*, Rol. 1522); **reflambeit** (*reflambĭcet*, *reflambĭet*, Rol. 1003, à l'assonance); **otreit** (*auctorĭcet*, *auctrĭet*, Rol. 1008); **empleit** (*implicet*, *implĭet*, Rol. 1013); **guerreit** (*werricet*, *werrĭet*, Rol. 579); **demant** (*demandet*, Rol. 1482); **demeint** (*demĭnet*, Rol. 1845); **colzt** (*collocet*, *colcet*, Rol. 2682); **degnęt** (*dignet*, Eul. 26); **enseint** (*insignet*, Alex. 63 b; ms L : *anseinęt*, ou l'ę est peut-être destiné à soutenir le groupe **gn** représenté ici par *n*; mais cette forme est due au scribe; au xie siècle, la mouillaison se perd devant *t*); *se* **demènt** (v. *se dementér* = *dementare*, Rol. 1835); **cravènt** (*crepentet*, Rol. 228); 1430); **chant** (*cantet*, Rol. 1474); *s'*espaènt (*expaventet*, Rol. 1430); **doinset** (v. *donér*, Rol. 2016); **jugęt** (*judicet*, Rol. 3789); **guart** (v. *guardér*, Alex. 46 d; ms L : *guard*); **laist** (*laxet*, Eul. 28); **merveilt** *mirabiliet*, Rol. 571); **mont** (*montet*, Rol. 228); **pardoinst** (v. *pardonér*, Alex. 57 d; ms L : *parduinst*); **prist** (*precet*, Rol. 854); **parolt** (*paraulet*, Rol. 1206); **peist** (*peset* pour *penset*, Rol. 1279); **plort** (*ploret*, Rol. 3364); **lot** (*laudet*, Rol. 1546); **port** (*portet*, Rol. 2687); **remut** (*remutet*, v. *remudér*, mod. *remuer*, Rol. 779); **report** (*reportet*, Alex. 111 e); **ranciet** (*renĕget*, Eul. 6); **sont** (*sonet*, Rol. 418); **servęt** (*servet*, Rol. 2254, à l'assonance : *aire* : *celêste* : *sèrvęt* : *prophète*, etc.); **sazit** (*satĭet*, Alex. 93 d); **tint** (*tinnitet*, Rol. 411); **vant** (*vanitet*, *vantet*, Rol. 3974); etc.

1re pers. pluriel. — **Dejetons** (*dejactemus*, Rol. 226); **chantoms** (*cantemus*, Lég. 1 f); etc.

2ᵉ pers. pluriel. — **Aidièz** (*ajutatis* pour *ajutetis*, Rol. 623; ms : *aidèz*; mais on sait que les Anglo-Normands ont l'habitude de réduire en *e* la diphtongue *iè*); **algièz** (v. *alér*, Rol. 2673); **clamèz** (Rol. 3809); **portèz** (Rol. 3538); **tornèz** (Rol. 650); etc.

3ᵉ pers. pluriel. — *S'en* **algęnt** (v. *alér*, Rol. 2061, 3476); **guardęnt** (Rol. 2713); *que s'ènt* **ralgęnt** (Lég. 20 f); etc.

Remarques. — 1. — La première personne présente plusieurs cas distincts : 1º Si le thème se termine par une consonne simple ou par deux consonnes dont la seconde est une explosive dentale ou labiale, il n'y a pas d'ę muet, l'ę de la finale *em* tombant purement et simplement : *jo plor* (*plorér*), *jo lot* (*lodér*), *jo guart* (*guardèr*), *jo port* (*portèr*), *jo vant* (*vantèr*); etc. Il est à peine besoin d'ajouter que les explosives douces se relèvent en la forte correspondante. 2º Si le thème se termine par deux consonnes dont la seconde est une gutturale palatale, celle-ci se résout en la sifflante *z* et n'agit généralement pas sur la voyelle du thème, qui est entravée : Jo **nonz** (*nunciem*), jo **enchalz** (*incalciem*), jo **chevalz** (*caballicem, cavalcem*), jo **juz** (*judicem, jud'ce*); etc. 3º Si le thème se termine par une gutturale palatale simple, celle-ci se change en la sifflante *s* et agit sur la voyelle du thème : Jo **pris** (*prĕce*). Il devait en être de même, à l'origine, des verbes en *icare* : *Jo otris* (*auctrice*), *jo emplis* (*implice*), etc.; mais, comme au présent de l'indicatif, ces verbes ont subi de très bonne heure l'influence analogique des verbes en *iare*, de sorte qu'avant le xiᵉ siècle on disait et l'on écrivait déjà : *Jo otrei, jo emplei, jo hostei*, etc. Elle ne tardera même pas beaucoup à se faire sentir sur les verbes en *care* précédés de ĕ bref, de sorte qu'on arrivera, peut-être dès la fin du xiᵉ siècle, à *jo pri* (*prĕce*). 4º Si le thème se termine par les groupes *ntr, vr, mbl, mbr, rbl, ng, sm, ss, dr, gl, rgn, str*, qui ont besoin, pour la prononciation, d'une voyelle d'appui, le verbe prend ę muet dès les origines : *jo èntre, jo livre, jo remèmbre, jo sèmble, jo torble, jo rènge, jo pasme, jo trosse, jo repaidre, jo sigle, jo espargne, jo mostre*. Il est possible qu'à la fin du xiᵉ siècle on ait dit : *jo juge*; cette supposition est autorisée par la 3ᵉ personne *jugęt*, où la syllabe est nécessaire à la mesure du vers 3789 du Roland : *N'i at Franceis qui vos* **jugęt** *a pèndre*.

2. — La 2ᵉ personne présente identiquement les mêmes particularités que la première.

3. — La 3ᵉ personne du singulier a partout *t*. On y retrouve les mêmes catégories qu'à la 1ʳᵉ et à la 2ᵉ pers. du singulier. Par conséquent l'on conjugue : 1º *il plort, il lot, il guart, il port, il*

vant; 2º quand le thème se termine par deux consonnes dont la seconde est une palatale, celle-ci se résout en *z* devant *t* : il **nonzt** (*nunciet*), il **enchalzt** (*incalciet*), il **chevalzt** (*cavalcet*), il **colzt** (*collocet, colcet*), il **juzt** (*judicet*); mais nous venons de voir que l'analogie a déjà, dans le Roland, transformé *juzt* en *jugęt*. Si ce texte présente encore *chevalzt, colzt*, il n'en est pas moins vrai que la transformation est commencée : *nonzt, enchalzt, chevalzt, colzt* ne sont pas encore sortis de l'usage, mais les dernières années du xiᵉ siècle verront employer plus souvent, et d'une manière courante, *il noncęt, il enchalcęt, il chevalchęt, il colchęt*, comme il *jugęt*. 3º Les mêmes observations s'appliquent à *il prist* (*precet*) et aux formes analogues; bientôt on aura *prit*; quant aux verbes en *ĭcare*, l'analogie de *ĭare* a supprimé le *c*, comme à la première personne, de très bonne heure; de là *il otreit* (*auctrĭet* pour *auctoricet*), il *empleit* (*implicare*), *il hosteit* (*hosticare*), etc. 4º Les groupes qui admettent l'*ę* muet d'appui sont les mêmes qu'à la 1ʳᵉ personne : *il entręt, il livręt*, etc.

4. — La 1ʳᵉ pers. du pluriel est en *ons* (=*ōmus* pour *ēmus*). De la substitution de *ōmus* à *ēmus*, qui a donné primitivement *ems, eins*, il résulte partout *ons*, jamais *ions* : *mandons, laissons, portons, dreçons, colchons, engeignons*, etc.

Lorsque le radical se termine par les gutturales *c* ou *g*, qui deviennent respectivement *c* doux, *g* doux devant la terminaison *ēmus*, elles conservent le son doux devant *omus*, de sorte que *vind'gemus, caval'çemus, mand'gemus*, par exemple, deviennent *vind'jomus, caval'çomus, mand'jomus*. Si donc *vind'jomus, mand'jomus* donnent régulièrement en roman *venjons, manjons, caval'çomus* aboutit non moins régulièrement à *chevalzons*; *col'çomus* à *colzons*. Ces formes ont sans doute existé à l'origine; mais l'analogie du présent de l'indicatif et de l'infinitif ont rapidement transformé *chevalzons, colzons* en *chevalchons, colchons*; et, de même, *preisons, otreisons, palmeisons, guerreisons*, etc., si tant est que ces formes aient eu cours pendant quelques années, ont été bientôt remplacés par *preions, otreions, palmeions, guerreions*, etc.

5. — La 2ᵉ pers. du pluriel est en **ėz** (= *ātis* pour *ĕtis*). *Etis* a donné *ei* dont on trouve des traces (*parloiz, entroiz* dans Chrestien de Troyes, par exemple, au xɪɪᵉ siècle). Le subjonctif primitif des verbes *colchièr, chevalchièr, aidièr, noncièr, lodèr, preiièr, otreiièr*, etc., devait donc être : *colseiz* (*colcētis*), *chevalceiz* (*cavalcētis*), *aideiz* (*ajutētis*), *nonceiz* (*nunciētis*), *lodeiz* (*laudētis*), *preiseiz* (*precētis*), *otreiseiz* (*auctricētis*), etc. Ce ne sont guère que des

formes théoriques; du moins on ne les trouve nulle part; d'ailleurs, par la substitution de *ātis* à *ētis*, elles seraient rapidement devenues *colziéz* (*colçatis*), *chevalziéz* (*cavalçatis*), *aidiéz* (*ajūtatis*), *nonziéz* (*nunciatis*), *lodéz* (*laudatis*), *preisiéz* (*preçatis*), *otreisiéz* (*auctriçatis*), etc. *Aidiéz*, *lodéz* et les formes analogues devaient rester sans changement, mais il n'en était pas de même de celles qui avaient *z* ou *s* provenant de la gutturale appuyée ou libre : comme aux trois personnes du sing. et à la 1re pers. du pluriel, l'analogie a, de très bonne heure, substitué *ch* à *z* dans les verbes en *care* appuyé et a fait tomber *s* dans les verbes en *care* simple. Probablement avant le xie siècle, on disait donc : *vos colchièz, vos chevalchièz, vos aidièz, vos noncièz, vos lodéz, vos preiièz, vos otreiièz*, etc.

6. — La 3e personne du pluriel est sans conteste en *ęnt*, et, comme aux autres personnes, le *z* ou l'*s* provenant de la gutturale palatale devant le latin *ent* a dû tomber dès le xe siècle, sinon avant. Au xie siècle, on ne disait donc plus *colzęnt* (= *col'çant* pour *collocent*), *chevalzęnt* (*caval'çant* pour *caballicent*), *prisęnt* (*preçant* pour *precent*), *otrisęnt* (*auctriçant* pour *auctoricent*), etc., mais, par analogie, *colchęnt, chevalchęnt, prięnt, otrięnt* ou même *otreięnt*.

7. — Deux formes verbales du texte d'Eulalie méritent une mention spéciale; on lit, au vers 26 : *tuit oram que por nos* **degnęt** *preiièr*. *Degnęt* correspond exactement à *dĭgnet*, et, au xe siècle, on s'attendrait à *deint*. *I* bref ne s'est pas diphtongué, mais a mouillé *n*, d'où *gn*. Est-ce pour soutenir *n* mouillée que l'auteur a écrit *degnęt*? En ce cas, on pourrait, à moins de considérer cette forme comme purement dialectale, admettre que l'addition d'un *ę* muet a commencé dès les premières années du xe siècle au plus tard.

L'*ę* de *raneięt* (= *renĕget*) dans cette phrase *Elle nont eskoltęt les mals consellièrs — Qu'èlle Deo* **raneięt** (v. 6) ne s'explique guère, et la forme tout entière est irrégulière, car *renĕget* pouvait tout au plus donner *ranit*.

7. — *Résumé*. — Conjugaison des types principaux.

1° Verbes terminés par une consonne simple non gutturale ou par deux consonnes dont la seconde n'est pas une gutturale.

Adobèr. — Jo adop, tu ados, il adot, nos adobons, vos adobéz, il adobęnt.

Clamèr. — Jo claim, tu claims, il claimt, nos clamons, vos claméz, il claimęnt.

Conservèr. — Jo consèrf, tu consèrs, il consèrt, nos conservons, vos conservéz, il consèrvęnt; *mais déjà aussi* : jo consèrve, tu consèrves, il consèrvęt.

Laissièr. — Jo lais, tu lais, il laist, nos laissons, vos laissièz, il laissent.

Lavèr. — Jo lèf, tu lès, il lèt, nos lavons, vos lavèz, il lèvent.

Lodèr. — Jo lot, tu loz, il lot, nos lodons, vos lodéz, il lodent.

Mandèr. — Jo mant, tu manz, il mant, nos mandons, vos mandèz, il mandent.

Portèr. — Jo port, tu porz, il port, nos portons, vos portèz, il portent.

Tornèr. — Jo torn, tu torz, il tort, nos tornons, vos tornéz, il tornent.

2° Verbes dont le thème se termine par deux consonnes qu'il est impossible de prononcer sans l'appui d'un *e* muet (groupes romans *ntr, vr, mbr, mbl, rbl, ng* (ne pas confondre avec les groupes *ng, gn* représentant *n* mouillée), *sm, ss, dr, gl, rgn, str*).

Repaidrièr. — Jo repaidre, tu repaidres, il repaidret, nos repaidrons, vos repaidrièz, il repaidrent.

Siglèr. — Jo sigle, tu sigles, il siglet, nos siglons, vos siglèz, il siglent.

3° Verbes dont le thème se termine par deux consonnes dont la seconde est une gutturale (*c* ou *ci, ti, g*).

Cerchièr. — Jo cèrz, tu cèrz, il cèrzt, nos cerchons, vos cerchièz, il cèrchent.

Chevalchièr. — Jo chevalz, tu chevalz, il chevalzt, nos chevalchons, vos chevalchièz, il chevalchent.

Colchièr. — Jo colz, tu colz, il colzt, nos colchons, vos colchièz, il colchent.

Jugièr. — Jo juz, tu juz, il juzt, nos jujons, vos jugièz, il jugent; *mais déjà aussi* : jo juge, tu juges, il juget.

Vengièr. — Jo vènz, tu vènz, il vènzt, nos venjons, vos vengièz, il vèngent; *mais déjà aussi* : jo vènge, tu vènges, il vènget.

4° Verbes en *care, gare* précédé de *ĕ* bref latin.

Neiièr (negare). — Jo ni, tu nis, il nit, nos neions, vos neiièz, il nient.

Preiièr (precare). — Jo pris, tu pris, il prist, nos preions, vos preiièz, il prient.

5° Verbes en *ĭcare*.

Flambeiièr (flammicare). — Jo flambeï, tu flambeis, il flambeit, nos flambeions, vss flambeiièz, il flambeient.

Leiièr (ligare). — Jo lei, tu leis, il leit, nos leions, vos leiièz, il leient (lient).

Otreiièr (auctricare). — Jo otrei, tu otreis, il otreit, nos otreions, vos otreiièz, il otreient (otrient).

8. — *Irréguliers*. — Leurs formes sont en général tirées par analogie du présent de l'indicatif.

Alér. — Jo vois, tu vois, il voist (voiset), nos voisions, vos voisièz, il voisent.—Jo alge, tu alges, il alget (alt), nos aljons (alions), vos algièz (aillièz), il algent.

Donér. — Jo doinse, tu doinses, il doinset (doinst), nos doinsons, vos doinsièz, il doinsent.

Rovér. — Jo ruisse, tu ruisses, il ruisset (ruist), nos ruissons, vos ruissièz, il ruissent.

Trovér. — Jo truisse, tu truisses, il truisset (truist), nos truissons, vos truissièz, il truissent.

Ce verbe forme son subjonctif, comme on le voit, à l'imitation de *puisse, truisse*.

Aidièr. — Jo aiüt, tu aiüz, il aiüt, nos aidons, vos aidièz, il aiüdent.

Mangièr. — Jo manduis, tu manduis, il manduist, nos manjons, vos mangièz, il manduient.

Bientôt ce verbe fera : *jo manju, tu manjus, il manjut, nos manjons, vos mangièz, il manjuent*; puis, avec la disparition de l'*u*, même aux formes fortes : *je mange, tu manges, il mange, nos manjons, vos mangièz, il manjent*; et enfin, au xive siècle : *vous mangez*. Quant à *aidièr*, il commencera, au xiie siècle, à perdre l'*u* aux formes fortes.

Présent du subjonctif (suite). — *Seconde conjugaison*

Verbes non inchoatifs.

1re pers. sing. — **Moerge** (*moriam*, Rol. 359); **sèrve** (*serva* pour *serviam*, Alex. 99 e); **viènge** (*veniam*, Rol. 2939); etc.

2e pers. sing. — Pas d'exemples.

3e pers. sing. — **Consèntet** (*consentat* pour *consentiat*, Rol. 1589, 3013; ms : *consente*); **fuiet** (*fugiat*, Rol. 2309); **departet** *departat* pour *departiat*, Rol. 3480); **fièrget** (*feriat*, Rol. 3559); **sèrvet** (*servat*, pour *serviat*, Rol. 3272; ms : *serve*); **suefret** *sufferat*, Rol. 1774); **tiènget** (*teneat, teniat*, Rol. 2294); **viènget** (*veniat*, Rol. 1021, 1744, 2146); etc.

1re pers. pluriel. — **Morions** (*moriomus*, Rol. 227, 1475); **departons** (*departomus = departamus = departiamus*, Rol. 1900); **reveignons** (*reveniomus*, Rol. 2439; ms : *revengium*); etc.

2e pers. pluriel. — **Socorèz** (*succurratis*, Rol. 2786).

3e pers. pluriel. — **Quièrgent** (forme analogique d'après *fièrgent*, *tièngent*, Alex. 60 b); **tièngent** (*těneant, těniant,* Alex. 108 d); **vièngent** (*věniant,* Rol. 1838); etc.

Verbes inchoatifs

Les formes sont rares dans nos anciens textes, et les quelques exemples que l'on trouve sont de la 3e personne du singulier ou du pluriel; mais ils suffisent pour augurer du reste : **convertisset** (Rol. 3674); s'**esclargisset** (*v. esclargir*, Rol. 958); **guarisset** (*v. guarir*, Rol. 1837; Pèlerin. 305); **guarantisset** (Rol. 3277); **guerpisset** (Rol. 2683); **baillissent** (Rol. 2349).

REMARQUES. —1.—Les trois personnes du singulier ainsi que la 3e du pluriel sont entièrement régulières et terminées respectivement en *e, es, et, ent* (= *am, as, at, ant*).

2. — La 1re personne du pluriel est tantôt en *ons* (= *omus* pour *amus*), tantôt en *ions* (= *iomus*) pour les verbes qui ont conservé l'*i* latin : *morions* (= *moriomus*). Primitivement, *i-ons* forme deux syllabes; mais, au XIe siècle, la contraction en une seule syllabe se fait déjà : *Ne li chalt, sire, de quel mort nos morions* (Rol. 227); on pourrait restituer, il est vrai, *de quel mort morions* (*mo-ri-ons*), en attribuant au scribe du XIIe siècle l'addition de *nos*; mais, au vers 1475 du même texte, il faut admettre **morions** en deux syllabes : *aséz est mièlz que morions combatant*.

3. — Les mêmes observations s'appliquent à la deuxième pers. du pluriel.

4. — Les verbes dont le radical se termine par *n* suivie d'un *i* palatal mouillent cette *n* à toutes les personnes, ou bien consonnifient l'*i* palatal sans mouiller *n* : *jo viègne* (*veniam*) ou *jo viènge*; *nos veignons* (*veniomus*) ou *nos venjons*; etc.

5. — Quand la consonne précédant l'*i* palatal est *r*, l'*i* palatal cesse d'agir sur la voyelle du thème, s'il se consonnifie : *moriam* donne *jo moerge* ou *jo muire*; de même *fĕriam* aboutit à *jo fièrge*.

Il faut remarquer la forme analogique *jo quièrge*, de *quèrre* ou *querir*.

6. — Les subjonctifs latins *amus, iamus* ont dû donner et ont donné effectivement *ains, iains*, dont il reste des traces dans certains patois.

7. — L'analogie des formes de la première et de la deuxième pers. du pluriel en *ions, ièz*, aidée par l'analogie de l'imparfait de l'indicatif, devait opérer, vers le commencement du XIIIe siècle, une

transformation importante dans le présent du subjonctif de toutes les conjugaisons.

Mettons en présence le prés. du subj. *moriomus, moriatis*, et l'imparfait de l'indicatif *morevomus, morevatis* (= *moriebamus moriebatis*).

Nous savons déjà que *moriomus, moriatis* donnent respectivement **mori-ons** (*morions*), **moriièz** (*morièz*), mais *morevomus, morevatis*, devenant successivement *moreomus, moreatis* — *moriomus, moriatis*, aboutissent également à *mori-ons, mori-ièz*, puis à *mo-rions, morièz*, comme au subjonctif.

Cette ressemblance des deux temps existe dans tous les verbes qui avaient maintenu, dans le latin vulgaire, l'*i* palatal ; elle s'appliquera successivement aux verbes en *io* qui, comme *partio, sentio, mentio*, etc., avaient perdu cet *i* dans le passage du latin au roman, puis aux verbes en *eo*, comme *debeo*, qui changent si facilement *eo, ea* en *io, ia* (*debeamus, debeatis* — *deviomus, deviatis*) ; d'où *devions, devièz* ; et enfin, par la force de l'analogie, aux verbes dont la première et la deuxième pers. du pluriel étaient en *omus* (pour *amus*), *atis*, et même à ceux de la première conjugaison ; d'où, d'une part : *nos vendions, vos vendiez* ; et, de l'autre : *nos portions, vos portiez*, formes identiques à celles de l'imparfait de l'indicatif.

8. — Conjugaison des principaux types de verbes non inchoatifs.

Acoillir. — Jo acoeille, tu acoeilles, il acoeillet, nos acoillons, vos acoillièz, il acoeillent.

Asalir. — Jo asaille, tu asailles, il asaillet, nos asaillons, vos asaillièz, il asaillent.

Benedir. — Jo benedie, tu benedies, il benediet, nos benedisons, vos benedisièz, il benedient.

Corir. — Jo core, tu cores, il coret, nos corons, vos coréz, il corent.

Dormir. — Jo dorme, tu dormes, il dormet, nos dormons, vos dorméz, il dorment.

Eissir. — Jo isse, tu isses, il isset, nos eissions, vos eissièz, il issent.

Ferir. — Jo fièrge, tu fièrges, il fièrget, nos ferjons (ferions), vos fergièz (feriièz), il fièrgent.

Fuïr. — Jo fuie, tu fuies, il fuiet, nos fuiions, vos fuiièz, il fuient.

Gesir. — Jo gice, tu gices, il gicet, nos geisons, vos geisièz, il gicent.

Morir. — Jo muire, tu muires, il muiret, nos morions, vos morièz, il muirent.

Jo moerge, tu moerges, il moerget, nos morjons, vos morgièz, il moergent,

Mentir. — Jo mènte, tu mèntes, il mèntet, nos mentons, vos mentèz, il mèntent.

Odir. — Jo oie, tu oies, il oiet, nos oions, vos oiièz, il oient.

Partir. — Jo parte, tu partes, il partet, nos partons, vos partèz, il partent.

Querir. — Jo quièrge, tu quièrges, il quièget, nos querjons (querions), vos quergièz (queriièz), il quièrgent.

Tenir. — Jo tiègne, tu tiègnes, il tiègnet, nos teignons, vos teignièz, il tiègnent.

Jo tiènge, tu tiènges, il tiènget, nos tenjons, vos tengièz, il tièngent.

Tolir. — Jo toille, tu toilles, il toillet, nos toillons, vos toillièz, il toillent.

Jo tolge, tu tolges, il tolget, nos toljons, vos tolgièz, il tolgent.

Venir. — Jo viègne, tu viègnes, il viègnet, nos veignons, vos veignièz, il viègnent.

Jo viènge, tu viènges, il viènget, nos venjons, vos vengièz, il vièngent.

9. — La conjugaison des inchoatifs est des plus simples : on y retrouve invariablement *isse, isses, isset, issons, issèz, issent* (= *iscam, iscas, iscat, iscomus, iscatis, iscant*, devenu par métathèse : *icsa, icsas, icsat, icsomus, icsatis, icsant* ; puis, par assimilation de *c* à *s* : *issa, issas, issat, issomus, issatis, issant*.

Fenir. — Jo fenisse, tu fenisses, il fenisset, nos fenissons, vos fenissèz, il fenissent.

Tradir. — Jo tradisse, tu tradisses, il tradisset, nos tradissons, vos tradissèz, il tradissent.

Présent du subjonctif (suite). — *Troisième conjugaison*

1re pers. sing. — **Aie** (*habeam, aia*, Rol. 2901) ; **puisse** (*pocsa* = *possim*, Alex. 31 c) ; **remaigne** (*remaneam*, Rol. 3719) ; etc.

2e pers. sing. — **Aies** (*habeas, aias*, Rol. 1958).

3e pers. sing. — **Arde** (pour *ardet* = *ardat* = *ardeat*, Eul. 19) ; **deiet** (*debat* = *debeat*, Rol. 757) ; **chièdet** (*cadat*, Rol. 769) ; **aiet** (*habeat*, Alex. 102 e) ; **ait** (*habeat*, Rol. 82, 1047) ; **oillet** (*oleat*, Poème rel. 29) ; **puisset** (*pocsat*, Val., vo 28 ; Alex. 118 e) ; **veiet** (*vĭdat*, mais le *d* médial est tombé sous l'action de la palatale de *videat, vidiat*, Rol. 2004) ; **sachet** (*sapiat*, Alex. 50 d) ; **remai-**

gnẹt (*remaneat, remaniat*, Rol. 1848) ; **voeillẹt** (*voliat*, Rol. 24, 39, 1419, 2168, etc.) ; etc.

1re pers. plur. — **Aions** (*habeamus, aiomus*, Rol. 60) ; **puissons** (*pocsomus*, Alex. 74 e) ; etc.

2e pers. plur. — **Aiest** (*habeatis, aiatis*, Val., vᵒ 29) ; **aiièz** (*aiatis*, Rol 239, 1045) ; **puissièz** (*pocsatis*, Rol. 480) ; **recevèz** (*recipatis* pour *recipiatis*, Rol. 431) ; etc.

3e pers. plur. — **Puissẹnt** (*pŏcsant*, Alex. 63 b ; ms L : *poissẹnt* ; de même Rol. 3045) ; **remaignẹnt** (*remaneant*, Rol. 3623 ; ms : *remainẹnt*) ; **sachẹnt** (*sapiant*, Rol. 3136 ; ms : *sacẹnt*) ; **voeillent** (*voliant*, Alex. 120 b ; ms L : *voilẹnt* ; Rol. 1626 ; ms : *voelẹnt*) ; etc.

REMARQUES. — 1. — Les trois personnes du singulier sont régulières en *e, es, ẹt* (= *am, as, at*), ainsi que la troisième du pluriel en *ẹnt* (= *ant*). Si Eulalie porte **arde** au lieu de **ardẹt** (= *ardat*, vers 19), cela est probablement dû au mot suivant *tost* qui commence par un *t* et empêche celui de *arde* de se faire sentir.

2. — Le verbe *aveir* fait *aiẹt* jusqu'au milieu du xıe siècle : *e ço li priẹnt que d'èls* **aiẹt** *mercit* (Alex. 102 e : la prononciation de la muette *ẹt* est nécessaire à la mesure du vers) ; mais le Roland réduit déjà cette forme à **ait** : *por le soen deu, qu'il* **ait** *mercit de mei* (82) ; *Diẹnt Franceis, dehait* **ait** *qui s'en fuit* (1047).

3. — La première personne du pluriel est en *ons*, même pour les verbes qui, comme *voleir, valeir*, avaient maintenu l'*i* palatal ; cet *i* palatal mouille la liquide : *nos voillons, nos vaillons. Saveir* fait *sachons*.

4. — La deuxième personne est *ẹz* ; elle est en *iẹz* pour les verbes qui avaient gardé *i* palatal dans la langue vulgaire latine ; on sait, en effet, que *a* latin infecté de *j* devient *iè* ; il en est de même lorsque le thème se termine par une gutturale ; de là *voilliẹz* (*voliatis*), *puissièz* (*pocsatis*), *sachièz* (*sapjatis*).

5. — Exemples de la troisième conjugaison.

Ardeir. — Jo arde, tu ardes, il ardẹt, nos ardons, vos ardèz, il ardẹnt.

Asedeir. — Jo asiède, tu asièdes, il asièdẹt, nos asedons, vos asedèz, il asièdẹnt.

Aveir. — Jo aie, tu aies, il aiẹt (ait), nos aions, vos aiièz, il aiẹnt.

Chadeir. — Jo chiède, tu chièdes, il chièdẹt, nos chadons, vos chadèz, il chièdẹnt.

Chaleir. — Jo chaille, tu chailles, il chaillẹt, nos chaillons, vos chaillièz, il chaillẹnt.

Dès le xie siècle, et peut-être avant, ce verbe ne s'emploie guère que comme impersonnel.

Deveir. — Jo deie, tu deies, il deiet, nos devons, vos devèz, il deient (deivent).

Podeir. — Jo puisse, tu puisses, il puisset, nos puissons, vos puissièz, il puissent.

Remaneir. — Jo remaigne, tu remaignes, il remaignet, nos remaignons, vos remaignièz, il remaignent.

Saveir. — Jo sache, tu saches, il sachet, nos sachons, vos sachièz, il sachent.

Soleir. — Jo soeille, tu soeilles, il soeillet, nos soillons, vos soillièz, il soeillent

Vedeir. — Jo veie, tu veies, il veiet, nos veons (vedons), vos veèz (vedèz), il veient.

Voleir. — Jo voeille, tu voeilles, il voeillet, nos voillons, vos voillièz, il voeillent.

Présent du subjonctif (suite). — *Quatrième conjugaison*

1re pers. sing. — **Face** (*faciam*, Rol. 275, 319, 653) ; **mète** (*mĭttam*, Alex. 42 d) ; **pèrde** (*perdam*, Alex. 12 e) ; **seie** (*siam = sim*, Rol. 3757 ; Pèler. 695).

2e pers. sing. — Pas d'exemples.

3e pers. sing. — **Confondet** (*confundat*, Rol. 788) ; **diet** (*dicat*, Rol. 424) ; **facet** (*faciat*, Rol. 1856) ; **derompet** (*derumpat*, Rol. 19) ; **fazet** (*faciat*, Serm. I) ; **placet** (*placeat, placiat*, Rol. 358) ; **ocidet** (*occidat*, Rol. 391) ; **pèrdet** (*perdat*, Rol. 1090) ; **prènget** (*prendat*, forme analogique, Alex. 8 d) ; **ridet** (*ridat = rideat*, Rol. 959) ; **respondet** (*respondat = respondeat*, Rol. 22) ; **tolget** (*tolliat*, forme analogique d'après les verbes en *eam, iam*, Al. 101 e) ; **seit** (*siat*, originairement *seiet*, Alex. 5 e, 13 e, 17 e ; etc ; Rol. 3609, etc.) ; **tramètet** (*tramittat*, Rol. 1565 ; ms : *tramète*) ; **vèndet** (*vendat*, Rol. 1924) ; **vivet** (*vivat*, Alex. 42 b ; Rol. 497) ; etc.

1re pers. plur. — **Seions** (*siomus = siamus = simus*, Rol. 46, 1046, etc.).

2e pers. plur. — **Seièst** (*siatis*, Val., v° 29) ; **facièst** (*faciatis*, Val., v° 28).

3e pers. plur. — **Ocident** (*occidant*, Rol. 3537) ; **reconoissent** (*recognoscant, recognocsant*, Alex. 58 b) ; **seient** (*siant*, Rol. 811).

Remarques. — 1.— Les trois personnes du singulier, ainsi que la troisième pers. du pluriel, sont régulièrement en *e, es, ęt, ęnt* (= *am, as, at, ant*). La troisième personne sg. du verbe *èstre* : **seięt** (= *sĭat*) est déjà **seit** dans l'Alexis, qui porte cependant, nous l'avons vu plus haut : *aięt* (= *habeat*) et non *ait*.

2. — Le verbe *toldre* (ou *tolir*) forme son subjonctif d'après le type *iam, ias, iat*, etc. ; d'où **tolgęt** (Alex. 101 e). Il en est de même du v. prèndre : **prèngęt** (Alex. 8 d.). Si l'*i* de ces deux verbes et des verbes analogues ne se consonnifie pas, il en résulte une seconde forme avec *l* ou *n* mouillées : *jo toille* ou *jo prègne*.

3. — La première personne primitive du pluriel *amus* a donné régulièrement **ains**, que l'on retrouve au moyen âge, et aujourd'hui encore, dans quelques patois. La langue commune ne connaît que *ons*.

4. — La 2e pers. du pluriel est universellement en *ėz* (*ièz* pour les verbes qui, en latin, ont maintenu le *j* ou dont le thème se termine par une gutturale) : *vos ridėz, vos mordėz*, mais *vos toilliėz, vos seiièz, vos joigniėz, vos plaigniėz*, etc.

5. — Sous l'influence du présent de l'indicatif, le v. *dire*, qui se conjuguait sans *s* à toutes les personnes du présent du subjonctif (*jo die, tu dies, il dięt, nos* **dions**, *vos* **diièz**, *il dięnt*), a inséré de très bonne heure une *s* à la 1re et à la 2e pers. du pluriel : *nos disons, vos disièz* ; il en est de même pour le v. *lire*, sous l'influence du germanique *lesen*.

6. — Exemples de la 4e conjugaison. Types principaux.

Beivre. — Jo beive, tu beives, il beivęt, nos bevons, vos bevėz, il beivęnt.

Ce verbe aurait dû perdre la labiale *v* aux trois personnes du singulier et à la 3e personne du pluriel, mais l'analogie l'a maintenue ou rétablie.

Ceindre. — Jo ceigne, tu ceignes, il ceignęt, nos ceignons, vos ceigniėz, il ceignęnt.

Clodre. — Jo clode, tu clodes, il clodęt, nos clodons, vos clodėz, il clodęnt.

Conoistre. — Jo conoisse, tu conoisses, il conoisset, nos conoissons, vos conoissiėz, il conoissęnt.

Cosdre. — Jo cose, tu coses, il cosęt, nos cosons, vos cosėz, il cosęnt.

Creidre. — Jo creide, tu creides, il creidęt, nos credons, vos credėz, il creidęnt.

Crièndre. — Jo crième, tu crièmes, il crièmęt, nos cremons, vos cremėz, il crièmęnt.

Creistre. — Jo creisse, tu creisses, il creisset, nos creissons, vos creissièz, il creissent.

Cuire. — Jo cuice, tu cuices, il cuicet, nos cuisons, vos cuisièz, il cuicent.

Dire. — Jo die, tu dies, il diet, nos disons, vos disièz, il dient.

Duire. — Jo duie, tu duies, il duiet, nos duisons, vos duisièz, il duient.

Escrivre. — Jo escrive, tu escrives, il escrivet, nos escrivons, vos escrivèz, il escrivent.

Ici, le *v*, aux trois pers. sing. et à la troisième pers. du pluriel, est dû aussi à l'analogie.

Faire. — Jo face, tu faces, il facet, nos faisons, vos faisièz, il facent.

Fraindre. — Jo fraigne, tu fraignes, il fraignet, nos fraignons, vos fraignièz, il fraignent.

Gièndre. — Jo gième, tu gièmes, il gièmet, nos gemons, vos gemèz, il gièment.

Joindre. — Jo joigne, tu joignes, il joignet, nos joignons, vos joignièz, il joignent.

Lire. — Jo lise, tu lises, il liset, nos leisons, vos leisèz, il lisent.

Luire. — Jo luice, tu luices, il luicet, nos luisons, vos luisièz, il luicent.

Naistre. — Jo naisse, tu naisses, il naisset, nos naissons, vos naissièz, il naissent.

Pareistre. — Jo pareisse, tu pareisses, il pareisset, nos pareissons, vos pareissièz, il pareissent.

Plaire. — Jo place, tu places, il placet, nos plaisons, vos plaisièz, il placent.

Poindre. — Jo poigne, tu poignes, il poignet, nos poignons, vos poignièz, il poignent.

Prèndre. — Jo prènje, tu prènges, il prènget, nos prenjons, vos prengièz, il prèngent. Jo prègne, tu prègnes, il prègnet, nos pregnons, vos pregnièz, il prègnent.

Ridre. — Jo ride, tu rides, il ridet, nos ridons, vos ridèz, il rident.

Le *d* n'est pas tombé malgré *rideo, ridio, rideam, ridiam,* ce qui prouve que, dans le latin vulgaire, *rido* avait entièrement supplanté *rideo.*

Sivre. — Jo sive, tu sives, il sivet, nos sevons, vos sevèz, il sivent.

ÉTIENNE, *Lang. franç.,* I. 21

Somondre. — Jo somoigne, tu somoignes, il somoignęt, nos somoignons, vos somoigniėz, il somoignęnt.

Toldre. — Jo tolge, tu tolges, il tolgęt, nos toljons, vos tolgièz, il tolgęnt. Jo toille, tu toilles, il toillęt, nos toillons, vos toilliėz, il toillęnt.

Tordre. — Jo torge, tu torges, il torgęt, nos torjons, vos torgièz, il torgęnt.

Vèndre. — Jo vènde, tu vèndes, il vèndęt, nos vendons, vos vendėz, il vèndęnt.

3. — *Imparfait de l'Indicatif.* — *Les Quatre Conjugaisons*

1ʳᵉ pers. sing. — **Aveie** (*habebam*, Alex. 81 b; Rol. 2406) ; **atendeie** (*attendebam*, Alex. 96 d) ; **conoisseie** (*cognoscebam*, Alex. 87 c); **esteie** (*stabam*, Alex. 81 d ; Rol. 2860) ; **serveie** (*servebam* = *serviebam*, Rol. 3770) ; etc.

2ᵉ pers. sing. — **Aveies** (Alex. 82 c, 88 c); **perneies** (v. *prèndre*, Alex. 84 d) ; **vedeies** (*videbas*, Alex. 88 d).

3ᵉ pers. sing. — **Avardévęt** (*adwartabat*, Val. v° 8) ; **aveit** (Alex. 67 d, 114 b; Rol. 231) ; **deveit** (Alex. 16 b) ; **doceięt** (Val. v° 4) ; **depeçout** (v. *depeciėr*, Rol. 837) ; **ėręt** (*erat*, Eul. 12; Alex. 48 e, à l'assonance) ; **ėrt** (*erat*, Alex. 1 b, 1 c; Rol. 726) ; **esteit** (Alex. 48 e, 70 a, 75 c ; Rol. 2860) ; **penteięt** (*paenitebat*, Val. v° 25) ; **regnévęt** (*regnabat*, Lég. 3 c) ; **saveięt** (*sapebat* = *sapiebat*, Val. v° 4) ; **serveit** (*servebat* = *serviebat* (Lég. 4 f ; ms. *servier* ; Alex. 34 d, 68 a).

1ʳᵉ pers. pluriel. — **Avïons** (Rol. 1504).

2ᵉ pers. pluriel. — **Disiièz** (*dicebatis*, Rol. 1146).

3ᵉ pers. pluriel. — **ėręnt** (*erant*, Alex. 4 b) ; **diseięnt** (*dicebant*, Rol. 2560).

Remarques. — 1. — Comme nous l'avons vu en étudiant les transformations de la conjugaison latine, il ne restait, dans la langue vulgaire, que deux types d'imparfait : *ava, avas, avat, avomus, avatis, avant* pour les verbes de la première conjugaison ; *eva, evas, evat, evomus, evatis, evant* pour les trois autres.

2. — Dans la langue commune, le second type devait donner, par la chute régulière du *v* après la tonique et même avant la tonique par analogie : *eie, eies, eiet, i-ons, i-ièz, eient : jo deveie, tu deveies, il deveięt, nos devi-ons, vos deviièz, il deveięnt.* Ces formes ont passé, dès avant le xıᵉ siècle, aux verbes de la pre-

mière conjugaison, de sorte que l'on disait déjà *jo porteie, tu porteies, il porteięt, nos porti-ons, vos porti-ièz, il porteięnt.*

3. — Néanmoins les formes primitives de la première conjugaison ont donné des dérivés directs qui ont longtemps persisté dans notre langue ; la première pers. pluriel *ēvāmus* des deuxième, troisième et quatrième conjugaisons, qui a été supplantée par *ēvōmus*, a abouti régulièrement, dans l'est, à *camus, iamus,* **i-ains**, plus tard **i-ièns**, et plus tard encore **ièns**, que l'on retrouve, aujourd'hui même, pour tous les verbes, dans plusieurs patois : *je portiens, je disiens* (= *portiains, disiains*), etc.

4. — Le type de la première conjugaison *ava, avas, avat, avamus, avatis, avant,* a donné aussi, dans la partie orientale du domaine de la langue d'oïl qui comprend la Bourgogne et la Franche-Comté, par le maintien du *v* à toutes les personnes (maintien régulier à la première et à la deuxième pers. du pluriel, avant la tonique ; maintien analogique aux autres personnes, après la tonique) : **ève, èves, èvęt, evains, evéz, évęnt** ; mais *evains, evéz* ont été rapidement remplacés par *i-ens, i-ièz* des trois autres conjugaisons ; ainsi l'on disait : *jo portéve, tu portéves, il portévęt, nos porti-iens, vos porti-ièz, il portévęnt.*

5. — A l'ouest et dans toutes les dépendances du domaine picard (notamment Champagne et Lorraine), ce même type de la 1re conjugaison est devenu, par la vocalisation du *v* : *aa, aas, aat,… aant* (la 1re et la 2e personne du pluriel ont résisté à cette transformation) ; d'où en roman : *oe, oes, oęt, oęnt*; puis, pour donner plus de corps à *oe* : *oue, oues, ouęt* (*out*), *ouęnt* : *jo portoue, tu portoues, il portout, nos portions* (*portiiens*), *vos portiièz, il portouęnt.*

On peut considérer ces formes comme communes, au xie siècle, à tout le domaine de la langue d'oïl, excepté la Bourgogne et la Franche-Comté; mais ce serait une erreur de croire qu'elles s'appliquaient alors à tous les verbes de la première conjugaison : un grand nombre suivaient déjà la conjugaison en *eie, eies, eit, ions, iièz, eięnt*; quelques-uns seulement avaient retenu la conjugaison en *oue*, et ce nombre ira en diminuant avec les années; à la fin du xiie siècle, par exemple, cette catégorie se réduira à une douzaine de verbes environ.

Mais les dialectes ont maintenu longtemps les formes en *oue*; plusieurs les ont même appliquées à des verbes autres que ceux de la première conjugaison: c'est ainsi qu'en Champagne, aujourd'hui encore, l'on conjugue, mais à la 1re et à la 2e pers. du sing.

seulement : *j'étoue, je venoue, j'entendoue, je dormoue, je finis-
soue* ; *t'étoues* ; etc.

6. — Il importe de noter qu'à la 1re et à la 2e pers. du pluriel
i-ons, i-ièz forment deux syllabes distinctes au xie siècle encore :
*Nos n'***avïons** *plus vaillant. chevalièr* (Rol. 1504) ; *sire compaing,*
molt bien le **disiièz** (Rol. 1146).

7. — Au xie siècle, peut-être même avant, l'ę de **eięt** (= *evat*),
de **ouęt** (= *avat, auat*) et de **éręt** (= *erat*) avait disparu et ne
comptait plus dans la mesure du vers : *a son seignor qu'il* **aveit**
tant servit (Alex. 67 d) ; *qu'èntre mes poinz me* **depeçout** *ma*
hanste (Rol. 837) ; *si* **ért** *credance, dont or n'i at nul prot* (Alex.
1 c) ; *qu'il* **ért** *en France a sa chapèle ad Ais* (Rol. 726) ; et
cependant on lit, dans l'Alexis même : *Quèls om esteit ne de quèl*
tèrre il **éręt** (48 e).

8. — Les imparfaits en *ibam, ibas, ibat*, etc. de la quatrième
conjugaison auraient donné *ive, ives, ivęt, ivains, ivèz, ivęnt* ; d'où
ie, ies, ięt, iains, iiez, ięnt. C'est à ces formes qu'on a voulu rattacher le *fisient* (= *faciebant, facivant*) du Fragment de Valenciennes (vo 24, 27) ; mais M. G. Paris semble être dans le vrai en
considérant [1] *fisient* comme l'équivalent de *fisent* (=*fecerunt*).

4. — *Passé Défini. — Première Conjugaison*

1re pers. sing. — **Amai** (*amavi*, Alex. 97 c ; Rol. 1647)
comandai (*commandavi*, Pèlerin. 150).

2e pers. sing. — **Espargnas** (Rol. 3113) ; **laisas** (*laxasti*
Alex. 94 e).

3e pers. sing. — **adunat** (*adunavit*, Lég. 16 a) ; **amat** (Lég. 3 e)
alat (Alex. 18 a) ; **apelat** (Rol. 1112) ; **avalat** (Rol. 730) ; s'**aprois**
mat (Lég. 39 d) ; **jurat** (*juravit*, Serm. II) ; **edrat** (*iteravit*, Lég
12 c) ; **guardat** (Lég. 12 d ; ms : *garda*) ; **nonçat** (*nuntiavit*
Alex. 68 b) ; **rovat** (*rogavit*, Lég. 3 f) ; **volat** (*volavit*, Eul
25) ; etc.

1re pers. plur. — Pas d'exemples.

2e pers. plur. — **Asmastes** (*aestimastis*, Rol. 454) ; **baillastes**
(Rol. 3446)

3e pers. plur. — **Achedéręnt** (*accaptarunt*, Val. vo 24)
s'**adeséręnt** : **verséręnt** : **trovéręnt** : **relevéręnt** (Rol. 3652 e
ss) ; **controvéręnt** (Lég. 9 d) ; **enchalcièręnt** (Rol. 1627)
gettéręnt (Eul. 19) ; **preiéręnt** (Alex. 6 a) ; etc.

---

(1) *Romania*, VII, p. 121.

REMARQUES. — 1. — A la première personne du singulier, *ai* (= *a* + *i*) est une diphtongue forte *ai*.

2. — La deuxième et la troisième personne du singulier sont très régulières, l'une en *as* (= *asti*), l'autre en *at* (= *avit, av't, af't*).

3. — On peut conjecturer que *avimus* a donné *ames* de la même manière que *avit* est devenu *at*; *avimus, av'mus, af'mus* : d'où *ames*. Il n'est pas impossible de faire entrer en ligne de compte l'analogie de *somes, esmes*, formes dont nous avons déjà parlé. Quoi qu'il en soit, l'analogie de la deuxième personne pluriel *astes* (= *astis*) n'est pas une explication suffisante, puisque la troisième *arunt* a donné régulièrement *érent* et non *arent*. Cette dernière forme est cependant assez fréquente, mais dialectale.

4. — Le parfait de la première conjugaison est faible dans toute son étendue : *jo port-ai, tu port-as, il port-at, nos port-ames, vos port-astes, il port-èrent*. Les verbes en *ièr* ont *iè* à la troisième personne du pluriel : *jo colchai, tu colchas, il colchat, nos colchames, vos colchastes, il colchièrent* (*colcarunt*).

Parfait défini (suite). — Seconde conjugaison.

1° Conjugaison non inchoative.

1re pers. sing. — **Conquis** (*conquaesi*, Rol. 198, 2322-23-24); **odi** (*audivi*, Rol. 1384; Poème rel. 4); **vinc** (*veni*, Rol. 3774; Pèlerin. 154).

2e pers. sing. — **Mentis** (*mentisti*, Rol. 2384).

3e pers. sing. — **Acoillit** (Rol. 689); **benedist** (*benedixit*, Rol. 1137, 3066); **consentit** (*consentivit*, Lég. 12 c); **covit** (*cupivit*, Lég. 3 e); **conquist** (*conquaesit*, Rol. 3); **devint** (*devenit*, Lég. 5 f); **eissit** (*exivit*, Lég. 25 b); **ferit** (*ferivit*, Rol. 2338); *se* **jut** (*jacuit*, Rol. 2375); **odit** (*audivit*, Rol. 1767); **ovrit** (Rol. 2285); **recoillit** (Rol. 3210); **sostint** (*sustenuit*, Lég. 2 d); **tint** (*tenuit*, Lég. 5 d; Rol. 139); **vint** (*venit*, Rol. 627); etc.

1re pers. pluriel. — **Venimes** (*venīmus*, Rol. 197).

2e pers. pluriel. — **Venistes** (*venistis*, Rol. 2900; Pèlerin. 168).

3e pers. pluriel. — **S'enfuïrent** (*fugirunt* = *fugiverunt*, Rol. 686); **faillirent** (Rol. 2601); **jurent** (*jacuerunt*, Rol. 3653); **tindrent** (Rol. 2707, 2113); **vestirent** (Val. recto 24); **vindrent** (Lég. 20 c); etc.

2° Conjugaison inchoative.

2e pers. sing. — **Guaresis** (v. *guarir*, Rol. 3101); **saisis** (*sacistí*, pour *sacivistí*, Rol. 2293).

3e pers. sing. — **Guarit** (Rol. 1316); **nodrit** (*nutrivit*, Lég. 5 c; ms : *nonrit*; Alex. 7 b) ; **saisit** (*sacivit*, Rol. 2280).

Les exemples des autres personnes font défaut.

REMARQUES. — 1. — Parmi les verbes de la conjugaison non inchoative, les uns ont le parfait faible, les autres ont le parfait fort.

Ont le parfait faible en *i*, d'après le latin *ivi, isti* (= *ivisti*), *ivit, ivimus, istis* (= *ivistis*), *irunt* (= *iverunt*); d'où, par réduction : *i, isti, it, imus, istis, irunt*, et, en roman : *i, is, it, imes, istes, irẹnt*, les verbes *benedir, costodir, covrir, coillir, dormir, eissir, s'enfuïr, ferir, faillir, fodir, odir, ofrir, ovrir, mentir, partir, sentir, servir, saillir, vestir* et leurs composés ou dérivés; de sorte que l'on a :

Jo coilli, tu coillis, il coillit, nos coillimes, vos coillistes, il coillirẹnt;

Jo eissi, tu eissis, il eissit, nos eissimes, vos eissistes, il eissirẹnt;
Jo odi, tu odis, il odit, nos odimes, vos odistes, il odirẹnt; etc.

2. — Les verbes *salir, falir* (= *salire, fallire* pour *fallere*) ont subi de très bonne heure, dans toute leur conjugaison, l'influence de l'*i* palatal qui n'existe pourtant qu'à un petit nombre de personnes et de temps (*salio, saliunt, saliam*, etc.) ; de là **faillirẹnt** Rol. 2601) et les infinitifs *faillir, saillir*, probablement déjà courants au xie siècle.

3. — La 1re pers. du pluriel *ivimus* a donné **imes** avec ẹ muet posttonique soit par l'analogie de la 2e pers. du pluriel *istes* (= *istis*), soit par des transformations analogues à celles dont nous avons parlé pour *ávimus* : *ivimus, iv'mus, ĩfmus*, et enfin *imes*.

4. — Ont le parfait en partie fort, par changement de voyelle, et en partie faible les verbes *gesir, querir, tenir, venir* [1].

Gesir. — Jo **joi, jui** (*jacui, jaui*), *tu geüs* (*jacūsti*), il **jot, jut** (*jácuit, jauit*), *nos geümes* (*jacūimus, jacūmus*), *vos geüstes* (*jacustis*), *il geürent*, **jorẹnt, jurẹnt** (*jacūerunt, jauerunt*).

Querir. — Jo **quis** (*quaesi*), *tu quesis* (*quaesisti*), il **quist** (*quaesit*), *nos quesimes* (*quaesimus* = *quaesivimus*), *vos quesistes* (*quaesistis*), il **quistrẹnt** (*queserunt*).

Tenir. — Jo **tinc** (*tĕnui, tĕni*), *tu tenis* (*tenisti*), il **tint**, *nos tenimes, vos tenistes*, il **tindrẹnt**.

---

(1) La première et la troisième personne du singulier, la troisième personne du pluriel sont fortes ; les autres sont faibles.

Venir. — Jo **vinc**, *tu venis*, il **vint**, *nos venimes, vos venistes,* il **vindrent**.

A la 1re pers. sing. des verbes *querir, tenir, venir,* l'*ī* long posttonique a joué un rôle considérable, aidant à changer en *i* l'*ae,* l'*ĕ* bref ou l'*ē* long : *quaesi* (*ae* donne *iè*; *iè* + *i* = *i*; de là jo **quis**); *tĕnui, tĕni* (*ĕ* donne *iè*; *iè* + *ī* = *i*; d'où *jo tin,* et, par l'analogie du présent de l'indicatif *jo tienc* = *tĕneo, tēnio* : jo **tinc**); *vēni* (*ē* long donne *ei*; *ei* + *i* = *i*; d'où *jo vin*; puis, par l'analogie de *jo vienc* = *vĕnio* : jo **vinc**).

La 3e pers. sing. et celle du pluriel *il quist, il quistrent;* — *il tint, il tindrent; il vint, il vindrent* sont analogiques.

5. — Les verbes *corir, morir* ont un parfait faible en *ui* (= *ūi*), *us* (*ūsti*), *ut* = (*ūit*), *umes* (= *ūimus*), *ustes* (= *uistis,* ̀*ūstis*), *urent*(= *ūerunt*). Ces terminaisons sont, nous l'avons déjà dit, une sorte de suffixe qui s'ajoute au thème :

Jo corui, tu corus, il corut, nos corumes, vos corustes, il corurent. Jo morui, tu morus, il morut, nos morumes, vos morustes, il morurent.

6. — Le parfait des inchoatifs est faible en *i, is, it, imes, istes, irent :*

Tradir. — Jo tradi, tu tradis, il tradit, nos tradimes, vos tradistes, il tradirent.

Fenir. — Jo feni, tu fenis, il fenit, nos fenimes, vos fenistes, il fenirent.

Par une fausse assimilation avec des verbes comme *tenir, venir,* le verbe inchoatif *guarir* a donné à la deuxième personne **guaresis** (Rol. 3101) au lieu de *guaris.*

Passé défini (suite). — *Troisième conjugaison*

1re pers. sing. — **Oi** (*habui, avui, auui, aui,* Alex. 89 a; Rol. 2046); **poi** (*potui,* Alex. 79 e).

2e pers. sing. — **Oüs** (*habuistis, avūsti, auūsti,* Alex. 87 c, 90 a).

3e pers. sing. — **Ot** (*habuit, avuit, auuit, auit,* Lég. 5 a, 6 d ; le ms porte ici **aut,** mais on trouve aussi *oth,* et même une fois *oc*; la vraie forme francienne paraît être **out** (= *avuit, auuit*) par le maintien de *u* posttonique, Alex. 4 a, 7 a ; Rol. 22, 62, 78, etc) ; **assist** (*assēsit,* Lég. 24 d) ; **s'assist** (Alex. 30 a) ; **chadit** (*cadivit,* Rol. 333) ; **dut** (*debuit,* Alex. 59 a; Rol. 333) ; **cadit** (*cadivit,* Lég. 39 c) ; **pout** (*potuit,* Lég. 32 b, 37 b; Rol. 344) ; **recift** (*recepit, recivit, reciv't, recift,* Lég. 22 d ; ms : *reciut* = *reciv't*); **reçut**

(*recipūit*, *recivūit*, *recevut*, *receut*, *reçut*, Alex. 24 d ; ms : *receüt* ;
mais la contraction en *re-ceut*, *re-çut* est faite : *il la* **receut** *come li
altre frédre* ; Rol. 770) ; **remést** (*remasit* pour *remansit* ; du v. roman *remaneir* ou *remaindre* ; Alex. 19 c, 28 b) ; **sout** (*sapuit*, *savuit*, *sauu*(*i*)*t*, Alex. 55 c ; Rol. 1024) ; **sot** (*sapuit*, Lég. 13 e = *savuit*, *sauuit*, *sauit*, *saut* ; on trouve aussi **soth**, 15 e, 26 f ; la forme francienne est **sout**) ; **vit** (*vidit*, Lég. 5 f, 24 f, 25 e, 32 b, 34 c, 35 a, 37 b ; Rol. 443, 1040, etc.) ; **volst** (*volsit*, Lég. 17 e, 25 c, 34 a) ; **volt** (*voluit*, *volit*, *vol't*, Rol. 440, 1208, 3231) ; etc.

1re pers. plur. — **Oümes** (*habuimus*, *avuimus*, *auūmus*, Rol. 2178) ; **vedimes** (*vidīmus*, Rol. 1731) ; etc.

2e pers. plur. — **Vedistes** (*vidistis*, Rol. 2475 ; ms L : *veïstes*).

3e pers. plur. — **S'asistrent** (*assēserunt*, Pèlerin. 637 ; forme analogique d'après la première personne singulier : *jo m'asis = assēsī*) ; **avrent** (*habuerunt*, *abverunt*, *averunt*, *avrunt*, Lég. 38 c ; le ms porte **augrent** (1 *d*) pour la même forme) ; **ourent** (*habuerunt*, *avuerunt*, *auuerunt*, *auurunt*, *ourent*, Alex. 3 b, 5 b, 39 b ; Rol. 1411) ; **commurent** (v. *commoveir*, Alex. 103 a) ; **pourent** (*potuerunt*, Alex. 26 b, 102 a) ; **sovrent** (*sapuerunt*, *savuerunt*, *sauverunt*, *sauvrunt*, Lég. 20 b ; ms : *souurent*) ; **sourent** (*sapuerunt*, *savuerant*, *sauuerunt*, *sauurunt*, avec maintien de l'*u* posttonique, Alex. 6 c, 21 c) ; **reméstrent** (*remaserunt*, Rol. 714) ; **vidrent** (*viderunt*, Lég. 35 e ; Alex. 42 d ; Rol. 819, 1740 ; les mss de l'Alex. et du Rol. portent *virent* par la chute habituelle de la dentale) ; etc.

Remarques. — Nous pouvons établir, en ce qui concerne cette conjugaison, six catégories distinctes. Nous prenons pour type la troisième pers. du singulier.

1. — *Parfait faible en* **ièt**, d'après les parf. en *dědi* et les formes analogues : *jo chadièt* (*cadědi*), *il chadièt* (*cadědit*) ; la deuxième pers. du singulier est rare (*chadiès*), et les autres sont inusitées. Ce verbe est le seul de la troisième conjugaison qui emprunte ces formes, lesquelles d'ailleurs ne se trouvent pas dans nos anciens textes, mais sont assurées par les textes postérieurs. *Chadeir* a surtout le parfait faible, comme nous le verrons plus loin.

2. — *Parfait faible en* **ut**. Nous connaissons déjà le suffixe latin *ūi*, *ūsti*, *ūit*, *ūimus*, *ūstis*, *ūerunt*, (roman *ui*, *us*, *ut*, *umes*, *ustes*, *urent*) qui s'ajoute au thème. Parmi les verbes de la troisième conjugaison, les uns, comme *valeir*, font suivre purement et simplement de ce suffixe leur radical terminé par une consonne ; d'où *jo valui*, *tu valus*, *il valut*, *nos valumes*, *vos valustes*, *il valurent* ;

d'autres, notamment les verbes en *ceveir*, combinent, après la chute du *v*, la voyelle *e* du thème avec la terminaison ; de sorte que *receveir*, par exemple, qui sans doute se conjuguait à l'origine :

Jo receui (*recivūi*), *tu receüs* (*recivūsti*), *il receüt* (*recivūit*), *nos receümes* (*recivūimus*), *vos receüstes* (*recivūstis*), *il receürent* (*recivūerunt*), a certainement constracté *eü* en *u*, au XIe siècle, à la première et à la troisième pers. du singulier, à la troisième pers. du pluriel :

Jo **reçui**, *tu receüs*, *il* **reçut**, *nos receümes*, *vos receüstes*, *il* **reçurent**.

Vostre guanz dèstre, quant **reçut** *le baston* (Rol. 770), etc.

3. — *Parfait fort en* **ut** (à la première, à la troisième pers. du singulier et à la troisième pers. du pluriel; faible aux autres personnes) :

Aveir : *J'*oi, *tu oüs, il* **out**, *nos oümes, vos oüstes, il* **ovrent** (**ourent** au XIe siècle).

Deveir : *Jo* **dui**, *tu deüs, il* **dut** (= *deut*), *nos deümes, vos deüstes, il* **durent** (= *deurent*).

Podeir : *Jo* **poi**, *tu podus, il* **pout**, *nos podümes, vos podustes, il* **povrent** (**pourent, porent** au XIe siècle).

Saveir : *Jo* **soi**, *tu soüs, il* **sout**, *nos soümes, vos soüstes, il* **sovrent** (**sourent** au XIe siècle).

Estoveir. — Troisième pers. du singulier : **estout**.

De la même manière, *moveir* et ses composés font : *jo* **mui**, *tu moüs, il* **mout, mut**, *nos moümes, vos moüstes, il* **murent**.

4. — Parfait fort en **st** (lat. *si, sisti, sit, sīmus, sistis, sĕrunt*) :

Ardeir. — Jo **ars** (arsi), *tu arsis, il* **arst**, *nos arsimes, vos arsistes, il* **arstrent** (arserunt) ;

Sedeir. — Jo **sis** (sēsī), *tu sesis, il* **sist**, *nos sesimes, vos sesistes, il* **sistrent** (seserunt).

Valeir. — Jo **vals** (valsi), *tu valsis, il* **valst**, *nos valsimes, vos valsistes, il* **valstrent**. Valstrent *est rare; d'ailleurs le parfait en* ui, us, ut, *etc. est plus usité*.

Voleir. — Jo **vols**, *tu volsis, il* **volst**, nos volsimes, vos volsistes, il **volsdrent**. Voluit et voluerunt (volerunt) *ont donné aussi des formes directes très usitées* : **volt, voldrent**.

5. — Parfait faible en **it** :

Chadeir. — Jo chadi, tu chadis, il chadit, nos chadimes, vos chadistes, il chadirent.

Nous avons déjà vu *chadiet* pour ce verbe qui admettra définitivement, mais plus tard, le parfait faible en *u*.

6. — Parfait fort par changement de voyelle : C'est toujours l'influence de l'*ī* posttonique long sur la tonique *ĕ* bref ou *ē* long : *jo* **sis** (= *sēsī* : *ei* + *i* = *ī*); d'où, par analogie : *il sist, il sistrent*; *il* **volt** (= *voluit, volit*); le changement de voyelle consiste ici en ce que l'*ŏ* ne se diphtongue pas comme dans *voelt* = *volit* = *vult*; de même **solt** (= *soluit*). De même encore les verbes *vedeir*, *maneir* :

Vedeir. — Jo **vit**, tu vedis, il **vit**, nos vedimes, vos vedistes, il **vidrent** (**virent** au xie siècle).

Maneir. — Jo **més** (masi), tu mesis, il **mést**, nos mesimes, vos mesistes, il **mèstrent**.

Passé défini (suite). — Quatrième conjugaison

1re pers. sing. — **Dis** (*dixi*, Rol. 1708; Pèlerin 6); **fui** (lat. *fui*, Rol. 3769); **mis** (*misi*, Rol. 3457); **pris** (*prēsī*, Rol. 491).

2e pers. sing. — **fus** (*fuisti, fūsti*, Rol. 1561); **fesis** (*fecisti*, Rol. 2029); **resurrexis** (*resurrexisti*, Rol. 2385).

3e pers. sing. — **Aprist** (*apprēsit*, Alex. 7 d); **abatièt** (Rol. 98); **asolst** (*asolsit*, Lég. 38 d); **benedisquièt** (*de benedistre* = *benedicere*, Pèlerin. 117; ms : *benesquid*, assonance en *iè*); **conduist** (*conduxit*, Rol. 1315); **coist** (*cŏxit*, Eul. 20); **contredist** (*contradixit*, Eul. 23); **ceinst** (*cinxit*, Rol. 2321); **derompit** (*derumpivit*, Rol. 3466); **duist** (*duxit*, Lég. 4 e); **dist** (*dixit*, Lég. 8 a, 16 a, 35 b; Alex. 11 b); **desconfist** (— *fecit*, Rol. 1247); **duist** (*duxit*, Rol. 215); **detorst** (*detorsit*, Rol. 772); **entendit** (*intendivit*, Alex. 85 b); **empeinst** (*impinxit*, Rol. 1286); **fist** (*fecit*, Rol. 89); **frainst** (*franxit*, Rol. 1747); **mist** (*misit*, Lég. 4 d; Alex. 7 c); **morst** (*morsit*, Rol. 727); **ocist** (*occisit*, Lég. 2 f); **prist** (*prēsit*, Rol. 209; Pèlerin. 8); **perdit** (*perdivit*, Rol. 1408); **perdièt** (*perdĕdit*, Rol. 2795, à l'assonance); **respondièt** (*respondĕdit*, Pèl. 12; Rol. 2411, à l'assonance); **respondit** (*respondivit*, Rol. 632, à l'assonance); **survesquièt** (v. *survivre*, Rol. 2616); **reconut** (Alex. 43 e); **tendit** (*tendivit*, Rol. 224); **rendit** (*rendivit*, Lég. 36 e; Rol. 1406); etc.

1re pers. pluriel. — **Conëumes** (Alex. 72 e ; ms : *conoümes*); **fesimes** (*fecīmus*, Rol. 418); **fumes** (*fūimus*, Rol. 2146; Pèlerin 650).

2e pers. pluriel.— **Fesistes** (*fecistis*, Rol. 1708); **fustes** (*fūstis* pour *fūistis*, Rol. 2027); **presistes** (*presistis*, Rol. 205); **tramesistes** (*tramisistis*, Rol. 207).

3ᶜ pers. plur. — **S'asistrent** (*assēserunt*, Pèlerin 637) ; **distrent** (*dixerunt*, Val, recto 5 ; Pèlerin 632) ; **fisdrent** (*fecerunt*, Lég. 11 d ; ms : *fisdren*) ; **firent** (Alex. 19 c ; Rol. 92) ; **duistrent** (*duxerunt*, Lég. 13 b) ; **descendirent** (*descendiverunt, descendirunt*, Rol. 120) ; **furent** (*fuerunt*, Alex. 13 a ; Rol. 108) ; **prisdrent** (*prēserunt*, Lég. 11 a, 35 f ; le ms porte partout *presdrent*, qui est provençal) ; **pristrent** (*prēserunt*, Rol. 2706 ; assonance en *i*) ; **reclusdrent** (v. *reclodre*, Lég. 30 d) ; **reconurent** (Alex. 24 b).

Remarques. — Nous pouvons, en prenant encore la troisième personne du singulier comme type, établir cinq catégories distinctes :

1. — *Verbes ayant le parfait faible en* **ièt** : *jo credièt* (v. *creidre*) ; *jo perdièt, il perdièt* (v. *perdre*) ; *jo rendièt, il rendièt* ; etc. ; puis, par l'analogie de ces verbes, qui avaient, en latin vulgaire, le parfait en *dĕdi* : *jo rompièt, il rompièt* (v. *rompre*) ; *jo vesquièt, il vesquièt* (v. *vivre*) ; *jo batièt, il batièt* (v. *batre*). On sait déjà que ces verbes ont en même temps un autre parfait ; ainsi, l'on trouve, à l'assonance, dans le Roland, à la fois **respondièt** (2411) et **respondit** (632).

2. — *Verbes ayant le parfait faible en* **ut** : C'est le suffixe dont il a été question plusieurs fois ; il s'ajoute simplement au radical de certains verbes :

Moldre. — Jo molui, tu molus, il molut, nos molumes, vos molustes, il molurent.

Pondre. — Jo ponui, tu ponus, il ponut, nos ponumes, vos ponustes, il ponurent. Forme refaite plus tard sur *pondre* : je pondis, tu pondis, etc.

Toldre. — Jo tolui, tu tolus, il tolut, nos tolumes, vos tolustes, il tolurent. Ce verbe a aussi un parfait faible en *i* : jo tols (tolsi), il tolst (tolsit).

3. — *Verbes ayant le parfait semi-fort, semi-faible en* **ut**. Ainsi les verbes *apareistre, beivre, conoistre, creidre, creistre, lire, eslire, pareistre, plaire, taire*, dans lesquels la voyelle finale du thème, *a* ou *e*, primitivement distincte du suffixe verbal, s'est bientôt fondue avec lui à la première et à la troisième personne du singulier, ainsi qu'à la troisième personne du pluriel. Cette voyelle s'est, au contraire, maintenue aux autres personnes.

Beivre. — Jo **bui**, tu beüs, il **but**, nos beümes, vos beüstes, il burent.

Conoistre. — Jo **conui**, tu coneüs, il **conut**, nos coneümes, vos coneüstes, il **conurent** (= coneürent).

Creidre. — Jo **crui**, tu credus (creüs), il **crut**, nos credumes, (creümes), vos credustes (creüstes), il **crurent**.

Creistre. — Jo **crui**, tu creüs, il **crut**, nos creümes, vos creüstes, il **crurent** (= creürent).

Lire. — Jo **lui**, tu leüs, il **lut**, nos leümes, vos leüstes, il **lurent** (= leürent).

Pareistre. — Jo **parui**, tu pareüs, il **parut**, nos pareümes, vos pareüstes, il **parurent** (= pareürent).

Plaire. — Jo **ploi**, tu ploüs, il **plut**, nos ploümes, vos ploüstes, il **plurent**.

Taire. — Jo **toi**, tu toüs, il **tout**, nos toümes, vos toüstes, il **tourent**; etc.

4. — *Verbes ayant le parfait fort en* **st**. Il s'agit des verbes ayant le parfait latin en *si, sisti, sit, simus, sistis, serunt*, que ces formes soient étymologiques ou simplement analogiques.

Asoldre. — Jo **asols**, tu asolsis, il **asolst**, nos asolsimes, vos asolsistes, il **asolstrent, asoldrent**.

Ceindre. — Jo **ceins**, tu ceinsis, il **ceinst**, nos ceinsimes, vos ceinsistes, il **ceinstrent**.

Clodre. — Jo **clos**, tu closis, il **clost**, nos closimes, vos closistes, il **closdrent**.

Concludre. — Jo **conclus**, tu conclusis, il **conclust**, nos conclusimes, vos conclusistes, il **conclusdrent**.

Cuire. — Jo **cuis** (*cŏxi*), tu cuisis, il **cuist**, nos cuisimes, vos cuisistes, il **cuistrent**.

Destruire. — Jo **destruis**, tu destruisis, il **destruist**, nos destruisimes, vos destruisistes, il **destruistrent**.

Dire. — Jo **dis**, tu desis, il **dist**, nos desimes, vos desistes, il **distrent** (dirent, disent).

Duire. — Jo **duis**, tu duisis, il **duist**, nos duisimes, vos duisistes, il **duistrent** (duirent, duisent).

Empeindre. — Jo **empeins**, tu empeinsis, il **empeinst**, nos empeinsimes, vos empeinsistes, il **empeinstrent**.

Escodre. — Jo **escos**, tu escossis, il **escost**, nos escossimes, vos escossistes, il **escostrent** (escorrent).

Escrivre. — Jo **escris**, tu escresis, il **escrist**, nos escresimes, vos escresistes, il **escristrent**.

Faire. — Jo **fis**, tu fesis, il **fist** (fit), nos fesimes, vos fesistes, il **fisdrent** (**firent**, fisent).

Feindre. — Jo **feins**, tu feinsis, il **feinst**, nos feinsimes, vos feinsistes, il **feinsdrent**.

Fraindre. — Jo **frains**, tu frainsis, il **frainst**, nos frainsimes, vos frainsistes, il **frainstrent**.

Joindre. — Jo **joins**, tu joinsis, il **joinst**, nos joinsimes, vos joinsistes, il **joinstrent**.

Luire. — Jo **luis** (luxi), tu luisis, il **luist**, nos luisimes, vos luisistes, il **luistrent**.

Mètre. — Jo **mis**, tu mesis, il **mist**, nos mesimes, vos mesistes, il **mistrent** (mirent, misent).

Nuire. — Jo **nuis**, tu nuisis, il **nuist**, nos nuisimes, vos nuisistes, il **nuistrent** (nuirent, nuisent).

Ocidre. — Jo **ocis**, tu ocesis, il **ocist**, nos ocesimes, vos ocesistes, il **ocisdrent** (ocirent, ocisent).

Plaindre. — Jo **plains**, tu plainsis, il **plainst**, nos plainsimes, vos plainsistes, il **plainstrent**.

Poindre. — Jo **poins**, tu poinsis, il **poinst**, nos poinsimes, vos poinsistes, il **poinstrent**.

Prèndre. — Jo **pris**, tu presis, il **prist**, nos presimes, vos presistes, il **pristrent, prisdrent** (prirent, prisent).

Ridre. — Jo **ris**, tu resis, il **rist**, nos resimes, vos resistes, il **risdrent** (rirent, risent).

Somondre. — Jo **somons**, tu somonsis, il **somonst**, nos somonsimes, vos somonsistes, il **somonstrent**.

Sordre. — Jo **sors**, tu sorsis, il **sorst**, nos sorsimes, vos sorsistes, il **sorstrent, sorsdrent**.

Toldre. — Jo **tols**, tu tolsis, il **tolst**, nos tolsimes, vos tolsistes, il **tolsdrent**.

Tordre. — Jo **tors**, tu torsis, il **torst**, nos torsimes, vos torsistes, il **torstrent**.

Observation. — Le *c* palatal médial aboutissant à la sifflante *s*, surtout lorsqu'il devient final par la chute de la voyelle suivante, il en résulte que *ducit* et *duxit* aboutissent également à *duist*, de même que *dicit* et *dixit* donnent *dist*; et cependant de bonne heure on trouve *duit* et *dit* pour *ducit*, *dicit*.

La raison en est probablement dans le besoin de différencier des formes qui se confondaient trop facilement ; mais surtout l'*s*, étant en quelque sorte, comme on le voit par le tableau qui précède, chez un grand nombre de verbes, à la troisième personne du singulier et du pluriel, la caractéristique du parfait, a aisément disparu du présent de l'indicatif, où elle n'était qu'un accident. Le verbe *duire* n'a pas d's à la 1re pers. sing. : **dui** (= *duco*), parce que la gutturale vélaire libre tombe simplement devant *o* après avoir laissé un *j* qui diphtongue la voyelle *u*; il en est de même à la 3e pers. du pluriel : **duient** (= *ducunt, ducant*); de là aussi *duit* (= *ducit*, anciennement *duist*). On peut ajouter que le participe passé n'a pas été sans influence sur cette chute de l's au présent de l'indicatif; l'analogie est, en effet, frappante entre **fait** (= *facit*, comme si c'était *fac't*) et **fait** (= *facto*); entre **dit** (= *dicit, dic't*) et **dit** (= *dicto*); entre **duit** (= *ducit, duc't*) et **duit** (= *ducto*). Ce sont toutes ces causes réunies qui ont fait tomber de très bonne heure l's au présent de l'indicatif dans les verbes ayant *c* palatal. L'analogie l'a même fait disparaître, dès le xie siècle, non dans les formes où elle provenait de *s* latine, comme *asolst* (= *asolsit*), *conclust* (= *conclusit*), *frainst* (= *franxit, francsit*), etc., mais dans celles où elle provenait également de *c* palatal latin, comme **fisdrent** (= *fecerunt*), devenu **firent** (Alex. 19 c, Rol. 92). Après le xie siècle, il en sera de même pour **fist** (= *fecit*), qui aboutira à *fit*. L'analogie ne s'arrêtera même pas là, et l'on dira *mirent, ocirent, escorent, duirent, dirent*, etc., au lieu de *mistrent ocisdrent, escostrent, duistrent, distrent*, en passant assez souvent par des formes avec *s* simple, comme *misent, duisent, disent*, etc.

Mais une transformation de ce genre ne s'opère pas en un petit nombre d'années; c'est pourquoi longtemps encore après le xie siècle, durant presque tout le moyen âge, on trouve çà et là, dans les manuscrits *dist* (= *dicit*), *duist* (= *ducit*), et autres formes analogues.

5. — *Verbes ayant le parfait faible en* **it**. Le suffixe verbal *i, is, it, imes, istes, irent* (= lat. *īvi, īsti, īvit, īvimus* (*īmus*), *īstis, īverunt* (*īrunt*) s'ajoute au thème de verbes qui l'avaient déjà en latin ou qui l'ont reçu par analogie.

Parmi ces verbes, les uns, comme *batre, descèndre, espandre, fèndre, mordre, pèrdre, tèndre, tordre*, forment leur parfait en ajoutant, sans autre transformation, le suffixe au thème; ils sont complètement réguliers et l'un quelconque d'entre eux peut servir de paradigme :

Jo bat-i, tu bat-is, il bat-it, nos bat-imes, vos bat-istes, il bat-irent; d'autres, comme *veintre, naistre, vivre*, sont irréguliers en ce que le thème du parfait n'est pas le thème de l'infinitif : *jo venqu-i*; *jo nasqu-i* (*naxivi, nacsivi, nascivi, naskivi*); *jo vesqu-i* (*vixivi, vicsivi, viskivi*).

Estre fait son parfait d'après le latin *fūi, fūsti, fūit, fūimus*, *fūstis, fŭerunt,* d'où, en roman, *jo fui, tu fus, il fut, nos fumes, vos fustes, il furent.*

Nous avons déjà constaté que quelques verbes peuvent avoir pour le même temps plusieurs formes; ainsi encore *mordre* : *jo mors,* (= *morsi*) ou *jo mordi*; *tordre* : *jo tors* (*torsi*) ou *jo tordi*; etc.

Plus tard la conjugaison en *i* s'étendra à beaucoup de verbes dont le parfait est fort en *st* au xiᵉ siècle, notamment aux verbes en *aindre, eindre* : aujourd'hui par exemple, on dit : *je détruisis, je mordis, j'écrivis, je ceignis, je joignis,* etc.

5. — *Imparfait du Subjonctif. — Première Conjugaison*

1ʳᵉ pers. sing. — Pas d'exemples.

2ᵉ pers. sing. — **Parlasses** (Alex. 90 c) ; **repaidrasses, reconfortasses** (Alex. 78 d, e).

3ᵉ pers. sing. — **Amast** (Eul. 10) ; **aidast** (Rol. 3439) ; **donast** (Rol. 2320) ; **guardast** (Rol. 2865) ; **paiast** (*pacasset,* Lég. 18 f, 19 b); **trespassast** (Rol. 2865).

1ʳᵉ pers. pluriel. — Pas d'exemples.

2ᵉ pers. pluriel. — **Meslissiez** (v. *mesler,* forme irrégulière, Rol. 257).

3ᵉ pers. pluriel. — **Desevrassent** (*deseparassent,* Alex. 117 e).

D'après le latin *assém, asses, asset, assomus, assatis, assent* (*assant*), on a en roman *asse, asses, ast, assons, asséz, assent* ; la première personne a reçu un *e* muet pour soutenir le groupe *ss,* sans quoi il y aurait eu confusion entre l'imparfait du subjonctif et la deuxième personne du passé défini *as* (= *asti*).

Que le verbe soit en *ér* ou en *iér,* l'imparfait du subjonctif est le même :

Portér. — Jo portasse, tu portasses, il portast, nos portassons, vos portasséz, il portassent.

Colchiér. —Jo colchasse, tu colchasses, il colchast, nos colchassons, vos colchasséz, il colchassent.

Deuxième, troisième et quatrième Conjugaisons

1ʳᵉ pers. sing. — **Fusse** (Alex. 97 e) ; **oüsse** (*aveir,* Alex. 46 a, 98 d); **soüsse** (*saveir,* Alex. 98 a) ; **tenisse** (Pèlerin. 327) ; **vedisse** (v. *vedeir,* Alex. 41 b).

2e pers. sing. — **Doüsses** (*deveir*, Alex. 64c, 84 e) ; **fusses** (Alex. 80 d) ; **revenisses** (Alex. 95 d).

3e pers. sing. — **Apresist** (*aprèndre*, Lég. 3 f) ; **avuisset** (*habuisset*, Eul. 27) ; **chadist** (Rol. 3449) ; **chalsist** (*chaleir*, Lég. 28 b) ; **desist** (*dire*, Rol. 1760) ; **estoüst** (*estoveir*, Alex. 86 e) ; **ovist** (*habuisset, avuisset, auvisset*, Lég. 15 e) ; **fust** (Lég. 6 b, 8 d, 19 d ; Alex. 86 e ; Rol. 1717) ; **fusset** (*fuisset*, Pèlerin. 327, à l'assonance) ; **fesist** (*fecisset*, Val. v° 11 ; Lég. 23 d ; Rol. 240, 1564, 1637) ; **desist**, (*dixisset*, Rol. 1760) ; **doüst** (*deveir*, Alex. 84 c) ; **guarnist** (Rol. 3676) ; **percussist** (Val. v° 14) ; **perdesse** (*perdedisset, perdesset,* Eul. 17) ; **podust** (*podeir*, Rol. 1182) ; **podist** (Val. v° 11 ; d'un parf. en *i* sans doute dialectal) ; **oüst** (*aveir*, Alex. 29 c ; Rol. 3165) ; **ploüst** (*plaire*, Alex. 41 b) ; **odist** (*odir*, Rol. 1181) ; **revenist** (Lég. 15 e) ; **soüst** (Alex. 98 c) ; **vedist** (Lég. 23 f ; Rol. 1341, 1970) ; **venist** (Alex. 97 c) ; **volsist** (Alex. 10 d ; Rol. 382) ; etc.

1re pers. pluriel. — **Doüssons** (*deveir,* Alex. 124 e ; ms : *doüssom*) ; **oüssons** (Rol. 1102) ; **podussons** (Rol. 624, 631) ; **vedissons** (Rol. 1804 ; ms : *veïssum*).

2e pers. pluriel. — **Credissèz** (d'un parf. *credi, credis,* du verbe *creidre*, Rol. 1728 ; ms : *creïssèz*) ; **Deüssèz** (v. *deveir.* Pèlerin. 56 ; ms : *dusses*) ; **vedissèz** (Rol. 349, 1622, 3388 ; ms : *veïssez*).

3e pers. pluriel. — **Doüssent** (*deveir,* Alex. 84 c) ; **feïssent** (*faire*, Lég. 9 f.) ; **fussent** (Alex. 33 d).

Règle générale. — *Pour les quatre conjugaisons, l'imparfait du subjonctif se forme de la deuxième personne singulier du passé défini, à laquelle on ajoute les terminaisons* **se, ses, t, sons, sèz, sent.**

Lodèr. — (*Passé déf.* : jo lodai, tu **lodas**) : jo lodasse, tu lodasses, il lodast, nos lodassons, vos lodassèz, il lodassent.

Venir. — (*Passé déf.* : jo veni, tu **venis**) : jo venisse, tu venisses, il venist, nos venissons, vos venissèz, il venissent.

Fenir. — (*Passé déf.* : jo feni, tu **fenis**) : jo fenisse, tu fenisses, il fenist, nos fenissons, vos fenissèz, il fenissent.

Receveir. — (*Passé déf.* : jo reçui, tu **receüs**) : jo receüsse, tu receüsses, il receüst, nos receüssons, vos receüssèz, il receüssent.

Mètre. — (*Passé déf.* : jo mis, tu **mesis**) : jo mesisse, tu mesisses, il mesist, nos mesissons, vos mesissèz, il mesissent.

Fraindre. — (*Passé déf.* : jo frains, tu **frainsis**) : jo frainsisse, tu frainsisses, il frainsist, nos frainsissons, vos frainsissèz, il frainsissent.

Remarques. — 1. **Fussęt** (= *fuisset*, Pèlerin. 327) est sans
doute analogique; c'est peut-être aussi une forme dialectale; elle
est tout au moins certaine, car elle se trouve à l'assonance : *Car la
tenisse en France, et Bertrans si i* **fussęt** : *acouseüde : ambledure :
vedude*, etc.

2. **Perdesse** (Eul. 17) vient de *perdedisset* contracté en *perdesset*; c'est encore une forme analogique dialectale, correspondant
au parfait en *iè* : *jo perdièt; que jo perdèsse; il perdièt; qu'il per-
dèssęt*; quant à **avuissęt** (Eul. 27), il est dû au souvenir du latin,
pour *avussęt*, plus tard *auüsset, oüst*.

3. Aux parfaits **fit** (pour *fist*) et **firęnt**, qui remplaçaient déjà,
au xi⁰ siècle, *fist, fisdręnt*, au dernier surtout, correspond
l'imparfait du subjonctif *feïsse*; d'où le **feïssęnt** du Saint-Léger
(9 f), pour *fesissęnt*. Dans le domaine oriental de la langue d'oïl,
la palatale médiale pouvait donc tomber dès le x⁰ siècle. Il n'en
est pas de même partout : *fesist*, et, par conséquent, *fesissęnt* sont
les formes normales dans l'Alexis et dans le Roland; mais les
formes sans *s* ne cesseront de gagner du terrain; et c'est pour cela
que nous disons aujourd'hui : *que je fisse, que je disse*, etc.
(= *feïsse, fesisse*; — *deïsse, desisse*, etc).

5. — *Futur.* — *Première conjugaison*

1ʳᵉ pers. sing.— **Amerai** (*amèr*, Rol. 284); **cornerai** (Rol. 1702);
dorrai (*donér*, Alex. 45 d); **enveierai** (Rol. 43, 637); **irai** (*alèr*,
Rol. 320); **lairai** (*laissièr*, Alex. 42 d; Rol. 785, 893); **liverrai**
(*livrèr*, Rol. 658); **parlerai** (Rol. 603); **salvarai** (*salvèr*,
Serm. I); etc.

2ᵉ pers. sing. — **Iras** (*alèr*, Rol. 317).

3ᵉ pers. sing. — **Durerat** (*durèr*, Rol. 312); **donrat** (*donér*,
Rol. 472); **lairrat** (*laissièr*, Rol. 574); **laisserat** (*laissièr*, Rol.
859); **guiderat** (Rol. 3050); **passerat** (Rol. 54); **porterat** (Rol.
930); **repairrat** (*repaidrièr*, Rol. 573); **troverat** (Alex. 74 d);
vengerat (Rol. 2145) ; etc.

1ʳᵉ pers. plur. — **Enveierons** (Rol. 244); **recoverrons** (*recovrèr*, Rol. 3813).

2ᵉ pers. plur. — **Chevalchereiz : guidereiz** (assonance en *ei*,
Rol. 3281-3282); **aidereiz : demandereiz** (assonance en *ei*, Rol.
3557-3558); **irèz : porteréz** (assonance en *é*, Rol. 70-72); **irèz**
(Rol. 289); **jurrèz** (*jurèr*, Rol. 605); **donrèz** (*donér*, Rol. 30);

esteréz (Rol. 1134) ; **menréz** (*menér*, Pèlerin. 73) ; **troveréz** (Alex. 63 c) ; etc.

3ᵉ pers. plur. — **Guideront** (Rol. 3074) ; **iront** (Rol. 50) ; **eschiveront** (Rol. 1096) ; **reveleront** (de *rebellare*, Rol. 2921) ; **troveront, leveront** (Rol. 1747-1748) ; etc.

Deuxième, troisième et quatrième conjugaisons

1ʳᵉ pers. sing. — **Conduirai** (Rol. 892) ; **conquerrai** (Rol. 988) ; **dirai** (Lég. ; ms : **didrai**, 2 a ; **ditrai**, 2 c, sans doute pour *disdrai, distrai*, correspondant à l'infinitif *disdre, distre = dicere*, c palatal donnant régulièrement *s*, tandis que *dire* correspond à *dic're*, avec *c* guttural dur qui tombe ; le ms d'Oxford porte *dirrai*, v. 2919 ; *dirrai* ne provient-il pas de *didrai* ?) ; **avrai** (Alex. 99 b,c) ; **bevrai** (*beivre*, Pèlerin. 585) ; **ferai** (*faire*, Alex. 31 e ; Rol. 498) ; **ferrai** (*ferir*, Rol. 1055) ; **guarderai** (Alex. 31 b) ; **estrai** (*esseraio*, Lég. 16 b) ; **èr** (*ero*, Serm. II) ; **ièr** (*ero*, Alex. 27 c ; ms L : *ièrc*) ; **movrai** (*moveir*, Rol. 311) ; **ocidrai** (Rol. 866) ; **prindrai** (*prèndre*, Serm. I) ; **revendrai** (*revenir*, Alex. 21 a) ; **podrai** (*podeir*, Rol. 581) ; **servirai** (Alex. 99 a) ; **sivrai** (*sivre*, Rol. 84) ; **vedrai** (*vedeir*, Rol. 298) ; **tendrai** (*tenir*, Rol. 2914) ; etc.

2ᵉ pers. sing. — **Avras** (*aveir*, Alex. 31 c) ; **estras** (*èstre*, Alex. 29 a).

3ᵉ pers. sing. — **Avrat** (Alex. 8 a, 81 e) ; **avendrat** (*avenir*, Rol. 335) ; **combatrat** (Rol. 614) ; **dirat** (Alex. 74 d ; Rol. 447) ; **conquerrat** (Rol. 401) ; **eistrat** (*eissir*, Alex. 34 b) ; **estordrat** (Rol. 593) ; **ferrat** (*ferir*, Rol. 2144) ; **fraindrat** (Rol. 2342) ; **ferat** (Rol. 57) ; **ièrt** (*ĕrit*, Alex. 1 e, 21 d ; Rol. 51) ; **odrat** (*odir*, Rol. 55) ; **podrat** (Rol. 34) ; **perdrat** (Rol. 755) ; **remandrat** (*remaindre*, Rol. 907) ; **serat** (Rol. 835) ; **socorrat** (Rol. 3443) ; **tendrat** (*tenir*, Rol. 190) ; **toldrat** (Rol. 1490) ; **vedrat** (*vedeir*, Rol. 83) ; **vivrat** (Rol. 2108) ; etc.

1ʳᵉ pers. plur. — **Avrons** (Alex. 101 d, 107 e) ; **avromes** (Rol. 922, à l'assonance) ; **asaldrons** (Rol. 947) ; **èrmes** (*erimus, er'mus*, Rol. 1977) ; **irons** (Rol. 881) ; **ferons** (Rol. 882) ; **metrons** (Rol. 952) ; **ocidrons** (Rol. 884) ; **podrons** (Rol. 1007) ; **querrons** (Alex. 105 b) ; **remandrons** (Rol. 1108) ; **revedrons** (Rol. 3802) ; **sofrirons** (Rol. 1615) ; **veintrons** (Rol. 1233, 1535) ; etc.

2ᵉ pers. plur. — **Avréz** (Rol. 474) ; **credréz** (*creidre*, Rol. 220) ; **avreiz** (Rol. 3459, à l'assonance) ; **crendréz** (*crièndre*, Rol. 791) ; **esteréz** (*estér*, au sens de *èstre*, Rol. 1134) ; **gerréz** (*gesir*, Rol. 1721) ; **odrèz** (*odir*, Rol. 423) ; **morrèz** (*morir*, Rol. 3275) ; **perdrèz** (Rol. 482) ; **recevrèz** (Rol. 38) ; **serèz** (Rol. 434) ; **trametrèz** (Rol. 279) ; **voldrèz** (Rol. 76) ; etc.

3ᵉ pers. plur. — **Conoistront** (Alex. 42 e) ; **ferront** (*ferir*, Rol. 3082, 3320) ; **ièrent** (*ĕrunt*, Alex. 85 a ; Rol. 3048) ; **morront** (*morir*, Rol. 904); **prendront** (Alex. 41 d); **seront** (Rol. 262); etc.

Remarques. — 1. — On voit que, pour tous les verbes, la terminaison du futur est : **ai, as, at, ons, èz, ont**. On sait aussi qu'à la deuxième pers. du pluriel **eiz** (= *habetis*, (*av*)*ētis*) existait encore au xiᵉ siècle concurremment avec la terminaison **èz** bien plus usitée.

2. — Pour la première conjugaison, il n'y a pas de différence entre les verbes en *ér* pur et les verbes en *ièr* : l'*a* qui devient *iè* à l'infinitif est atone au futur (*colcarátis*), et la gutturale n'a pas d'effet sur lui; par conséquent : *jo porterai, tu porteras*, etc. ; de même *jo colcherai, tu colcheras*, etc.

3. — Une particularité propre à notre ancienne langue, c'est de faire tomber l'*ę* muet (= *a* latin atone) devant *r* lorsque la consonne précédente est *n* ou *r* ; de là *jo* **donrai**, *jo* **menrai**, *jo* **durrai**, *jo* **plorrai** (= *jo donerai, jo menerai, jo durerai, jo plorerai*, formes régulières usitées aussi); puis, par assimilation de *n* à *r* : *jo* **dorrai**, *jo* **merrai**. On trouve *jo* **repaidrerai** (de *repaidrièr* = *repatriare*) et aussi *jo* **repairrai**.

Enfin *ę* peut tomber entre *s* et *r* : **laisserat** (Rol. 859) et **lairrat** (Rol. 574). De plus, entre deux *r*, l'*ę* est susceptible de se déplacer : **liverrat** (pour *livrerat*).

4. — Les verbes en *ir* non inchoatifs perdent régulièrement l'*ī* long latin comme protonique ; de là *jo* **morrai** (*morir*) ; *jo* **ferrai** (*ferir*), *jo* **tendrai** (*tenir*), etc., avec insertion d'une dentale entre *n* et *r*, *l* et *r*, *s* et *r*.

5. — Les verbes *covrir, ovrir, sofrir*, outre les formes *jo covrirai, jo ovrirai, jo sofrirai*, prennent un *ę* eūphonique entre la fricative *f* ou *v* et *r* après la chute de *i* protonique; de là *jo* **covrerai**, *jo* **ovrerai** ; *jo* **sofrerai**, et, par métathèse, *jo coverrai, jo overrai, jo soferrai*.

6. — Lorsque *ir*, dans les verbes non inchoatifs, est précédé d'un groupe de deux consonnes, l'analogie a maintenu l'*i* protonique : *jo* **mentirai** (*mentiraio*), *jo* **partirai**, *jo* **sortirai**, *jo* **vestirai**, etc.

7. — C'est l'analogie qui a également maintenu l'*i* dans les verbes inchoatifs : *jo* **fenirai**, *jo* **tradirai**, etc. ; et cependant une autre

influence analogique, celle de *ferrai*, *querrai* (*ferir*, *querir*), par exemple, a produit : *jo* **harrai** (pour *jo hadirai*).

8. — Les verbes de la troisième et de la quatrième conjugaison perdent régulièrement l'*e* bref ou long latin protonique : *jo* **chadrai** (*cadĕraio*), *jo* **vendrai** (*vendĕraio*), etc. ; cependant on trouve assez fréquemment, au moyen âge : *venderai*, *perderai*, etc., *ę* muet étant maintenu surtout après un groupe de deux consonnes ; cet *ę* muet est dû à l'analogie de la première conjugaison.

9. — Le verbe *faire* a pour futur **ferai** et non *fairai*. Cependant *taire*, *plaire* font *tairai*, *plairai*.

10. — Il ne faut pas oublier que notre futur est de formation latine et non romane.

Pour ne prendre qu'un petit nombre d'exemples, si le futur était de formation romane, c'est-à-dire s'il se composait de l'infinitif roman + *ai*, *as*, *at*, etc., *maindre*, *beivre*, *creidre*, *receveir* feraient au futur : *jo maindrai*, *jo beivrai*, *jo creidrai*, *jo receveirai*, tandis qu'ils font : *jo* **mandrai** (*maneraio*), *jo* **bevrai** (*biberaio*), *jo* **credrai** (*crederaio*), *jo* **recevrai** (*reciveraio*).

11. — Le verbe *estre* a plusieurs futurs :

1º Jo ièr, tu ièrs, il ièrt, nos ièrmes (èrmes), il ièrent ;

2º Jo serai, tu seras, il serat, nos serons, vos serėz, il seront ;

3º Jo estrai, tu estras, il estrat, nos estrons, vos estrėz, il estront ;

4º Jo esterai (de estér), tu esteras, il esterat, nos esterons, vos esterėz, il esteront.

7. — *Conditionnel présent*

1re pers. sing. — *Jo,* **crendreie** (*crièndre*, Rol. 257); **dolreie** (Val., v° 21); **fereie** (Alex. 46 b; Rol. 1053); **lairreie** (*laissièr*, Rol. 457); **perdreie** (Rol. 1054); **voldreie** (*voleir*, Rol. 2859); etc.

3e pers. sing. — **Asemblereit** (Rol. 599); **avreit** (Rol. 1742); **combatreit** (Rol. 3804); **devreit** (Rol. 349, 1149); **durreit** (*durér*, Rol. 1707); **fereięt** (*faire*, Val., v° 9); **fereit** (*faire*, Rol. 240); **fenireit** (Rol. 2867); **metreięt** (*mètre*, Val., v° 2, 27); **morreit** (Rol. 2864); **podreit** (Rol. 596); **perdreit** (Rol. 597); **remandreit** (Rol. 600); **sereit** (Rol. 1705, 1715); **sostendreięt** (*sostenir*, Eul. 16); etc.

1re pers. plur. — **Avriomes** (*a-vri-o-mes*, Rol. 391); **donrions** (*don-ri-ons*, Rol. 1805; ms *dur-ri-um*).

3e pers. plur. — **Astreięt** (*èstre*, Val., v° 18); **fereięt** (Rol.

1985, 2812); **querreięnt** (*querir*, Rol. 404); **remandreięnt** (Rol. 598); **voldreięnt** (Rol. 412).

Remarques. — 1. — Les terminaisons du conditionnel sont : **eie** (*ēva*), **eies** (*ēvas*), **eięt, eit** (*ēvat*), **ions** (*i-ons* = *evomus, eomus, iomus*); **iièz** (*i-ièz* = *evatis, eatis, iatis*), **eięnt** (= *ēvant*.

2. — La 3e pers. du singulier **eięt** est déjà devenue *eit* (une seule syllabe) au xie siècle : de là *asemblereit, fereit, metreit,* tandis que l'on trouve encore, dans Eulalie et le Fragm. de Valenciennes : *sostendreięt, metreięt,* etc.

3. — *Ions* compte pour deux syllabes, et il en sera ainsi longtemps encore : *ensémbl' od lui i* **donrions** *granz cols* (Rol.1805). Il en est de même de *iièz* (= *i-ièz*).

4. — Le verbe *èstre* forme son conditionnel d'après les radicaux *ser, estre, estér,* mais le premier est de beaucoup le plus fréquent : *jo sereie, tu sereies, il sereit, nos serïons, vos seriièz, il sereięnt.*

5. — Les observations des nos 2, 3, 4, 5, 6, 7, 8, 9, 10 que nous avons faites à propos du futur s'appliquent exactement au conditionnel.

8. — *Impératif*

2e pers. sing. — **Aies** *tu* (c'est le subj., Rol. 1958); **apèle** (*appella*, Alex. 34 e); **conduis** (*conduce*, Rol. 2815); **consènt** (*consenti*, Rol. 2308); **defènt** (*defende*, Rol. 3100); **fai** (*fac*, Alex. 35 a, 44 c, 67 e); **done** (*dona*, Alex. 5 d); **laisse** (*laxa*, Lég. 16 e); *te* **porpènse** (Rol. 3589); **prènt** (*prende*, Rol. 3590); **quièr** (*quaere*, Alex. 57 a); **pais** (*pasce*, Alex. 44 e); **tièn** (*těne*, Alex. 14 a); **vai** (*alér*, Alex. 11 b); **receif** (*recipe*, Rol. 3597); **sèrf, creit** (*servi, crede*, Rol. 3599), etc.

1re pers. plur. — **Aions** (*aviomus, aiomus*, Alex. 125 a; Rol. 60); **alons** (Rol. 1676); **chantons** (Lég. 1 e); **chevalchons** (Rol. 3178); **depreions** (Alex. 101 d); **desfaimes** (*desfaire*, Rol. 450); **dimes** (*dire*, Alex. 125 e); **enveions** (Rol. 42); *nos en* **fuions** (Rol. 1910); **laissons** (Rol. 229); **lançons** (Rol. 2154); **oram** (Eul. 26); **plaignons** (Alex. 31 d); **preions** (Alex. 101 d); etc.

2e pers. plur. — **Aiest** (*habeatis*, Val., vo 29); **aidièz** (Rol. 2546); **amenèz** (Rol. 508); **atendèz** (Alex. 110 c; ms L : *atendeiz*); **adobèz** (Rol. 1793); **ameneiz** (Rol. 508); **chevalchièz** (Rol. 2686); **clamèz** (Rol. 1132); **conseillièz** (Rol. 20); **drecièz** (Rol. 2829); **dites** (Rol. 1106); **eissèz, montèz** (Rol. 2806); **eslisèz** (Rol. 877); **espargnièz** (Rol. 1883); **enveiièz** (Rol. 40); **ferèz** (*ferir*, Rol. 1937); **guarissèz** (Rol. 21); **jugièz** Rol. 742);

laissièz (Rol. 2435) ; **livrèz** (Rol. 498) ; **metèz** Rol. 2129) ; **odèz** (*odir*, Rol. 15) ; **oiièz** (*odir, audiatis*, Rol. 2657) ; **presentèz** (Rol. 655) ; **pardonèz** (Rol. 2005) ; **prenèz** (Rol. 2829) ; **querèz** (Alex. 63 e ; ms L : *quereiz*) ; **recevèz** (Rol. 283) ; **seiièz** (Rol. 416) ; **sachièz** (Rol. 784) ; **socorèz** (Rol. 1794) ; *ne vos* **targièz** (Rol. 2805) ; *andoi vos en* **taisièz** (Rol. 259) ; **vedèz** (Rol. 741 ; ms : *veéz*) ; etc.

Remarques. — 1. — L'impératif roman vient-il de l'indicatif ou du subjontif ? La deuxième pers. du sing. est hors de cause ; elle est évidemment presque toujours calquée sur l'impératif latin ; par suite, il n'y a que les verbes de la première conjugaison qui se terminent normalement par ę muet : *aime* (= *ama*), *chevalche* (*cavalca*), etc ; mais l'euphonie exige cet ę pour certains verbes des autres conjugaisons que nous connaissons déjà : *covre, ovre, sofre*.

2. — Pour l'époque qui nous occupe, la deuxième pers. sing. n'est terminée par *s* que lorsqu'il entre dans le thème soit une *s*, soit la gutturale palatale *c* : *fenis* (= *finisce, finicse*), *tais* (= *tace*), *pais* (*pasce, pacse*) ; etc. ; *c* vélaire tombe sans laisser de traces ; de là *fai* (= *fac*), *di* (= *dic*) ; mais **duis** (= *duce*, qui avait supplanté *duc*).

3. — Trois verbes, dès la plus haute antiquité, ont formé sur le subjonctif la deuxième pers. sing. de l'impératif : **aies** (*habeas, aias*, Rol. 1958) ; **seies** (*siǎs*), **saches** (*sapias*).

4. — Le verbe *alér* fait, sans doute par l'analogie du présent de l'indicatif : **vai**.

5. — Aujourd'hui, la première et la deuxième personne du pluriel sont, dans l'immense majorité des cas, calquées sur les mêmes personnes du présent de l'indicatif : *portons, portez — nous portons, vous portez ; tenons, tenez — nous tenons, vous tenez ; jugeons, jugez, — nous jugeons, vous jugez* ; etc. ; néanmoins il est permis de douter qu'originairement l'impératif se soit formé d'après le présent de l'indicatif.

Et d'abord, en latin, le présent du subjonctif tenait toujours lieu de l'impératif à la première personne du pluriel ; et il en était souvent ainsi même à la deuxième personne du pluriel. Il est donc naturel qu'à l'origine on ait suivi l'usage latin.

Il faut remarquer, en outre, que, pour l'époque la plus ancienne de notre langue jusqu'au xie siècle et même au delà, il y a une concordance remarquable entre l'impératif et le subjonctif :

Subjonctif	Impératif
Nos acusons, vos acusèz	Acusons, acusèz
Nos aidons, vos aidièz	Aidons, aidièz
Nos jujons, vos jugièz	Jujons, jugièz.
Nos otreions, vos otreiièz	Otreions, otreiièz
Nos començons, vos comencièz	Començons, comencièz
Nos laissons, vos laissièz	Laissons, laissièz
Nos corons, vos corèz	Corons, corèz
Nos geisons, vos geisièz	Geisons, geisièz.
Nos taisons, vos taisièz	Taisons, taisièz
Nos bevons, vos bevèz	Bevons, bevèz
Nos credons, vos credèz	Credons, credèz
Nos joignons, vos joignièz	Joignons, joignièz; etc.

La même concordance existe entre l'impératif et le présent de l'indicatif, mais nous venons de constater que l'on était naturellement conduit à rapporter, comme en latin, l'impératif au présent du subjonctif.

6. — Ce qui a commencé à différencier le subjonctif de l'impératif, c'est que le présent de l'indicatif, sur lequel se modelait, dans un grand nombre de cas, le subjonctif, ne devait recevoir, dans la suite, qu'un très petit nombre de transformations, tandis que le subjonctif était destiné, en prenant un *i* au xiiie siècle, à subir un changement grave : *que nos portions, que vos portiez — que nos corions, que vos coriez* (anciennement *portons, portèz — corons, corèz.*

7. — En résumé, l'impératif, modelé d'abord sur le subjonctif, qui se rapproche singulièrement, dès les origines, surtout pour la première et la deuxième personne du pluriel, du présent de l'indicatif, se rattache de très bonne heure, certainement avant le xie siècle, à ce dernier temps ; et c'est pourquoi, lorsque le subjonctif s'altère gravement par l'addition d'un *i*, l'impératif ne le suit pas dans cette évolution.

Le souvenir du subjonctif ne subsiste que chez un très petit nombre de verbes : *sois, soyons, soyez* ; — *sache, sachons, sachez* ; — *aie, ayons, ayez.*

VIII. — TEMPS COMPOSÉS

1. — Passé indéfini

1. — **Ai vengièt** (Rol. 1951) ; *jo ai païèns* **veduz** (Rol. 1039) ; **ai fait** (Alex. 79 c).

2. — **As quis** (Alex. 45 d); **as pechièt** (Alex. 64 d) ; **déduit as** (Alex. 91 b).

3. — **At tornèt** (Rol. 2376) ; **at fendut** (Rol. 3604) : **at tornéde** (Alex. 29 e).

1. — **Vedut avons** (Rol. 3132) ; **avons quis** (Alex. 71 c).

2. — **Avéz tornèt** (Rol. 328) ; **avéz pris** (Rol. 1948) ; **avéz jugièt** (Rol. 754).

3. — **Il ont demenèt** (Alex. 21 d) ; **ont fait** (Alex. 6 d).

2. — *Passé antérieur*

1. — *Jo oi vedut.*

2. — *Com m'*oüs enhadide (Alex. 87 c).

3. — **Out finéde** (Rol. 705) ; *il* **out amenèt** (Rol. 2783) ; *il* **ot adunèt** (Lég. 22 e) ; **il out esposéde** (Alex. 94 b).

1. — **Oümes beüt** (Pèlerin. 665).

2. — *Vos oüstes vedut.*

3. — *Il ourent vedut.*

3. — *Plus-que-parfait*

1. — **Aveie retenude** (Alex. 82 b) ; **aveie laissièt** (Rol. 2410).

2. — *Aveies retenut.*

3. — **Il aveit servit** (Alex. 67 d).

1. — *Nos avïons retenut.*

2. — *Vos avïèz retenut.*

3. — *Il aveiẹnt retenut.*

4. — *Plus-que-parfait synthétique*

Le latin avait un plus-que-parfait, tandis que le passé indéfini et le passé antérieur ont été formés de toutes pièces par la nouvelle langue. On conçoit donc que le plus-que-parfait latin ait vécu quelque temps sous sa forme propre, synthétique, à côté du nouveau temps formé par l'analogie.

Avrẹt (*habuerat, abverat, averat, avrat,* Eul. 2, 20) ; **furẹt** (*fũerat, furat,* Eul. 18) ; **voldrẹt** (*voluerat, volerat,* Eul. 21) ; **rovèrẹt** (*rogaverat, rovaverat, rovarat,* Eul. 22) ; **voldrẹnt** (*voluerant, volerant,* Eul. 3, 4) ; **fisdrẹt** (*fecerat, feçrat,* Lég, 21 a, c ; ms : *fistdra*) ; **laisérẹt** (*laxarat,* Lég. 21 f) ; **exastrẹt** (*exarserat,* Lég. 32 e : *el cuor* **exastrẹt** *al tirant* = il avait bouilli dans le cœur

du tyran = le cœur du tyran était en feu); **furęt** (*füerat*, Lég. 33 e);
vindręt (*venerat*, Lég. 34 d) : **avręt** *pardonèt* (*habuerat*, Lég. 36 f);
de lor pequièz que **avręnt** *faiz* (*habuerant*, Lég. 38 c); *ne vos sai
dire com il s'en* **firęt** *lièz* (*fecerat*, Alex. 25 c).

Ce plus-que-parfait ne se trouve qu'une fois dans l'Alexis et ne
se rencontre plus dans le Roland. Ajoutons que, dans le Saint-
Léger même, les deux exemples de **avręnt** sont employés avec un
participe passé (36 f, 38 c). Il est aisé d'en conclure que le plus-
que-parfait périphrastique était déjà d'un usage courant au Xᵉ siècle.

5. — *Futur antérieur*

1. — **Avrai vedut** (Pèlerin. 57); **avrai conquises** (Rol. 2352);
avrai portéde (Rol. 446).
2. — *Avras vedut.*
3. — **Avrat acoréde** (Alex. 80 e) ; **avrat mise** (Rol. 584).
1. — **Avrons saiside** (Rol. 972).
2. — *Avréz vedut.*
3. — **Avront comperéde** (Rol. 449).

6. — *Conditionnel passé* (1ʳᵉ forme)

1. — *Jo avreie tornèt.*
2. — *Tu avreies tornèt.*
3. — **Avreit tornèt** (Rol. 2866) ;
1. — *Nos avrïons tornèt.*
2. — *Vos avriièz tornèt.*
3. — *Il avreięnt tornèt.*

7. — *Conditionnel passé (2ᵉ forme)*

1. — **Jo l'oüsse amenèt** (Rol. 691).
2. — *Tu oüsses amenèt.*
3. — **Oüst predéde** (Alex. 29 c).
1. — **Oüssons departide** (Rol. 1729).
2. — *Vos oüssèz amenèt.*
3. — **Il oüssent siglèt** (Rol. 688).

8. — *Passé du Subjonctif*

1. — *Jo aie perdut.*
2. — **Aies tolut** (Rol. 1962).

3. — **Ait perdut** (Rol. 1959).
1. — *Nos aions perdut.*
2. — *Vos aiiez perdut.*
3. — *Il aiẹnt perdut.*

9. — *Plus-que-parfait du Subjonctif*

1. — *Jo oüsse perdut.*
2. — *Tu oüsses perdut.*
3. — *Il oüst perdut.*
1. — *Nos oüssons perdut.*
2. — *Vos oüssèz perdut.*
3. — *Il oüssẹnt perdut.*

IX. — VOIX PASSIVE

Les formes synthétiques du passif latin ont disparu ; et le roman, généralisant les formes composées *amatus sum, amatus eram,* etc., a créé une voix passive qui n'est autre que le verbe *èstre* accompagné d'un participe passé.

Le type latin *amatus sum, amatus eram, amatus ero,* etc., a perdu, dans son changement d'emploi, une partie de son sens antique. *Amatus* veut dire simplement : *qui a part à l'amour ; amatus sum* ne signifie donc plus : *je suis un homme qui a été aimé (et qui l'est encore),* mais *je suis un homme qui est aimé, je suis aimé (au moment où je parle), on m'aime,* ne répondant plus ainsi qu'au latin *amor* ; l'idée ancienne contenue dans *amatus sum,* exprimant un passé, sera rendue par le même participe, mais avec un temps passé de l'auxiliaire. Il en sera de même pour les autres temps [1].

Cette transformation du passif latin doit remonter assez haut ; il est très vraisemblable qu'elle était accomplie entièrement au ixe siècle, quoiqu'on n'en trouve guère de traces dans les chartes mérovingiennes ou dans les autres textes offrant des vestiges du parler populaire.

La vie de sainte Euphrosyne en présente toutefois quelques exemples caractéristiques, qui prouvent qu'au ixe siècle cette tournure était courante : *cœpit lagmentare et* **tribulatus esse** (XII,

____

(1) Cf. Diez, *Gr. des lang. rom.,* traduction française, II, p. 115.

l. 2-3); *et dum omnes servi Dei* **tribulati essent** *pro hac causa* (XII, l. 14); *non* **sis disperatus** (= *ne spem amittas,* XIII, l. 15).

Le verbe *sum* étant exclusivement employé aux temps composés du passif latin, c'est le verbe *sum* qui était naturellement désigné, dans les langues romanes, pour remplir le rôle d'auxiliaire; néanmoins tout autre verbe exprimant un état général, une manière de se comporter, de se trouver pouvait et peut de la même manière être employé à la périphrase du passif.

En roumanche notamment, c'est *venire,* construit comme *esse,* qui est le moyen propre de formation; dans les dialectes du nord de l'Italie, *fieri* est l'auxiliaire usité. Chez nous c'est le v. *esse* latin combiné avec *stare*; ou, pour mieux dire, c'est le verbe roman *èstre* qui a servi à cet usage.

En résumé, il n'y a pas, à parler rigoureusement, de voix passive en francais : l'équivalence en est formée par le verbe *èstre* accompagné d'un participe passé. Voici quelques-uns des exemples que nous en avons relevés dans nos plus anciens textes :

Présent de l'indicatif : **soi esguaréde** (Alex. 27 d); **sont neiièt** (Rol. 2474).

Imparfait de l'indicatif : **il esteit covèrz** (Alex. 70 a); **perdut érent** (Val., v⁰ 21).

Passé défini : **fui avogléz** (Alex. 79 d); **fut presentède** (Eul. 11); **furent jostèt** (Rol. 2779).

Futur : **estras paréde** (Alex. 29 a); **ièrt guarniz** (Rol. 354); **èrmes desevrèt** (Rol. 1977); **leiièz seréz** (Rol. 434).

Conditionnel présent : **astreient perdut** (Val. v⁰ 18).

Impératif : **salvèz seiièz** (Rol. 428).

Subjonctif présent : **seit jostède** (Rol. 2761); *que ne* **seions vencut** (Rol. 1045); **seient blasmèt** (Rol. 1063).

Subjonctif imparfait : **fust destornéz** (Rol. 440).

X. — VOIX RÉFLÉCHIE

Le latin avait trois tournures pour rendre une idée que nous traduisons par la forme réfléchie; il se servait : 1⁰ d'un *verbe intransitif* : *in hostem* **ruere** (= se précipiter sur l'ennemi); 2⁰ de la *voix passive* : *scandunt rursus equum et nota* **conduntur** *in alvo* (ils se cachent); 3⁰ du *pronom personnel* : *Virgo de cespite* **se levat** (se lève).

De ces trois moyens, le roman n'a retenu que le dernier, qu'il généralise.

Or, en latin, nombre de verbes, qui s'employaient à la fois comme transitifs et comme intransitifs, arrivaient à prendre, en qualité de transitifs, un pronom personnel comme complément. C'est ainsi que, pour ne donner qu'un exemple, l'on disait : **se** *maledictis* **abstinere** (Cic.), et **abstinere** *ab aliqua re* (*s'abstenir de quelque chose*, Cic.) ; etc.

Le roman ira plus loin : à un moment donné, on ne voit plus, dans la forme pronominale, qu'une sorte de nouvelle forme de la conjugaison, et la langue tend à y faire entrer presque tous les verbes intransitifs, d'autant plus que le pronom **se** se confond facilement avec *sibi*, tous deux donnant *se* ou *soi* ; de là *se morir, se cuire, se creindre, se doter, se dormir, se gesir*, etc.

Quant à l'auxiliaire, il a été, en français, dès l'origine, *èstre* et non *aveir*. Pourquoi cela ?

Aux temps composés, nos verbes ont leur flexion séparée du thème. Cette flexion, qui est *ai* (v. *aveir*) si le sujet fait l'action, se change en *sui* (v. *èstre*) s'il souffre cette action ; mais il n'y a rien de changé pour cela dans les rapports du verbe avec son régime. Dans le latin *me ultus sum*, par exemple, *me* est le complément de *ultus sum*, étant donné cependant que *ultus* seul a le sens actif et passif à la fois (= *qui a vengé, qui est vengé*) ; de même, dans le roman *jo me sui vengièz*, *me* est le complément de *sui vengièz*, comme il le serait de *ai vengiet*, comme *se* est le complément de *morir* dans *se morir*. C'est l'habitude d'ajouter un pronom personnel comme régime à un verbe même intransitif qui a persisté dans les temps composés. La forme latine avec *èstre* (*ultus* **sum**) a passé pour ainsi dire inaperçue ; c'est la force de l'habitude qui l'a maintenue, et l'impulsion des temps simples a emporté dans la même contraction avec le pronom les temps composés.

Mais on conçoit que l'habitude d'employer *aveir* lorsque le sujet fait l'action ait été assez forte pour substituer *aveir* à *èstre* ; c'est ce qui fait qu'aujourd'hui encore les enfants disent volontiers *je m'ai fait mal* pour *je me suis fait mal* ; c'est pour cela aussi que l'espagnol emploie l'auxiliaire *habere*, et que, dans nos anciens textes, on trouve quelques traces, mais rares, de cette tournure : *parfitement s'***at** *a Deu* **comandét** (Alex. 58 c).

Chez nous, la conjugaison du réfléchi avec *èstre* a toujours été prépondérante et a supplanté de très bonne heure l'autre dans la langue commune.

Présent de l'indicatif. — (*jo*) **me merveil** (Rol. 3179); **se porpenset** (Alex. 8 c); **s'en retornent** (Alex. 64 a).

Passé défini. — **Se coist** (Eul. 20); **s'en entrat** (Lég. 11 f).

Passé indéfini. — **Vengièz m'en sui** (Rol. 3778); (*tu*) **t'iès deduiz** (Alex. 84 b); **se sont eissut** (Rol. 2810).

Passé antérieur. — **Il se fut morz** (Lég. 9 c); **se fut porpenséz** (Rol. 425).

Plus-que-parfait. — **M'en esteie penéz** (Alex. 81 e); **se furet morte** (Eul. 18); **il se èrent convèrs** (Val. v° 25).

Futur. — **Jo m'en irai** (Rol. 2909); (*vos*) **vos en ireiz** (Rol. 79); **s'en torneront** (Rol. 1745).

Conditionnel présent. — **Jo me crendreie** (Rol. 257).

Subjonctif présent. — *Nuls ne* **s'oblit** (Rol. 1258); *nos* **nos departons** (Rol. 1900); (*vos*) **vos taisièz** (Rol. 259).

Subjonctif imparfait. — **Vos vos meslissièz** (Rol. 257).

Passé du subjonctif. **Il se seit tornèz** (Alex. 13 c).

XI.—EMPLOI DE L'AUXILIAIRE DANS LES VERBES INTRANSITIFS

Estre étant usité lorsque le sujet du verbe est considéré comme souffrant l'action exprimée par le verbe, il en résulte que, si l'action ne dure qu'un instant, et que le sujet soit simplement l'agent de cette action, on emploiera *aveir*; si, au contraire, l'action, se prolongeant, devient un état, l'emploi de *estre* sera de rigueur. Mais il n'est pas toujours facile de déterminer avec précision l'instant où cesse l'action momentanée pour devenir un état, résultat d'une action prolongée. De là des incertitudes dans l'emploi de l'auxiliaire. Ajoutons qu'un grand nombre de verbes ne sont susceptibles d'exprimer, à vrai dire, ni l'action ni l'état, parce qu'ils donnent simplement l'idée d'un fait, d'un événement. Ainsi *tomber, paraître, pleuvoir, neiger*, etc.

On dira d'une façon certaine : *ma femme* **a accouché** *ce matin*, parce qu'on pense à l'action ; de même : *ma femme* **est accouchée** *heureusement*, parce qu'on songe à l'état; mais il s'en faut que tous les exemples se présentent avec cette netteté. De plus, doit-on dire : *il* **a tombé** *beaucoup de neige*, ou *il* **est tombé** *beaucoup de neige?* Cela dépend beaucoup des mots que l'on ajoutera et qui préciseront le sens : *la neige* **a tombé** *sans interruption pendant trois heures.*

On comprend dès lors qu'à l'origine l'emploi de l'auxiliaire ait été un peu arbitraire. Il l'est resté dans une certaine mesure.

Dans nos plus anciens textes, sont conjugués avec *aveir* :

Cessèr; **chevalchièr**; **comandèr** : *isnelemènt si li* **at comandèt** (Rol. 2453); **cornèr**; **contredire**; **escridèr** : *a icest mot* **ont** *Franceis* **escridèt** (Rol. 1180, d'après le ms d'*Oxford*; les éditeurs ont substitué ou *s'ont escridèt* ou *sont escridèt*); **demorèr** : *si* **at** *molt* **demorèt** (Rol. 2622); **èstre** ou **estèr** : *set anz toz pleins* **at estèt** *en Espaigne* (Rol. 2); **guerreiièr**; **joèr**; **guardèr**; **osteiièr**; **parlèr**; **plaidièr**; **plorèr**; **semblèr**; **vivre**; *etc.*

On peut remarquer que les verbes qui sont à la fois transitifs et intransitifs se conjuguent avec *aveir* dans le sens intransitif. Cela se comprend aisément : l'analogie de la forme au sens transitif emporte *aveir* dans tous les cas.

Se conjuguent avec *èstre* :

Alèr : *Alde la bèle* **est** *a sa fin* **alède** (Rol. 3723).

Apareistre : *Molt granz damages li est* **apareüz** (Rol. 2037).

Avenir : *As quatre estorz lor* **est avenut** *bièn* (Rol. 686).

Chadeir : *Por poi qu'il n'*est **chaduz** (Rol. 3608).

Corir, corre : *Puis si li* **est coruz** (Rol. 2086).

Departir : *L'anme dèl cors me* **seit** *hui* **departide** (Rol. 2940).

Descèndre : *Ad un pedron de marbre* **est descenduz** (Rol. 2819).

Devenir : *Qu'*est **devenuz** *li Gascoinz Engelièrs?* (Rol. 2407).

Eissir : *Li Amiralz* **est eissuz** *dèl chalant* (Rol. 2647).

Entrèr : *El cors vos* **est entrède** *mortèl rage* (Rol. 747).

Montèr : *Puis* **sont montèt** (Rol. 2708).

Morir : *Mielz me venist, amis, que* **morte fusse** (Alex. 89 b); **mort sont** *li conte* (Rol. 577).

Passèr : *As porz d'Espaigne en* **est passèz** *Rollanz* (Rol. 1152).

Remaindre : *Dolènte en* **sui remèse** (Alex. 29 b); *li doze pèr* **sont remès** *en Espaigne* (Rol. 826).

Venir : *Si* **est venude** *cist tres dies super* (Val, recto 2); *a grant duel* **est venude** (Alex. 89 b); *en cest païs nos* **est venuz** *confondre* (Rol. 17).

Après ce qui a été dit plus haut, il est facile de comprendre que le même verbe puisse se conjuguer à la fois avec *aveir* et avec *èstre* : *Amis, o est li reis? Molt l'*ai **alèt** *querant* (Pèlerin. 279). On trouve, même dans l'Alexis, cette forme assez singulière : *tu m' iès* **fuiz** (27 b), où le verbe *fuïr* est conjugué avec *èstre* et a cependant un régime direct.

APPENDICE

RÉSUMÉ SOMMAIRE DE LA PHONÉTIQUE [1]

VOYELLES ACCENTUÉES

I. — **A** ACCENTUÉ

1) — A long ou bref, libre, accentué du latin classique (*a* du latin populaire) donne, dès le ɪxᵉ siècle, *é*, qui, dans la langue moderne, est devenu tantôt *é* fermé, tantôt *è* ouvert. Ex. : **presentér** (*praesentare*); **tèl** (*tale*); **donèz** (mod. *donnez = donatis*); **recevèz** (*recivatis* pour *recipitis*); etc.......................... p. 8-15

2) — A libre, bref ou long, devant une nasale *m*, *n*, donne la diphtongue forte *ài*, qui, lorsque *m*, *n* seront nasalisées au commencement du xɪɪᵉ siècle, sinon à la fin du xɪᵉ, formera la diphtongue nasale *ain*. Ex. : **aimęt** (mod. *aime = amat*); **fain** (mod. *faim = fame*); etc. (La diphtongue *ai* est faible dès le xɪɪᵉ siècle).. p. 15-16

3) — A entravé, latin ou roman (*a* du latin populaire), s'est maintenu sans changement jusqu'à nos jours. Ex. : **avant** (*abante*); **barbe** (*barba*); etc................................... p. 16-17

4) — A accentué, long ou bref, libre ou entravé, suivi d'une gutturale ou d'une syllabe contenant un *i* palatal (*j*), donne la diphtongue forte *ài* (déjà *ai* = *è* dès le xɪɪᵉ siècle). Ex. : **faire** (*fac're*); **montaigne** (mod. *montagne = montania = montanea*); **traire** (= *tragere*, *trag're*); **fraindre** (*frang're*); etc........ p. 17-20

5) — A latin libre et accentué a donné *iè* après les gutturales sans exception, et après les dentales, comme après les lettres *s*, *ss*, *l*,

<hr>

(1) Ce résumé est destiné à faciliter pour les commençants l'étude de la Phonétique. Nous renvoyons, après chaque article, à l'article correspondant de l'ouvrage.

n, r précédées d'un *i* palatal. Cette diphtongue *iè* se réduit généralement à *é* dès le XIVe siècle. Ex. : **chrestiièn** (mod. *chrétien = christiano*); **chièf** (mod. *chef = capo* pour *caput*); **jugièr** (mod. *iuger = jud'gare*); **penchièr** (mod. *pencher = pendicare, pend'-care*); etc.. p. 20-23

II. — **E** BREF ACCENTUÉ

1) — E bref latin, libre, accentué (*è* ouvert du latin populaire) devient en français *iè*. Ex. : **bièn** (*bĕne*); **vièηt** (*vĕnit*); **fièr** (*fĕro*); etc... p. 24-26

2) — E bref entravé, latin ou roman (*è* ouvert du latin populaire) est resté avec le son ouvert depuis les origines. Ex. : **pèrdre** (= *perdere*); etc.. p. 26

3) — E bref entravé, suivi immédiatement d'une nasale, reste sonore jusque vers la fin du XIe siècle, comme *a + n*. A partir de cette époque, *an* et *en* commenceront à se confondre et à se nasaliser.. p. 27

4) — E bref, libre ou entravé, suivi d'une gutturale ou d'un *j*, est devenu *i* dès les premiers temps de la langue. Ex. : **prięt** (mod. *prie = prĕcat*); **piz** (mod. *pis = pĕctus*); **lit** (= *lecto*). p. 27-28

III. — **E** LONG, **i** BREF LATINS ACCENTUÉS

1) — E long, *ĭ* bref libres du latin classique (*é* fermé du latin populaire) aboutissent, dès les origines, à la diphtongue *ei*, qui, au XIIe siècle, se transforme en *oi*, et qui, après un grand nombre de vicissitudes, est arrivée à notre diphtongue actuelle *oi* (= *ouà*). Ex. : **mei** (mod. *moi = mē*); **deveir** (mod. *devoir = debēre*); **feit** (mod. *foi = fĭde*); etc. Devant une nasale, le changement de *ei* en *oi* n'a pas lieu : **sein** (= *sĭnum*); **Reims** (= *Remos*); etc. p. 28-29

2) — E long, *ĭ* bref latins accentués et entravés, soit latins, soit romans, donnent *è* ouvert à toutes les époques de notre langue. Ex. : **cèssęt** (mod. *cesse = cēssat*); **cèlle** (*eccĭlla*); **vèrt** (= *viride, vir'de*); etc.. p. 29-31

3) — E long, *ĭ* bref latins entravés et suivis immédiatement d'une nasale donnent *è* ouvert qui reste sonore jusqu'à la la fin du XIe siècle et aboutit ensuite à la nasale *en*. Ex. : **prèndre** (*prenn'dre,*

puis *prendre* = *prend(e)re*); **ent** (*enn't*, puis *en* = *inde*); etc.
p. 32-33

4) — E long, ĭ bref libres accentués devant ou après une gutturale ou un *i* palatal, donnent *i*. Ex. : **eglise** (*ecclēsia*); **firent** (*fēc'runt*); **servise** (mod. *service* = *servĭtio*); etc. Devant une liquide, ĭ bref reste *ei* et l'*i* palatal mouille la liquide; de là **conseil** (= *consĭlio*); **merveille** (= *mirabĭlia*); etc........... p. 33-35

5) — E long, ĭ bref latins accentués et entravés donnent *ei* (plus tard *oi* excepté devant les liquides) lorsque l'entrave est formée par deux consonnes dont la première est une gutturale, ou par deux consonnes dont la première est la liquide *l* ou une des nasales *m, n*, et la seconde une gutturale. Ex. : **dreit** (mod. *droit* = *drēcto* pour *dirēcto*); **neir** (mod. *noir* = *nĭgro*); **ceindre** (= *cĭngere*); etc................... p. 35-36

6) — E long, ĕ bref, ĭ bref latins accentués, suivis d'une syllabe qui contient un *ī* long, donnent généralement *i*. Ex. : **il** (mod. *ils* = *ĭllī*); **vingt** (*vĭgintī*); **vinc** (mod. *vins* = *vēnī*); **tinc** (mod. *tins* = *tĕni* pour *tĕnui*); etc................... p. 36-37

IV. — **I** LONG LATIN ACCENTUÉ

I long latin accentué persiste dans tous les cas. Ex. : **peril** (= *perīclo*); **vedisse** (mod. *visse* = *vidīssem*); **venir** (= *venīre*); etc................ p. 37-38

V. — **O** BREF LATIN ACCENTUÉ

1) — O bref latin accentué, libre (*ò* ouvert du latin populaire) est devenu successivement *uo* (xe siècle), *ue*, *oe* (xie et xiie s); *oe* (xiie et xiiie); *eu* dès le xive. Ex. : **suor, suer, soer, soeur** (= *sŏror*); **moert** (mod. *meurt* = *mŏrit*); etc......... p. 38-40

2) — O bref entravé, latin ou roman, est resté sans changement avec le son de *ò* ouvert depuis les origines. Ex. : **porte** (= *pŏrta*); **mort** (= *morte*); etc................ p. 40

3) — O bref, libre ou entravé + *j* provenant d'un *i* palatal ou d'une gutturale, donne *ui* (quelquefois noté *oi* dans les plus anciens textes). Ex. : **nuire** (*nŏcere*); *jo* **puis** (*pŏcso*); **uit** (mod. *huit* = *ŏcto*); etc................ p. 40-42

VI. — **Au** LATIN ACCENTUÉ

1) — Au du latin classique (*ọ* ouvert du latin populaire) donne
ọ ouvert depuis les origines. Ex. : **or** (*auro*); *tu* **oses** (*ausas*); etc.
p. 42-43

2) — Au libre ou entravé + *j* provenant d'une gutturale ou d'un
i palatal aboutit à *oi* (son mod. *ouà*). Ex. : **joie** (*gaudia*); etc.
p. 43-44

VII. — **O** LONG, **u** BREF LATINS ACCENTUÉS

1) — O long, *ŭ* bref latins accentués, libres (*ọ́* fermé du latin
populaire) ont donné *o* dans l'ancienne langue, *eu* dès le XIVe siècle.
Ex. : **onor** (mod. *honneur* = *honōre*); **colovre** (mod. *couleuvre* =
colŭbra); etc. . . . . p. 44-46

2) — O long, *ŭ* bref latins entravés donnent dans l'ancienne
langue *o* et dans la langue moderne *ou*. Ex. : *il* **dotet** (mod. *doute* =
dŭbitat, dŭb'tat); **oltre** (*outre* = *ŭltra*). Dans la conjugaison
surtout, l'analogie a contrarié les lois concernant *o* fermé libre ou
accentué. . . . . p. 46-47

3) — O long, *ŭ* bref latins, libres ou entravés, devant les nasales
m, n, donnent *on* dont la nasalisation s'est effectuée vers le commencement du XIIe siècle. . . . . p. 47-49

4) — O fermé libre ou entravé + *j* provenant d'un *i* palatal ou
d'une gutturale donne *oi* (moderne *oi* = *ouà*). Ex. : **gloire** (=
glōria); **angoisse** (= *anguscsia* = *angŭstia*); **joindre** (= *jŭn-
gere*); etc. . . . . p. 49-50

VIII. — **U** LONG ACCENTUÉ LATIN

1) — U long reste dans tous les cas (avec le son *ü*), qu'il soit
libre ou entravé. Ex : **devenuz** (mod. *devenu* = *devenutūs*); **nul**
(= *nūllo*); etc. . . . . p. 50-51

2) — U long libre ou entravé + *j* provenant d'un *i* palatal ou
d'une gutturale donne *ui* dans la langue ancienne comme dans la
langue moderne. Ex. : **fuit** (= *fūgit*); **conduit** (= *condūcto*); etc.
p. 51-52

IX. — DIPHTONGUES *ae, oe*

VOYELLES ATONES

1º Chute ou maintien des atones selon leur position dans le mot

I. — ATONE FINALE

II.—ATONE NON EN HIATUS DANS L'AVANT-DERNIÈRE SYLLABE DU MOT

III. — PROTÓNIQUE, LORSQU'ELLE N'EST NI INITIALE, NI ENTRAVÉE, NI EN HIATUS

3) — Devant ou après un groupe de consonnes demandant une voyelle d'appui, les voyelles qui seraient tombées sont généralement représentées par un ę féminin. *Ex.*: **pelerin** (mod. *pèlerin = perĕgrino*) ; **senefięt** (mod. *signifie = signĭficat*); **chastedét** (mod. *chasteté = castĭtate*); etc........................ p. 61-62

4) — La protonique longue est conservée dans certains mots sous l'influence de mots de même forme, lorsque la protonique des premiers se trouve être la voyelle accentuée des seconds. *Ex.* : **felonie** (=*felōnia*) sous l'influence de *felon* (= *felóne*); **doloros** (mod. *douloureux = dolōroso*) sous l'influence de *dolor* (= *dolóre*); etc .... p. 62

IV. — PROTONIQUE ENTRAVÉE, NON INITIALE

Elle se maintient. *Ex.* : **amistièt** (mod. *amitié = amiç'tate*); etc.. p. 62-63

V. — PROTONIQUE INITIALE ET ATONE INITIALE PROPREMENT DITE

Elles se maintiennent presque invariablement. *Ex.* : **amor** (mod. *amour = amóre*); **paremènt** (*páramento*); etc.. p. 63-64

VI. — VOYELLE ATONE PRÉCÉDANT MÉDIATEMENT LA TONIQUE
DANS LE CORPS DU MOT

Elle se maintient, mais est sujette, comme l'atone initiale, à des altérations plus ou moins profondes. *Ex.* **enfermetét** (mod. *infirmité = infĭrmitate*)................................... p. 64

VII. — MAINTIEN EXCEPTIONNEL DE O (*u*) FINAL ATONE

1º Après *a* ou *e* séparés de *o* (*u*) par une labiale *p, b, v. Ex.* : **clou** (*clavo*); **out** (mod. *eut = habuit, avu(i)t*); etc....... p. 65

2º Après *au, o*, et quelquefois *e* séparés de *o* (*u*) par un *g* ou un *c. Ex.* : **fou** (mod. *feu = foco*); **trou** (*traugo*); etc... ... p. 65

3º Quand il suit immédiatement la tonique. *Ex.* : **Deu** (mod. *Dieu = Dèo*)... p. 65

VIII. — HIATUS

1) — *Hiatus formé par la protonique et la tonique*

1º La protonique reste, mais plus ou moins tranformée et quelquefois consonnifiée quand c'est un *u. Ex.* : **soür** (mod. *seür,* *sûr* = *securo, seuro*); **anvel** (v fr. = *annuale*); **reïne** (mod. *reine* = *regina, reïna*); **christiièn** (mod. *chrétien* = *christiáno*); etc.

p. 66-67

2º La protonique mouille l'*l* ou l'*n* qui la précède et forme avec ces consonnes un groupe *ñ*, *l* mouillées devant lequel la voyelle précédente qui est, à vrai dire, la seule protonique, se maintient très souvent sous forme d'*i*. *Ex.* : **conseillièr** (*consiliario*); **compaignon** (mod. *compagnon* = *companione*); etc............. p. 67

3º La protonique palatalise le *c* et le *t* pour les changer en *c* doux ou en *s*, et, passant dans la syllabe précédente, forme une diphtongue, quand la voyelle de cette syllabe est *a, o, u. Ex.* : **oraison** (*oratione*); **menuisièr** (*minutiare*); **faisons** (*faciomus*); **chassièr** (mod. *chasser* = *captiare*); etc.......................... p. 67

4º Précédé d'une dentale ou d'une labiale ou d'un groupe de consonnes, *i* protonique fait tomber la consonne qui le précède et se convertit en *j*. Ex. : **vergièr** (mod. *verger* = *viridiario, virdiario*); **sergènt** (*serviente*); etc.......................... p. 67

5º Quelquefois l'hiatus est supprimé par l'intercalation d'un *v*, et quelquefois même par *i* ou par *h*. Ex. : **pleuvoir** (*pluĕre*); **trahir** (*tradire, traîre*); etc.......................... p. 67

2) — *Hiatus formé par la tonique et une posttonique*

L'atone en hiatus subit le traitement de l'atone finale si elle est finale (se maintient sous forme d'*ę* muet si c'est un *a* ; tombe si c'est *e, i, o, u*); elle tombe lorsqu'elle forme l'avant-dernière syllabe du mot.......................... p. 68

3) — *Hiatus formé par deux posttoniques*

1º Dans les groupes *ua, ue, ui, uo, uu*, le latin vulgaire a généralement fait tomber l'*u*. Ex. : **morte** (= *morta* pour *mortua*); etc.......................... p. 68-69

2º Eo, *ea, eu* se réduisent presque invariablement à *io, ia, iu*, où l'*i* devient palatal.......................... p. 69

3º Groupes posttoniques *io, ia, iu*. — 1. La semi-voyelle se combine avec la lettre précédente, quand celle-ci est *n* ou *l*, et forme avec elle, en la mouillant, une lettre nouvelle (*l, ñ* mouillées). Ex. : **ligne** (*linea, linia*); **merveille** (*mirabilia*); **fille** (= *filia*); etc.......................... p. 69

2. La semi-voyelle se combine avec la tonique qui précède pour

former une diphtongue. Ex. **chevalièr** (*caballario*); **lumière** (*luminaria*); **cuir** (*corio*); **coin** (*cuneo*); etc......... p. 69-70

3. Après une sifflante ou une dentale (*s*, *t*) ou une gutturale (*c*), la semi-voyelle palatalise ces consonnes et les change en *c* doux (*ç*, *s*, *ss*). Ex. : **justise** (mod. *justice* = *justicia*); **placçt** (mod. *plaise*, forme analogique = *placeat*, *placiat*); etc........ p. 70

4. La semi-voyelle, devenant consonne, forme un groupe avec la consonne antérieure qu'elle s'assimile et fait disparaître, quand cette consonne est une muette. Ex. : **estrange** (mod. *étrange* = *extraneo*, *extranio*); **songçt** (mod. *il songe* = *somniat*); **sage** (*sapio*); etc...................................... p. 70-71

2o Transformations des atones maintenues [1]

I.— A LATIN INACCENTUÉ, LONG OU BREF

1) — A entravé latin ou roman reste. Ex. : **partir** (*partire*).
p. 72

2) — A libre reste lorsqu'il n'est ni protonique ni final. Ex. : **ami** (*amico*)... p. 72-73

3) — A libre suivi d'une nasale reste *a*. Ex. : **clamèr** (*cla-mare*).. p. 73

4) — A libre ou entravé, suivi d'une gutturale ou d'un *i* palatal devient *ai* comme à la tonique. Ex. : **raison** (*ratione*); **laissièr** (mod. *laisser* = *laxare*); etc........................... p. 73-74

5) — A infecté de *j* ou *a* libre après les gutturales sans exception et après les dentales ou les lettres *s*, *ss*, *l*, *n r* précédées d'un *i* palatal reste et s'affaiblit en *ę* (*a* accentué, dans les mêmes conditions, devient *iè*). Ex. : **chièr** (= *cáro*), mais **cheval** (= *cabállo*); **chevèl** (mod. *cheveu* = *capíllo*); etc.................. p. 74-75

6) — A atone, libre ou entravé, devant une nasale, commence à donner, vers la fin du XIᵉ siècle, la nasale *an*........... p. 75

II. — E BREF LATIN ATONE

1) — E libre atone donne *ę* muet (la tonique donne *iè*). Ex. : **venir** (= *vĕnire*)...................................... p. 75-76

2) — E bref latin entravé, reste avec le son ouvert. Ex. : **servir** (= *sĕrvire*)... p. 76

---

(1) A l'exception de l'atone finale et de la protonique dont le sort est connu dès maintenant.

3) — E bref libre ou entravé + *j* provenant d'une gutturale ou d'un *i* palatal donne *ei* (mod. *oi* = *ouà*; la tonique, dans les mêmes conditions, aboutit à *i*). Ex. : **preiièr** (mod. *prier*, forme analogique = *prĕcare*)................................ p. 76-77

4) — E bref libre ou entravé, devant une nasale, donne, vers la fin du xie siècle et le commencement du xiie, la nasale *en*.

p. 77

III. — **E** LONG **i** BREF LATINS ATONES

1) — E long, *ĭ* bref latins, libres s'affaiblissent en *ę* muet (la tonique, dans les mêmes conditions, aboutit à *ei*, *oi*). Ex. : **deveir** (mod. *devoir* = *dēbere*); **receveir** (mod. *recevoir* = *recĭpere*); etc....................................... p. 77-78

2) — E long, *ĭ* bref latins entravés aboutissent à *è* ouvert. Ex. : **regnèr** (mod. *régner* = *rēgnare*); **message** (*mĭssatico*); etc.

p. 78

3) — E long, *ĭ* bref libres ou entravés + *j* provenant d'une gutturale ou d'un *i* palatal donnent *ei* (mod. *oi* = *ouà*). Ex. : **leisir** (mod. *loisir* = *lĭcere*). Le changement en *oi* n'a pas lieu devant *l* ou *n* : **conseillièr** (mod. *conseiller* = *consĭliario*); **ceinture** (= *cĭnctura*); etc............................. p. 78-79

4) — E long, *ĭ* bref latins devant une nasale commencent à donner, vers la fin du xie siècle, la nasale *en*............ p. 79

IV. — **I** LONG LATIN ATONE

1) — I long latin atone reste (comme *ī* accentué) dans tous les cas. Ex. : **cridèr** (mod. *crier* = *crītare* pour *quiritare*); etc.

p. 79

2) — I long latin libre ou entravé, suivi d'une syllabe ayant un *ī* long, s'abrège en latin vulgaire, et devient ainsi *ę* en roman. Ex. : **fenir** (= *fīnire* pour *fīnīre*); **desist** (mod. *dit* = *dĭxīsset* pour *dīxīsset*); etc................................. p. 79-80

V. — **O** BREF ATONE

1) — *O* bref libre est noté par *o* dans l'ancienne langue, par *ou* dans la langue moderne. Ex. : **podeir** (mod. *pouvoir* = *pŏtēre*); etc.. p. 80

2) — *O* bref atone entravé reste avec le son ouvert. Ex. **portèr** (= *pŏrtare*) ; etc................................. p. 80

VI. — **Au** LATIN ATONE

VII. — **O** LONG, **U** BREF LATINS ATONES

VIII. — **U** LONG LATIN ATONE

CONSONNES SIMPLES

I. — CONSONNES INITIALES

1) — Les labiales *p, b, f, v* restent, mais *v* est soumis à trois sortes d'exceptions :

1° Changement de *v* en *b* : **Besançon** (*Vesuntione*) ;

2° Changement de *v* en *g* sous une double influence germanique et celtique. Ex. : **guardèr** (mod. *garder* = germ. *wartan*) ; puis, par une extension abusive : **guèt** (mod. *gué* = lat. *vado*) ;

3° Changement rare de *v* en *f* : **feiz** (*fois* = *vĭce*).... p. 86-88

2) — Les dentales *t, d*, la sifflante *s* et les liquides *l, m, n, r* restent, mais les liquides peuvent permuter entre elles :

1° L se remplace quelquefois par *r* ou *r* par *l* : **altèr** (mod. *autel* = *altare*) ; **chartre** (= *cartula*)................ p. 88-89

2° L se change en *n*, et réciproquement *n* en *l*. Ex. : **orphelin** (= *orphanino*)...................... p. 90

3° N se change en *r*. Ex. : **ordre** (*ordine, ordne*).

4° L et *r* peuvent changer de place : **fromage** (*formatico*).
p. 90

3) — Gutturales *c* (*qu, k*), *g, h, j*. 1° Jusqu'au viie siècle environ après J.-C., la gutturale *c*, vélaire ou palatale, reste avec le son dur.
p. 90-92

2° A partir du viie siècle, le *c* palatal (devant *e, i*) se transforme en un son sifflant........................ p. 92-93

3° C palatal (*ce, ci*) et *ti* + une voyelle prennent un son sifflant, et, passant probablement par la série *tj, tsch, ts*, aboutissent à *s*.
p. 93-94

4° Le son *ts* est attesté jusqu'à la fin du xiie siècle pour *c* palatal (*ce, ci*) et pour *ti* suivi d'une voyelle ; néanmoins nos plus anciens monuments l'expriment toujours par *c* : **cèls** (mod. *ceux* = (*ec*)*cillos*)........................ p. 94

5° C vélaire latin s'est quelquefois affaibli en *g* ; mais, à part un petit nombre d'exceptions, il se maintient devant *o, u* : **cors** (mod. *corps* = *corpus*) ; **cure** (*cura*).................. p. 94-95

Devant *a, c* vélaire, passant probablement par la série *kj, tj, tsch, tch*, aboutit, vers le xe siècle, au son chuintant *ch* : **cheval** (*caballo*)........................ p. 95-98

6° A latin, suivi de *u*, reste généralement ; parfois il se change en *c* : **quèl** (*quale*) ; **car** (*quare*).................. p. 98-99

7º G vélaire reste devant *o, u* : **governèr** (mod. *gouverner*).

G palatal devant *a, e, i* devient *j* ou *g* doux : **joie** (*gaudia*); **gènt** (*gente*)..

8º J latin reste sous la forme de *j* ou de *g* doux : **getèr** (mod. *jeter = jactare*); **justise** (mod. *justice = justitia*)...

9º H latine avait fini par disparaître dans la prononciation. On la trouve en français dans des mots d'origine latine et germanique; elle est supprimée dans des mots où elle existait en latin; enfin elle se rencontre indûment dans certains mots d'origine latine.

10º K rentre dans le *c* vélaire ou dans *qu*............

II. — CONSONNES MÉDIALES

1) — Consonnes doubles. — Elles se réduisent généralement à la simple, mais le souvenir du latin les rétablit partiellement dès les origines de la langue............................

2) — Labiales (*p, b — f, v*). — 1º P, après avoir passé par *b*, devient généralement *v* ; quelquefois il disparaît, surtout après la tonique, si celle-ci est une labiale *o, u* ; ou par analogie. Rarement il s'arrête à *b* : **crevèr** (*crepāre, crebāre, crevāre*) ; **crièvent** mod. *crèvent crĕpant, crĕbant, crĕvant*)..........

2º B médial s'adoucit en *v* lorsqu'il précède la tonique ; il tombe quand il la suit ; il tombe même devant la tonique, si celle-ci est une voyelle labiale *o, u*. V reste quelquefois par analogie : **avant** (*abánte*); **devons** (*debómus*); **deivent** (*débent* ; *v* reste par l'analogie de *devons, devez*); **doüsses** (mod. *dusses = debuisses, debússes*) ; etc...

3º F reste souvent : **coife** (mod. *coiffe = cofea*) ; parfois il tombe : **antienne** (*antifona*)...........................

4º V médial reste devant la tonique ; il tombe même devant la tonique, si celle-ci est une voyelle labiale *o, u*. V est parfois maintenu par l'analogie dans la conjugaison. Ex. : **moveir** (mod. *mouvoir = movēre*; **moüt** (mod. *meü, mû = movūto*); **respondit** (mod. *répondit = respondīvit*); **moevent** (mod. *meuvent = mŏvent* ; *v* maintenu par l'analogie de *movons, movez*)........

3) — Dentales. — 1º T médial, affaibli en *d* longtemps avant le ixe siècle, reste sous la forme de *d* jusqu'au commencement du xiie siècle, et disparaît ensuite dans l'écriture comme dans la prononciation. Ex. : **presentède** (mod. *présentée = praesentata*).

2º D médial reste également jusqu'au commencement du xIIe siècle. Ex. : **odir** (mod. *ouïr = audire*)........... p. 114-115

3º S médiale reste avec le son doux ou sonore. Ex. : **chose** (*causa*)................................ p. 115-116

4º Z médial, comme *z* initial, se transforme en *j* : **jujube** (*zizypho*)............................... p. 116

4) — Liquides et nasales. — 1º L médiale reste : **celèr** (= *celare*)............................... p. 116

2º R médial reste aussi, tout en s'atténuant dans la prononciation : **baron** (*barone*)........................ p. 117

3º M et N restent : **ami** (*amico*) ; **chenut** (mod. *chenu = canuto*).

p. 117-118

5) — Gutturales. — 1º C palatal médial, ainsi que *ti* + une voyelle, deviennent généralement, en prenant le son sifflant, *s* douce ou sonore, s'ils précèdent la tonique ; *s* dure (*ss* ou *ç* doux), s'ils la suivent. Ex. : **raison** (*ratione*) ; **facet** (mod. (*fasse = faciat*).......................... p. 118-120

2º *C* vélaire médial. — 1. Devant *o*, *u*, il tombe sans laisser de traces : **seür** (mod. *sûr = securo*); **fou** (mod. *feu = foco*).

2. Devant *a*, *c* vélaire médial tombe aussi sans laisser de traces, quand la voyelle qui précède est *o*, *u* : **joér** (mod. *jouer = jocare*) ; **charrue** (*carruca*).

3. Il disparaît encore devant *a* précédé d'un *a*, d'un *e* ou d'un *i*, mais laisse un *j* qui agit sur la voyelle précédente : **braie** (*braca*) ; **preiièr** (mod. *prier = precare*) ; **otreiièr** (mod. *auctroyer = auctoricare*); **amie** (*amīca*)........................ p. 118-122

3º *G* médial. — 1. Devant *o*, *u*, voyelles labiales, *g* vélaire médial tombe sans laisser de traces : **rue** (*ruga*); **eür** (mod. *eur = augurio*; *bonheur, malheur*).

2. Devant *a, e, i*, le *g* médial disparaît, mais en laissant un *j* qui agit diversement sur la voyelle précédente : **neiièr** (mod *nier = nĕgare*); **leial** (mod. *loyal = lēgale*); **leiièr** (mod. *lier = lĭgare*).

3. Quand la voyelle qui suit le *g* est un *i* long, le *j* développé par la gutturale se confond volontiers avec cet *i* : **reïne** (mod. *reine = regīna*); mod. **gaîne** (= *vagīna*)................ p. 122-123

4º *Cc* devant *a* se réduit à *c* simple, et *c* vélaire aboutit régulièrement à *ch* : **vache** (= *vacca*)...................... p. 123

5º *Qu* latin. — 1. *U* se consonnifie, et la gutturale du groupe *qv* développe un *j* qui agit sur la voyelle précédente : **aive** (mod. *eau = aqua, aqva*).

2. *U* ne se consonnifie pas, et *qu* s'affaiblit en *g* : **fregondent** (*frequentant*); mod. **égal** (= *aequale*)................ p. 123

III. — CONSONNES FINALES

1) — Labiales. *P,* devenu final par la chute de la terminaison, disparaît : **lou** (*leu,* puis *loup = lupo*); ou bien, après s'être affaibli en *b,* puis en *v,* il se relève en *f* dans les plus anciens textes et tombe dans la langue moderne : **receif** (mod. *reçois = recipo* ou *recipe*)... p. 124

B, comme *P,* tombe ou se relève en *f* : **tréf** (= *trabe*). L'analogie ramène *f* à *v* dans la langue moderne : *jo* **cof** (= *cūbo,* plus tard *jo cuef,* mod. *je couve,* d'après *couvons,* etc.)... p. 124-125

V, devenu final par la chute de la terminaison, se relève en *f* : **nèf** (*nave*); **boef** (mod. *bœuf = bove*); **vif** (= *vivo*). Devant *ę* muet *f* redevient *v* : **vive** (= *viva*)........................ p. 125

2) — Dentales et sifflantes. *T.* Jusqu'à la fin du xie siècle, le *t* final isolé, qu'il soit final étymologiquement ou par la chute de la terminaison, persiste invariablement. *Ex.*: **donat** (*donavit*); **sortit** (*sortivit*); **dut** (*debuit*); **perdut** (*perduto*); *at* **estèt** (*stato*); etc.
p. 125-127

Dans la première partie du xiie siècle, il tombe après *a, é, ę* : **dona** (*donavit*); **porté** (*portato*); *il* **porte** (*portat*).

Dans la deuxième partie du xiie siècle, *t* tombe aussi après *i, u* dans les verbes : *il* **parti** (= *partivit*).

Dans la deuxième moitié du xiiie siècle, *t* a été restitué après *i, u,* et, dès lors, la langue suit la règle suivante : chute du *t* final après *a, é, ę.* (*il* **chanta**; *il* **chantera**; *il a* **chanté**; *il* **chante**); son maintien après les autres voyelles dans la conjugaison (*il* **partit**, *il* **connut**, *il* **chantait**)........................... p. 125-127

D — Jusqu'à la fin du xie siècle. 1° Quand le *d* médial latin destiné à devenir final par la chute de la terminaison, se trouve devant deux voyelles en hiatus (*i* + *o, u, e*), il tombe dès les origines de la langue : **pui** (*podio*); **mi** (*medio*); **hui** (*hodie*).
p. 127-128

2° Lorsqu'il se trouve devant une voyelle simple, il se relève le plus souvent en *t* : **mercit** (*mercede*); **vert** (*viride*).... p. 128

3° *D* final latin dans **ad, quod, quid** persiste généralement devant une voyelle, mais se relève souvent en *t*; il tombe devant une consonne.. p. 129

D après le xie siècle. — Dès le commencement du xiie siècle, **ad, quod, quid** perdent le *d* final dans tous les cas (**a, que**). Les mots comme **mercit, feit,** etc., perdent la dentale vers le milieu du xiie siècle; et, durant tout le moyen âge, jusqu'au xvie siècle, on écrit **pié, merci, foi, mui, ni, demi**, etc. Ainsi en est-il encore aujourd'hui ; mais la langue moderne a parfois rétabli le *d* : **pied, muid, nid**................................ p. 129

S reste invariablement............................. p. 129

3) — Liquides et nasales. *L.* — L reste, qu'elle soit finale latine ou romane.

Elle se change en *u*, dans certains cas, d'abord dans la prononciation, dès le xe siècle peut-être, et ensuite dans l'écriture vers la fin du xiie siècle. Il y a trois périodes :

1º La vocalisation ne s'opère d'abord que devant une consonne dans le même mot, et particulièrement devant l'*s* de flexion : *li* **chevaus** (= *chevals* = *caballus*) ; *les* **chevaus** (= *chevals* = *caballos*) ; **aube** (= *albe* = *alba*)................. p. 129-130

2º Par la rapidité de la prononciation, qui unit deux mots distincts, elle s'opère ensuite devant un mot commençant par une consonne, et ne faisant pour ainsi dire qu'un avec le mot précédent : **au roi** (*al* + *roi*) ; **maussade** (*mal* + *sade*)............ p. 130

3º Par analogie, dans les dialectes orientaux, même lorsque *l* n'est pas suivie d'une consonne, la vocalisation a lieu ; *un* **chevau** ; et la langue commune a suivi la même voie pour les mots terminés en **el** : *un* **veau** (*vedel, veel* = *vitello*) ; *un* **cheveu** (*chevel* = *capillo*) ; etc.................................. p. 130-131

R reste invariablement............................. p. 131

M finale latine de la flexion et de la conjugaison était tombée, dans le latin vulgaire, dès le iiie siècle avant J.-C. La langue littéraire l'a restaurée, mais le peuple ne l'a plus connue ; de sorte qu'il disait : **docto viro** (= *doctum virum*) ; **homine** (= *hominem*) ; **debeba** (= *debebam*) ; etc........................ p. 131

M devenue finale par la chute de la terminaison se maintient, mais se transforme généralement en *n* : **fain** (mod. *faim* = *fame*).
p. 131-132

N se maintient, qu'elle soit finale latine ou romane : **main** (*manu*) ; et cependant **ne** (= *non* ou peut-être = arch. *ne*). p. 132

4) — Gutturales (*c, g*). — *C* final latin tombe : *si* (*sic*) ; **ni** (= *nec*) ; **la** (= *illac*) ; etc................................ p. 132

C devenu final par la chute de la terminaison. — 1º *C* vélaire, précédé et suivi des voyelles labiales *o, u*, tombe sans laisser de traces : **pou** (mod. *peu* = *pauco*) ; **fou** (mod. *feu* = *foco*) ; **giou** (*gieu*, mod. *jeu* = *joco*)........................... p. 133-134

2º Précédé des voyelles *a, e, i*, il tombe également, mais développe un *j* qui agit sur celle-ci : **ami** (= *amico*) ; **foie** (*ficato*) ;

vrai (*vraco* = *veraco*) ; **Cambrai** (*Camraco* = *Cameraco*) ; etc.
p. 134

3° C palatal ou *ti* + une voyelle aboutissent à *s* ou à *z* et développent un *j* qui agit sur la voyelle précédente : **tais** (*tace*) ; **pris** (*pretio* ; mod. *je prise*) ; **pais** (*pace*, mod. *paix*) ; **crois** (*cruce*, mod. *croix*) ; etc.................................... p. 134

Devant *t*, au présent du subjonctif, la palatale prend un son fortement spirant représenté généralement, au xie siècle, par *z*, quelquefois par *s*. L'analogie a fait disparaître, dès le xiie siècle, ces formes verbales : **prizt** (*prĕcet*, mod. *prie*) ; **chevalzt** (*caballicet*, *caval'çet* ; mod. *chevauche*) ; **colzt** (*collocet*, *coll'çet*, mod. *couche*) ; etc.. p. 134

G, devenu final par la chute de la terminaison, tombe invariablement, et le *j* qu'il développe agit généralement sur la tonique qui précède. Ex. : **list** (mod. *il lit* = *legit*) ; **mais** (= *magis*) ; **fuit** (= *fugit*) ; cependant **lei** (mod. *loi* = *lēge*) ; **rei** (mod. *roi* = *rēge*), etc., peut-être sous l'influence des nominatifs **leis** (= *lex*) ; **reis** (= *rex*) ; etc.. p. 134

GROUPES LATINS DE DEUX CONSONNES

1) — La première consonne est une liquide (*l*, *r* — *m*, *n*) et la seconde, soit une liquide, soit une explosive (*c* (*k*, *qu*), *g* — *t*, *d* — *p*, *b*), soit une continue (*j*, *s*, *f*, *v*) : la première consonne reste, avec cette réserve que *l* se vocalise au xiie siècle, et que *m*, *n*, donnent, vers la fin du xie siècle et le commencement du xiie, naissance à des voyelles nasales.

La seconde consonne persiste également ; toutefois *c* et *g* deviennent respectivement *ch* et *j* devant *a*, et *ç* doux (*ç*, *s*, *ss*), *j* devant *e*, *i*.

1° Liquides et liquides : **palme** (mod. *paume* = *palma*) ; **salmon** (mod. *saumon* = *salmone*) ; **alne** (mod. *aune* = *alno*) ; **torner** (mod. *tourner* = *tornare*) ; **fermer** (*firmare*). Devenant final, *r* de *rn* tombe quelquefois dans la langue moderne : **cor** (= *cornu*) ; **char** (mod. *chair* = *carne*) ; etc. *Mn* devient *m* (*mm*) : **somme** (= *somno*) ou *n* (*nn*) : **colonne** (*columna*).......... p. 135-136

2° Liquides et explosives : **albe** (mod. *aube* = *alba*) ; **alt** (mod. *haut* = *alto*) ; **falcon** (mod. *faucon* = *falcone*) ; **serpent** (*serpente*) ; **part** (*parte*) ; **perde** (*perdam*) ; etc. Devenant finales, les explosives douces se relèvent en la forte correspondante, mais la langue moderne restitue souvent la consonne latine : **tart** (mod. *tard* =

tardo) ; **quant** (mod. *quand* = *quando*); etc.......... p. 136-139

3° Liquides et continues : **salvèr** (mod. *sauver, salvare*); **fals** (mod. *faux* = *falso*); **parfait** (*par* + *fait*) ; **servir** (*servire*) ; **enfant** (*infante*) ; **enseigne** (*insignia*, de *in* + *signo*) ; mais *ns* d'origine latine, dans le corps des mots, se réduit à *s*, ; d'où **mesure** (= *mesura* = *mensura*) ; **maison** (= *masione* = *man-sione*) ; etc... p. 139-141

2) — La première consonne est une explosive (*c, qu, g — t, d — p, b*) et la seconde une explosive ou une continue (*j, s, f, v*) ; la première consonne s'assimile à la seconde et disparaît.

Ex. : **achatèr** (mod. *acheter* = *accaptare*) ; **sovenir** (mod. *souvenir* = *subvenire*) ; **asoldre** (mod. *absoudre* = *absolvere*) ; **tige** (*tibia*) ; **sage** (*sapio*) ; **avenir** (*advenire*) ; **asèz** (mod. *assez* = *adsatis*)... p. 141-142

Groupe *ct*. — 1° *ct* est suivi d'un *i* et d'une autre voyelle : *ti* s'assimile à *s* dure, qui assimile à son tour la gutturale qui précède, laquelle n'agit pas sur la voyelle précédente : **drecièr** (mod. *dresser* = *drectiare*); **façon** (*factione*).

2° *Ct* est devant une seule voyelle : *c* tombe et se résout en un *j* qui agit sur la voyelle précédente : **conduit** (*conducto*) ; **piz** (mod. *pis* = *pectus*) ; **dreit** (mod. *droit* = *drēcto*)... p. 142-143

X (= *cs*). — 1° *c* s'assimile à *s* sans agir sur la voyelle précédente : **essai** (*exagio*) ; 2° *c* se résout en *j* et agit sur la voyelle précédente (c'est le cas le plus fréquent) : **eissir** (*exire*) ; **buisine** (*bucsina*) ; **laissièr** (mod. *laisser* = *laxare*)........ p. 145-146

3° *Cs* se transpose en *sc* : **laschièr** (mod. *lâcher* = *laxare, las-care*).. p. 145-146

3) — La première consonne est une explosive (*c, k, qu, g — t, d — p, b*) ou une continue (*j, s, f, v*), et la seconde une liquide : la liquide reste ; l'explosive ou la continue persiste généralement si elle est initiale ; elle s'affaiblit ou disparaît si elle est médiale. *Ex.* : **plein** (*pleno*); **doble** (mod. *double* = *duplo*); **precios** (mod. *précieux* = *pretioso*); **avril** (*aprile*); **blasmèr** (mod. *blâmer* = *blas-femare, blasmare*); **branche** (*branca*); **livre** (*libra*); **traire** (*tragere*); **pèdre** (mod. *père* = *patre*); **clamèr** (*clamare*); **crevèr** (*crepare*); etc...................................... p. 146-149

4) — La première consonne est une continue (*j, s, f, v*); la seconde est une explosive (*c, qu, g — t, d — p, b*), une continue ou une liquide (*l, r — m, n*).

Médiaux, les groupes résultant de ces combinaisons (ils commencent tous par *s*) restent sans changement jusqu'à la fin du XIIe siècle; alors *s* tombe dans la prononciation, mais se conserve jusqu'au xvII[e] siècle et même parfois jusqu'aujourd'hui dans l'écriture : **bèste** (mod. *bête = besta*); **desmentir** (*dismentire*, mod. *démentir*); **desfaire** (mod. *défaire = disfacere*); etc....... p. 149-151

Initiaux, les groupes *sp, st, se* se font précéder, en latin vulgaire, d'un *i* qui devient *è* ouvert en français; *s* se conduit comme lorsque le groupe est médial : **escrit** (mod. *écrit = scripto*); **estèt** (mod. *été = stato*); **espéde** (mod. *épée = spatha*)......... p. 149-151

Dans le groupe *x* + consonne (= *cs* + consonne), la gutturale tombe sans laisser de traces : **estrange** (mod. *étrange = extraneo*).............................. p. 151-152

GROUPES ROMANS DE DEUX CONSONNES

Les groupes romans sont formés par la chute d'une voyelle placée entre deux consonnes. Ainsi *cumulare* devient *cum'lare* : *m'l* est un groupe roman.

Les groupes romans doivent être distingués des groupes latins. Dans *mendicitate*, par exemple, la chute de l'*i* donne *mendiç'tate* et non *mendic'tate* (avec *ct = k + t*), parce que le *c* palatal a eu le temps de se changer en un son spirant avant la chute de l'*i*; de même *carricare* devient, par la chute de l'*i*, non pas *car'care*, mais bien *car'gare*, parce que le *c* médial s'était déjà affaibli en *g* avant que l'*i* ne tombât.......................... p. 152-153

1) — Le groupe roman est formé de deux liquides : la première reste sans changement, mais se change en *u* au xII[e] siècle, si c'est une *l*; la seconde persiste aussi; mais, entre les deux liquides, s'intercale, dès les origines de la langue, une dentale ou une labiale destinée à faciliter la prononciation.

L'analogie a fait parfois tomber, dans la conjugaison, cette lettre intercalée.

Lr devient *ldr* : **voldrat** (mod. *voudra = volerabet, vol'raft*).

Nr devient *ndr* : **vindrent** (mod. *vinrent = venerunt, ven'runt*); **tèndre** (*tenero, ten'ro*).

Mr devient *mbr* : **chambre** (*camera, cam'ra*).

Ml devient *mbl* : **semblèr** (*simulare, sim'lare*).

Quand la deuxième consonne est une nasale, il n'y a pas d'insertion de muette : **almosne** (mod. *aumône = eleemosyna, el'mosna*); **reialme** (mod. *royaume = regalimen, regal'men*).

M'n devient *m* dans le corps des mots (*mm*) : **home** (mod. *homme = homine, hom'ne*); **dame** (= *domina, dom'na*). Final, il devient *n* ou *m* : *nom* (= *nomine, nom'ne*)........ p. 153-156

2) — La première consonne est une liquide (*l, r—m, n*) et la seconde une explosive (*c, k, qu, g—t, d—p, b*) ou une continue *s, j, f, v*) : la première reste sans changement mais se vocalise au XIIe siècle, si c'est une *l* ; la seconde, explosive ou continue, est traitée comme initiale.

Ex. : **chevalchièr** (mod. *chevaucher* = *caballicare, caval'care*); **noveltęt** (mod. *nouveauté* = *novellitate, novel'tate*); **chalt** (mod. *chaud* = *calido, cal'do*); **chargièr** (mod. *charger* = *carricare, car'gare*); **cervèle** (mod. *cervelle* = *cerebella, cer'vella*); **manche** (*manica, man'ca*); **bontęt** (mod. *bonté* = *bonitate, bon'tate*).

p. 156-159

3) — La première consonne est une explosive (*c, k, qu, g—t, d—p, b*) ou une continue (*j, s, f, v*) et la seconde aussi une explosive ou une continue. La première s'assimile à la seconde et disparaît. Si elle est une gutturale, elle développe un *j* qui agit sur la voyelle précédente (*c* palatal reste assez longtemps sous forme d'*s*). La seconde consonne reste généralement intacte; si c'est un *c*, elle s'affaiblit le plus souvent en *g* devant *a*.

Ex. : **fait** (*facit, fac't*); **amistièt** (mod. *amitié* = *amiç'tate*); **cuidièr** (mod. *cuider* = *cūgitare, cūg'tare*); **fist** (plus tard *fit* = *fecit, fec't*); **edage** (*eage*, mod. *âge* = *aetatico, aedadigo, aedad'go*); **veit** (*videt, vid't*); **citęt** (mod. *cité* = *civitate, civ'tate*); **nagièr** (mod. *nager* = *navigare, nav'gare*)................ p. 159-160

4) — La première consonne est une explosive (*c, k, qu, g—t, d—p, b*) et la seconde une liquide : la liquide se maintient; l'explosive s'affaiblit, tombe ou s'assimile. Si elle est une gutturale, elle développe un *j* qui agit diversement sur la voyelle précédente.

Ex. : **oreille** (*auricula, auric'la*); **peril** (*peric'lo*); **vieil** (*vetulo, vęt'lo, vec'lo*); **graisle** (mod. *grêle* = *gracile, graç'le* : on voit que *c* palatal reste longtemps sous forme d'*s*); de même **fisdręnt** (déjà *firęnt* au XIe siècle = *fecerunt, feç'runt*); **faire** (= *fac're*); **espalle** (mod. *épaule* = *spatula, spat'la*); **podrai** (mod. *pourrai* = *poteraio, pot'raio*); **creidre** (mod. *croire* = *cred're*); **beivre** (mod. *boire* = *bibere, biv're*); etc.

Exception : *p* et *b* se maintiennent devant *l* : **peuple** (*populo, pop'lo*); **table** (*tabula, tab'la*)...................... p. 160-163

5) — La première consonne est une continue (*j, s, f, r*) et la seconde une liquide : la première persiste généralement surtout si c'est une *s*, qui d'ailleurs tombe dans la prononciation dès le XIIe siècle; la liquide reste sans changement. Ex. : **vivre** (*vivere,*

GROUPES LATINS OU ROMANS DE TROIS CONSONNES

1° Ce que devient la première consonne

1) — Lorsque la première consonne est une liquide, elle reste ; mais *l* se vocalise au XIIe siècle ; *m* devient *n*, excepté lorsque, dans le mot roman, elle se trouve devant une labiale. Ex. : **chals** (mod. *chauds = calidos, cal'd's*) ; **salz** (mod. *sauts = saltus, salt's*) ; **poldre** (mod. *poudre = polvere, pulv're*) ; **rompre** (*romp're*) ; **contèr** (*comp(u)tare*) ; etc.................. p. 165-166

2) — Lorsque la première consonne est une gutturale (le groupe n'est jamais initial, il est toujours médial), la gutturale tombe en développant un *j* qui agit diversement sur la voyelle précédente.

Ex.: **lairme** (mod. *larme = lacryma, lagr'ma*) ; **peitrine** (*pectorina, pect'rina* ; mod. *poitrine*) ; **peignièr** (mod. *peigner =* *pectinare, pect'nare*) ; etc.................................. 166

3) — Lorsque la première consonne est une labiale ou une dentale, elle s'assimile à la seconde et disparaît.

Ex. : **oscur** (mod. *obscur = obscuro*) ; **ostage** (mod. *otage =* *obstatico*, provenant de la confusion de *obsidaticum* et de *hospitaticum*) ; **marne** (*matrona, madr'na*).............. p. 166-167

4) — Lorsque la première consonne est une continue (*s* ou *r*), la spirante *s* se maintient jusqu'à la fin du XIIe siècle dans la prononciation, bien plus longtemps dans l'écriture ; *v* tombe dès les origines.

Ex. : **nostre, vostre** (mod. *notre, votre = nostro, vostro*) ; **joesdi** (mod. *jeudi = jovisdie, jov'sdie*) ; etc........ p. 167-168

2° Ce que devient la seconde consonne

1) — Lorsque la seconde consonne est une liquide, elle reste à peu près invariablement.

Ex. : **forge** (*fabrica, favriga, faur'ga*) ; **germèr** (*germinare, germ'nare*)..................................... p. 168-169

2) — La seconde consonne est une gutturale. Il faut distinguer deux cas.

1° Si la gutturale est entre deux liquides, elle se maintient le plus souvent sans changement : **onglè** (*ungula, ung'la*) ; **cèrcle** (*circulo, circ'lo*); **marge** (*margĭne, marg'ne*); **chartre** (*carcere, carc're* : cas particulier dû à la difficulté de la prononciation de *c* entre deux *r*); etc.

2º Si la gutturale n'est pas entre deux liquides, elle tombe, mais en développant un *j* qui agit sur la voyelle précédente; et, lorsque les deux consonnes restantes sont ou deux liquides ou une spirante et une liquide, il y a, par euphonie, intercalation d'une dentale.

Ex. : **sainte** (*sancta*); **jointe** (*juncta*); **joindre** (*jungere, jung're*); **poindre** (*pungere, pung're*); **peindre** (*ping're*); etc.

Exceptions présentées par les groupes *scl, rcn, rcr.* . p.   169-170

3) — Quand la deuxième consonne est une labiale ou une dentale, il faut distinguer deux cas : 1º Si la labiale ou la dentale se trouve entre deux liquides ou entre une spirante et une liquide, elle reste. *Ex.* **rompre** (*rump're*); **arbre** (*arb're*); **oltre** (mod. *outre = ultra*); **ventre** (*ventre*); etc.

2º Si la labiale ou la dentale est suivie d'une explosive, elle s'assimile à celle-ci, puis tombe. *Ex.* : **changièr** (mod. *changer = cambjare*); **hostèl** (*hospitale, hosp'tale*); **mangièr** (mod. *manger = manducare, mandugare, mand'gare*); **pèrte** (*perdita, perd'ta*); **vergièr** (mod. *verger = viridiario, virid'jario*); etc.. p.   170-172

4) — La seconde consonne est une continue (*j, s, f, v*) : *f* et *v* tombent sans laisser de traces; *j*, devenant palatal, développe un *j* qui agit sur la voyelle précédente; *s* tombe dans la prononciation vers la fin du xiiᵉ siècle, mais se maintient très longtemps dans l'écriture.

Ex. : **serjant** (mod. *sergent = servjente*); **sers** (*servis, serv's*); **blasmèr** (mod. *blâmer = blasf(e)mare*); **aidièr** (mod. *aider = adjutare, adj'tare*); etc.................... p.   172-173

3º Ce que devient la troisième consonne

1) — La troisième consonne est une liquide : elle reste; mais, lorsque la première consonne est elle-même une liquide identique ou de même ordre, ou bien une spirante, elle se change, par dissimilation, en une liquide de même ordre; et, si la deuxième consonne disparaît, l'euphonie exige, entre les deux liquides restantes, *l — r, n — r*, ou entre *s* et *r*, l'insertion d'une dentale.

Ex. : **oltre** (mod. *outre = ultra*); **essample** (mod. *exemple = exempla*); **voltrèr** (*voutrer*, mod. *vautrer = voltulare, volt'lare*); **chartre** (*cart'la*); etc........................... p.   173-174

2) — La troisième consonne est une gutturale : elle persiste et se

conduit comme initiale, c'est-à-dire que *c* palatal se maintient avec le son doux (*c*, *s* dure), et que la vélaire *c* reste sans changement et avec le son dur devant *o*, *u*, mais devient *ch* devant *a*. Quant à *g* provenant de *c* médial latin affaibli, il reste aussi avec le son doux.

Ex.: **penchièr** (mod. *pencher* = *pendicare, pend'care*) ; **escorchièr** (mod. *écorcher* = *excort(i)care*) ; **vengièr** (mod. *venger* = *vind'gare*) ; etc.. p. 174

3) — La troisième consonne est une dentale : elle reste sans changement.

Ex. : **contèr** (*comp(u)tare* ; **jointe** (*juncta*) .... p. 174

4) — La troisième consonne est une continue (*j*, *s*, *f*, *v*) : elle reste invariablement ; *s* se combine avec la dentale qui la précède pour former *z*, qui redevient *s* dans la langue moderne, après restitution de la dentale.

Exemple : **serjanz** (mod. *sergents* = *servjentes, servjent's*).

p. 174-175

FIN DU TOME PREMIER

TABLE DES MATIÈRES

Pages

LIVRE I. — PHONÉTIQUE

LIVRE II. — DÉCLINAISON

LIVRE III. — CONJUGAISON

CHALON-SUR-SAÔNE, IMPRIMERIE DE L. MARCEAU.

75 Histoire de la ville de Noyon et de ses institutions jusqu'à la fin du
XIIIe siècle, par A. Lefranc................................... 6 fr.

76 Étude sur les relations politiques du pape Urbain V avec les rois de
France, Jean II et Charles V, d'après les registres de la Chancellerie
d'Urbain V conservés aux archives du Vatican, par M. Prou.... 6 fr.

77 Lettres de Servat Loup, abbé de Ferrières. Texte, notes et introduction
par G. Desdevize du Dezert................................. 5 fr.

78 Simon Portius, Grammatica linguae graecae vulgaris. Reproduction de l'édition de 1638, suivie d'un commentaire grammatical et historique, par
W. Meyer, avec une introduction par J. Psichari........... 12 fr. 50

79 La Légende syriaque de St Alexis, l'homme de Dieu, par A. Amiaud. 7 fr. 50

80 Les Inscriptions antiques de la Côte-d'Or, par P. Lejay........... 7 fr.

81 Le Livre des parterres fleuris d'Abou'l-Walid-Merwan-Ibn-Djanah,
traduit sur les manuscrits arabes par Metzger................. 15 fr.

84 Documents des archives de la Chambre des Comptes de Navarre (1196-
1384), publiés par J.-A. Brutails.............................. 6 fr.

BIBLIOTHÈQUE FRANÇAISE DU MOYEN AGE publiée sous la direction
de MM. G. Paris et P. Meyer, membres de l'Institut. Format petit in-8.

I, II : Recueil de motets français des XIIe et XIIIe siècles, publiés d'après les
manuscrits, avec introduction, notes, variantes, etc., par G. Raynaud,
suivis d'une étude sur la musique au siècle de saint Louis, par H. Lavoix
fils... 18 fr.

III : Le Psautier de Metz, tome Ier, texte et variantes, publié d'après quatre
manuscrits par F. Bonnardot.............................. 9 fr.

IV, V : Alexandre le Grand dans la littérature française du moyen âge, par
P. Meyer... 18 fr.

VI : Œuvres de Gautier d'Arras publiées par E. Loeseth, tome Ier,
Eracle.. 9 fr.

BREKKE (K.). Étude sur la flexion dans le voyage de saint Brandan, poème
anglo-normand du XIIe siècle. In-8.......................... 1 fr. 50

CHRESTOMATHIE de l'ancien français (IXe-XVe siècles), précédée d'un
tableau sommaire de la littérature française au moyen âge et suivie d'un
glossaire étymologique détaillé. Nouvelle édition soigneusement revue et
notablement augmentée, avec le supplément refondu, par L. Constans. Un
fort vol. in-8 cartonné...................................... 7 fr.

DARMESTETER (A.). De la création actuelle de mots nouveaux dans la
langue française et des lois qui la régissent. Gr. in-8........... 10 fr.

FLAMENCA (le roman de), publié d'après le manuscrit unique de Carcas-
sonne, avec introduction, sommaire, notes et glossaire, par P. Meyer.
Grand in-8.. 8 fr.

GODEFROY (F.) Dictionnaire de l'ancienne langue française et de tous ses
dialectes du IXe au XVe siècle, composé d'après le dépouillement de tous
les plus importants documents manuscrits ou imprimés qui se trouvent
dans les grandes bibliothèques de la France et de l'Europe, et dans les
principales archives départementales, municipales, hospitalières ou privées.
    Paraît par livraisons de 10 feuilles gr. in-4° à trois colonnes au prix de
5 fr. la livraison
    L'ouvrage complet se composera de 100 livraisons.

KAWCZYNSKI (M.). Essai comparatif sur l'origine et l'histoire des rythmes.
In-8.. 5 fr.

LOTH (J.). Chrestomathie bretonne (armoricain, gallois, cornique). Première partie : breton-armoricain. Gr. in-8................... 10 fr.

MÉMOIRES de la Société de linguistique de Paris, tomes I à VI et VII,
deuxième fascicule... 156 fr.

MEYER (P.). Documents manuscrits de l'ancienne littérature de la Fran
    conservés dans les Bibliothèques de la Grande-Bretagne. Première pa
    Londres (Musée britannique), Durham. Edimbourg. Glasgow, Oxf
    (Bodléienne). 1 vol. in-8 6

MOREL-FATIO (A.). La Comedia espagnole du xviie siècle. Cours
    langues et littératures de l'Europe méridionale au Collège de Fran
    Leçon d'ouverture. In-8 .... 1 fr.

MYSTÈRE (le) de la Passion d'Arnoul Greban, publié d'après les man
    crits de Paris avec une introduction et un glossaire par G. Paris
    G. Raynaud, 1 fort volume gr. in-8 à deux colonnes 12

PARIS (G.). Étude sur le rôle de l'accent latin dans la langue frança
    In-8 4
    —   Dissertation critique sur le poème latin du Ligurinus attribu
        Gunther. In-8 2
    —   Les contes orientaux dans la littérature française du moyen â
        In-8 1
    —   Grammaire historique de la langue française. Cours professé
        Sorbonne en 1868. Leçon d'ouverture 1
    —   Les chants populaires du Piémont. In-4 .... 2 fr.

PARMENTIER (L.). Les substantifs et les adjectifs en ΕΣ dans la lan
    d'Homère et d'Hésiode. Gr. in-8 5

RECUEIL d'anciens textes bas-latins, provençaux et français, accompag
    de deux glossaires et publiés par M. P. Meyer. Première partie : b
    latin, provençal. Gr. in-8 6
    Deuxième partie : vieux français. Gr. in-8 6

SCHELER (A.). Dictionnaire d'étymologie française d'après les résultats
    la science moderne. 3e édition revue et augmentée. In-4° 18

SCHWOB (M.) et GUIEYSSE (G.). Étude sur l'argot franç. Gr. in-8. 1 fr.

TIMMERMANS (A.). Traité de l'onomatopée ou clef pour les raci
    irréductibles. In-8 4

VIE (la) de saint Alexis, poème du xie siècle. Texte critique par G. Pa
    Petit in-8 .... 1 fr.

____

REVUE CELTIQUE fondée par M. H. Gaidoz et publiée sous la direct
    de M. H. d'Arbois de Jubainville, membre de l'Institut. avec le conco
    de MM. J. Loth, E. Ernault et de plusieurs savants des Iles Britaniques
    du Continent. — Prix d'abonnement : Paris. 20 fr. ; départements
    union postale. 22 fr. ; édition sur papier de Hollande : Paris : 40 fr. ; d
    partements et union postale. 44 fr.

____

REVUE DE PHILOLOGIE française et provençale (ancienne Revue
    patois), Recueil trimestriel publié par L. Clédat. Prix d'abonnemen
    France. 15 fr. ; union postale, 17 fr.

____

ROMANIA, recueil trimestriel consacré à l'étude des langues et des litté
    tures romanes. publié par MM. Paul Meyer et Gaston Paris. — P
    d'abonnement : Paris, 20 fr.; départements et union postale, 22 fr.; éditi
    sur papier de Hollande : Paris, 40 fr. ; départements et union posta
    44 fr.

    Aucune livraison de ces trois recueils n'est vendue séparément.

____

LE MOYEN AGE, bulletin mensuel d'histoire et de philologie dirigé p
    MM. A. Marignan et M. Wilmotte. — Prix d'abonnement : France, 8 f
    étranger (union postale), 9 fr.

____

CHALON-SUR-SAÔNE. IMPRIMERIE DE L. MARCEAU.